Zu diesem Buch

Seelische Störungen sind in unserer Zeit allgegenwärtig. Mit dem zunehmenden Leiden wächst auch die Zahl derjenigen, die Hilfe versprechen und anbieten, der Psychologen und Psychotherapeuten, der Ärzte, Wissenschaftler und Gurus aller Seriositäts- und Ausbildungsgrade. Ein unüberschaubarer «Psychotherapiemarkt» hat sich herausgebildet – mehr als dreihundert verschiedene Methoden werden mittlerweile angeboten.

Wie kann ein Mensch, der psychologische Hilfe sucht, vermeiden, Psychopfuschern in die Hände zu fallen? Kann man angesichts dieses wild wuchernden Marktes überhaupt noch von einer wissenschaftlich abgesicherten therapeutischen Theorie und Praxis und von einer verantwortlichen Kompetenz der Therapeuten ausgehen? Auf solche immer dringlicher werdenden Fragen geben der Psychologe und Biologe Hansjörg Hemminger und Vera Becker, eines der zahl- und namenlosen Therapie-Opfer, Antwort.

«Es geht in diesem Buch darum, vom Einzelschicksal aus Licht auf den Zustand der Psychotherapie insgesamt zu werfen, aus den Einzelerfahrungen allgemeine Schlußfolgerungen zu ziehen und vor allem zu warnen: zu warnen vor der Methodengläubigkeit von Patienten und Therapeuten, vor den damit verbundenen Vorstellungen von wunderbarer Hilfe und helfendem Größenwahn, vor der Verantwortungslosigkeit unkritischer Therapeutenpersönlichkeiten, die selbst bei bestem Willen auf Kosten ihrer Patienten Erfolgsillusionen produzieren, und nicht zuletzt zu warnen vor jenem seelischen Leid, das durch die Psychotherapie erst geschaffen werden kann.» (Hansjörg Hemminger)

Hansjörg Hemminger, Jahrgang 1948, studierte Biologie und promovierte 1975 über Sinnespsychologie. Seit 1978 arbeitet er als Psychotherapeut.

Bei Rowohlt erschien «Kindheit als Schicksal?» (1982) und «Die Rückkehr der Zauberer» (1987, rororo 8712).

Hansjörg Hemminger
Vera Becker

Wenn Therapien schaden

Kritische Analyse einer psychotherapeutischen Fallgeschichte

rororo
Rowohlt

Alle Personen- und Ortsnamen sind von den Autoren geändert worden. Ähnlichkeiten mit lebenden oder verstorbenen Personen wären rein zufällig.

Veröffentlicht im Rowohlt Taschenbuch Verlag GmbH,
Reinbek bei Hamburg, November 1991

Umschlaggestaltung Kathrin Kreitmeyer
Gesamtherstellung Clausen & Bosse, Leck
Printed in Germany
1680-ISBN 3 499 19137 7

Inhalt

Eins

Rückblick auf die Therapiejahre

Es gehört beherzter Mut dazu, den Tod zu verachten,
aber wo das Leben schrecklicher erscheint als der Tod,
gilt es als höchste Tapferkeit, das Leben zu wagen.

Sir Thomas Browne, ‹*Religio medici*›
Erstes Buch, § 44

Warum ich über meine Erfahrungen berichte

Den Entschluß, meine Therapieerfahrungen niederzuschreiben, faßte ich an einem Tiefpunkt meiner persönlichen Geschichte. Ich hatte die verschiedensten Therapien hinter mich gebracht, mit dem Resultat, daß sich mein Zustand nach jedem neuen Therapieversuch verschlechterte. Der Tod schien eine mögliche Lösung zu sein, da für mich das Leben in ständiger Angst und Panik nicht mehr lebenswert war. Wer oder was sollte mir, einem Therapiewrack, noch helfen können?

Unter der Qual und dem Selbstmitleid wuchsen der Haß und die Wut wie fleischfressende Pflanzen, und das Schreiben gab diesen Pflanzen Nahrung. Wieviel Energie, wieviel Geld, wieviel Hoffnung hatte ich investiert, um irgendwann einmal an die Grenze der psychischen Gesundheit zu gelangen oder vielmehr an der Grenze dessen, was ich mir darunter vorstellte. Manch einer wird beim Lesen jetzt schon den Eindruck haben, daß ich nur meine Wut loswerden wollte.

Dies war zu Beginn des Schreibens tatsächlich ein entscheidender Faktor. Aber es geht um viel mehr als um meine persönliche Rache oder Enttäuschung. Meine Erfahrung ist kein Einzelerlebnis.

Es geht um das Ungleichgewicht zwischen Therapeut und Klient, es geht um Abhängigkeiten, es geht um finanzielle Ausbeutung und um die versteckten, subtilen Kontrollmechanismen, die in den meisten Psychotherapien mitspielen und die in der Regel nicht erkannt werden. Mittlerweile sehen wir in Zeitungen und Zeitschriften für Psychotherapie genauso Werbeanzeigen wie für Waschmittel oder Polstermöbel. Selbst Reiseveranstalter bieten dreiwöchige Erholungsreisen mit Ego-Auffrischung an wie der Kaufmann nebenan seine Apfelsinen. Für einige führt dies nur zu einem harmlosen Abenteuer, für andere zu einer Infektion, die sie nicht mehr loswerden und an der sie schließlich zugrunde gehen können.

Auch in dieser Sparte gibt es in Deutschland einen freien Markt. Niemand kann Herrn Meier daran hindern, unter dem Deckmantel der Therapie Hilfesuchenden das Geld aus der Tasche zu ziehen, und niemand wird sich verantwortlich fühlen für die Resultate solcher «Therapien», denn schließlich hat ja jeder die Wahl, sich in eine solche Mühle zu begeben oder nicht! Eben da fängt das Problem an – der einzelne Patient ist in der Regel ein Mensch, der leidet, der oft nach jedem Strohhalm greift, der unwissend ist. Das Angebot an Therapien ist unüberschaubar, das Bedürfnis danach wird immer größer. Der Platz, den früher ein Verein oder die Kirche einnahm, wird heute in zunehmendem Maß von Therapiezentren und ähnlichen, zum Teil stark ideologisch geprägten Gruppen und Institutionen besetzt. Die Therapeuten avancieren zu Halbgöttern, die kritiklos bewundert werden.

Diese Situation ist vielleicht nicht bedenklich, solange einzelne nicht finanziell ausgenutzt werden oder gar psychisch und physisch Schaden nehmen. Aber sobald es zur finanziellen Ausbeutung oder gar zu ernsten Schäden kommt, fängt der Vergleich mit dem Verein sehr zu hinken an.

Ein Zensurversuch

Im Vorfeld der Veröffentlichung habe ich einige Erfahrungen gemacht, die mich fast hätten resignieren lassen. Der krasseste Versuch, mich mundtot zu machen, kam von einem bekannten deutschen Verlag. Die zuständige Lektorin hatte ohne meine Einwilligung den ihr übersandten Manuskriptentwurf an einen

Psychotherapeuten weitergegeben, der in dem Text – damals noch mit seinem richtigen Namen genannt – eine wichtige Rolle spielt. Daraufhin erhielt ich von seinen Anwälten eine Erklärung mit der Aufforderung zugesandt, sie zu unterschreiben. Ich will hier – unter Auslassung der Namen – einen Auszug aus dieser Erklärung wiedergeben:

> «Ich, die Unterzeichnete, Frau ..., habe ein Manuskript verfaßt, in welchem ich meine Erfahrungen während meiner Behandlung als Patientin bei ... [Name des Psychotherapeuten] subjektiv zusammengetragen habe.
>
> Ich räume ein, daß die von mir dargestellten Sachverhalte von anderen Personen, insbesondere den Dargestellten, anders gesehen und gewürdigt werden könnten. Ich habe mich bei den geschilderten Erlebnissen nicht immer streng an das wirklich Erlebte gehalten, sondern einer gewissen schriftstellerischen Freiheit Raum gegeben ...
>
> Unter allen diesen Umständen erkläre ich hiermit verbindlich, daß ich von der Veröffentlichung des Manuskripts, wie es dem ... [Name des Verlags] vorgelegen hat, ein für allemal Abstand nehme und auch jede andere Verbreitung durch Weitergabe an Dritte unterlasse.
>
> Sollte ich beabsichtigen, meine Erlebnisse bei ... in anderer Form zu veröffentlichen, dann werde ich mich vorher bei ... vergewissern, welche Passagen in dem jetzt vorliegenden Manuskript er als unrichtig oder entstellt oder ehrverletzend ansieht.
>
> Für jeden Fall einer Zuwiderhandlung gegen diese Versprechen verpflichte ich mich zur Zahlung einer
>
> Vertragsstrafe von
> DM 20000
> (in Worten: Zwanzigtausend Deutsche Mark)

an ..., der seinerseits bereit ist, diesen Betrag einer gemeinnützigen Organisation zur Verfügung zu stellen, falls wirtschaftliche Nachteile bei ihm oder seinen Mitarbeitern nicht eintreten.»

Ich bekam angesichts dieser Erklärung zuerst einen großen Schrecken. Zwei Tage lang war ich vor Angst wie gelähmt. Dann wurde mir bewußt, daß diese Reaktion indirekt ein Beweis für meine Aussagen war. Weshalb sonst wäre ein noch nicht veröffentlichtes Manuskript Anlaß für eine solche Reaktion? Hätte ich diese Erklärung unterschrieben, hätte ich dem erfolglosen Therapeuten auch noch ein Zensurrecht an meinem Bericht eingeräumt, ein Recht, von dem Ärzte und Mediziner sonst wohl kaum zu träumen wagen. Und falls ich dann seine Korrekturen nicht erfragt hätte, hätte er ganz legal auch noch zwanzigtausend Mark von mir kassieren können – zusätzlich zu den mehreren tausend Mark, die ich ihm aus eigener Tasche bereits für die erfolglose Therapie zu zahlen hatte. Es ist vielleicht verständlich, daß ein Psychotherapeut mögliche öffentliche Kritik bereits im Vorfeld abzubiegen versucht, wenn man auch für die moralische Rechtfertigung eines solchen Vorgehens schon einige Redekunst aufwenden müßte. Interessanterweise ließ mir derselbe Therapeut, obwohl ich nicht unterschrieb, über eine dritte Person Grüße ausrichten. Auch seinen Versuch der Abmahnung oder, weniger juristisch ausgedrückt, der Einschüchterung verfolgte er nicht weiter. Aber selbst wenn man für den von der Kritik betroffenen Therapeuten noch Verständnis haben kann, so kann ich das rundum pflichtwidrige Verhalten der Verlagslektorin auch heute noch nur empörend finden. Wenn ich ehrlich bin, bestärkten mich aber gerade solche extremen Reaktionen eher darin, weiterzusuchen und durchzuhalten, anstatt aufzugeben und zu resignieren.

Das Ziel der Veröffentlichung besteht für mich nicht darin, über sämtliche Therapeuten ein Damoklesschwert zu hängen und mich für die an mir begangenen Unmenschlichkeiten und Fehler zu rächen. Mein Ziel ist es vielmehr, zum Nachdenken anzuregen, auf einen desolaten Zustand aufmerksam zu machen und letzten Endes Antworten zu finden in Richtung auf eine bessere, menschlichere Hilfe, als sie zur Zeit geboten wird.

Warum ich ein Pseudonym benutze

Dem Entschluß, unter einem Pseudonym zu schreiben, gingen lange Überlegungen und Erwägungen voraus. Auf der einen Seite wollte ich mich vor öffentlichen Auseinandersetzungen und Konfrontationen nach der Publikation meiner Erfahrungen nicht drücken. Auf der anderen Seite sah ich von vornherein eine Reihe möglicher und sogar wahrscheinlicher negativer Auswirkungen. Diese bedrohen nicht nur mich selbst, sondern auch andere Personen, die eng mit meinem Leben und mit meiner Krankheitsgeschichte verbunden sind. Ich bedaure sehr, daß ich keine andere Wahl sah, als unter einem Pseudonym zu schreiben, um mir vertraute und wichtige Menschen vor massiven Bloßstellungen und Angriffen in der Öffentlichkeit zu schützen.

An erster Stelle steht dabei der Schutz und die Sicherheit meiner Familie. Es ist damit zu rechnen, daß die Kritiker dieses Buches versuchen werden, die Gründe für die vielen gescheiterten Therapien nicht in der Art der Behandlung meines Leidens zu suchen, sondern in besonderen Zügen meiner Persönlichkeit, so daß sie auch die Kritik als krankhaft darstellen können. Zu einem solchen Vorgehen würden auch die Analyse und Deutung meiner Familiengeschichte gehören. Die dabei aller Erfahrung nach leider zu erwartenden Fehlinterpretationen und Entwürdigungen möchte ich meiner Familie ersparen. Darüber hinaus müßte ich auch selbst mit Konsequenzen einer solchen öffentlichen Diskussion rechnen, die ernsthafte Folgen für mein Leben haben könnten. In dem sozialen Umfeld, in dem ich lebe, würde mich zur Zeit kaum jemand als krank definieren. Leider werden aber selbst unter sogenannten Fachleuten – noch mehr bei Laien – immer noch Verbindungen zwischen psychischer Krankheit und Schuld oder gar zwischen Krankheit und Unzurechnungsfähigkeit hergestellt.

Die Gefahren, die mir aus solchen Urteilen drohen, wären allein wahrscheinlich kein Hindernis dafür gewesen, unter meinem richtigen Namen zu schreiben. Ich fühle mich aber auf jeden Fall verpflichtet, dem Schutz anderer Rechnung zu tragen. Letztlich geht es in diesem Buch auch nicht so sehr um meinen persönlichen Fall oder um meine Person, sondern um die Praxis der Psychotherapie.

Bei der Lektüre autobiographischer «Psychoberichte» hatte ich leider oft den Eindruck, daß es den Autoren mehr um das Ausleben narzißtischer und exhibitionistischer Wünsche (vielleicht auch um die Linderung des Leidens hinter diesen Wünschen) ging als um die Sache der Psychotherapie als solcher. Obwohl auch ich natürlich nicht unbefangen meinen eigenen Problemen gegenüber sein kann, versuche ich, von regelmäßig wiederkehrenden Erfahrungen zu berichten, Erfahrungen, die auf jeden zukommen können, der sich in der gleichen Situation wie ich befindet. Sonst hätte dieses Buch in meinen Augen keine wirkliche Berechtigung. Auch diese Meinung stützt den Entschluß, unter einem Pseudonym zu schreiben. Dennoch könnte ich es verstehen, wenn von mancher Seite – vor allem von ähnlich leidenden Menschen – auch Unmut und Enttäuschung wegen meiner persönlichen Zurückhaltung geäußert werden wird. Nach allem, was ich durchgemacht habe, hoffe ich aber doch auf Verständnis für meine Entscheidung. Wer sich mit mir in Verbindung setzen möchte, kann dies über den Verlag tun.

Die Motivation für meine Psychotherapie

Die Motive, die mich vor über 20 Jahren zur Suche nach einer Therapie bewegten, sind wahrscheinlich mittlerweile nicht mehr so exemplarisch, wie sie es damals waren. Denn inzwischen ist Psychotherapie zu einer Mode geworden und dient schon lange nicht mehr allein der Behandlung wirklicher psychischer Krankheiten. Mein Eindruck ist, daß sie oft viel mehr eine Art Salbe für die zunehmenden Zivilisationswunden darstellt und in bestimmten Kreisen einfach dazugehört wie der Reitlehrer oder der Ballettunterricht.

Meine Gründe, eine Psychotherapie zu beginnen, waren dagegen existentieller Natur. Mein Leidensdruck war so stark, daß es immer wieder darum ging, entweder «etwas» zu finden, was mir helfen konnte, oder mich umzubringen. Es fällt mir schwer, den Beginn meiner Krankheit rückblickend einem bestimmten Zeitpunkt zuzuordnen, denn ich hatte schon als Kind psychische Störungen und wurde mit dreizehn Jahren zum erstenmal wegen Magersucht und Schulversagen einer Psychologin vorgestellt. (Damals beschränkte sich die Therapie allerdings noch auf die Beratung meiner Mutter.) Der Anstoß für meine erste längere Therapie (die Psychoanalyse, über die ich im dritten Teil berichten werde) entstand durch eine veränderte soziale Situation, nämlich durch die Trennung von meinem damaligen Freund. Ich war damals zwanzig Jahre alt. Das plötzliche Alleinsein löste in mir Reaktionen aus, die auch schon vorher spürbar gewesen waren, die mich aber bisher nicht in so großer Intensität und Häufigkeit verfolgt hatten. Folgende Symptome begleiteten mich nach der Trennung und vor Beginn der Psychoanalyse in meinem Alltag: eine allgemein niedergeschlagene Grundstimmung, Freßsucht, Angstzustände mit den dazugehörigen körperlichen Reaktionen (Atemnot, Schweißausbrüche, Verspannungen, Globus, Erschöpfung), dazuhin masochistische Zwangsideen, Konzentrationsschwächen, Schlaflosigkeit.

Ein entscheidender Grund für den Gang zum Therapeuten

war das Gefühl, all diesen Reaktionen gegenüber hilflos zu sein. Ich konnte weder meine Freßanfälle willentlich kontrollieren noch die Angstzustände irgendwie kompensieren. Die Symptome überrollten mich förmlich, ich war nur noch mit größter Anstrengung und Überwindung in der Lage zu arbeiten. Immer häufiger kamen Suizidideen, mein Leben schien mir so nicht mehr lebenswert, und so sah ich die einzige Hoffnung in der Konsultation eines «Fachmanns». Damit ging ich einen häufigen (wenn auch, wie gesagt, heute vielleicht nicht mehr typischen) Weg in die Psychotherapie. Die Stationen dieses Weges waren: starker Leidensdruck, eigene Hilflosigkeit und Ohnmacht, starke Einengung und Behinderung durch die Symptome im Alltag, ein deutliches Nachlassen der Fähigkeit, die täglichen Aufgaben zu bewältigen, Hoffnung auf Hilfe von außen.

Auch später waren es dieselben Umstände, die die immer wiederkehrenden Beweggründe für alle folgenden Therapieversuche lieferten. Ich konnte mich auch später weder mit meiner Krankheit arrangieren noch mich mit ihr abfinden, sondern ich empfand mein Leben großenteils als nicht lebenswert und qualvoll. Nur die Hoffnung auf eine Besserung gab mir die Kraft, nicht freiwillig meinem Leben ein Ende zu setzen.

Die Kosten

Schon am Anfang meines Berichts möchte ich einen kurzen Überblick über den Geld- und Zeitaufwand für die verschiedenen Therapien geben, die ich durchgemacht habe. Dabei gehe ich chronologisch vor:

1. Psychoanalyse:	zweieinhalb Jahre Therapie
	Sitzungen ein- bis zweimal wöchentlich
	Gesamtkosten: 15000 DM

2. Primärtherapie:	vier Monate Therapie Sitzungen ein- bis viermal wöchentlich Gesamtkosten: 10000 DM + 8000 DM Verdienstausfall
3. Klinik Mennigrode:	zwei Monate stationäre Therapie Gesamtkosten: 15000 DM, davon wurde ein Drittel von der Krankenkasse übernommen, also eigene Kosten 10000 DM
4. Verhaltenstherapie:	eineinhalb Jahre Therapie monatlich drei Tage mit je drei Sitzungen Gesamtkosten: 8000 DM + 1000 DM Fahrtkosten
5. Gesprächstherapie:	eineinhalb Jahre Therapie zwei Sitzungen wöchentlich Gesamtkosten: 20000 DM
6. Aufenthalt im Ashram:	zweimal eine Woche Aufenthalt Teilnahme an Einzel- und Gruppensitzungen Gesamtkosten: 2000 DM
7. Hypnose:	eine unentgeltliche Sitzung
8. Suchtklinik:	zwei Monate stationäre Psychotherapie Gesamtkosten: 12000 DM, davon eigene Kosten 6000 DM

Die Zusammenstellung ergibt einen Betrag von etwa 80000 DM an Therapiekosten, die ich während ca. 10 Jahren zu tragen hatte. Darin sind die anfallenden Nebenkosten für Hotels, Verpflegung und zusätzliche Aufwendungen für stationäre Aufenthalte nicht enthalten. Ebensowenig habe ich die Kosten für die vielfältigen einmaligen Vorgespräche mit verschiedenen Therapeuten mitgerechnet. Realistisch betrachtet könnten Kosten um die 100000 DM entstanden sein. Während dieser Kostenaufstellung fällt mir spontan der Untertitel eines Buches von Wolfgang Schmidbauer ein: «Die Ware Nächstenliebe» [1]. Nicht daß ich es aus ethischen Gründen ablehnen oder kritisieren würde, für Hilfeleistungen Geld zu verlangen. Aber auf diesem Gebiet sind die Gegenleistungen doch so fragwürdig, daß die Durchführung solcher Therapien auch ein moralisches Problem darstellt.

Mein Resümee lautet: Neben einem Betrag von etwa hunderttausend Mark habe ich enorm viel Zeit und Energie aufwenden müssen. Ich habe mich schmerzhaften «Aufarbeitungen» ausgesetzt und viel Unmenschlichkeit ertragen. Für eine wirkliche Hilfe hätte ich das alles in Kauf genommen. Doch das tragische Ergebnis sieht anders aus: Ich habe nicht nur bei keiner Therapie Hilfe gefunden – durch einige Therapien ist sogar eine erhebliche Verschlimmerung meiner Erkrankung eingetreten!

In der körperlich orientierten Medizin hätte ich zumindest theoretisch die Möglichkeit, Schadenersatz zu verlangen. Der psychotherapeutischen Pfuscherei sind aber auch juristisch keinerlei Grenzen gesetzt.

Zwei

Eine Einführung in die Psychotherapieszene

Selbst unter den ketzerischen Lehren wird es wieder Ketzereien zweiten Grades geben ... denn jene Köpfe, die zu Schismen neigen und von Natur Lust zu Neuerungen verspüren, sind ebenso naturgemäß jeder Gemeinsamkeit abgeneigt und lassen sich niemals an die Ordnung und den organischen Zusammenhalt eines Leibes binden.

Sir Thomas Browne, ‹*Religio medici*›
Erstes Buch, § 8

Über dieses Buch

Der Sinn der Psychotherapie

Jede Psychotherapie verfolgt das Ziel, bei dem Menschen, der sich ihr anvertraut, eine Veränderung zu bewirken. Dabei steht fast immer der Versuch im Vordergrund, das «neurotische Elend» eines Menschen so zu beeinflussen, daß es sich dem durchschnittlichen Zustand und dem durchschnittlichen Erleben anderer Menschen annähert.

Das Standardwerk *‹Psychotherapie›* von Hans Strotzka definiert seinen eigenen Gegenstand folgendermaßen:[2] «Psychotherapie ist ein bewußter und geplanter interaktioneller Prozeß zur Beeinflussung von Verhaltensstörungen und Leidenszuständen, die in einem Konsensus (möglichst zwischen Patient, Therapeut und Bezugsgruppe) für behandlungsbedürftig gehalten werden, mit psychologischen Mitteln (durch Kommunikation) meist verbal, aber auch averbal, in Richtung auf ein definiertes, nach Möglichkeit gemeinsam erarbeitetes Ziel (Symptomminimalisierung und/oder Strukturveränderung der Persönlichkeit) mittels lehrbarer Techniken auf der Basis einer Theorie des normalen und pathologischen Verhaltens.»

Diese reichlich komplizierte und abstrakte Definition könnte sicherlich von allen Psychotherapeuten der etablierten Schulen, die sich auf wissenschaftliche Grundlagen berufen, in etwa übernommen werden. Die Übersetzung in die Alltagssprache lautet ungefähr folgendermaßen: Eine Psychotherapie besteht darin, daß Therapeut und Patient bewußt eine Beziehung eingehen, die so gestaltet wird, daß die Verhaltensstörungen oder Leidenszustände gebessert werden, die der Patient, der Therapeut und möglichst auch die Menschen in der Umgebung des Patienten für behandlungsbedürftig halten. Die Einwirkung in der therapeutischen Beziehung geschieht dabei mit psychologischen Mitteln, also vor allem in der verbalen und averbalen Kommunikation der Beteiligten, und strebt ein bestimmtes, nach Möglichkeit gemeinsam festgelegtes Ziel an, nämlich entweder die Besserung der Symptome oder die Veränderung des Charakters und der Persönlichkeit. Die dafür eingesetzten psychologischen Techniken müssen lehrbar sein und auf einer nachprüfbaren Theorie des normalen und pathologischen menschlichen Verhaltens beruhen.

Eine solche Definition trifft, wie gesagt, auf nahezu alle etablierten Schulen der Psychotherapie zu. Die Verhaltenstherapeuten würden anders als der Tiefenpsychologe Strotzka vielleicht eher von «Lernprozessen» anstatt von «interaktionellen Prozessen» sprechen, und sie würden vielleicht den einschränkenden Zusatz «durch Kommunikation» streichen. Aber abgesehen von solchen Einzelheiten gibt Hans Strotzkas Definition eine breite Übereinstimmung innerhalb der Psychotherapie wieder, und, was noch wichtiger ist, auch der hilfesuchende Patient wird in aller Regel von ähnlichen Vorstellungen ausgehen. Er erwartet vom Fachmann, daß dieser die Ursachen seines Problems zumindest grob angeben und Wege zur Abhilfe vorschlagen kann. Dabei setzt er als selbstverständlich voraus, daß sich der Therapeut auf eine bewährte Theorie psychischer Störungen und auf ein erprobtes Instrumentarium der Abhilfe stützt, daß er also – wie es die obige Definition vorsieht – als Fachmann über technisches Wissen verfügt und das Problem des Patienten nicht nur nach den eigenen beliebigen Ideen deutet und behandelt.

An diesem Punkt stellt sich bereits das erste Problem, wenn man die tatsächliche Situation der Psychotherapie an der oben gegebenen Definition mißt. Denn in der Praxis gibt es nicht nur eine, es gibt mehrere einander ausschließende Theorien des normalen und pathologischen Verhaltens, auf die sich nicht nur mehrere, sondern viele verschiedene Therapierichtungen stützen. Daher reicht die bloße Forderung nach einer theoretischen Grundlage weder für die Wissenschaft noch vom Standpunkt des hilfesuchenden Patienten her aus. Der Leidende, der zu einem großen Opfer an Zeit, Geld und Mühe bereit ist, um Erleichterung zu finden, erwartet mit Recht eine fundierte und richtige Theorie als Grundlage seiner Behandlung. Auch die Astrologie oder die Scientology-Sekte Ron L. Hubbards verfügen über ein in sich geschlossenes System theoretischer Aussagen über das menschliche Verhalten und seine Störungen. Aber da dieses System sich durch Erfahrung nicht bestätigen und zum Teil nicht einmal überprüfen läßt und da die Ergebnisse in der Praxis mehr als fragwürdig sind, werden diese – und andere – Theoriesysteme zu Recht nicht als Grundlage einer Psychotherapie anerkannt.

Was mich zum Schreiben motiviert hat

Wenn man sich wissenschaftlich mit Fragen der Psychotherapie beschäftigt oder wenn man Hilfe in einer seelischen Notlage sucht, kann man sich von der Aufgabe des Prüfens und Unterscheidens nicht befreien. Während der Wissenschaftler für diese Aufgabe einigermaßen ausgerüstet ist, hat der Laie kaum eine Möglichkeit, die Solidität eines therapeutischen Ansatzes oder gar einer einzelnen therapeutischen Maßnahme zu überprüfen. Ein Hilfesuchender weiß selten, worauf er sich mit dem Gang zum Psychotherapeuten einläßt und welche Gefahren dieser Gang mit sich bringt oder zumindest mit sich bringen kann. Trotz der geachteten Stellung des Psychotherapeuten in der Öffentlichkeit gelangt das Geschehen in der Psychotherapie selbst wenig nach außen und wird wenig über die Fachgrenzen hinweg diskutiert. Im Gegensatz dazu arbeitet die somatische, die für die Behandlung körperlicher Erkrankungen zuständige Medizin sehr viel stärker im Licht öffentlicher Diskussion und öffentlicher Kontrolle.

Die Gründe für diese Diskrepanz sind nicht leicht auszumachen: Es ist zwar sicherlich richtig, daß die Methoden der modernen Psychotherapie für den Laien unverständlich sind. Doch dies trifft auf die somatische Medizin großenteils ebenfalls zu. Der Laie versteht die Arbeitsweise der Computer-Tomographie oder die Wirkung von Antibiotika ebensowenig wie den Prozeß der Psychoanalyse oder die Prinzipien bedingter Konditionierung, die in einer Verhaltenstherapie benutzt werden. Trotzdem unterliegt die somatische Medizin einer erheblichen Erfolgskontrolle durch das Urteil von Laien, und neue Entwicklungen in der Medizin werden häufig öffentlich diskutiert und sogar politisch beurteilt.

Von Theorie und Praxis der Psychotherapie dagegen hält sich der Laie eher fern. Selbst ausgesprochen hochangesehene Richtungen wie die Psychoanalyse werden nur auf ihre wissenschaftlichen Aussagen hin befragt, sehr selten aber auf ihr praktisches Arbeiten hin. Es besteht eine viel größere Scheu, sich mit Verhaltensproblemen, mit Abweichungen von der seelischen Normalität zu befassen als mit körperlichen Krankheiten. Dies gilt auch für die Betroffenen selbst: Körperliche Krankheiten haben zwar einen verschiedenen «Statuswert», so wird man ein beim Skifahren gebrochenes Bein mit mehr Stolz vorzeigen als eine Fußpilzinfektion. Aber es gibt kaum eine körperliche Erkrankung, die so sorgsam verborgen gehalten wird wie seelische Probleme. Wer an Depressionen leidet oder wer Kontaktschwierigkeiten hat, wird praktisch niemals so selbstverständlich auf seinen Defekt reagieren und so selbstverständlich fremde Hilfe in Anspruch nehmen wie ein körperlich Erkrankter.

Die Scheu des Gesunden, sich näher mit dem Prozeß psychotherapeutischer Behandlung zu befassen, und die Scheu der Leidenden, sich über ihr Leiden zu äußern, haben wohl beide dieselben Ursachen. Einmal haftet der seelischen Störung viel eher als dem körperlichen Leiden der Geruch des Unheimlichen, des Undurchschaubaren an. Der technische, wissenschaftliche Optimismus, der gegenüber körperlichen Erkrankungen sehr groß ist (in der Tat ist er eher größer, als es die Erfolge rechtfertigen), existiert zwar auch gegenüber seelischen Problemen. Im Gegensatz zur körperlichen Erkrankung will man sich mit dem seelischen Leiden aber nicht selbst befassen. Man glaubt zwar an die Kompetenz des Fachmanns, aber man möchte mit seinen Methoden nichts zu tun haben.

Zum andern sind die meisten Menschen viel eher als im Fall körperlicher Erkrankung bereit, dem Leidenden selbst die Schuld für sein Leiden zu geben. Diese Einstellung ist sicherlich nicht von Vernunftgründen gestützt. Zwar gehen viele seelische Erkrankungen nach meiner Überzeugung zumindest teilweise auf frühere Handlungen und Entscheidungen der Patienten zurück, für die diese durchaus verantwortlich sind. Aber selbstverständlich gilt das gleiche auch für viele körperliche Leiden: Ein gewisses Maß an Eigenverantwortung läßt sich für eine Angina pectoris oder für Leberbeschwerden ebenso häufig feststellen wie für eine Depression oder für Partnerprobleme. Und andererseits scheint eine seelische Störung wie die Phobie einen Menschen ebenso schicksalhaft zu befallen wie eine Hepatitisinfektion oder ähnliches. Trotzdem erscheint die Phobie viel eher als ein persönlicher Makel als eine Infektionskrankheit, und die Psychotherapie, die sich mit der Behandlung von Phobien (neben vielem anderen) befaßt, erzeugt dieselbe Kontaktangst und dasselbe Unbehagen wie die seelische Erkrankung, mit der sie es zu tun hat.

Aus Gründen, die ich in dieser Einführung noch deutlich machen werde, halte ich eine ausführliche öffentliche Diskussion und eine kritische Überprüfung des Psychotherapiebetriebs für lange überfällig. Eine solche Diskussion kann aber nur in Gang kommen, wenn Informationen aus der Praxis der Öffentlichkeit auf verständliche und glaubwürdige Weise vermittelt werden. Hierzu ergab sich in Gestalt des vorliegenden Buches eine unerwartete Gelegenheit, da es möglich wurde, das Geschehen in psychotherapeutischen Behandlungen an einem Einzelbeispiel anschaulich zu machen. Wir werden den Versuch unternehmen, an Hand des authentischen Berichts Vera Beckers und damit an Hand ihrer tatsächlich durchlaufenen – oder besser durchlittenen – Therapiekarriere einen Einblick in die Szene der modernen Psychotherapie zu gewähren, wie er für den Laien und selbst für viele Fachleute sonst nicht möglich ist. Obwohl das Buch von einem Einzelschicksal ausgeht, handelt es sich dabei nicht um einen Einzelfall, aus dem sich keine Lehren für das allgemeine Problem des psychotherapeutischen Helfens ziehen ließen. Persönliche Therapieberichte in Buchform sind genügend auf dem Markt, und es lag weder in der Absicht der Autoren noch in der des Verlags, diese Berichte um einen weiteren zu ergänzen. Vielmehr ging es darum, vom Einzelschicksal aus Licht auf den Zustand der Psychotherapie in der Bundesrepublik Deutschland insgesamt zu werfen, aus den Einzelerfahrungen allgemeine Schlußfolgerungen zu ziehen und vor allem zu warnen: zu warnen vor der Methodengläubigkeit von Patienten und Therapeuten, zu warnen vor den damit verbundenen Vorstellungen von wunderbarer Hilfe und helfendem Größenwahn, zu warnen vor der Verantwortungslosigkeit unkritischer Therapeutenpersönlichkeiten, die selbst bei bestem Willen auf Kosten ihrer Patienten Erfolgsillusionen produzieren, und nicht zuletzt zu warnen vor jenem seelischen Leid, das durch die Psychotherapie erst geschaffen werden kann.

Die Autoren

Um das Vorhaben verwirklichen zu können, einen persönlichen Erlebnisbericht mit einer wissenschaftlichen Analyse zu verbinden, arbeiteten an dem vorliegenden Buch zwei Autoren mit: Vera Becker, die sich im ersten Teil bereits vorstellte, erzählt von der leidvollen langjährigen Reise durch die «Psychotherapieszene», die sie auf der Suche nach Hoffnung und Hilfe zu unternehmen gezwungen war. Die Gründe, warum sie nach immer neuen Hilfsmöglichkeiten greifen mußte, wird sie im dritten, sechsten und achten Teil noch näher erläutern. Ihr persönlicher Erlebnisbericht bildet den Kern dieses Buches.

Ich selbst bin ein Verhaltenswissenschaftler, der sich schon seit Jahren mit dem Ablauf und dem Erfolg verschiedener Formen der modernen Psychotherapie befaßt. Ich habe auch selbst als Psychotherapeut gearbeitet und bin daher von Theorie und Praxis her mit der einschlägigen «Szene» vertraut. Von mir stammen neben dieser Einführung der vierte, fünfte und siebte Teil. Die Grundlage der ungewöhnlichen Kooperation zwischen der Erleidenden (so der Wortsinn von «Patientin») und mir, einem Wissenschaftler und Therapeuten, bildet eine in längeren Gesprächen erreichte Verständigung, die zwar keineswegs bis zur völligen Übereinstimmung reicht, die aber weit genug geht, um das gemeinsame Ziel des Informierens und Warnens zu verfolgen. Ich bin mit Vera Becker einig darüber, daß die moderne Psychotherapie häufig nicht heilt, weil sie selbst krank ist. Die Psychotherapie ist zum Teil kränker als die Patienten, denen sie zu helfen versucht, und darum macht sie ihre Patienten auch nicht selten kränker, als sie vorher waren.

Trotz seiner in vieler Hinsicht typischen Züge hat das Schicksal Vera Beckers natürlich auch Besonderheiten, darunter solche, die dieses Buch erst möglich machen. So war Vera Becker, wie ihr Bericht zeigen wird, in einem ungewöhnlich hohen Maß zur persönlichen und gedanklichen Verarbeitung ihrer Erfahrungen als Patientin imstande. Zum Teil war dies sicherlich der

Fall, weil sie selbst einen Heilberuf ausübt und daher zumindest nachträglich (oft aber auch bereits während der Therapie) die Gedankengänge nachvollziehen konnte, von denen ihre Psychotherapeuten gelenkt wurden. Ihre Kontaktfähigkeit und ganz allgemein ihre Fähigkeit zum Umgang mit anderen Menschen wurde durch ihr seelisches Leiden relativ wenig beeinträchtigt. Dies liegt zum Teil sicherlich an der Art der Störung, die nach der klassischen psychoanalytischen Diagnostik (nicht nach modernen Systemen) bei den Angstneurosen einzuordnen wäre. Depressionen oder zum Beispiel eine Suchterkrankung hätten es wahrscheinlich unmöglich gemacht, in ähnlich energischer Weise mehrere verschiedene Therapieangebote wahrzunehmen, um dort Hilfe zu suchen. Natürlich geht diese trotz aller Probleme erhaltene soziale Kompetenz und die Energie des Handelns auch auf persönliche Eigenschaften zurück, die nicht psychologisch oder gar psychopathologisch aufzuschlüsseln sind. Aber über diese Eigenschaften und besonders auch über Vera Beckers Fähigkeit zur engagierten – und doch nicht aufdringlich subjektiven – Darstellung ihrer Erfahrungen, die für dieses Buch ungemein wichtig ist, kann sich jeder Leser an Hand ihrer eigenen Beiträge selbst ein Bild machen.

Weiterhin ist es von großer Bedeutung, daß Vera Becker immer wieder von einem starken und spezifischen Leidensdruck zur Therapie getrieben wurde. Sie litt an Einschlafängsten, Begegnungsängsten und Zwangsvorstellungen, von denen besonders die nächtlichen Ängste ein normales Leben erheblich behinderten. Diese Art von Symptomen stellt einen genauen – und damit auch echten – Test für jede psychotherapeutische Behandlung dar, denn in einem solchen Fall will der Patient von seinem Symptom befreit werden. Mit weniger gibt er sich nicht zufrieden, da sein Leiden zu groß und zu aktuell ist. Viele Menschen beginnen eine Psychotherapie aber unter ganz anderen Voraussetzungen: Häufig steht hinter dem Entschluß, sich in eine Psychotherapie zu begeben, ein allgemeines, eher diffuses Unbehagen am eigenen Leben und an der eigenen Erlebensfähigkeit. Diese Art von Glückssehnsucht sollte durchaus als Leiden ernstgenommen werden, aber man muß realistischerweise erkennen, daß sie auch relativ leicht durch suggestive Erlebnisse, durch Einstellungs- und Umweltveränderungen zumindest vorübergehend beruhigt werden kann. Menschen mit einer solchen Therapiemotivation erreichen in der Behandlung recht häufig einen Zustand, in dem sie die Therapie als einen Erfolg erleben, ohne daß sich ein spezifisches Leiden oder ein spezifisches Defizit wesentlich gebessert hätte. Die Psychotherapie war für sie eine anregende und oft lehrreiche Erfahrung, sie hat den Menschen «weitergebracht» (ein beliebtes Wort), und damit gibt sich der Patient dieser Art zufrieden. Ein Mensch, den ein einzelnes Symptom unerträglich belastet, kann diese Art der Zufriedenheit nicht erreichen.

Vielleicht noch häufiger hat es der Psychotherapeut mit Patienten zu tun, die an aktuellen, durch gegenwärtige Konflikte hervorgerufenen seelischen Problemen leiden. Auch Vera Becker wurde durch einen akuten Konflikt, nämlich durch ein Zerwürfnis mit ihrem Freund, in die Therapie getrieben. Aber leider kam es in ihrem Fall nicht zu einem allmählichen Abbau der seelischen Probleme, sondern zu einer fortlaufenden Verstärkung, die noch andauerte, als sich der akute Konflikt bereits weitgehend erledigt hatte. In der Mehrzahl der Fälle verläuft der Prozeß dagegen anders: Mit dem akuten Konflikt verlieren sich die psychischen Symptome, so daß es auch in der Therapie zu echten oder scheinbaren Erfolgen kommt.

Akute Beziehungsprobleme oder Lebensprobleme, zum Beispiel ein Ehekonflikt oder Arbeitslosigkeit, haben allgemein als spezifische lebensgeschichtliche Ereignisse die Tendenz, ihre Wirkung mit der Zeit zu verlieren. Die Chance, daß es einem in aktuelle Konflikte verstrickten Menschen nach zwei bis drei Jahren besser geht, ist in jedem Fall hoch, und sie wird durch eine psychotherapeutische Behandlung, wenn überhaupt, nur wenig erhöht.[3] Wiederum geht es nicht darum, die stützende Funktion eines Fachmanns in solchen Situationen abzuwerten, im Gegenteil. Aber auch in einem solchen Fall läßt sich einsehen, daß relativ leicht der Eindruck einer erfolgreichen Behandlung entsteht, obwohl die Psychotherapie als Technik, als wissenschaftlich fundierte Methode, die als Erfolg gedeuteten Effekte eigentlich gar nicht hervorgebracht hat.

Die Suche nach Heilung

Für eine Patientin, die an genau angebbaren Symptomen leidet, ist die Psychotherapie dagegen ein Mittel zur Heilung im eigentlichen Sinn dieses Wortes, oder sie sollte es zumindest sein. Sie sucht weder einen Weg zur besseren Selbstverwirklichung noch ein emotionales oder spirituelles Erlebnis, sie sucht Heilung. Auch eine Krisenintervention, eine Überbrückungshilfe in turbulenten Lebensphasen, kann sie nicht als echte Hilfe erleben. Daher ergibt es sich, daß gerade eine solche Patientin auch immer wieder andere Therapeuten und Therapien aufsucht, solange sie die Hoffnung hat, daß ihr vielleicht doch geholfen werden kann, und – was sehr wichtig ist – solange die Therapeuten ihr Hoffnung machen, daß ihr geholfen werden könnte. Auch eine auf diese Weise von schwerem Leiden angetriebene Suche nach konkreter Hilfe gegen konkretes Leiden war eine Voraussetzung dafür, daß Vera Becker die Erfahrungen sammeln konnte, über die sie in diesem Buch berichtet.

Trotzdem gehört das Leiden selbst, das die Reise durch die Therapieszene verursachte, keineswegs in eine seltene oder auch nur ungewöhnliche Kategorie seelischer Störungen. An Hand der üblichen diagnostischen Kriterien würden Probleme dieser Art als «phobisch-paranoide Störung» oder als «agoraphobische Störung» in den großen Kreis des neurotischen Leidens eingeordnet werden. Ein scharfer Diagnostiker hätte dabei auch noch zwanghafte Einzelsymptome unterschieden, die zum Teil allerdings im Lauf der «Therapiekarriere» in den Hintergrund traten. Ähnliche Störungen machen etwa 15 Prozent aller neurotischen Störungen aus, wegen denen ein Psychotherapeut oder Psychiater aufgesucht wird.[4] Von einem seltenen oder gar von einem ungewöhnlichen Problem kann also auf keinen Fall gesprochen werden, auch wenn natürlich jede «Neurose» (was immer das auch sein mag) in gewisser Weise einen Einzelfall darstellt, da kein menschliches Schicksal in jeder Hinsicht mit einem anderen deckungsgleich sein kann. Doch mit dieser Art der Individualität jedes seelischen Leidens müssen alle Psychotherapeuten rechnen. Sie stellt keine ungewöhnliche Komplikation dar, sondern bildet die unausweichliche Grundlage jeder psychologischen Beratung und jeder Art von Psychotherapie. Trotzdem lassen sich ja unbestrittenermaßen auch auf seelisches Leiden viele allgemeine diagnostische Kriterien anwenden. Und wenn man dies tut, so handelt es sich bei den Problemen Vera Beckers keineswegs um einen Sonderfall.

Der Supermarkt der Psychotherapien

Therapieoptimismus oder Therapiepessimismus?

Meine Vorbemerkungen zu diesem Buch ebenso wie die Vera Beckers mögen manchen Leser seltsam berührt haben, vor allem jene, die durch die Lektüre psychologischer Sachbücher bereits über einige Kenntnisse verfügen. Sie werden den Ton der einleitenden Worte möglicherweise als unangemessen pessimistisch und auch als ungerecht den engagierten Helfern gegenüber empfinden, die sich um Abhilfe bei seelischen Leiden bemühen. Denn unter den fast nicht mehr zählbaren Büchern, die sich mit der Theorie und Praxis der modernen Psychotherapie befassen, gibt es kaum eines, das nicht zumindest ein hoffnungsvolles Bild von den Möglichkeiten psychotherapeutischen Helfens zeichnet. Buchstäblich Dutzende von Werken, die in den letzten beiden Jahrzehnten erschienen sind, verkünden (allerdings jedes nur für sich), daß die wirksame und richtige Art der Behandlung seelischen Leidens endlich entdeckt worden sei. Und auch Übersichtswerke mit wissenschaftlichem Anspruch erwecken in aller Regel den Eindruck, das Problem der Psychotherapie bestehe vor allem in der Indikation, das heißt in der Aufgabe, für jede Störung aus der Fülle der Angebote die beste Hilfsmöglichkeit auszuwählen. Man hört immer wieder das Wort von dem «Supermarkt der Psychotherapien», wobei je nach Einstellung des einzelnen Fachmanns ein befriedigter oder auch ein etwas verächtlicher Unterton zu hören ist. Und obwohl das Bild eines Supermarkts die Lage in gewisser Hinsicht durchaus richtig beschreibt, führt es in anderer Hinsicht auch in die Irre.

Die Idee eines «Supermarkts» scheint die Auffassung zu bekräftigen, daß es auf dem Gebiet der Psychotherapie nicht nur ein quantitatives Überangebot gibt, sondern daß dieses Überangebot aus brauchbarer Ware besteht, so daß das eigentliche Problem im Auswählen aus diesem Überfluß liegt. Auch die sogenannten Therapieführer – die in ihren Beschreibungen der verschiedenen Therapien häufig sehr zuverlässig sind – erwekken einen solchen Eindruck, und der Hilfesuchende wird in den Stand eines psychologischen Gourmets versetzt, der es selbst übernehmen kann, aus dem Warenkorb das Angebot auszuwählen, das ihn «weiterbringt».

Wie die Berichte Vera Beckers zeigen werden, ist diese Haltung aber keineswegs gerechtfertigt und entspricht nicht den tatsächlichen Erfahrungen der Praxis: Hinter der äußeren Vielfalt der Psychotherapieszene verbergen sich immer wieder ähnliche Einstellungen und Vorurteile, und es kommt immer wieder zu ähnlichen Erfahrungen zwischen Patienten und Therapeuten. Der verwirrenden Schulenvielfalt entspricht keine vergleichbare Vielfalt an Ideen und Hilfsmöglichkeiten. Vielmehr läßt sich (was die therapeutischen Methoden betrifft) eine große Zahl von Schulen auf relativ wenige einfache Grundpositionen reduzieren. Und die Wirkung, die eine Behandlung auf eine bestimmte Problemlage haben wird, ist nur sehr schwer und ganz bestimmt nicht vom Hilfesuchenden selbst vorauszusehen. Wie kam es aber dann überhaupt zu der heute zu beobachtenden Aufsplitterung, die die Grundlagen des psychotherapeutischen Helfens eher verbirgt als erhellt?

Die Entstehung des Therapeutenmarkts

Es würde sicherlich zu weit führen, hier den geschichtlichen und sozialen Strömungen nachzuspüren, die zu dem «Psycho-Trip» der gebildeten Schichten in den Ländern der westlichen Welt führten und führen. Der äußere Ablauf dieser Entwicklung läßt sich dagegen relativ einfach charakterisieren.

Bis zum Zweiten Weltkrieg hatte sich die Psychoanalyse mit ihren einzelnen Zweigen (neben der klassischen Analyse die analytische Psychologie nach C. G. Jung, die Individualpsychologie nach Alfred Adler, später die Neopsychoanalyse nach Karen Horney, Harald Schultz-Hencke und anderen) als die wichtigste Methode psychotherapeutischen Helfens in den USA bei den Psychiatern und Psychologen großenteils durchgesetzt. Es gab zwar auch die strikt oppositionelle Gruppe der behavioristischen Psychologen, aber deren Schwerpunkt lag damals in der akademischen Forschung und nicht im Bereich praktischer Psychotherapie. Die vorher noch meist gegen die Psychoanalyse eingestellte ärztliche, neurophysiologisch oder anatomisch orientierte Psychiatrie war nach dem Zweiten Weltkrieg (was die Psychotherapie betrifft) zu einem erheblichen Teil «psychoanalysiert» worden.

In der Bundesrepublik Deutschland kam es ebenfalls nach dem Zweiten Weltkrieg zu einer ähnlichen, nur noch wesentlich revolutionäreren Umwälzung, da die Psychoanalyse zur Zeit des «Dritten Reiches» geächtet gewesen war. In einer vehementen Gegenbewegung eroberten die Psychoanalytiker nach Kriegsende das ganze Feld der Psychiatrie und bestimmen es in der Bundesrepublik bis zum heutigen Tag. Die Psychoanalyse wurde zur geachteten und etablierten Methode psychotherapeutischen Handelns, so daß der Gang zum Therapeuten nahezu identisch wurde mit dem Gang zum Analytiker. Doch bald begannen sich auch abweichende Methoden und Meinungen in der Praxis zu Wort zu melden, und wieder gingen die Änderungen von den Vereinigten Staaten aus.

Zum einen gelang es der behavioristischen Psychologie zunehmend, auch Psychotherapiemethoden für die Praxis zu entwickeln. Je mehr die einengenden (und teilweise falschen) ideologischen Prämissen des klassischen Behaviorismus abgelegt wurden, desto stärker erwies sich die ehemals behavioristische, empirisch orientierte wissenschaftliche Psychologie als praxisrelevant. So entstand neben der bereits fest etablierten Psychoanalyse unter dem Namen «Verhaltenstherapie» eine zweite, vor allem an den Universitäten und in der Forschung anerkannte Schule der Psychotherapie. In den USA hat die Verhaltenstherapie die Psychoanalyse in einem erheblichen Ausmaß von den Universitäten und sogar aus der medizinischen Praxis verdrängt, und in der Bundesrepublik scheint eine ähnliche Entwicklung stattzufinden. Zumindest in der psychologischen Forschung spielt die Psychoanalyse zur Zeit gegenüber der Verhaltenstherapie kaum mehr eine Rolle, soweit man aus den Themen wissenschaftlicher Kongreßvorträge und dem Inhalt wissenschaftlicher Zeitschriften schließen kann.

Weiterhin entstand nach dem Zweiten Weltkrieg neben der Psychoanalyse und der Verhaltenstherapie eine dritte therapeutische Strömung, die ihre Wurzeln in der Persönlichkeitspsychologie Carl Rogers' und Abraham Maslows hat.[5] Aus dieser Arbeitsrichtung, die auch unter dem Überbegriff der «humanistischen Psychologie» zusammengefaßt wird, entwickelte sich die «klientenzentrierte Gesprächstherapie» zur bekanntesten Methode. Sie geht direkt auf Carl Rogers zurück und bildet heute auch in der Bundesrepublik zusammen mit der Verhaltenstherapie den psychotherapeutischen Standardlehrstoff an Universitäten. Die Psychologiestudenten lernen «VT und GT», wenn sie das Psychologiediplom erwerben wollen, nicht aber psychoanalytische oder andere tiefenpsychologische Techniken.

Zur «humanistischen Psychologie» werden neben den Schulen der eigentlichen Gründer noch eine ganze Reihe anderer Schulen gezählt, zum Beispiel das Psychodrama nach Moreno, die Gestalttherapie und andere. Es ist heute zum Teil unmöglich, den Bereich der «humanistischen Psychologie» überhaupt sinnvoll einzugrenzen, da viele verschiedene Schulen dieses Etikett in Anspruch nehmen, ohne mit den Lehren Maslows oder Rogers' viel gemeinsam zu haben.

Eine dritte wichtige Entwicklung außerhalb der Psychoanalyse bestand darin, daß es anstatt der bisher üblichen Einzeltherapie immer beliebter wurde, Therapiegruppen zu bilden. Diese Tendenz zur Gruppe geht ursprünglich auf den Psychologen Kurt Lewin[6] zurück, aber die Gruppentherapie wurde bald überall – auch in der Psychoanalyse – üblich und mit den Inhalten der jeweiligen Schulen gefüllt. Heute sind die verschiedenartigen Gruppenprozesse, die als Psychotherapie angeboten werden, kaum mehr zu überschauen. Einige dieser Methoden werden in den folgenden Berichten Vera Beckers wieder auftauchen.

Die Entwicklung «etablierter» Therapieformen, wie sie bisher skizziert wurde, formte aber bei weitem nicht das ganze Spektrum der heutigen Methoden. Besonders auf der Grundlage der Psychoanalyse und der humanistischen Psychologie schossen Sonderformen in den sechziger und siebziger Jahren wie die Pilze aus dem Boden und erreichten zum Teil eine große Popularität und Wirkung. Die Welle der neuen Psychotherapietechniken rollte, wie immer, von den USA – besonders von der Westküste Kaliforniens ausgehend – nach Europa herüber. Fritz S. Perls[7] entwickelte die Gestalttherapie, indem er Elemente der Tiefenpsychologie mit gestaltpsychologischen Ideen verband und sich so der «humanistischen Psychologie» mehr oder weniger angliederte. Eric Berne und später Thomas A. Harris[8] machten die Transaktionsanalyse populär, die großenteils ebenfalls aus dem Ideenbestand der Psychoanalyse schöpft, daneben aber auch Vorstellungen aus der Kommunikationstheorie enthält. Etwa zur gleichen Zeit entwickelte Arthur Janov[9] seine Primärtherapie oder «Urschreitherapie». Auch diese sehr bekannt gewordene Methode erweist sich bei genauerer Betrachtung als ein Ableger psychoanalytischer Vorstellungen. Sowohl die Transaktionsanalyse als auch die Primärtherapie zählen sich selbst gelegentlich zur großen Bewegung der «humanistischen Psychologie» hinzu. Die Berechtigung dafür ist, wie gesagt, aus ihren Theorien kaum herzuleiten.

Die Primärtherapie wird häufig mit der «Schreitherapie» nach Daniel Casriel[10] verglichen oder gar mit dieser identifiziert. Diese Gleichsetzung ist nicht ganz richtig (und Casriel gegenüber auch nicht ganz fair), obwohl beide Methoden etwa zur selben Zeit entstanden sind und in den therapeutischen Grundgedanken sowie in den Methoden erhebliche Ähnlichkeiten aufweisen. Es bestehen aber auch Ähnlichkeiten zwischen Schreitherapie und Verhaltenstherapie sowie Gestalttherapie, so daß man die Schule Casriels wohl zwischen Primärtherapie, Verhaltenstherapie und Gestalttherapie einordnen sollte. Die Unterscheidung zwischen Janov und Casriel muß deswegen betont werden, weil beide Schulengründer im folgenden Bericht Vera Beckers eine Rolle spielen werden, wobei sowohl die Gemeinsamkeiten als auch die Unterschiede für ihr «Therapieschicksal» bedeutsam wurden.

Doch damit nicht genug: Im Zug der «kognitiven Wende», die in der wissenschaftlichen Psychologie vor etwa zehn Jahren stattfand, entwickelten sich auch einige Formen kognitiv orientierter Psychotherapie, die häufig in Grundgedanken und Methoden zwischen Verhaltenstherapie und «humanistischer» Therapie vermitteln. Bekanntester Vertreter wurde Albert Ellis[11] mit seiner rational-emotiven Therapie, während andere Autoren[12] nur in Fachkreisen Interesse erregten. Neben der relativ nüchternen und akademisch orientierten kognitiven Therapie wäre aber auch noch die Renaissance einer ganz anderen Richtung zu erwähnen, nämlich der Therapie nach Wilhelm Reich[13], die ebenfalls einen – allerdings ziemlich stark abgeirrten – Ableger der Psychoanalyse bildet. In die Nähe Reichs kann auch die Bioenergetik nach Alexander Lowen[14] eingeordnet werden; aber beide Methoden sollen trotz ihrer Verbreitung hier ohne weitere Erklärung nur genannt werden, da sie im folgenden Text keinen eigenen Part zu übernehmen haben.

Auch in der bisherigen Übersicht sind immer noch nur diejenigen Schulen und Richtungen enthalten, die einen hohen Bekanntheitsgrad haben und die vom psychotherapeutischen Establishment zumindest mit einer relativen Toleranz betrachtet werden. Das Angebot des psychotherapeutischen Supermarkts ist damit aber noch lange nicht hinreichend beschrieben. Denn da gibt es noch die kalifornischen «rebirther», die den Patienten zu therapeutischen Zwecken seine Geburt wiedererleben lassen. Es gibt die Neo-Sannyas-Bewegung mit ihrer Mischung aus westlichen Therapiemethoden und östlicher Guru-Verehrung sowie eine Vielzahl mehr oder weniger verwandter Formen mystisch-therapeutischer Selbstverwirklichung, deren gesellschaftliche Bedeutung im Zeichen der New-Age-Bewegung immer mehr zuzunehmen scheint.

Aber auch wenn man diese eher abseits gelegenen Verfahren einmal außer acht läßt, ist es sehr schwer, das Warenangebot des therapeutischen Supermarkts wirklich hinreichend zu beschreiben. Zum Beispiel habe ich in meiner kurzen Aufstellung sämtliche suggestiven und autosuggestiven sowie die mehr der Entspannung und inneren Regulation dienenen Verfahren unberücksichtigt gelassen. Zu nennen wären also mindestens noch die Hypnosetherapie und die geschichtlich davon abgeleiteten, auf der Kommunikationstheorie aufbauenden Formen der Kurztherapie. Ebenso zu nennen wäre das gerade in Deutschland sehr verbreitete autogene Training und vielleicht noch die verschiedenen Methoden des Biofeedbacks. Aber diese im Ablauf weniger spekulativen und im Anspruch weniger umfassenden Methoden geraten eben leicht in Vergessenheit, sieht man sie neben dem ehrfurchtgebietenden autoritären Gedankengebäude Sigmund Freuds oder der lautstarken Popularität der Primärtherapeuten, Transaktionsanalytiker und vieler anderer «Reformer» des Psychotherapiewesens.

Effektivität trotz aller Widersprüche?

Aber nun bedeutet Vielfalt der Schulen und Formen, wie bereits erwähnt, ja noch lange nicht auch eine Vielfalt der Gedanken oder gar eine Vielfalt effektiver Hilfsmethoden. Wie es mit der Effektivität der Ware «seelische Hilfe» steht, läßt sich aus der Vielfalt der Angebote allein nicht erschließen. Allerdings nehmen die verschiedenen Schulen und Richtungen jede für sich in Anspruch, auch effektive Hilfe leisten zu können, und sie belegen diesen Anspruch mit eindrucksvollen Fallberichten (allerdings sehr viel seltener mit exakten Erfolgsuntersuchungen). Wer die moderne Psychotherapieszene nicht aus der Praxis, sondern nur aus Sach- und Fachbüchern kennt, muß dabei unweigerlich den Eindruck erhalten, als ob es sich bei der Psychotherapie trotz einzelner Auswüchse um eine im großen ganzen wohlfundierte und wirksame Methode der Hilfe bei seelischen Leiden handle, ähnlich den Methoden ärztlicher Hilfe bei körperlichen Erkrankungen aller Art. Und in der Tat entspricht dies genau der Haltung, die der durchschnittlich informierte Bürger heute gegenüber der Psychotherapie einnimmt. In aller Regel hält man es (ohne von den psychotherapeutischen Methoden die geringste Vorstellung zu haben) für ebenso berechtigt, einen Nachbarn mit Depressionen an einen Psychotherapeuten zu verweisen, wie man einem anderen Nachbarn mit Gallenkoliken einen Internisten empfehlen würde. Diese optimistische Auffassung wird nicht nur von den streitbaren Schulen- und Sektengründern, sondern durchaus auch von Publikationen mit hohem wissenschaftlichem Anspruch unterstützt. Hans Strotzka vertritt in seinem in deutscher Sprache weitverbreiteten Standardwerk mit eher tiefenpsychologischer Orientierung [2] nach langen und differenzierten Betrachtungen über Therapieeffekte die Auffassung, daß von den behandelten Neurosen (auch von solchen mit chronisch gewordenen Symptomen) weit mehr als die Hälfte wirksam gebessert oder sogar geheilt werden könnte. Es werden Zahlen zwischen 70 und 90 Prozent genannt, wobei auch der Rest häufig noch als wenigstens etwas gebessert verbucht wird. Dies gilt nach dem genannten Werk zumindest dann, wenn der Patient eine anerkannte und erfahrene Institution oder einen entsprechenden Praktiker aufsucht. Aber selbst die Erfolgsquoten der weniger etablierten Methoden beurteilt Strotzka, wenn auch mit Vorsicht, so doch keineswegs rundherum negativ. Es ist daher nicht verwunderlich, daß der durchschnittlich informierte Bürger der modernen Psychotherapie vertraut und dieses Vertrauen auch an die Menschen weitergibt, die von seelischen Problemen betroffen sind. Aber häufig überlebt dieses Vertrauen den tatsächlichen Kontakt mit einem Psychotherapeuten oder mit einer Klinik nicht allzu lange – und das hat seine Gründe.

In Wirklichkeit hat der Depressive, der einen Psychotherapeuten aufsucht, keine auch nur annähernd so gute Chance wie der Patient mit Gallensteinen, daß ihm wirksam geholfen wird.[15] Er hat noch nicht einmal eine Chance, zuverlässige Informationen darüber zu erhalten, welche Diagnose die Fachleute stellen und wie sie die Ursachen beurteilen. Denn zur Depression gibt es mindestens drei grundlegend verschiedene Auffassungen über Ursachen und Zusammenhänge dieser Störung, denen der Hilfesuchende jeweils bei verschiedenen Fachleuten ohne weiteres begegnen könnte. Und da es noch nicht einmal über die Ätiologie des seelischen Leidens irgendeine Einigkeit gibt, kann es natürlich auch keine Einigkeit in bezug auf wirksame Hilfsmaßnahmen geben. Es bleibt dem Zufall überlassen, ob der Depressive vor allem Medikamente erhält, ob man ihm zu einer Psychoanalyse rät oder ob ein Verhaltenstherapeut für ihn ein Programm der Verhaltensmodifikation entwirft. Von einer genaueren Indikation, also von der Auswahl einer Methode, die für den speziellen Fall am ehesten angebracht wäre, kann unter diesen Umständen sowieso selten oder nie die Rede sein. Wenn überhaupt, werden Überlegungen zur Indikation nur innerhalb einer Schule angestellt. Zum Beispiel gibt es innerhalb der Psychoanalyse Kriterien dafür, welche Patienten eher von einer Einzeltherapie und welche eher von Gruppentherapie profitieren könnten.[16] Aber selbst diese schulengebundenen Indikationsstellungen werden häufig nicht sorgfältig vorgenommen: Auch im Fall Vera Beckers wurde in der Psychoanalyse Gruppentherapie angewandt, obwohl von etwa sechs wesentlichen Kriterien für diese Wahl nur höchstens eines erfüllt war. Zu einer Auswahl passender Methoden über die Schulgrenzen hinaus kommt es noch viel seltener, da praktisch jede Schule beansprucht, allein das ganze Feld der notwendigen Hilfen abzudekken. Wenn überhaupt, dann macht sich am ehesten der Patient selbst Gedanken darüber, ob nicht eine andere Form der Therapie für ihn besser wäre. Es gibt zwar Psychotherapeuten, die einen Hilfesuchenden sofort auf eine andere Schule verweisen, bevor sie überhaupt eine Therapie beginnen. So kann es – wenn auch selten – vorkommen, daß ein Psychoanalytiker einem Patienten eher eine Verhaltenstherapie empfiehlt. Was nach meiner Erfahrung jedoch praktisch nie vorkommt, ist, daß ein Patient dann weiterverwiesen wird, wenn sich während der Behandlung herausstellt, daß die Erfolge sich nicht wie erwünscht einstellen. Zwar hält jeder Psychotherapeut, sofern er sich seinen gesunden Menschenverstand bewahrt hat, das Scheitern einer Behandlung für möglich. Was die meisten aber für unmöglich zu halten scheinen, ist, daß ihre Therapiemethode oder zumindest die Anwendung ihrer Methode in einem bestimmten Fall fragwürdig oder verfehlt gewesen sein könnte.

Es hängt also weithin weder vom Leiden des Patienten noch vom Stand wissenschaftlicher Erkenntnis ab, welche Hilfsmaßnahme auf ihn angewandt wird. Vielmehr bleibt dies mehr oder weniger dem Zufall überlassen, der den Hilfesuchenden in eine bestimmte Praxis oder Klinik und nicht in eine andere führt.

Der Mantel äußeren Friedens

Natürlich ist es den praktizierenden Fachleuten – anders als den Laien – sehr wohl bekannt, daß ihre eigenen Maßnahmen von denen der meisten Kollegen extrem abweichen können und zum Teil sogar gegenteilige Ziele verfolgen. Die innerfachlichen Auseinandersetzungen zwischen den verschiedenen Schulen und Gruppen werden demgemäß auch häufig sehr heftig geführt. Andere Therapeuten, denen heftige Auseinandersetzungen nicht liegen, reagieren auf diese verfahrene Situation mit einer nahezu allumfassenden Toleranz: Es wird alles geduldet, was guten Willens geschieht. Der Therapeut oder die Therapeutin müsse nur Wärme und Verständnis ausstrahlen, dann helfe – so diese eklektische Auffassung – auch nahezu alles. Aber weder das streitsüchtige Sektierertum der einen noch die schier endlose Toleranz der anderen gelangen in der Regel an die Öffentlichkeit. Nach außen hin, in populären Reden und Büchern, wird der Eindruck erweckt, es gäbe eine erfahrungsgemäß fundierte und relativ einheitliche Kunst psychotherapeutischen Handelns, auf deren Einsichten und Regeln sich der Patient verlassen könne. Der Psychoanalytiker, der eben in einem wissenschaftlich formulierten (und daher für den Laien unleserlichen) Fachartikel messerscharf dargelegt hat, daß die klientenzentrierte Gesprächstherapie höchstens zur Behandlung akuter Stressreaktionen gesunder Personen taugt, bei echten Neurosen aber versagen müsse, kann am nächsten Tag öffentlich mehr Stellen für Psychotherapeuten fordern und wird die Gesprächstherapie dabei keineswegs ausnehmen. Er wird höchstens versuchen, die «humanistische» Konkurrenz in klinik- und universitätsinternen Machtkämpfen auszumanövrieren.

Und der Verhaltenstherapeut, der persönlich fest davon überzeugt ist, daß die ganze Psychoanalyse im Kern auf einer Art von Aberglauben beruht, wird diese Überzeugung meist nur in einem spezialisierten Fachbuch in geschraubten Sätzen zum Ausdruck bringen. Auf keinen Fall wird er – was folgerichtig, aber nicht opportun wäre – den Entzug jeder öffentlichen Förderung für psychoanalytische Ausbildungsstätten verlangen. Ebenso wie sein psychoanalytischer Kollege wird er nach mehr Stellen rufen und wird gleichzeitig unauffällig versuchen, diese Stellen mit Personen seiner Wahl zu besetzen.

Für jeden, der keine eigene Erfahrung mit Forschung, Lehre und Praxis der Psychotherapie hat, ist es außerordentlich schwer, diesen schützenden Mantel aus Standespolitik, Standeskonvention und äußerlich zur Schau getragener Toleranz für alles und jedes zu durchdringen. Ein erster Verdacht, daß es mit den Erfolgen der Psychotherapie nicht so steht, wie es die Psychotherapeuten selbst und mit ihnen das öffentliche Bewußtsein wahrhaben wollen, könnte gerade aus der unerklärlichen Vielfalt der immer neuen Lehren und Schulen genährt werden. Denn die Begründer neuer Schulen, seien es Perls, Berne, Casriel, Ellis oder Janov, sind sich bei aller gegenseitigen Unvereinbarkeit doch in einem Punkt einig: Sie erklären sich übereinstimmend enttäuscht über die fehlenden Erfolge der Methoden, die sie von ihrem jeweiligen Standpunkt aus die «herkömmliche Psychotherapie» nennen (womit sie meist Psychoanalyse oder Verhaltenstherapie oder beide meinen). Jeder der Schulengründer kam nach seinen eigenen Bekundungen durch die Erfahrung des Mißerfolgs herkömmlicher Methoden zu seinen Neuerungen, die ihm dann – auch in dieser Hinsicht herrscht Übereinstimmung – erst echte therapeutische Erfolge bescherten. Falls ein Leser es geschafft hat, genügend solcher Bücher geistig zu verdauen, muß er sich eigentlich fragen, warum so viele Neuerer der Psychotherapie (und nicht nur sie) außerhalb ihrer eigenen Schule allgemeine Erfolglosigkeit sehen, während die Vertreter der jeweils anderen Richtungen davon bei sich selbst nichts wahrzunehmen scheinen. Für solche Einschätzungsunterschiede gibt es nur zwei Erklärungen: Entweder machen die Rebellen die etablierten Methoden schlecht, um selbst in einem besseren Licht zu erscheinen, oder aber die meisten Schulen der Psychotherapie sind mit ihren Methoden relativ erfolglos, und die Rebellen versuchen dieser Erfolglosigkeit lediglich zu entkommen, indem sie immer neue Varianten und Ableger der alten Methoden ausprobieren. Sobald sie dann einen eigenen Standpunkt eingenommen haben, identifizieren sie sich so mit ihrer Arbeit, daß die Kritik nur noch den anderen, nicht aber ihnen selbst gelten kann.

Daß für diese zweite Erklärung einiges spricht, wird aus dem folgenden Bericht Vera Beckers noch hervorgehen. Sie wird aber auch von Autoren bestätigt, die man nicht in die Schar aggressiver Schulengründer einordnen kann und die trotzdem ihrer Enttäuschung über die Praxis der heutigen Psychotherapie Ausdruck verleihen. Als Beispiel eines solchen Wissenschaftlers kann der Kommunikationsforscher Paul Watzlawick zitiert werden, der schreibt: «Wie in vielen Therapeuten mit orthodoxer Ausbildung und jahrelanger praktischer Erfahrung wuchs auch in uns die Unzufriedenheit mit der Ungewißheit unserer Methoden, der Länge unserer Behandlungen und der Dürftigkeit unserer Behandlungsergebnisse.»[17]

Von dieser Aussage, die bereits einige Jahre alt ist, brauchen leider auch heute noch keine Abstriche gemacht zu werden. Allerdings bleibt immer noch die Frage, wie die «Dürftigkeit» der psychotherapeutischen Ergebnisse eigentlich zu erklären ist. Die Antwort auf diese Frage bildet ein wesentliches Thema unseres Buches. Aber bereits in diesen Vorbemerkungen möchte ich daran erinnern, daß eine Tendenz zur aggressiven Schulen- und Sektenbildung auch sonst in der Wissenschaft ein Symptom der Erfolglosigkeit und nicht des Erfolgs darstellt. Man kann dies durch viele Beispiele belegen: Unter anderem zerfiel im letzten Jahrhundert die Vererbungslehre in einige unvereinbare Schulen, und zwar weil man in Medizin und Biologie über die tatsächlichen Grundlagen der Vererbung praktisch nichts wußte. Seit die Genetiker den chemischen Mechanismus der Vererbung durchschaut haben, existieren keine Schulen im früheren Sinn mehr, obwohl es natürlich eine große Zahl strittiger Einzelfragen gibt. Diese Tatsache einer in Grundfragen einigen «wissenschaftlichen Gemeinde» bedeutet nicht unbedingt, daß die moderne Genetik in jeder Hinsicht recht hat. Aber sie bedeutet zumindest, daß die moderne Genetik ihre Erkenntnisaufgabe zur Zeit hinreichend erfüllen kann und daß sie die auftauchenden technischen und medizinischen – leider nicht die ethischen – Probleme zufriedenstellend löst. Das Merkmal einer Wissensrichtung, die weder hinreichend Erkenntnis gewinnt noch hinreichend praktisch ist, bildet dagegen gerade die theoretische und methodische Zersplitterung bis hin zur völligen Verständnislosigkeit zwischen den einzelnen Schulen. Daß sich die Psychotherapie in einem Zustand der Verwirrung und Zersplitterung befindet, kann nicht ernsthaft geleugnet werden. Daß dies auf die üblichen Ursachen des Nichtwissens und der Inpraktikabilität zurückgeht, werden die meisten Psychotherapeuten allerdings vehement leugnen. Doch auf diese wissenschaftstheoretische Diskussion kann ich hier nicht weiter eingehen. Das Ziel des vorliegenden Buches ist es vielmehr, die konkret erfahrbaren, praktischen Auswirkungen der Zerrissenheit und der Unverbindlichkeit innerhalb der Psychotherapieszene darzustellen und für den Leser faßbar zu machen. Dies geschieht am besten an Hand authentischer Erfahrungen, wie Vera Becker sie im folgenden Teil schildern wird.

Drei

Der erste Teil des Berichts: Von der Psychoanalyse zur Primärtherapie

Wie können wir Liebe gegen den Nächsten zu zeigen hoffen, wenn wir gegen uns selbst lieblos sind? «Jeder ist sich selbst der Nächste», tönt es durch alle Welt; aber in Wirklichkeit ist jeder sich selbst der schlimmste Feind und gleichsam sein eigener Scharfrichter.

Sir Thomas Browne, ‹*Religio medici*›
Zweites Buch, § 4

Die Analyse

Das Holzzimmer

Die Wände sind mit hellem Holz ausgetäfelt, dazwischen Bücher, Radierungen, bequeme Ledermöbel, ein Schreibtisch. Schade, daß der Anlaß für meinen Besuch so deprimierend ist, man könnte sich hier wohl fühlen. Es ist Sommer. Mein Körper klebt am Leder. Ich schwitze – weniger wegen der Hitze als wegen der Aufregung.

Dann betritt Milstein den Raum, ein Mann in den besten Jahren, die Kleidung dezent, aber von guter Qualität. Er läßt sich in den Sessel sinken, liegt mehr, als daß er sitzt, greift zu einer der Pfeifen, die vor ihm auf dem Schreibtisch liegen, fragt nach dem Grund meines Kommens, beobachtet mich aus den kleinen, wachen Augen, hat seine Pfeife endlich angezündet, lehnt sich wieder zurück, zieht die Stirn leicht in Falten. Meine Worte sind mir fremd, ich spreche wie aus einem Psychiatrielehrbuch von Depressionen, auslösenden Situationen, Identitätsverlust und Suizidneigung. Er hört zu, zieht an seiner Pfeife, läßt mich sprudeln, sagt dann: «Sie wissen schon einiges über sich.»

Ich nicke: «Ja, das ist ja das Schwierige, im Kopf kann ich mir alles erklären, aber die Gefühle sind so schrecklich. Seit vierzehn Tagen habe ich keine Nacht mehr geschlafen, weil ich jede Nacht Todesangst bekomme, sobald ich das Licht ausmache. Ich kann nicht allein sein, nachts, die halbe Nacht verbringe ich in Bars, den Rest bringe ich mit Alkohol hinter mich. Morgens bin ich wie erschlagen.» Es ist mir peinlich, ihm von mir zu erzählen. Ich versuche krampfhaft, die Titel der Bücher in den Regalen zu entziffern. Warum sagt er denn nichts? Schweigen. Die Zeit klopft in meinem Hirn. Ich traue mich nicht, ihn anzusehen – als hätte ich ihm eben einen Mord gestanden.

Er nimmt die Brille von der Nase, hält jäh in der Bewegung inne, sagt: «Sie wünschen, daß jemand bei Ihnen wäre und Sie beschützen würde.» In der Stimme ist eine leichte Fragestellung hörbar. Er setzt die Brille wieder auf.

Ich bin verärgert. Diese Stille geht mir auf den Wecker. Was soll die Frage? «Natürlich würde ich mir das wünschen. Allein leben ist doch kein Zustand – oder möchten *Sie* allein leben?» Er nimmt die Brille wieder ab. «Es geht um das, was *Sie* wollen. Wie war es denn früher mit dem Alleinsein?»

Ich brauche nicht lange nachzudenken. Szenen meiner Kindheit spulen sich in rascher Folge vor meinem inneren Auge ab. Allein gelassen werden war an der Tagesordnung. Oft verbrachte ich die Nächte bei Nachbarn, bis ich dort einschlief, oder in meinem eigenen Bett zusammengekauert unter der Decke mit einem Teddy, immer in der Gewißheit, daß gleich jemand kommt, um mich umzubringen. Seine Stimme dringt in meine Bilder: «Fällt Ihnen nichts dazu ein?» – «Doch, zuviel, zuviel auf einmal, ich weiß gar nicht, wo ich anfangen soll. Es war schon immer ein Problem, schon ganz früh.» Er sagt: «Das ist also nichts Neues für Sie, in gewisser Hinsicht sind Sie damit vertraut.» Seine Stimme geht am Satzende etwas hoch.

Diese ruhige Art, das Abwartende, Einfühlende verunsichert mich, ist mir fremd, provoziert mich. Ich fühle mich ausgeliefert, beobachtet, nackt, hilflos, krank, allein, schwach und wertlos. Zwischen ihm und mir ist dieser Riesenschreibtisch – die Sommerblumen sprechen für ihn – oder für seine Frau – roter Klatschmohn – sie müssen einen Garten haben – ob er Kinder hat? Er muß so um die Fünfzig sein. Auf jeden Fall ist er der

Fachmann. Ich stelle ihm eine Frage: «Was meinen Sie zu all dem Schrott, den ich Ihnen erzählt habe?»

Die Pause scheint unendlich zu werden. Alle seine Sätze sind genau überlegt. «Ich meine schon, daß Sie eine Therapie brauchen», sagt er schließlich. Er lächelt ein bißchen, als wolle er sich für diese Erkenntnis entschuldigen. Na ja, das wußte ich vorher auch schon ...

Irgendwann, als ich schon angefangen habe, mich an die Situation zu gewöhnen, sieht er auf seine Uhr: «Wir müssen für heute zum Ende kommen.» Er schlägt ein Heft auf und notiert etwas. Sein Händedruck ist weich. Milstein ist mir nicht unsympathisch, wenn auch nicht ganz geheuer. Draußen weht ein leichter Wind, ich fühle mich wie nach einer bestandenen Prüfung und gönne mir zur Belohnung ein Eis.

Doppelte Enttäuschung

Schweigen – der Pfeifenrauch stört mich, er brennt in den Augen. Ich traue mich aber nicht, ihm das zu sagen. Ruhig und abwartend sitzt er mir gegenüber, mustert mich blitzschnell durch seine dicken Brillengläser, sieht dann wieder in Richtung Schreibtisch. Ich fühle mich unter Druck, habe mir vorher nicht überlegt, worüber ich sprechen möchte, fange an zu schwitzen. Mein Blick heftet sich an die Bücherwand in der Hoffnung, beim Lesen der Buchrücken eine Inspiration zu bekommen.

«Es fällt Ihnen heute schwer, einen Anfang zu finden», eröffnet Milstein die Sitzung. «Ja, sehr», sage ich. Ich bin erleichtert, daß das Schweigen endlich gebrochen ist: «Ich weiß nicht, womit ich anfangen soll. Eigentlich wiederhole ich mich dauernd mit meinen Problemen, aber mir fällt auch nichts Neues ein.» Er nimmt seine Brille ab, behält sie aber in der Hand: «Und dürfen Sie nicht immer wieder über dieselben Probleme reden?» – «Das ist es nicht. Es ist nur so, daß sich dadurch nichts geändert hat bisher – gerade gestern habe ich das wieder erlebt ...» – «Und Sie hätten gerne, daß sich sofort etwas ändert ...?» Ich fühle mich provoziert: «Was heißt sofort? Seit Monaten rede ich darüber, aber ich kann meine Erwartungen einfach nicht verleugnen. Nur weiß ich nicht, ob sie berechtigt sind oder ob ich projiziere. Sie wissen schon, was ich meine: die Beziehung zu meinem Freund.»

Es fällt mir schwer, mit einem Mann über einen anderen Mann zu sprechen. Ich habe Angst vor seinem Urteil, das er zwar nicht aussprechen wird, das aber doch unterschwellig da ist.

Also gestern war wieder dasselbe in grün. Ich möchte mit ihm reden, doch er hört überhaupt nicht zu, blättert seine Uniunterlagen durch. Ich fordere ihn auf, es mir zu sagen, wenn er jetzt keine Zeit hat. Darauf meint er, ich solle ruhig weitersprechen, er würde schon zuhören. Tatsächlich hat er sich aber die ganze Zeit mit irgendwelchen Chemieformeln beschäftigt ...

«Und wie haben Sie sich dabei gefühlt?» Milstein hat seine Brille wieder aufgesetzt. «Wie ich mich gefühlt habe?» Meine Stimme wird etwas schärfer. «Ignoriert, völlig ignoriert, wie Luft. Ich könnte genausogut mit der Wand reden, da wäre kein großer Unterschied.»

«Und kennen Sie dieses Gefühl, von einem Mann ignoriert zu werden?»

«Und wie ich das kenne. Genauso war es bei meinem Vater. Während meine Mutter mit ihm sprach, hat er oft Zeitung gelesen. Mich hat er eigentlich immer ignoriert. Meist hat er nur mit mir gesprochen, wenn er was an mir auszusetzen hatte. Ansonsten war ich ihm zuviel. Ich glaube, ihm war nur die Arbeit wichtig.»

«Dann ist es ja verständlich, wenn Sie auf dieses Verhalten bei Ihrem Freund mit soviel Wut reagieren.» Er beugt sich ein wenig vor, um seine Pfeife auszuklopfen, und sieht mir etwas länger in die Augen als gewohnt.

Ich nicke: «Ja, sicher hat es was mit meinem Vater zu tun. Es ist dann gestern noch schlimmer geworden. Ich habe ihn angebrüllt und ihm Vorwürfe gemacht, hab ihm gesagt, daß ich unter einer Beziehung was anderes verstehe, daß wir nicht miteinander, sondern nebeneinander leben, daß ich das Gefühl habe, sein Studium ist ihm wichtiger als alles andere ...»

«Sie sind sehr wütend, weil Sie nicht das Wichtigste für ihn sind», kommentiert Milstein.

«Nein, den Anspruch hab ich schon lange nicht mehr.» Ich merke, daß ich sauer auf Milstein werde, fühle mich in das Klischee «überfordernde Frau mit Vaterproblematik» gepreßt. «Es geht mir nicht darum, daß ich am wichtigsten sein will, sondern daß einfach kein Kontakt zustande kommt. Es fehlt die Wärme, das Verständnis und auch Zärtlichkeit.»

«Ich denke, daß Sie bei Ihrem Freund etwas suchen, was Sie bei Ihrem Vater immer vermißt haben. Sie erwarten, daß Sie jetzt die Zuwendung von Ihrem Freund bekommen, die Ihr Vater Ihnen nicht geben konnte.» Er lehnt sich in seinem Sessel zurück. Seine Worte scheinen mir unantastbar.

«Sie meinen also, daß ich jeden Mann überfordere, weil ich immer die Erwartungen an meinen Vater mit reinbringe?» Ich will jetzt genau wissen, was sich bei mir unbewußt abspielt.

«Wäre das ein Wunder nach Ihrem Kampf um die Zuwendung Ihres Vaters?»

Das ist hart. Ich will es einfach nicht wahrhaben, daß das der Grund für meine Unzufriedenheit in meiner Partnerschaft sein soll: «Aber das kann doch nicht alles sein: in einer gemeinsamen Wohnung leben, jeder macht seinen Kram, man ist aneinander gewöhnt, und sonst nichts! Keine Liebe, keine Inspiration, keine Gemeinsamkeiten außer dem alltäglichen Gesprächsstoff? Ich weiß nicht, ob ich mich damit abfinden kann. Ist das denn normal?» Ich fühle mich innerlich zerrissen, bin unsicher, inwieweit meine Wünsche realistisch sind, inwieweit ich vom Leben zuviel erwarte.

Milstein hält einen Moment inne, nimmt bedächtig seine Brille ab und spricht in einem ruhigen, aber bestimmenden Tonfall: «Im Verliebtsein neigt man dazu, den anderen zu idealisieren in Richtung Mutter- oder Vaterbild, das ist eben so. Und mit dieser Idealisierung kommen auch die entsprechenden hohen Erwartungen dazu. Man möchte endlich bekommen, was man als Kind vermißt hat: Zuwendung, Versorgung und Angenommenwerden. Diese Erwartungen können aber auf Dauer nicht erfüllt werden, und dann stürzt das Bild zusammen, und es folgt die Enttäuschung. Wenn man diese Enttäuschung überwunden hat, kommt der Punkt, wo man den anderen so akzeptieren kann, wie er ist, und nicht so, wie man ihn gerne hätte. Diese Entwicklung braucht aber Zeit.»

Er denkt, daß ich noch lange nicht soweit bin, schießt es mir durch den Kopf. «Wenn ich ehrlich bin, macht mich das, was Sie sagen, sehr wütend. Ich fühle mich von Ihnen nicht verstanden. Was Sie da eben gesagt haben, mag ja im großen und ganzen stimmen. Aber es kann doch nicht mein Ziel sein, zu lernen, mit einem gefühlskalten Ignoranten zusammenzuleben! Das werde ich nie schaffen, und ich glaube nicht, daß ich es lernen will ...»

«Jetzt sind Sie von mir auch enttäuscht.» Er lächelt weise. «Sie haben von mir ebensowenig das Verständnis bekommen wie von Ihrem Vater oder von Ihrem Freund. Anscheinend werden Sie von Männern immer enttäuscht. Ist es nicht so?»

Ich habe das Gefühl, in der Falle zu sitzen, weiß aber nicht, wieso. «Ja, es stimmt, ich fühle mich oft von Männern enttäuscht. Bei Frauen ist es viel leichter. Sie verstehen mich meist ohne große Worte. Jetzt habe ich auf Sie auch noch Wut. Ich kann das im Moment noch nicht richtig einordnen, es ist so ein Durcheinander in meinem Kopf ...»

«Ich bin eben auch ein Mann –» wieder lächelt er vielsagend – «und es ist durchaus im Sinne der Therapie, daß Sie mir gegenüber Gefühle entwickeln.» (Die sogenannte Übertragung, denke ich wütend.) «Ich kann verstehen, daß es manchmal nicht angenehm für Sie ist, aber das liegt, wie soll ich sagen, gewissermaßen an der Natur der Sache.»

Erschöpft und irritiert hänge ich im Sessel, weiß nichts mehr zu sagen, mein Kopf ist wie leer. Milstein sieht auf seine Uhr: «Wir müssen mal wieder zum Ende kommen ...»

Auf der Fahrt nach Hause merke ich, daß mein Kopf vor Wut dröhnt. Scheißmänner, denke ich, ihr könnt mich alle mal. Der mit seinen bürgerlichen Sprüchen über die gesunde Ehe, das ist ja wie lebendig begraben! Dann lieber ganz allein! Da ist noch eine andere Stimme, die sagt: «Vera, du bist eine männermordende Nymphomanin, du überträgst deinen Vaterkonflikt auf jeden Mann, du hast zu hohe Erwartungen, du solltest endlich zufrieden sein ...» So geht es ständig hin und her. Mein Fahrstil ist aggressiver als sonst, und ich nehme ein paar Umwege, um mich beim Fahren zu beruhigen.

Sucht kommt von Suchen

Es ist fünf Uhr nachmittags. Die indirekte Beleuchtung ist angenehm, es wird jetzt von Tag zu Tag früher dunkel. Den ganzen Tag lang habe ich darauf gewartet, über das zu reden, was seit Wochen mein Denken und Handeln beherrscht: Essen, unkontrolliertes Essenmüssen, das sich trotz aller guten Vorsätze nicht beeinflussen läßt, das mein ganzes Denken und Handeln bestimmt von morgens bis in die Nacht.

«Ich bin verzweifelt, weil ich es kein bißchen in den Griff bekomme. Mittlerweile ist es schon egal, was ich esse. Hauptsache, man kann es runterschlucken. Heute nachmittag habe ich ein Pfund Bohnen aus der Dose gegessen, obwohl ich keinen Hunger hatte, obwohl ich nie Bohnen mochte, es ist wie ein Anfall ...»

Milstein hört sich geduldig die Schilderung meiner Freßanfälle an. Heute wirkt er wacher als gewöhnlich. «Anscheinend treibt Sie etwas zum Essen, was stärker ist als Ihr Wille», sagt er. Ich gebe ihm recht. «Das stimmt – aber was?» – «Nun, Essen beruhigt, zumindest für eine gewisse Zeit.» Damit kann ich nicht viel anfangen. «Ich fühle mich absolut nicht beruhigt, im Gegenteil. Wenn ich wieder so einen Anfall hatte, fühle ich mich elend, werde wütend auf mich selbst, weil ich mich nicht beherrschen konnte. Es ist eher ein Erregungszustand, der dann folgt. Wenn ich nur wüßte, welche Funktion es hat.» – «Das Essen gehört zu den Grundbedürfnissen. Wenn ein Säugling nicht genährt wird, stirbt er.» Gedanklich versuche ich, das, was er sagt, in einen Bezug zu meiner Biographie zu bringen. Es muß etwas mit der frühen Kindheit zu tun haben, erkläre ich mir selbst: «Meine Mutter hat mir erzählt, ich hätte sehr schlecht Nahrung aufnehmen können. Vielleicht habe ich unbewußt Angst, daß ich sterben könnte, weil ich nicht genug esse, und irgendein Auslöser hat die Angst aktiviert oder so ...» Er ist mit dieser Deutung anscheinend nicht zufrieden. «Es sieht ja ganz so aus, als ob Sie die Nahrung verweigert hätten ...» Aha, denke ich, es geht also nicht wirklich um Essen. «Vielleicht habe ich nur auf die Ablehnung meiner Mutter reagiert. Sie hat erzählt, daß ich den Brei oft wieder ausgespuckt habe, wahrscheinlich wollte ich weniger die Nahrung als ihre Zuwendung. Und da ich die zu wenig bekam, habe ich auf diese Art protestiert.»

Milstein bestätigt meine Interpretation. «So wird es gewesen sein. Es entsteht der Eindruck, als dürften Sie es sich nicht erlauben, etwas aufzunehmen. Gleichzeitig ist aber ein großer Wunsch danach da. Und irgendwann wird dann der Wunsch größer als die Ablehnung, und Sie essen scheinbar gegen Ihren Willen sehr viel.» – «Ja, es muß ein starkes Bedürfnis nach Zuwendung dahinter stecken. Mag sein, daß ich jetzt symbolisch alles nachholen will, was ich früher entbehrt habe. Es ist ja auch dermaßen stark – ich bin diesem Zwang total ausgeliefert.» – «So wie Sie früher der Versorgung durch Ihre Mutter ausgeliefert waren?» – «Ja, vermutlich genauso. Meinen Sie, daß ich diese Phase jetzt irgendwie symbolisch nachhole? Mein Wunsch ist, wenigstens an Hand einer Erklärung einen Sinn in meiner Sucht zu sehen.» Er zögert. Ich merke, wie er sich darum bemüht, die richtigen Worte zu finden. «Sie versuchen unbewußt, alte Situationen wiederherzustellen, die Sie noch nicht verarbeitet haben, und das kann sich dann in solchen Reaktionen äußern.» Das reicht mir nicht. «Aber ich habe keine Erklärung, weshalb ich ohne äußeren Anlaß eine Freßsucht bekomme, und es dauert schon so lange. Wie lange kann es denn noch anhalten, bis ich es verarbeitet habe?» Er nimmt seine Brille ab, wie immer, wenn er etwas sagen will, was ihm wichtig ist. «Entwicklung braucht Zeit. Wir wissen nicht, wie lange es dauern wird, aber je mehr Sie es annehmen und je weniger Sie dagegen ankämpfen, um so schneller wird es verschwinden. Das scheint paradox, entspricht aber der allgemeinen therapeutischen Erfahrung.»

Das ist leicht gesagt, denke ich, aber ich nehme mir vor, es zu versuchen: nicht mehr gegen die Symptome ankämpfen. «Aber es ist nicht nur das Fressen allein, sondern auch, daß ich in meine Hosen nicht mehr reinpasse. Ich fühle mich so häßlich, und ich mag keine Röcke. In diesem Rock fühle ich mich viel zu vornehm. Mein Selbstwertgefühl ist am Tiefpunkt, weil ich mich so häßlich fühle mit den vielen Pfunden.»

Seine Antwort kommt spontan. «Wenn Sie dicker werden, heißt das auch, daß Sie fraulicher werden. Das können Sie wohl schlecht annehmen. – Verbinden Sie damit –» er macht eine kurze Pause – «verbinden Sie damit im weitesten Sinne irgendwelche Gefahren?»

Das ist mir etwas zu weit hergeholt. «Ich weiß, was Sie meinen. Sie denken, ich hätte Angst, daß ich dann auf Männer anziehender wirken könnte und das nicht will oder davor Angst habe. Das ist es nicht. Ich fühle mich einfach körperlich unwohl, und es entspricht nicht meinem ästhetischen Empfinden – ich mag mich selbst so nicht.»

Milstein engagiert sich ungewohnt stark: «Aber das ist es ja gerade. Sie können sich nur annehmen, wenn Sie mädchenhaft schlank sind. Sobald Sie nur etwas weibliche Formen entwickeln, bekommen Sie Angst. Sie können Ihr Frausein nicht annehmen.»

Ich versuche, mich auf diese Sehweise einzulassen. «Es stimmt insofern, als ich schon oft gedacht habe, daß es die Männer eigentlich besser haben insgesamt. Die Frauen sind doch überall benachteiligt. Also, wenn ich die Wahl hätte, ich wäre sicherlich lieber ein Mann geworden, besonders hier in unserer Gesellschaft.»

Milstein greift nach seinem vergoldeten Feuerzeug und zündet sich zu meiner Überraschung ein Zigarillo an. «Sie sprechen verallgemeinernd darüber. Hat es nicht etwas damit zu tun, daß es Ihnen in Ihrer Familie nicht erstrebenswert schien, eine Frau zu werden?»

Unruhig rutsche ich in meinem Sessel hin und her. Seine Deutungen erscheinen mir oft sehr zweifelhaft und zu einfach. «Wenn ich an meine Eltern denke, so schien mir beides nicht erstrebenswert – weder ein Mann zu sein noch eine Frau. Meine Eltern sind beide ausgesprochene Gegentypen: meine Mutter dominant, aktiv und selbstbewußt, mein Vater eher zu weich, unsicher und kränklich. Sie hatten nur eines gemeinsam, nämlich eine elende Abhängigkeit voneinander. Der eine könnte nicht ohne den anderen leben. Aber da war keiner, geschlechtlich gesehen, ein Vorbild, wirklich nicht.»

«Das ist kein Widerspruch zu dem, was ich eben sagte. Sie konnten sich eben mit dieser dominanten Mutter nicht identifizieren, dann schon eher mit dem etwas zu weiblichen Vater.»

Ich weiß nicht mehr, was ich glauben soll und was nicht. Schließlich komme ich zu dem Schluß, daß ich wahrscheinlich in der Abwehr bin und nur nicht wahrhaben will, daß ich mein Frausein ablehne. Ich kann noch nicht richtig annehmen, was Milstein mir nahelegt, fühle mich ein bißchen wie eine schlechte Schülerin, die ihrem Lehrer dauernd widerspricht. «Ich werde es zu Hause noch mal nachwirken lassen. Im Moment komme ich noch nicht klar damit, aber intellektuell sehe ich ein, daß das der Grund sein könnte, weshalb mir meine Gewichtszunahme solche Depressionen macht.» Nachdem ich das gesagt habe, fühle ich mich so, als hätte ich nur um des lieben Friedens willen die Wogen geglättet.

Seine Reaktion kommt mir bekannt vor: «Es braucht viel

Zeit, bis man sich diese Einstellungen zugestehen darf. Gönnen Sie sich doch diese Zeit.»

Ich nicke artig, habe aber den Eindruck, keinen Schritt weitergekommen zu sein. Es klingt mir alles zu spekulativ. Und letzten Endes kann ich nichts mehr entgegnen, wenn es um mein Unbewußtes geht. Schließlich ist er der Fachmann!

Am nächsten Imbiß kaufe ich zwei Portionen Pommes frites mit Mayonnaise, schlinge sie hinunter und denke: «Habe ich jetzt wirklich Hunger? Bin ich auf der Suche nach meiner Mutter, oder tickt mein Gehirn einfach nicht mehr richtig?» Wie so oft kann ich mich zu keiner definitiven Antwort durchringen.

Die Sache mit der Wurst

Analytische Gruppensitzung, Teilnehmerzahl: sieben. Wir haben mit unseren Stühlen einen Kreis gebildet und sitzen uns schweigend gegenüber – die übliche Stille am Anfang einer Sitzung. Plötzlich geht die Tür auf. Peter, ein hagerer, sportlich wirkender Mann um die Vierzig, kommt herein. Er hat sich verspätet. Er sei im Berufsverkehr im Stau steckengeblieben, entschuldigt er sich. Einige Gruppenteilnehmer lachen. «Was ist denn in dir für ein Stau?» erkundigt sich Jens. Peter nimmt mit einem Seufzer Platz. «Ja, ja, da ist im Moment so viel, daß ich lieber erst gar nicht anfange.» Er kneift seine Lippen zusammen und runzelt die Stirn. Wieder Schweigen, die Aufmerksamkeit richtet sich weiterhin auf Peter. Milstein macht keinen Ansatz zu intervenieren. «Also gut –» Peter schlägt die Beine übereinander und kratzt sich zögernd an der Stirn – «irgendwann muß ich ja doch mal drüber reden. Ich habe eine außereheliche Beziehung. Seit vier Monaten schon.» – «Und das haben Sie uns die ganze Zeit vorenthalten», beschwert sich Ursula mit lauter Stimme. «Ich konnte einfach nicht früher darüber reden. Es macht mir so viele Schuldgefühle auf der einen Seite, und auf der anderen Seite tut es mir gut. Meine

Freundin ist fünfzehn Jahre jünger als ich und viel aufgeschlossener als meine Frau.»

Stockend berichtet er über die heimlichen Treffen mit seiner Freundin, über die Wiedererweckung seiner Gefühle und die Ungewißheit über den Ausgang der Situation. Die Gruppenmitglieder haben bisher nur zugehört, ebenso der Therapeut. Sigrid, Mitte dreißig, alleinlebende Lehrerin, äußert Bedenken: «Das kann nicht gut gehen, mit einer so viel jüngeren Frau! Die hat doch Erwartungen, die Sie in Ihrem Alter nicht mehr erfüllen können. Nicht, daß ich Ihnen die Erfahrung nicht gönne, aber bei einem so großen Altersunterschied muß das doch einfach schiefgehen.» Die anderen protestieren: «Sie sind doch nur eifersüchtig, weil Sie bisher noch keinen Mann halten konnten», kontert Jörg, ein Lehrer. «Viele Frauen bevorzugen geradezu ältere Männer, weil die Qualitäten haben, die sie bei jüngeren nicht finden können.» Wütend sitzt er da mit seinen stets etwas zu kurzen Hosen. Er wirkt etwas plump und unbeholfen, heute noch mehr als sonst, da er auf dem niedrigsten Stuhl sitzt.

Milstein setzt seine Brille ab. «Und müssen Sie Peter verteidigen gegen eine Frau?» fragt er. «Ich kann es nur nicht leiden, wenn sie ihm den Spaß nicht gönnt», erklärt Jörg. «Anscheinend haben Sie es immer schwer, sich gegen Frauen zu wehren, schon allein wie Sie sitzen.» Milstein deutet auf den niedrigen Stuhl. «Mir fällt auf, daß Sie sich selbst klein machen.» Jörg wird rot, nickt: «Ja, ja, genauso ist es, überall fühle ich mich Frauen unterlegen. Obwohl ich beruflich über ihnen stehe, geht es mir selbst in der Schule so. Wenn Kolleginnen zu mir kommen, ist es mir meist unangenehm, weil ich denke, daß sie etwas von mir wollen, was ich nicht erfüllen kann.» – «Hab ich's mir doch gleich gedacht», platzt Sigrid heraus. «Was können wir Frauen für eure Mutterfixierung? Immer braucht ihr Frauen, die euch irgendwie unterlegen sind, entweder intellektuell oder erfahrungsmäßig – einfach, weil sie viel jünger sind. Und wenn die beiden Punkte nicht hinhauen, macht ihr sie eben ökonomisch abhängig. Und da soll ich nicht auf die Barrikaden gehen!» Milstein wippt mit dem rechten Fuß. Seine Stimme nimmt einen etwas härteren Klang an: «Und Sie haben Angst vor dieser Abhängigkeit.» Er erntet einen wütenden Blick von Sigrid. «Wenn ich mich recht erinnere», fährt er fort, «haben Sie sehr oft Grund gehabt, besonders auf einen Mann wütend zu sein ...» – «Ist ja schon gut, mein Vater ist an allem schuld.» Sigrid wird ironisch: «Und alles andere ist nicht wahr, oder?» Mit einer raschen Bewegung streift sie sich die Haare aus der Stirn. «Merken Sie nicht, daß Sie Ihre Erfahrung auf sämtliche Männer übertragen?» fragt Jörg, der sich inzwischen etwas beruhigt hat. «Nur weil Sie einen tyrannischen Vater hatten, müssen nicht alle so sein. Und Peter zählt mit Sicherheit nicht zu denen ...»

So geht es eine Weile zwischen den beiden hin und her. Ich langweile mich, bin innerlich eher auf Sigrids Seite, äußere mich aber nicht, weil ich befürchte, daß Milstein dann auf meine Vaterbeziehung zu sprechen kommt – und dazu habe ich heute keine Lust.

Schließlich haben sich die beiden Kampfhähne ausgetobt. Stille. Peter bricht das Schweigen, sieht mich fragend an: «Mich wundert, daß Sie nichts dazu gesagt haben. Ich hätte mir das gewünscht. Geht es Ihnen nicht gut?» – «Ich bin nicht richtig dabei», gestehe ich, «bin zu sehr mit mir beschäftigt.» – «Und wollen Sie erzählen, was Sie so beschäftigt?» fragt Milstein. «Ja schon. Eigentlich nichts Neues. Hab seit gestern wieder ein Kilo zugenommen. Heute nacht ist es besonders schlimm gewesen. Obwohl mein Kühlschrank leer war – ich hatte extra nicht eingekauft –, hab ich es nicht mehr ausgehalten und bin um zwölf Uhr noch zu einer Imbißbude gefahren, habe eine Wurst mit Fritten gekauft, ehrlich gesagt: Es waren zwei, nur weil ich es nicht aushalten konnte.»

Vereinzeltes Lachen, allgemeines Grinsen. Ich fühle mich irritiert, weiß nicht, was daran so komisch sein könnte. «Für mich ist das überhaupt nicht zum Lachen. Es ist doch total verrückt, nachts noch mal aufzustehen und zu einer Frittenbude zu fahren, nur weil so ein Freßanfall über einen kommt.» Ingo, der sich die ganze Zeit zurückgehalten hat, erklärt: «Also, das mit der Wurst ist doch wohl eindeutig.» – «Wie eindeutig?» Ich verstehe nicht, was er meint. «Na, einmal nachts, und dann ausgerechnet eine Wurst.» Er gluckst beim Sprechen: «Mit Ihrem Freund läuft wohl nicht mehr so viel ...» Jetzt begreife ich: «Ach so, Sie meinen, das sei was Sexuelles. Tut mir leid, das ist es aber nicht. Die Anfälle habe ich genauso tagsüber. Das ist völlig unabhängig von der Uhrzeit. Das mit der Wurst ist reiner Zufall. Um die Uhrzeit hat sonst nichts mehr offen, höchstens noch der Wienerwald.»

Wieder Lachen und Kopfschütteln. Milstein erhebt die Stimme: «Es sieht doch ganz so aus, als ob Sie auf der Straße etwas gesucht hätten.» Mein Gott, jetzt will er mich noch zur Prostituierten machen, schießt es mir durch den Kopf. Um die Uhrzeit sind in der Regel nur noch Männer und ganz bestimmte Frauen auf der Straße ... Ich wehre mich: «Mag ja alles stimmen, aber ich kann das beim besten Willen nicht nachempfinden. Ich merke schon, wenn ich andere Wünsche habe, aber im Moment sind die wie weggeblasen, auch weil sich gedanklich alles um mein Freßproblem dreht.» – «Ja, eben», grinst Peter. «Sie spüren Ihre sexuellen Bedürfnisse nicht mehr, dafür aber den Hunger. Für das Essen braucht man eben keinen Partner, das ist gefahrlos.»

Ich lehne mich zurück und frage mich, ob in diesen Äußerungen nicht doch etwas Wahres zum Ausdruck kommt. Wenn alle die gleiche Rückkopplung geben, muß doch was dran sein. «Ich kann mich nur wiederholen. Gefühlsmäßig kann ich mit der Deutung nichts anfangen. Aber vielleicht ist es unterbewußt dagewesen. – «Es stimmt schon, mit meinem Freund läuft in der letzten Zeit nichts mehr. Aber eigentlich ist es nicht die sexuelle Abstinenz, unter der ich leide, sondern vielmehr, daß wir nicht mehr miteinander reden können.» – «Sie versuchen jetzt, der Sache einen nicht so schmutzigen Grund zu geben?» fragt Milstein. Ich gebe auf: «Also gut, wenn alle meinen, es sei sexuell, dann war es das eben von mir aus. Und was soll ich daraus folgern? Mir vielleicht einen Liebhaber suchen?» Ich merke, daß ich wütend werde. «Vielleicht hört ja dann die Fresserei auf.» Ich bin mir nicht sicher, inwieweit ich meinen eigenen Vorschlag ernst nehmen kann. «Warum nicht? Zumindest könnte ich es ja mal ausprobieren.» Milstein unterbricht: «Ganz so einfach wird das Problem nicht zu lösen sein. Ich denke, das wissen Sie selbst auch.» Er sieht auf die Uhr: «Wir müssen mal wieder zum Ende kommen.»

Ungeduld

Einzelsitzung. Draußen ein schöner, sonniger Tag, in mir Ängste und Zweifel darüber, ob meine Bedenken, die ich jetzt äußern möchte, berechtigt sind. Auf der Hinfahrt habe ich lange überlegt, wie ich anfangen will. Jetzt fällt es mir doch schwerer, als ich dachte.

«Sie denken über etwas nach?» Milstein eröffnet die Sitzung und erleichtert mir damit den Anfang.

«Nachgedacht hab ich schon genug. Es geht darum: Jetzt mache ich seit über zweieinhalb Jahren bei Ihnen Therapie, und ich kann noch nicht die geringste Besserung sehen. Außerdem überlege ich, ob die Analyse das Richtige für mich ist. Das Reden fällt mir leicht, ist mir immer leichtgefallen. Aber was soll das Ganze, wenn ich nur gut über meine Probleme reden kann und sich nichts ändert? Mit zwölf Jahren habe ich angefangen, Freud zu lesen, mit dreizehn war ich in der Lage, die unbewußten frühkindlichen Konflikte meines Vaters zu analysieren. Sie wissen, in welcher Therapeutenrolle ich drin war, drin bin. Eigentlich wollte ich endlich mal von diesen furchtbaren Denkzwängen loskommen. Ich sehe ja überall nur noch das Kranke wie durch ein Vergrößerungsglas ...»

Während ich spreche, mache ich mir gleichzeitig Gedanken darüber, wie er mein Verhalten interpretieren wird. Sie sind ungeduldig, wird er sagen, Sie haben zu hohe Erwartungen, wird er deuten. «Sie haben sich mehr von dieser Therapie erhofft», sagt er tatsächlich. Bedächtig lehnt er sich im Sessel zurück. «Und jetzt sind Sie enttäuscht, daß Ihre Erwartungen nicht erfüllt werden. Eine verständliche Reaktion.»

«Sie verstehen mich nicht.» Meine Stimme wird lauter. Ich habe das Gefühl, gegen eine Wand zu reden. «Wie lange soll ich noch in meiner Kindheit rumwühlen, ohne daß ich mich wirklich besser fühle? An Ihrer Stelle fände ich Ihre Arbeit sehr unbefriedigend, wenn sich letzten Endes bei dem Patienten doch nichts ändert. Ich mache doch nicht die Therapie um der Therapie willen. Da könnte ich mich ja genausogut und vor allem wesentlich billiger bei einer guten Freundin aussprechen.» Der Schweiß bricht mir aus. Dieser Mann ist meilenweit entfernt von meinen Gedankengängen. Das macht mich hilflos und wütend.

Eine kurze Weile sieht er aus dem Fenster, dann setzt er wie gewohnt bedächtig seine Brille ab: «Wachstum braucht Zeit. Sehen Sie, Sie hatten als Kind schon massive psychische Reaktionen, das läßt sich nicht in so kurzer Zeit auswischen, da muß man Geduld haben – und waren Sie nicht schon immer ein bißchen ungeduldig?»

«Ja, sicher neige ich zur Ungeduld. Wenn ich nur mal irgendwo einen kleinen Ansatz sehen könnte, dann hätte ich Hoffnung, daß es besser wird, aber es ist in Wirklichkeit doch so, daß ich seit Beginn der Therapie noch zusätzliche Symptome entwickelt habe, die vorher nicht da waren – und das macht mich sehr stutzig.»

Milstein versucht zu erklären: «Eine Therapie bedeutet immer eine Wiederbelebung und Verarbeitung alter unangenehmer Erfahrungen. Deshalb muß man sich zum einen Zeit für den Reifungsprozeß nehmen, und zum anderen ist eine Verlagerung der Symptome nichts Außergewöhnliches. Solange Sie sich gegen Ihre Symptome wehren, werden sie höchstens stärker. Erst wenn Sie sie annehmen, ist die Wahrscheinlichkeit da, daß es tatsächlich besser wird.»

Ich bin nachdenklich geworden. Dadurch, daß er ruhig bleibt, daß er seine Worte mit Bedacht wählt, fühle ich mich mal wieder ein bißchen wie ein forderndes, ungeduldiges Kind. Dennoch – ich kann mich so nicht zufrieden geben: «Wenn es bei mir anscheinend so lange dauert, vielleicht könnte man noch andere Methoden hinzuziehen, quasi als Ergänzung. Ich habe immer wieder das Gefühl, daß das Reden allein nicht gut für mich ist. Was halten Sie davon?»

An seinem Gesicht – er zieht zweifelnd die Brauen hoch – kann ich erkennen, daß er nicht gerade begeistert ist. «Diese vielen Therapien, die jetzt aus dem Boden schießen, halte ich für sehr bedenklich. Man versucht heute alles möglichst schnell und billig zu machen. Die Versprechungen, die da gegeben werden, können nie gehalten werden. Und solange immer noch das Vorhandensein unbewußter Mechanismen geleugnet wird, ist an eine Zusammenarbeit mit Therapeuten anderer Schulen nicht zu denken. Man kann doch einen Menschen nicht mit einer Maus vergleichen und dann eine Therapie entwickeln, die an Mäusen geprobt wurde ...»

«Sie könnten mir also konkret nichts anderes empfehlen?» hake ich ein.

Er schüttelt entschieden den Kopf: «Leider nicht. Erfahrungsgemäß kommen die Patienten, die andere Methoden ausprobieren in der Hoffnung, schneller zum Erfolg zu kommen, früher oder später zurück. Das können Sie sich sparen.»

Jetzt ist er wütend auf dich, denke ich. «Wenn es so ist, wie Sie sagen – was glauben Sie, mit welcher Zeit ich zu rechnen habe? Gibt es darüber Erfahrungen, speziell auch, was Angstneurosen betrifft?»

Ohne nachzudenken, antwortet er: «Das kann niemand sagen, weil es von vielen verschiedenen Faktoren abhängt. Haben Sie Geduld! Es ist noch kein richtiges Vertrauensverhältnis zwischen uns. Ich bin ein Mann – und von Männern haben Sie sich regelmäßig enttäuscht gefühlt. Mich wundert nicht, daß Sie sich vor mir ebenso enttäuscht fühlen. Da hilft nur Vertrauen.»

Aha, kombiniere ich, jetzt ist meine mißglückte Vaterbeziehung schuld am Mißerfolg der Therapie. Erst muß ich eine bessere Beziehung zu Männern entwickeln, dann die Symbiose mit Milstein, und anschließend besteht eine vage Möglichkeit der Besserung. Ich teile ihm meine Gedanken nicht mit, fühle mich sowieso unterlegen und in ein Schema gepreßt, das mit meinen Gefühlen nicht übereinstimmt. Diesmal beende ich die Sitzung: «Für heute möchte ich nicht mehr weitermachen. Ich muß erst über all das nachdenken.» Milstein nickt verständnisvoll, steht auf, knöpft sein Jackett zu und gibt mir förmlich die Hand zum Abschied.

Der Abschiedsbrief

Ein paar Tage später schreibe ich folgenden Brief:

> Sehr geehrter Herr Dr. Milstein,
>
> hiermit möchte ich Ihnen mitteilen, daß ich die Therapie bei Ihnen beenden will. Ihre Argumente in der letzten Sitzung haben mich nicht wirklich überzeugt. Aus den bisherigen Erfahrungen kann ich beim besten Willen nicht daran glauben, daß es eine Frage der Zeit ist und nur mein Problem der Ungeduld. Meine eigene Einschätzung meiner Störung ist so, daß ich annehme, daß ich entweder eine unheilbare Störung habe (dann wäre jede Therapie nur Zeit- und Geldverschwendung) oder daß ich eine andere Therapieform brauche. Auch kann ich Ihre Kritik gegenüber anderen Richtungen so nicht annehmen. Und es macht mich wütend, daß der Mangel an wirklichem Er-

folg immer beim Patienten gesucht wird und Sie Ihr Konzept somit nie in Frage stellen. Diese innere Haltung halte ich für gefährlich, weil sie eine gewisse Selbstüberschätzung beinhaltet. Dennoch möchte ich mich für Ihr Bemühen und Ihre Geduld bedanken. Sie haben meinem Eindruck nach immer nach bestem Wissen und Gewissen gehandelt, das ist anerkennenswert.

Was die Zukunft angeht, so werde ich auf die Suche nach einer Therapieform gehen, wo spürbare und nachweisbare Veränderungen zu erwarten sind. Zumindest ist dies mein Ziel. Sollte mir tatsächlich nicht zu helfen sein, so ziehe ich es auf jeden Fall vor, mich bei einer vertrauten Person auszusprechen und mir von den 160 DM pro Woche lieber etwas Schönes zu kaufen. Ich denke, daß es in keinem anderen Berufsbereich so etwas gibt: nämlich viel Geld zu investieren, Zeit und Energie zu opfern, ohne den Anspruch haben zu dürfen, dafür eine nachweisbare Gegenleistung erwarten zu können. Ich hoffe in Ihrem Interesse und im Interesse Ihrer Klienten, daß Sie dieser Brief etwas zum Nachdenken anregt.

Mit freundlichen Grüßen
V. Becker

Primärtherapie

Das Erstgespräch

Er sitzt mir auf einem Bürostuhl gegenüber. Er wirkt jung, sportlich, ein bißchen bieder. Mir fällt auf, daß er einen Brillantring mit passendem Kettchen trägt – ein Kontrast zu der sonst so spartanischen Einrichtung, die mich an die Zeit um 1955 erinnert. Wir kauen noch mal alles durch – meine Kindheit, wann ich das erste Mal Angstzustände hatte, seit wann Selbstmordideen da sind, wie die Beziehung zu meinem Mann ist. Er spricht mit weit ausholenden Gesten, dehnt die Wörter beim Sprechen – manchmal habe ich das Gefühl, nicht bei einem Therapeuten, sondern in der Kirche zu sitzen.

«Eine ganze Menge schlimmer Erfahrungen», sagt er schließlich. Er macht ein bedenkliches Gesicht. «Das wird nicht leicht werden, aber es ist zu schaffen.» An dieser Stelle kommen mir Bedenken. Ich frage, ob Primärtherapie bei mir überhaupt angebracht sei, ob nicht die Gefahr bestünde, aus den alten Gefühlen nicht mehr rauszukommen und dann durchzudrehen. Er beruhigt mich: «Das Rauskommen haben wir doch alle gelernt, das funktioniert immer, das Reinkommen ist das Schwierige! Da haben wir mittlerweile genug Erfahrungen, durchgedreht ist bisher noch niemand, zumindest bei mir nicht. Durchdrehen kann man höchstens, wenn man keine Primärtherapie macht und die Gefühle jahrelang unterdrückt.» Ausführlich berichtet er von seinen eigenen Primärerlebnissen in Amerika, von seinen «alten Spielen» in der Zeit, bevor er Therapeut geworden war. Im Verlauf seiner Ausbildung sei er ein völlig neuer Mensch geworden. Ich bin beeindruckt. Als ich mich von ihm verabschiede, habe ich meine Bedenken wieder verdrängt.

Einige Tage später werden mir die Therapiebedingungen zugeschickt:

- Die ersten drei Wochen Isolation in einem Hotelzimmer.
- Kein Kontakt zu Freunden oder Bekannten.
- Totales Nikotin- und Alkoholverbot.
- Keine Ablenkung durch Lesen, Radio oder Kino.
- Kein übermäßiges Essen.
- Keine Tabletten.

Ich akzeptiere diese Bedingungen, weil ich meine, daß die Maßnahmen nötig sind, um mich auf die verdrängten Kindheitsgefühle konzentrieren zu können.

Irgendwo in meinem Unterbewußtsein sitzt die Angst vor der Isolation, die Angst, in ein Loch zu fallen, aus dem ich nicht mehr herauskomme. Ich deute diese Reaktionen als unbegründete Angst vor dem Auftauchen der bisher unbewußten Kindheitsgefühle und sage mir immer wieder, daß es im Sinne der Therapie ist, diese Gefühle durchzustehen. Zu diesem Zeitpunkt (sechs Monate vor Therapiebeginn) glaube ich fest an die Wirksamkeit der Therapie. Ich beschäftige mich intensiv mit den Veröffentlichungen Arthur Janovs.

Die erste Primärsitzung

Martin begrüßt mich und bittet mich, in den Keller zu gehen und dort zu warten. Ich betrete einen fast dunklen Raum. Die Wände sind mit dicken braunen Polstern ausgeschlagen. Auf dem Boden liegen dunkelrote Matratzen. Der Raum ist schalldicht, das einzige Geräusch ist das gleichmäßige Surren der Heizung.

Mir ist kalt. Ich komme mir vor wie in einem Luftschutzbunker, zittere am ganzen Körper und habe das Gefühl, gleich umzukippen. Mein Herz klopft bis zum Hals – Angst treibt mir den Schweiß in die Poren. Ich laufe hin und her wie ein Tier im Käfig, warte darauf, daß Martin endlich kommt. Es scheinen Stunden zu vergehen. Endlich geht die Tür auf. Martin bringt noch zwei andere Patienten mit, die ich nicht kenne. Wir geben uns die Hand und sagen unsere Vornamen. Jeder legt sich auf eine der Matten, Martin setzt sich neben mich: «Was ist mit dir, was geht in dir vor?» – «Ich habe furchtbare Angst in diesem Raum. Ich hatte Angst, bevor du kamst, und die Phantasie, man könnte mich hier einsperren.» Martin fragt: «Wann war es so ähnlich früher, wann haben sie dich allein gelassen?» – «Ziemlich oft, ziemlich oft haben sie mich allein gelassen.» Martin: «Erinnere dich an einmal, erinnere dich an eine Situation.» In meinem Kopf tauchen Bilder auf. Ich liege allein in einem alten Klappbett. Es ist dunkel. Die Schatten werden zu Dämonen und Gespenstern. Martin sagt: «Geh da mal rein, sprich in der Ich-Form, sag: ich bin vier Jahre alt, ich liege im Bett, fang an.» Ich tue, was er sagt. «Ich bin vier Jahre alt, ich liege allein im Bett, es ist dunkel, sie haben mich allein gelassen.» Mein Bauch beginnt zu zittern, ich spüre, daß mir zum Heulen ist, fange an zu schluchzen. Martin sagt: «Laß es zu, laß alles raus. Sprich mit deinen Eltern. Was möchtest du ihnen sagen?» – «Laßt mich nicht allein, bleibt hier, ich habe Angst, ich brauche euch.» Martin sagt: «Ja, lauter, ruf mal um Hilfe.» Ich fange an, um Hilfe zu rufen. Mir ist zum Kotzen. Martin sagt: «Lauter, lauter, weiter, sie haben dich allein gelassen, laß den Schmerz zu.» Ein furchtbarer psychischer Schmerz, der mich fast zu zerreißen scheint, bahnt sich seinen Weg aus meinem Körper. Ein Schluchzen bricht aus mir hervor, Tränen, die nicht enden wollen. In Wellen kommt es aus mir heraus, dazwischen Erschöpfung und Apathie. Ich weiß nicht, wie lange ich so daliege, es kommt mir wie eine Ewigkeit vor. Einige Male höre ich auf, mich in meinen Gefühlen treiben zu lassen. Dann kommt Martin und spornt mich weiter an: «Nicht aufhören, sonst ist das Gefühl wieder weg. Fang wieder an zu schreien!» Neben mir höre ich Martin heulen und laut immer wieder «Mutter» rufen. Mein anderer Nachbar winselt nur leise vor sich hin. Martin bleibt jeweils so lange bei uns, bis wir uns dem Gefühl ganz hingeben. Ich fühle mich nicht mehr allein, nur noch abgekämpft und erschöpft. Es ist, als hätte ich einen schweren Kampf hinter mir – einen Befreiungskampf, wie ich glaube. Mein Kopf hat das Ganze noch nicht verarbeitet, ich bin verwirrt. Das Gefühl für Zeit ist verlorengegangen. Irgendwann macht Martin das Licht an. Er strahlt: «Ihr habt gut gearbeitet für das erste Mal, ich bin mit euch zufrieden.»

Draußen fühle ich mich wie in Trance, Augenbrennen vom Weinen, vom Tageslicht geblendet, die Realität ist weit weg. Ich würde gerne mit jemandem über das eben Erlebte reden, aber das ist ja verboten. Im Hotel lege ich mich ins Bett und schlafe vor Erschöpfung sofort ein.

In der ersten Zeit der Intensivphase kommen hauptsächlich Erlebnisse, in denen es um Verlassenwerden und Alleinsein geht und die sich in starken Erregungszuständen, Weinkrämpfen und Angstgefühlen ausdrücken. Diese Erlebnisse gehen zum Teil auf Vorstellungen aus der frühen Kindheit zurück. Der Therapeut merkt nicht, welche Überforderung für meinen Organismus damit einhergeht, sondern verstärkt diese Gefühle regelmäßig in den Sitzungen. Die Folgen sind ohnmachtähnliche Zustände, Todesängste und Kreislaufversagen. Der Therapeut läßt sich davon nicht beeindrucken. Er meint, einen Krankenwagen könne man immer noch bestellen, ich müsse da durch. Obwohl ich die Überforderung spüre, vertraue ich ihm und mache mir sogar heimlich den Vorwurf, zimperlich zu sein.

Allein im Hotel

Ich kann nicht schlafen – jedes Geräusch macht mir angst, ich spüre meinen Herzschlag deutlich, das ganze Zimmer dreht sich, ich phantasiere, daß jemand kommt und mich umbringt. Langsam gehe ich zum Fenster in der Hoffnung, draußen irgendeinen Menschen zu sehen, mir klarzumachen, daß ich heute nicht mehr dieses einsame, verlassene Kind bin, das zu sterben droht, wenn nicht bald jemand kommt. Ich habe das Gefühl, daß gleich mein Herz stehenbleibt. Ich kann kaum noch Luft holen und überlege, ob ich Martin anrufen soll. Er wird bestimmt sagen: «Da mußt du durch», also lasse ich es. Mit meinen Blicken kralle ich mich an den Fotos meines Mannes fest, die ich dutzendweise mit Stecknadeln an die Wand geheftet habe. Das hat etwas Beschwörendes, Magisches. Ich stelle mir vor, daß er mich retten soll, daß er mich beschützen soll. Wie ein eingesperrtes Tier laufe ich im Zimmer auf und ab, in mir ein Stau von Gefühlen, wahrscheinlich brauchte ich dauernd Therapie, um alles loszuwerden, was in mir in Bewegung gekommen ist. Es ist zuviel auf einmal, ich kann mit dem, was hochkommt, nicht umgehen, habe Angst durchzudrehen, kann mich nicht ablenken. Am schlimmsten ist die Einsamkeit, immer wieder werde ich auf mich selbst zurückgeworfen. Es fällt mir schwer, die Abmachung einzuhalten.

Muttermord

Mein Körper zittert. Martin kniet neben mir und ermuntert mich, das Zittern zu verstärken. Es wird schlimmer. Martin sagt: «Das ist Wut! Geh an den Sack!» Ich stehe auf, stelle mich vor einen freihängenden, an der Decke befestigten Ledersack. Meine Knie zittern. Ich kann keine Wut spüren. Martin sagt: «Du hast eine Scheißwut auf deine Mutter, sag ihr das!» Ich fange an, diesen Satz zu schreien, einmal, zweimal, zehnmal. «Ich habe eine Scheißwut auf dich, Mutti, ich hab eine Scheißwut auf dich, Mutti, ich hab eine Scheißwut auf dich, Mutti ...» Dann brechen die Gefühle durch. Ich schlage auf den Sack ein, stampfe mit den Füßen, heule vor Wut, schreie wie am Spieß: «Du dreckige Hure, du Mörderin, ich werde dich umbringen, du Schwein, du bist nicht meine Mutter!» Martin brüllt dazu: «Ja, gib's ihr, mach sie kaputt, schlag sie tot. Wie möchtest du sie umbringen?» – «Ich, ich möchte sie – erwürgen, ich möchte sie mit beiden Händen erwürgen», schreie ich. Ich kenne mich selbst nicht mehr. Martin gibt mir ein doppelt gefaltetes Handtuch. Ich drücke mit beiden Händen zu und stelle mir vor, es wäre der Hals meiner Mutter. Martin spornt mich an – ich lasse das Handtuch fallen und fange an zu schluchzen: «Nein, nein, ich wollte immer nur geliebt werden, ich will, daß du mich liebst!»

Mir wird schlagartig bewußt, daß ich alles, wirklich alles getan habe, um ihre Liebe zu bekommen – selbst die Zeit der Rebellion war von diesem Motiv bestimmt. Mir kommt die Idee, daß mein Vater meine Rebellion brauchte, weil er selbst unfähig war zu rebellieren. Er brauchte mein Ungezogensein, um sich bei den Prügeln, die er mir dann gab, ein wenig selbst zu spüren. Ich empfinde nur noch Mitleid und tiefe Trauer. Ich habe keine Mutter und keinen Vater gehabt, obwohl sie beide da waren.

Martin steht immer noch neben mir. «Was ist los, warum machst du nicht weiter?» Ich sage, daß meine Wut weg ist und ich nur noch Mitleid spüre. Er scheint mir nicht zu glauben: «Sei nur weiter das angepaßte Mädchen, das es allen recht macht. Das kannst du wirklich sehr gut!» Er geht weg. Ich habe Wut auf ihn, fühle mich ungerecht behandelt.

Nach der Sitzung

Ich fühle mich etwas befreit, habe mich ein Stück zurückerobert. Mein Körper ist nicht mehr so verspannt. Die Welt erscheint mir freundlicher als vorher. Stück für Stück will ich mich selbst suchen und wiederfinden. In mir ist ein Bild von einem fröhlichen kleinen Mädchen, das viel lacht, auf Bäume klettert und Seilchen springt. Im Park schaue ich sehnsuchtsvoll den Kindern nach, die scheinbar unbeschwert spielen. Nie waren die Bäume so grün, nie sangen die Vögel so schön, nie schien die Sonne so warm. Ich spüre ein mir unbekanntes Gefühl von Ruhe und Zufriedenheit, fühle mich fast wie neugeboren.

Kotzen befreit

Gottfried, dickbäuchig, glatzköpfig, knallrot im Gesicht, ist heute wieder in der Gruppe. Ich weiß jetzt schon, was kommt. Es ist bei ihm immer dasselbe. Er hat die Knie angezogen, liegt da wie ein Frosch auf dem Rücken. Schwitzend windet er sich und würgt laut vor sich hin. Mir wird übel vom Zuhören. Es ist so laut und unerträglich, immer dieses Würgen und sonst nichts. Ich fange an zu schreien: «Hör auf, ich kann das nicht ertragen, du machst mich verrückt, du ekelst mich an.» Martin kommt mit einem Kotzeimer, aber es kommt immer nur dieses unaufhörliche laute Würgen aus Gottfried heraus. Martin sagt: «Mach weiter, Junge, du bist bei deiner Geburt, das dauert eben» – und setzt einen roten Kopfhörer auf, um seine Ruhe zu haben. Die beiden Typen neben mir können auch nicht weiterarbeiten. Der eine sagt: «Das ist zwar schrecklich, aber der hat's doch gut, wenn er schon bei seiner Geburt ist, dann ist er doch bald durch!» Mir kommen Zweifel, ob das wirklich so ist, ob er dann wirklich «durch» ist. Ich spüre den Wunsch, diesem Mann dabei zu helfen, mit der Quälerei endlich aufzuhören. Martin bemerkt meine Unruhe. «Bleib mal bei dir», sagt er. «Das hast du lange genug gemacht, immer auf andere einzugehen. Du darfst mit dem Spiel endlich aufhören!»

Allein vom Zuhören fühle ich mich überfordert, gequält. Sitzung für Sitzung muß ich dieses furchtbare Würgen und Kotzen mitanhören. Ich kann mich auf nichts Eigenes mehr konzentrieren. Zweifel bahnen sich einen Weg in mein Bewußtsein. Kann denn alte Qual und altes Leid zur Gesundung führen?

Primärtreffen

Bei Tee und Keksen sitzen wir auf dem Teppich. Es gibt für uns nur ein Thema: unsere Kindheit. Jeder erzählt von seiner «Scheiße», von seinem Spiel und von seiner neuen Persönlichkeit. Ich bin beeindruckt, wenn die zarte, blonde Uschi von ihren «Durchbrüchen» erzählt. Ich höre Bewunderung in ihrer Stimme, als sie über Martin spricht. Sie gesteht, lange in ihn verliebt gewesen zu sein. Die Stimmung in der Gruppe ist leicht euphorisch, es herrscht ein fast elitäres Gefühl. Einige behaupten, daß sie mit «normalen Neurotikern» nicht mehr klarkommen können, weil sie eben fühlen und weiter sind als die.

Ich werde bei dieser Vorstellung unruhig. Ich kann die Bewunderung für Martin nicht teilen und warte auch schon einige Zeit auf meinen Durchbruch, habe eher das Gefühl, festzustekken. Meine Ungeduld ruft ein reges Echo hervor. Allgemein wird mein «Steckenbleiben» als Steckenbleiben im Geburtskanal gedeutet. «Du wirst sehen», sagt Walter, «daß demnächst der Durchbruch kommt. Bei mir hat es auch fast sechs Wochen gedauert. Du bist eben noch nicht soweit. Der Körper gibt den Schmerz nicht auf einmal frei.» Sicher hat er recht, ich bin zu ungeduldig. Einige berichten von ihrem Steckenbleiben und von der darauf folgenden Befreiung. Das klingt überzeugend.

Die folgenden Wochen arbeite ich an meiner verdrängten

Wut. Ich erkenne, daß mein Leben eine Aneinanderreihung starker Abhängigkeiten ist. Es tut mir gut, diese Wut- und Haßgefühle auszudrücken. Eine kurze Zeitlang fühle ich mich insgesamt besser, selbständiger und weniger abhängig von Bezugspersonen, speziell von meinem Mann und meiner Mutter. Es gelingt mir ansatzweise, meinen überfürsorglichen Mann und meine ebenso beschützende Mutter in ihre Schranken zu weisen und mehr Verantwortung für mich selbst zu übernehmen. Ich beginne wieder mit der Arbeit.

Krise mit Martin

Martin sagt: «Ich kaufe dir deine Wut nicht mehr ab. Du verdeckst ein ganz anderes Gefühl damit. Du willst den Schmerz nicht spüren.» Er geht weg, ich fühle mich bestraft. Er hat recht, irgend etwas blockiert mich – es ist eine tiefe Furcht. Wenn ich damals empfunden hätte, wie überflüssig und ungeliebt ich war, hätte das Leben für mich keinen Sinn mehr gehabt. Ich spüre, daß das volle Empfinden, nicht geliebt zu werden, den Tod bedeutet. Ohne Wärme und positive Gefühle von anderen Menschen sind wir nicht lebensfähig. Mit der Wut kann ich das Erleben dieser schrecklichen Wahrheit unterdrücken. Warum soll ich das noch einmal durchmachen? Ich habe genug gelitten – warum diese Hölle noch einmal? Niemand stürzt sich gern freiwillig in den Abgrund.

Ich will mit Martin darüber reden. Er muß mich doch verstehen! Alles, was er sagt, ist: «Laß alles zu, das hier ist die beste Therapie der Welt – oder kennst du eine bessere? Du hast lange genug alles zurückgehalten. Primärtherapie ist kein Kinderspiel, sondern Schmerz, Schmerz und nochmals Schmerz! Und wenn du den nicht willst, dann mußt du dir eben was anderes suchen. Es kann dir nichts passieren, es kann nur besser werden.» Ich fühle mich mißverstanden, aber er zuckt nur die Schultern und geht nach oben. Dieser Arsch, ich fühle mich total seiner Willkür ausgesetzt! Wieso ist eigentlich immer alles okay, was er sagt? Wieso machen immer nur die anderen Spiele mit ihm, und er ist immer okay? Da stimmt doch etwas nicht. Es kommt mir so vor, als sei ich die einzige, die seinen Heiligenschein nicht akzeptiert, die selbst denkt – und denken ist in dieser Therapie ja verboten. Ich spüre, daß ich es mir nicht leisten kann, mich mit ihm anzulegen, daß ich von seiner Zuwendung abhängig bin. Damit bin ich wieder in meiner alten Rolle. Ist das vielleicht ein Spiel von mir? Dränge ich Martin in eine Vaterrolle, um rebellieren zu können, um etwa sogar Ablehnung zu provozieren? Oder ist mein Gefühl richtig, daß das alles zuviel für mich ist, daß er mich überfordert? Ich weiß selbst nicht mehr, was stimmt. Ich fühle mich einsam und hoffnungslos, weil ich nicht konform bin, weil ich denke.

Martin gibt sich Mühe

Riesige Messer schlitzen mich auf – jemand legt eine Schlinge um meinen Hals – durch meine Phantasie dringt die Atemnot wie Dampf aus einem geschlossenen Kessel – abwechselnd werde ich geschlagen, erwürgt, erschossen, vergewaltigt, von einem Auto überfahren. – Da sind sie wieder, die Zwangsideen, Ausgeburt meines Neurotikerhirns, nur Phantasien und Vorstellungen, aber unerträglich, weil ich ihnen nicht entkommen kann. Sie holen mich immer wieder ein, wo immer ich auch bin.

Heute sind fünf Leute in der Gruppe. Noch ist es ruhig. Ich registriere das Atmen und Schnaufen der anderen, überlege, ob ich die Phantasie verstärken soll oder nicht. Ich weiß es nicht, spüre aber, daß ich mich innerlich dagegen wehre, mich mit den Folterszenen auseinanderzusetzen. Von der anderen Seite des Raumes dringt ein hohes Quietschen herüber, dann folgen tiefe, röhrende Schreie wie Hilferufe, immer lauter werdend. Martin ist schon da, ich habe es nicht bemerkt. Die anderen fangen auch langsam an zu arbeiten. Es wird lauter. Ich fühle mich wie im Gefängnis, der Abstand zwischen den Matten ist zu klein. Gottfried neben mir schlägt um sich wie ein Wilder. Ich habe Angst, daß er mich treffen könnte. In dem Chaos kann ich mich nicht konzentrieren. In meinem Kopf ist ein Mischmasch aus Zwangsideen, dem Gefühl, eingeengt zu werden, und Wut auf die Situation hier. Ich bringe meine Wut raus: «Ihr verdammten Ärsche, haltet die Klappe! Ihr macht mich verrückt mit dem Gebrülle, ich will meine Ruhe, das ist ein Affenstall, das ist eine Scheißtherapie, leckt mich alle am Arsch!» Da ist sie wieder, diese Hoffnungslosigkeit, die ich schon so lange kenne. Ich fühle mich einsam und hilflos wie in einer Schlucht, ohne einen Weg hinaus. Das Schreien, Rufen, Lachen, Weinen, Fluchen, Kotzen, Schluchzen, Reden, Wimmern, Schimpfen, Brüllen, Würgen, Singen, Flehen der anderen – alle diese Laute sind Pistolenkugeln, die an meinem Körper vorbeijagen – zuviel.

Martin hat sich neben mich gesetzt. Ich kann ihn bei diesem Lärm kaum verstehen. Wir verständigen uns brüllend. Er schreit: «Geh mal rein in die Folterszene, da muß ja was gewesen sein, mach mal die Augen zu und schau, woran du dich erinnern kannst. Irgendwann hat man was mit dir gemacht, haben sie dich gequält.» – «Ich weiß nicht, ob das richtig ist, wenn ich jetzt da reingehe, Martin ...» Er unterbricht mich: «Nicht mit dem Kopf! Stell dir vor, daß du gequält wirst, mach die Augen zu.» Eine Szene taucht langsam auf: Ich liege auf dem OP-Tisch. Man hat mich schon festgebunden. Ich soll an der Brust operiert werden. Um mich rum der Oberarzt, drei Assistenten, zwei Schwestern. «Stell es dir genau vor», sagt Martin. «Leg dich mal so hin wie damals.» Ich spreize Arme und Beine etwas weiter auseinander. «Der Oberarzt nimmt das Tuch von meinem Körper weg, weist auf eine Stelle an meiner Brust. Ich denke: ich kann nicht mehr, ich dreh gleich durch, wenn ich keine Narkose kriege.» Martin sagt: «Laut, brüll es raus!» Ich tue es: «Ihr Schweine, ich will meine Narkose haben, ich bin doch kein

Vieh.» Der Oberarzt markiert mit einem roten Stift eine Stelle an meiner Brust und unterhält sich mit den anderen über die Operationstechnik. Martin sagt: «Stell dir alles genau vor. Du liegst da, angeschnallt, wehrlos, und sie reden darüber, wie sie dich aufschneiden wollen.» Ich wehre mich – die Angst schnürt mir die Kehle zu. «Nein, ich will nicht, ich habe es einmal erlebt, das hat gereicht. Ich habe einen furchtbaren Druck auf der Brust, krieg schlecht Luft.» Martin sagt: «Du mußt da jetzt mal durch.» Er legt ein dickes Kissen auf meine Brust, stemmt sich mit voller Wucht dagegen, legt eine Hand um meinen Hals. «Gib Stimme, schrei es raus, los!» Ich tue, was er sagt, will immer wieder aufgeben, weil ich gegen sein Gewicht kaum ankomme. Er läßt nicht locker: «Weiter, weiter, drücke es mit der Stimme aus.» Während ich das versuche, breitet sich ein Gefühl von Sinnlosigkeit in mir aus. Alte Qual wird von neuer Qual überdeckt. Ich fühle mich erschöpft, meine Stimme versagt, die Kleider kleben an meinem nassen Körper, der Kopf dröhnt laut, die Glieder schmerzen. Die Schlucht wird immer enger.

Die Vergewaltigung eines Ehemanns

Durch die Therapie sensibilisiert, nehme ich an meinem Partner Dinge wahr, die er selbst nicht weiß, die er bisher erfolgreich verdrängen konnte. Helmut war bisher in der Rolle des beschützenden Vaters, der immer für mich da ist. Mein offensives Verhalten macht ihm angst. Er kann es nicht verkraften, plötzlich durchschaut zu werden, nackt zu sein. Er geht noch mehr in die Defensive als vorher und wird depressiv. Sein Rückzug provoziert mich. Ich fühle mich abgelehnt und beginne, ihm Vorwürfe wegen seiner Passivität zu machen, empfinde seinen Rückzug als Bestrafung und sage ihm, daß ich mir nicht vorstellen kann, mit einem Mann zusammenzuleben, der keine Primärtherapie gemacht hat und nicht «real» ist. Unter diesem

Druck steigt sein Alkoholkonsum. Ich entwerte ihn immer mehr, und er läßt mich nicht mehr an sich herankommen, das heißt, er zeigt keine Gesprächsbereitschaft mehr und versteckt sich hinter seiner Arbeit. Von der Gruppe und dem Therapeuten werde ich in meinem Verhalten noch bestärkt. Man legt mir nahe, mich von Helmut zu trennen, wenn er so uneinsichtig und neurotisch sei. Im nachhinein erlebe ich gerade mein Verhalten und auch das des Therapeuten und der Gruppe als unrealistisch und als Überforderung.

Nachts – der Kühlschrank und ich

Ich stecke in einer Krise. Nach den Sitzungen fühle ich mich nur noch geschlaucht und niedergeschlagen, das Fressen fängt wieder an, ich sitze vor dem Kühlschrank, stopfe alles in mich rein, fühle mich einsam und allein. Die schlimmen Erinnerungen überfluten mich und fressen mich auf, lassen nichts mehr übrig an guten Gefühlen. Alles scheint auseinanderzubrechen. Die Selbstmordideen sind wieder da. Es ist der Wunsch nach Ruhe und Entlastung, nicht wirklich das Bedürfnis zu sterben. Alles ist ein Kampf – ich kämpfe gegen meine Angst, gegen meine Hilflosigkeit, gegen meinen Therapeuten. Ich wünsche mir wirkliche Anteilnahme, Einfühlung, Verständnis. Was habe ich falsch gemacht? Verlange ich zuviel? Früher war ich allein mit meinem Teddy, jetzt bin ich allein mit dem Kühlschrank, der leise summt und mir etwas abgibt – ohne eine Gegenleistung von mir zu fordern. Manchmal denke ich, daß ich Helmut schon verloren habe, obwohl er noch neben mir schläft. Kein Anflug von Zärtlichkeit, nur noch Resignation. Seit Stunden sitze ich hier, mein Körper schmerzt, ich fühle mich bedroht und weiß nicht, von wem. Die alltäglichsten Geräusche erschrecken mich. Ich komme mir vor wie in einem Gruselfilm, in ständiger Alarmbereitschaft. In mir schreit es nach Hilfe, aber es ist niemand da. Ich weiß nicht, wie lange ich das noch aushalten kann. Ich möchte davonlaufen und habe gleichzeitig den Wunsch, mich fallenzulassen, meinem Schlafbedürfnis nachzugeben.

Die Extrasitzung

Martin: «Eine schöne Scheiße hast du dir da zugelegt. Was willst du heute machen? Womit fing es an?»

Ich: «Es ging nicht mehr mit Helmut, er hat mich verlassen. Ich komme nicht drüber hinweg. In mir ist ein Gefühl, als ob ich sterbe. Ich habe schreckliche Angst, kann mich kaum noch bewegen.»

Martin: «Geh da mal rein (er gibt einen Satz vor: Helmut, ich sterbe, wenn du mich verläßt. Ich kann ohne dich nicht leben! Bleib bei mir!) – Fang an – laut!»

Ich zögere, möchte dieses furchtbare Gefühl nicht zulassen. Martin ruft noch einmal: «Fang an!» Ich wiederhole die Sätze, werde immer lauter, dann bricht die Verzweiflung in mir durch. In Wellen kommt das Schluchzen, dazwischen völlige Hoffnungslosigkeit und Apathie. Meine Liebe ist nie angenommen worden, immer hat es so geendet, schießt es mir durch den Kopf. «Ich kann die Ablehnung nicht mehr ertragen, lieber bringe ich mich um. Ich kann nicht mehr, ich kann das alles nicht mehr ertragen, ich will sterben, ich will nicht mehr leben, so nicht mehr!»

Martin: «Okay, nimm das Gefühl und sag es deinen Eltern. Du solltest wirklich nicht leben, deine Mutter wollte dich schon im Bauch kaputtmachen, du hast kein Recht zum Leben. Geh da mal rein!»

Mir ist alles egal. Ich tue das, was Martin sagt, mit einem winzigen Hoffnungsschimmer, daß es das Richtige ist. Je mehr ich diese Sätze schreie, um so schlimmer wird es. Es ist, als ob es mich innerlich zerreißt, als ob ich sterbe. Ich bin nur noch ein menschliches Wrack.

Martin sitzt stumm dabei. Nach einer endlos langen Zeit meint er: «Ja, so war es, so war es früher, heute kannst du auch allein.»

Ich: «Nein, ich kann auch heute nicht allein, ich bin fix und fertig, ich kann nicht mehr.»

Martin: «Das Spiel hast du lange genug gespielt. Du darfst dir jetzt die Erlaubnis geben, alleine klarzukommen. Du brauchst keine Mami mehr – und keinen Papi.»

Ich: «Ich meine, ich kann hier so nicht weitermachen, ich geh dabei drauf, es wird alles nur schlimmer. Was soll ich nur tun?»

Martin: «Es ist okay, wenn es schlimmer wird. Du mußt eben da durch. Hör auf, mich immer zu fragen, was du tun sollst. Du bist für dich selbst verantwortlich. Ich weiß nicht, ob du hier alles bringst. Vielleicht verschweigst du wichtige Sachen und kommst deshalb in der Therapie nicht weiter. Ich bin mit dir langsam am Ende, ich weiß auch nicht, weshalb du so durchhängst.»

Ich: «Du bist für mich zu hart. Ich blocke ab, weil es zuviel ist. Dann habe ich auch nicht mehr dieses Vertrauen zu dir, weil ich das Gefühl habe, du haust immer drauf.»

Martin: «Ich bin nicht der sensible Therapeut, den du brauchst. Damit mußt du dich abfinden. Alles, was ich tun kann, ist, dir in deinen Schmerz reinhelfen – das ist meine Aufgabe.»

Von dieser Sitzung an erlebe ich die Therapie nur noch als Gefahr. Mein Vertrauen in den Therapeuten ist verschwunden, der Glaube an die Wirksamkeit der Primärtherapie wird immer geringer. Es tritt eine erhebliche Verschlimmerung der Symptome ein. Ich habe Angst vor allen Menschen, kann nur noch mit letzter Kraft arbeiten, fühle mich ständig bedroht, bin nicht in der Lage zu essen, wenn mir jemand dabei zusieht, habe den ganzen Tag Zwangsvorstellungen, Suizidideen und unangenehme Körperreaktionen. Es gibt keinen Lebensbereich mehr, der mir nicht angst macht. Selbst in meiner Wohnung halte ich es oft nicht mehr aus, weil ich den Eindruck habe, daß die Wände auf mich zukommen und mich die Phantasie plagt, daß das Haus einstürzt. Nachts schrecke ich aus Alpträumen hoch, die meist von Kriegssituationen handeln, in denen es kein Entrinnen mehr vor dem Tod gibt. Das Leben ist zu einem Horrortrip geworden. Jeder alltäglichen Situation sehe ich ängstlich entgegen. In dieser Lage suche ich Gespräche mit Primärpatienten. Die meisten Reaktionen laufen auf die Ansicht hinaus, daß ich «da eben durch» müsse, was bei mir nur noch mehr Wut und Resignation erzeugt. Die sogenannte Phase dauert nun schon fünf Monate an. Der Therapeut rät mir, meinen Mann zu verlassen, der mir seiner Meinung nach mein Leben aus der Hand nimmt. Er ist der Überzeugung, daß es mir so miserabel geht, weil ich noch bei ihm bin. Anfangs unternehme ich – gegen meine eigene Überzeugung – konkrete Schritte, um mich tatsächlich von Helmut zu trennen, dann erkenne ich, daß es völlig falsch ist, mir in dieser Situation ein Leben allein aufzubauen. Ich brauche den Halt in der Beziehung. Lange Zeit verschweige ich Helmut, wie es wirklich um mich steht. Ich habe ihm gegenüber starke Schuldgefühle.

Verlassen

Es ist der siebte Tag seit Therapiebeginn. Seit heute morgen schon bin ich in einem seltsamen Zustand: Abwechselnd wird mir kalt und heiß, mein Kopf schmerzt dumpf, die Glieder tun mir weh, daneben ein Gefühl von Hoffnungslosigkeit. Das Dunkel im Keller ängstigt mich, ich würde gerne das Licht anmachen. Wir liegen zu dritt nebeneinander und fühlen, fühlen, fühlen. Am liebsten möchte ich wieder gehen. In mir ist eine große Sehnsucht nach Zärtlichkeit, nach einem anderen Körper.

Ich mache mir darüber Gedanken, ob ich vielleicht eine Grippe in den Knochen habe, kann mit diesem Zustand nichts Rechtes anfangen, habe Erinnerungen an früher, wo ich mit Decken und einer Wärmflasche im Bett lag und bemuttert wurde. Ich fühle mich krank und wünsche mir, daß jemand kommt und mich umsorgt und für mich da ist.

Martin setzt sich neben mich. Ich schildere ihm meinen Zustand und meine Ratlosigkeit. Er sagt: «Ohne Stimme, gehe in deinen Körper, gib deinem Körper nach, beweg dich.» Ich tue, was er sagt, ziehe meine Beine an und strecke sie wieder aus, mehrmals hintereinander, bewege meinen Körper nach links und rechts. Ich mache schaukelnde, immer rhythmischer werdende Bewegungen, meine Arme rudern in der Luft, ich spüre, daß ich etwas haben will, daß ich etwas brauche, kann damit aber noch nichts anfangen. Mit der Zeit werden die Bewegungen heftiger, und es kommt ein Wutgefühl auf. «Gib jetzt Stimme, laut», sagt Martin. Mit sehr hoher Stimme beginne ich zu schreien, laut und rhythmisch. Ich höre mich selbst wie ein Baby schreien – immer stärker, immer rhythmischer, mehr und mehr spüre ich die Wut in meiner Stimme. Es ist niemand da. Ich fühle die Hilflosigkeit und die Ohnmacht und das Verlangen danach, daß jemand kommt, daß mich jemand aus meiner Todesangst befreit. Dann Atemnot und Schwächegefühl, dazwischen wieder Schreien. Nach einer unendlich scheinenden Zeit gebe ich auf – Kapitulation, Resignation. Ich denke: Es hat alles keinen Sinn, es kommt doch niemand. Ich bin ein Schmerzbündel, verlassen, falle in Hoffnungslosigkeit und Apathie. Ich habe es aufgegeben, um Hilfe zu rufen, darauf zu hoffen und zu warten, daß jemand kommt, der sich um mich kümmert, der mir seine Liebe gibt, der bei mir ist. Ich denke: Das Leben hat so keinen Sinn, so nicht. Martin sitzt die ganze Zeit neben mir, ab und zu legt er eine Hand auf meine Schultern, sagt nichts, sitzt nur da. Ich habe aufgehört, irgend etwas zu tun oder Stimme zu geben. Martin registriert es: «Ruh dich aus, laß alles auf dich wirken, schaue hin, wie es war.» Er geht weg.

Ich fühle mich erschöpft. Mir wird wie auf einen Schlag vieles über mein Verhalten bewußt: Mein ganzes Leben lang habe ich versucht, Liebe zu bekommen, auf allen nur denkbaren Wegen und Irrwegen. Diese Hoffnungslosigkeit und Leere sind ein Grundgefühl von mir. Wieder und wieder haben mich Menschen allein gelassen, haben mir vorenthalten, was ich gebraucht hätte: menschliche Wärme, Geborgenheit. Mir kommt der Gedanke, daß ich meiner Mutter von Anfang an zuviel war. Ich glaube, sie wollte mich schon im Bauch nicht haben. Schnell schiebe ich diesen Gedanken wieder weg. Ich will dieses Gefühl nicht haben, ich will es nicht noch einmal spüren, es ist, als ob ich innerlich zerrissen werde. Es ist, als ob dann mein ganzes Leben und mein ganzer Kampf umsonst gewesen wären. Nie hatte ich die Gewißheit, daß jemand für mich da ist, daß ich mich auf jemanden verlassen kann, daß jemand wirklich für mich zuständig ist. Seit dieser frühen Zeit kann ich keinem Menschen, der von Liebe oder von Vertrauen redet, mehr so richtig Glauben schenken. Sobald ich anfing, für einen Menschen etwas zu empfinden, setzte diese furchtbare Angst vor Ablehnung und Verlassenwerden ein, und oft war ich gezwungen, selbst diesen Menschen zu verlassen, um dieser Angst vorzubeugen, um dem Schrecklichen zuvorzukommen. Wie ein schutzloser Säugling glaube ich sterben zu müssen, wenn ich von jemandem verlassen werde.

Nachmittags male ich ein Bild mit den Farben Schwarz, Weiß und Lila: im Hintergrund eine Tür, halb geöffnet, hinter der Tür nur Dunkelheit, im Vordergrund auf der linken Seite ein schwarzer Kinderwagen, der leer ist, daneben eine Maus, die an einer Nuß knabbert. Das Bild ist intuitiv entstanden. Spontan fällt mir dazu ein: Die Maus kann noch für sich sorgen, das Kind ist völlig auf Hilfe angewiesen. Das Dunkel hinter der Tür zeigt, daß niemand da ist, der für das Kind sorgen könnte.

Das Helferkind

Heute sind wir zu sechst in der Gruppe. Es ist ziemlich laut, ich kann mich nicht konzentrieren. Ich höre, wie Otto über Schmerzen in seinem Stumpf klagt. Martin fordert ihn auf, sich an den Tag zu erinnern, an dem er sein Bein verlor. Otto beginnt, sich diesen Tag auf einem Schlachtfeld zu vergegenwärtigen, schildert die Situation in den buntesten Farben. Martin unterbricht ihn immer wieder, um Details zu erfahren. Eine Handgranate hat Otto das Bein zerfetzt. Ich höre Martin sagen: «Geh da rein, stell es dir vor. Du siehst, daß dein Bein weg ist, schau genau hin.»

Zwangsläufig muß ich mit anhören, wie Otto anfängt zu schreien, bekomme mit, wie die Situation war, stelle mir die Situation vor, das viele Blut, das Geschrei, das Schießen ... mir wird übel, furchtbar übel, ich will es nicht länger hören. Otto stößt gellende, schrille Schreie aus. Ich halte mir die Ohren zu, aber es nützt nichts. Ich habe das Gefühl, kurz vor einer Ohnmacht zu sein. Ich stehe auf, will rausgehen, schaffe es aber nicht, ein Schwächeanfall. Ich setze mich wieder hin, stütze mich an der Wand ab.

Martin hat gemerkt, daß mit mir etwas nicht stimmt. Er kommt zu mir herüber: «Leg dich wieder hin», sagt er, «geh in dein Gefühl.»

Ich: «Ich kann das von Otto nicht mehr mitanhören. Ich leide immer mit. Ich stelle mir die Situation vor. Ich kann das dann nicht aushalten.»

Martin: «Ja, ja, du hast gelernt, dich immer in andere hineinzuversetzen. Das war bei dir schon ganz früh so. Du hast immer Mitgefühl. Kannst du damit was anfangen?»

Ich: «Ja, das war schon immer so, schon damals mit meinem Vater, trotzdem will ich das nicht dauernd mithören!»

Martin (energisch): «Was siehst du?»

Ich (dabei lege ich mich wieder auf die Matte): «In mir ist das Bild von meinem Vater, er liegt auf der Couch, er heult, er sagt: Vera, hilft mir, hilf mir doch, ich weiß nicht weiter. Er erzählt von seiner Verzweiflung, er will, daß ich ihm helfe.»

Martin: «Wie fühlst du dich? Rede zu deinem Vater, sag ihm, wie du dich fühlst.»

Ich: «Vati, ich kann dir nicht helfen, ich fühle mich so hilflos, du tust mir leid.»

Ein tiefes Schluchzen dringt aus meinem Bauch hervor. Ich spüre die Liebe zu meinem Vater, die ich die ganze Zeit über nicht wahrhaben wollte. Jetzt erlebe ich die Situation noch einmal, nur reiße ich mich diesmal nicht zusammen. Der Schmerz über meinen schwachen Vater – über den Vater, den ich nicht hatte, der nicht für mich da sein konnte, weil er mit sich selbst nicht zu Rande kam – bahnt sich seinen Weg.

Martin: «Was willst du ihm noch sagen? Sag ihm alles, verschweige nichts.»

Ich: «Vati, ich brauch dich, werde endlich gesund, ich brauche dich doch, ich brauche dich doch ...»

Ich bin verzweifelt, hätte ihn gebraucht, seine Stärke benötigt – und mußte ihn noch stützen, ihm noch helfen, ihn beruhigen.

Nach außen hin war ich immer der Inbegriff eines verstehenden erwachsenen Kindes. Zumindest in der Rolle des helfenden Kindes, des erwachsenen Kindes bin ich akzeptiert worden, war ich wichtig für meine Eltern. Solange ich ihnen half, solange ich auf ihre Probleme einging, wurde ich auch beachtet. Diese Rolle ist mir im Laufe der Zeit in Fleisch und Blut übergegangen. Auch in meinen privaten Beziehungen bin ich sehr oft in der Helferrolle, das habe ich gelernt. Ich kann mir kaum vorstellen, auch gemocht und akzeptiert zu werden, ohne auf andere eingehen, ohne mich ständig in die Probleme anderer einfühlen zu müssen. Ich kann mir nicht vorstellen, geliebt zu werden, nur weil ich bin, wie ich bin, ohne eine Gegenleistung, ohne eine große Anstrengung.

Unter dieser Rolle spüre ich meine ganze Bedürftigkeit nach Passivität, nach Sich-hingeben-Können, nach Umsorgtwerden, nach dem Wunsch, so angenommen zu sein, wie ich bin. In mir ist ein hungriges Baby, das nach Liebe schreit, das sich ausruhen möchte in riesigen Armen, sich verkriechen möchte in warmer Geborgenheit. Mir fällt ein, daß ich immer noch gerne Spielzeug kaufe, daß ich immer noch eine Vorliebe habe für Plüschtiere. Das Kind in mir will sich Ausdruck verschaffen.

Das falsche Gefühl

Ich melde mich in der post group, stehe auf. «Ich fühle mich schlecht», sage ich. «In der letzten Woche habe ich sehr viel gefressen, habe auch zugenommen, fühle mich häßlich. Ich kann mich so nicht akzeptieren, kriege das Fressen aber auch nicht in den Griff.» Ich schließe die Augen, um mich erinnern zu können. «Da sind Stimmen, die sagen: Wie schlecht du aussiehst, du siehst so blaß aus.» (Ich höre die Stimme einer Freundin, sie lacht: «Knochengerüst, Knochengerüst!») «Ich habe bei Jungen nicht gewirkt, ich war immer eifersüchtig auf meine gutaussehende Freundin.»

Martin unterbricht: «Ich fühle mich von dir verarscht. Das ist es nicht, was du sagen willst. Du bringst hier etwas Falsches. Was willst du?»

Er hat mich rausgerissen. Ich weiß nicht, was er meint, was er will, kann damit nichts anfangen.

Ich: «Ich weiß nicht, was du meinst. Was ich sage, ist genau das, was ich fühle – mehr kann ich nicht sagen.»

Martin: «Du willst nur im Mittelpunkt stehen. Setz dich hin, ich will nichts mehr von dir hören, ich will dir nicht mehr zuhören.»

Ich setze mich hin, breche in Tränen aus, rasende Wut steigt in mir hoch, ich bin verwirrt, weiß nicht, was ich von Martins Reaktion halten soll, fühle mich benutzt.

Ich: «Du bist gemein, du tust mir unrecht. Wie kannst du so was behaupten? Ich weiß am besten, was mein Gefühl ist und was ich hier bearbeiten will und was nicht!»

Martin (ironisch): «Ja, ja, mein Gefühl ist falsch, und deines ist richtig – das wolltest du doch sagen, oder?»

Ich: «Ja, genau das wollte ich sagen. Ich lasse mir von dir nicht einreden, was richtig und was falsch ist.»

Martin: «Du wolltest doch nur hier die Aufmerksamkeit von uns haben, das kannst du ruhig zugeben, das war alles. Ich nehme dir nicht ab, daß es wirklich dein Problem ist, daß du dich häßlich fühlst. Sieh dich doch mal im Spiegel an. Und ich bin nicht bereit, mir den Quatsch noch länger anzuhören.»

Ich: «Du bist ungerecht, du tust mir unrecht, du bist gemein. Es *ist* mein Problem, und ich habe keine Lust, es dir auch noch zu beweisen ...»

Ein neuer Schwall von Tränen. Ich fühle mich mißverstanden und herabgesetzt. Es hat keinen Zweck, gegen das Gefühl von Martin etwas zu sagen, also halte ich meinen Mund. Hier glaubt ihm sowieso jeder.

Die Angstseuche

Die frühen Erfahrungen, die ich wiedererlebt habe, lösen bei mir starke Reaktionen aus: Die Angst breitet sich in meinem täglichen Leben aus wie eine Seuche. Tagtäglich erlebe ich neue Reaktionen, die mich verunsichern, hilflos machen, die über mir zusammenschlagen wie Wellen über den Köpfen von Nichtschwimmern. Oft haben sie etwas mit der Angst vor dem Fallen zu tun. Im Fahrstuhl habe ich das Gefühl und die Phantasie, daß der Fahrstuhl mit mir in die Tiefe stürzt, in oberen Stockwerken halte ich es nicht aus, weil ich mir einbilde, ich müsse aus dem Fenster springen oder das ganze Haus würde demnächst einstürzen. Auch die Angst vor dem Alleinsein verstärkt sich. Als mein

Mann eine Dienstreise unternehmen muß, verbarrikadiere ich mich mit allen verfügbaren Möbeln im Schlafzimmer, weil ich phantasiere, daß jemand kommt, um mich umzubringen, mich zu erwürgen, mich niederzustechen. Ich verbringe die Nächte in Panik, ohne Aussicht auf irgendeine Änderung. Wenn ich nach Hause komme, sehe ich in allen Räumen nach, ob irgend jemand da ist – so wie ich es als kleines Kind getan habe, wenn ich in der Wohnung allein Angst hatte.

Nach zwei Wochen frage ich eine Freundin, ob sie bei mir übernachten könnte. Sie weist meine Bitte ab, sie hat Wichtigeres zu tun, sieht nicht, in welcher Notlage ich mich befinde. Ich ziehe mich mehr und mehr zurück.

Die Situationen, in denen ich mich bedroht fühle, häufen sich. Im Straßenverkehr habe ich immer öfter das Gefühl, die entgegenkommenden Autos würden plötzlich auf mich zukommen, ich solle in einen Unfall verwickelt werden. Da ist immer der Gedanke im Hinterkopf, daß in der nächsten Sekunde etwas Furchtbares geschehen wird, etwas, was ich nicht mehr aufhalten kann.

Mit der Zeit wird auch jeder menschliche Kontakt zur Bedrohung. Ich kann es kaum noch ertragen, angesehen zu werden. Die Augen meines Gegenübers erscheinen mir wie die Augen eines Ungeheuers, eines schrecklichen Tieres, das mich bedroht, das mein Leben bedroht. Bei jedem Hund, der im Park auf mich zusteuert, bekomme ich einen Schweißausbruch.

In den Sitzungen wird mir gesagt, daß es normal, ja sogar erwünscht sei, wenn die Symptome sich anfangs verschlimmerten. Das beruhigt mich einerseits, doch glaube ich andererseits mehr und mehr, es nicht mehr lange aushalten zu können. Nach vier Wochen durchbreche ich heimlich die Abmachung, fange an, Tabletten zu nehmen: Beruhigungsmittel gegen die Angst und die Erregungszustände, Kreislaufmittel gegen die Kreislaufschwäche, Schmerztabletten gegen die Schmerzen.

Das letzte Gespräch

Wir sitzen uns auf dem kalten Gang vor dem Keller gegenüber. Martins Gesicht wirkt konzentriert, etwas verärgert und ungeduldig. Vor jedem Satz überlegt er sehr lange und spricht dann mit weit ausholenden Gesten. Irgendwie kommt mir die Situation absurd vor – ein Prediger vor einer Ungläubigen.

Ich: «Ich bin verzweifelt, Martin, ich habe Angst, wirklich verrückt zu werden. Seit einigen Tagen sehe ich Dinge, die gar nicht da sind. Ich habe Angst vor einfachen Gegenständen. Wenn ich Messer sehe, denke ich, daß ich mich damit umbringen könnte. Eine Pflanze wird zu einem Ungeheuer, das mich bedroht. Das ist doch schon psychotisch. Entweder ist die Therapie falsch für mich, oder ... irgend etwas läuft schief.»

Martin: «Du hast eine große Phantasie. Was du da eben erzählt hast, sind Wünsche. Du wünscht dir so sehr, daß sich jemand um dich kümmert, daß du ein Ungeheuer draus machst. Das ist alles. Du hast gelernt, immer mit schlimmen Reaktionen Zuwendung zu bekommen. Damit darfst du jetzt aufhören. Hier wirkt das nämlich nicht, zumindest nicht bei mir.»

Ich: «Du verstehst mich nicht. Ich möchte damit keine Zuwendung, sondern ... ich weiß nicht mehr, wie lange ich das noch aushalten kann, ohne durchzudrehen. Ich habe Angst, daß ich durchdrehe.»

Martin: «Hier darfst du durchdrehen, hier ist es sogar erwünscht. Je mehr du dir die Erlaubnis zum Durchdrehen gibst, um so weniger wirst du wirklich durchdrehen. Die Frage ist nur, ob du das hier zulassen kannst.»

Ich: «Ich habe wirklich alles versucht in der letzten Zeit, hab versucht, nichts zurückzuhalten, hab jede Anregung von dir aufgegriffen.»

Martin: «Das stimmt, du hast dir viel Mühe gegeben. Du darfst jetzt mal aufhören, dich anzustrengen. Gib dir die Erlaubnis, etwas aus deinem Leben zu machen. Tue etwas Angenehmes für dich in deinem täglichen Leben, mach dir selbst eine Freude, gib dir die Erlaubnis, das Leben zu genießen.»

Ich: «Ich weiß nicht, wie ich das machen soll, in dem Zustand, in dem ich im Moment bin. Ich weiß nicht, wie ich da rauskommen kann.»

Martin: «Das kann ich dir auch nicht sagen. Das kannst nur du allein spüren.»

Aufruf an einen Therapeuten

Nach diesem Gespräch faßte ich den Entschluß, die Therapie abzubrechen. Trotz meiner eigenen Konfusion war mir völlig klar, daß dieser Therapeut nicht in der Lage war, mich auf irgendeine Weise zu unterstützen. Aus Erfahrung wußte ich, mit welchen Tricks man in Gesprächen mit Therapeuten immer wieder auf sich selbst zurückgeworfen wird. Um dies zu vermeiden, schrieb ich Martin einen langen kritischen Brief:

> Lieber Martin,
> das Ziel dieses Briefes ist es, daß Du Dir anschaust, wo Deine Verantwortung als Therapeut anfängt. Du hast eine Verantwortung als Therapeut! Das heißt wiederum nicht, daß Du immer verantwortlich bist für Deine Klienten. Ich möchte Dir meine Erfahrungen und Überzeugungen bezüglich Primärtherapie mitteilen:
> 1. Primärtherapie ist vielleicht hilfreich für Menschen, die emotional total verschlossen, aber nicht wirklich krank sind.
> 2. Primärtherapie ist ausgesprochen gefährlich für Klienten, die eine frühe Störung der Ich-Struktur haben. Zu dieser zweiten Gruppe gehöre ich. Seit Dezember letzten Jahres laufe ich mit für mich unerträglichen Symptomen

rum, Tag für Tag, Stunde für Stunde. Sicherlich, diese vielen Symptome waren vor der Therapie auch schon mehr oder weniger vorhanden – aber nicht in dieser Intensität und nicht als Dauerzustand, aus dem ich mich nur noch stundenweise durch Valium befreien kann.
Ich erinnere mich, daß Du in einem Vorgespräch sagtest, es sei ganz leicht, aus den alten Gefühlen wieder rauszukommen. Das stimmt nicht! Martin, ich bin an der Grenze einer Zerstörung meines Selbst. Und Du hast es noch verstärkt! Dieses Rezept, immer in die alten Gefühle reinzugehen, funktioniert nicht! Mittlerweile kenne ich genug Leute, die ähnliche Erfahrungen wie ich gemacht haben. Du solltest als Therapeut differenzieren können, bei wem Härte angebracht ist und bei wem nicht. Es bedarf einer realen Stütze, um Gefühle wie: Ich sollte gar nicht geboren werden ... ertragen zu können. Diese Stärkung der realen Ich-Funktionen ist bei Dir nicht gegeben. Und ich bin wütend über mich selbst, daß ich nicht früher aufgehört habe. Und ich bin wütend auf Dich.

Was ich Dir hiermit ganz offen vorwerfe, ist:

1. totale Überschätzung der Primärtherapie und ihrer Wirkung. Du verleugnest völlig, daß es andere Therapien gibt, die auch Erfolg haben können.
2. Du selbst befindest Dich (genau wie Janov) in einer grenzenlosen Selbstüberschätzung und projizierst ein Feindbild auf die Außenwelt.

Dein Ausspruch: «Ich bin real – also bin ich auch okay – und die anderen wollen mich ins Nicht-Okay bringen» ist ein Beweis dafür. Bei diesem Weltbild gehst Du davon aus, daß die anderen die Bösen sind und Dir was antun wollen, während Du immer in Ordnung bist (und damit fällt jegliche Selbstkritik unter den Tisch). – Vielleicht denkst Du beim Lesen dieses Briefes auch wieder, ich wolle Dich damit nur ins Nicht-Okay bringen?! – Das gleiche gilt übrigens für Janov selbst. Meiner Meinung nach kann er die Primärtherapie in dieser Ausschließlichkeit nur durch starke Verleugnungsmechanismen weiter vertreten. Ansonsten müßte er langsam anfangen, sich über die vielen Mißerfolge Gedanken zu machen. Diese Haltung der eigenen Selbstüberschätzung und der gleichzeitigen Abwertung der Umwelt ist sehr praktisch und sehr gefährlich. Martin, ich weiß, daß ich starke Wut auf Dich habe – und ich weiß ebenso, daß ich sehr enttäuscht bin, aber hinter diesen persönlichen Reaktionen steckt die Wahrheit bezüglich Primärtherapie. Und das hat dann nicht mehr nur etwas mit Dir oder mir zu tun.

Eine Wahrheit ist, daß Du verhindern kannst, daß es noch mehr Patienten so ergehen muß wie mir, nämlich indem Du anfängst, Verantwortung zu übernehmen und Deine Grenzen anzuerkennen. Und vielleicht solltest Du einmal darüber nachdenken, inwieweit Primärtherapie jetzt eine Ersatzreligion für Dich geworden ist und Du die Menschheit damit bekehren willst?!

Und noch etwas: Wenn ich die Kraft hätte, würde ich zumindest mein Geld zurückverlangen und gegen Dich juristische Schritte einleiten. Was Du als Therapie anbietest, ist oft nicht weit von Körperverletzung entfernt. Aber ich habe, zumindest im Moment, nicht die Kraft dazu.

Vera

Gedanken im Straßencafé

Ein herrlicher Sommertag. Ich bin in die City gefahren . . .

Die Menschen sind weit weg. Neben mir sitzt eine Frau im roten Kostüm, ich kann sie nicht richtig sehen, bin wie im Nebel. Der Kaffee dampft vor sich hin, ich möchte ihn trinken, aber ich weiß nicht, wie ich die Tasse zu meinem Mund bekomme. Mein Körper ist wie gelähmt, starr. Das Tischtuch schlägt Falten, ich habe den Zucker verschüttet, etwas davon glitzert in der Sonne.

Wie lange kann ich das alles noch aushalten? So kann ich nicht weiterleben, das Leben wird zur Hölle – Angst vor jedem Menschen, vor jedem Hund, der mir entgegenkommt, Angst im Fahrstuhl, Angst, in ein Geschäft zu gehen, Angst durchzudrehen, Angst vor der Angst. Meine Verzweiflung schreit in leere Räume.

Am schlimmsten ist die Einsamkeit, die Milchglaswand, die zwischen mir und den anderen ist. Ich möchte gerne mit ihnen tauschen: mit den Oberflächlichen, Erfolgssüchtigen, Nuttenhaften, Wohlgenährten, Bürgerlichen, Angepaßten, Kriminellen, Schwangeren, Geprügelten, Besoffenen – nichts erscheint mir so schrecklich wie meine Gruselwelt, nichts so aussichtslos.

Zwei Tische weiter redet jemand von den gestrigen Fußballergebnissen. Die Frau neben mir bekommt ihr zweites Eis mit Sahne. «Die leben noch», denke ich. «Wie schön, wenn man noch leben kann.» Ich beneide sie alle. Ich sitze da wie angewurzelt, mein Kaffee ist inzwischen kalt. Ich atme bewußt tief, um den Kloß im Hals nicht so stark zu spüren. Gedanken kreisen um meinen Tod. Wie werden sie reagieren, wenn sie mich irgendwo tot auffinden?

Nein, ich kann es ihnen nicht antun – oder ist das nur eine Entschuldigung für meine eigene Angst vor dem Endgültigen? Mein Leben ist nicht mehr lebenswert. War es das jemals? Vielleicht gibt es doch noch eine Hoffnung. Lohnt es sich, das alles zu ertragen? Vielleicht.

Vorher werde ich ihn umbringen, er soll spüren, was es heißt. Todesangst zu haben, am eigenen Leib soll er es erleben, diese Drecksau, dieses Therapeutenschwein, er baut sich jetzt ein Haus – vom Geld seiner Patienten –, und ich hänge in der Scheiße. Er soll dafür büßen, und wenn ich meine letzte Kraft investieren muß, um ihn fertigzumachen. Ich stelle mir vor, wie er von Polizisten abgeholt wird, armselig und wimmernd, hilflos und wehrlos – das ist das, was ich ihm gönne, was er verdient.

Die Kellnerin will abrechnen. Ihre Finger trommeln nervös auf ihrer Geldbörse. Ich kann mein Portemonnaie nicht finden, meine Hände zittern stark.

Konsequenzen

Nach Beendigung der Primärtherapie konnte ich mit großer Kraftanstrengung und vielen Medikamenten noch drei Monate arbeiten. Dann kam ich an einen Punkt, wo ich mich zu meiner eigenen Sicherheit (meine Suizidideen nahmen zu) entschloß, eine Klinik aufzusuchen. Ich war nicht mehr in der Lage, allein auf die Straße zu gehen, allein in der Wohnung zu bleiben oder die banalsten alltäglichen Dinge selbst zu erledigen. Mein Mann war gezwungen, Urlaub zu nehmen, und das einzige, was mir etwas Erleichterung brachte, waren lange Spaziergänge im Freien. Da ich nicht in ein Landeskrankenhaus wollte, mußte ich auf einen Klinikplatz warten. In den Stunden, in denen die Panikanfälle etwas nachließen, schrieb ich Briefe an Kliniken und versuchte parallel dazu, telefonisch etwas zu erreichen. Einmal hatte ich Glück und wurde sofort mit einer zuständigen Chefärztin verbunden. Ich erinnere mich noch genau an ihre Reaktion, nachdem ich ihr kurz meinen Zustand geschildert hatte: «Sie sind ja völlig übertherapiert», sagte sie in barschem Ton. «Sie wissen doch schon alles über sich. Was wollen Sie noch bei uns? Wir können Ihnen mit Sicherheit nicht mehr helfen!»

Nach nur drei Wochen, die mir aber wie eine Ewigkeit vorkamen, erhielt ich eine Zusage von der Psychologischen Klinik Mennigrode. Obwohl ich eigentlich keine Hoffnung mehr hatte, daß mir noch irgend jemand helfen könnte, war ich erleichtert – schon deshalb, weil ich für meinen Mann inzwischen zu einer so großen Bürde geworden war, daß ich etwas tun mußte, um ihn zu entlasten, egal mit welchem Resultat. Im Vordergrund stand, am Leben zu bleiben, durchzuhalten, weiter zu machen ...

Vier

Die Nachfahren Sigmund Freuds

Seit ich den Lauf der Welt durchschaut habe und weiß, in wie verfälschter Form und trügerischer Larve die Gegenwart auf ihrer Bühne das Vergangene darzustellen pflegt, traue ich ihrer Version nicht viel mehr als den Vorhersagen des Künftigen.

Sir Thomas Browne, ‹*Religio medici*›
Erstes Buch, § 29

Psychoanalyse und Primärtherapie – die achtbaren und die radikalen Freudianer

Kommentar und Kritik

Vera Becker suchte den Psychoanalytiker und später den Primärtherapeuten unter dem Druck eines akuten Lebensproblems auf, das bei ihr zu sehr unangenehmen seelischen Symptomen geführt hatte. Sie litt unter ängstigenden Zwangsvorstellungen wechselnder Art, sie konnte schlecht alleine bleiben, da sie von schweren Angstanfällen heimgesucht wurde, und sie fühlte sich allgemein erschöpft und deprimiert. Aber vor allem waren es die Angstanfälle während der Nacht und die Unfähigkeit einzuschlafen, die sie zuerst zu ihrer Suche nach fachlicher Hilfe trieben, da sie sich diesen bedrohlichen Symptomen gegenüber völlig hilflos vorkam.

Die Psychoanalyse genießt unter den tiefenpsychologisch orientierten Schulen der Psychotherapie die bei weitem größte Achtung, und sie ist auch am weitesten verbreitet. Es ist daher verständlich, daß der Weg Vera Beckers zuerst zum Psychoanalytiker führte und daß sie auch mehr als zwei Jahre lang von dieser Seite Hilfe erwartete. Es wird die Aufgabe des ganzen vierten Teils dieses Buches sein, dem Leser die Grundlagen der psychoanalytischen Behandlungsweise so zu erläutern, daß er nachvollziehen kann, was in der von Vera Becker in Ausschnitten geschilderten Analyse geschah und was generell geschieht oder geschehen kann. Ebenso soll erläutert werden, auf welchen Grundlagen die Primärtherapie beruht, der sich Vera Becker nach ihrer erfolglosen Analyse zuwandte. Da die Theorie der Primärtherapie gegenüber der Psychoanalyse nicht viel Neues enthält, wird es hier besonders nötig sein, das zentrale Ereignis einer Primärtherapie, das sogenannte Primärerlebnis, verständlich zu machen.

Die Auseinandersetzung mit der Psychoanalyse und der Primärtherapie wird für den Leser auch die notwendigen Voraussetzungen dafür schaffen, die späteren Stationen der «Therapiekarriere» Vera Beckers verstehen und beurteilen zu können. Ihre späteren Berichte im sechsten und achten Teil sollen daher nur noch relativ knapp kommentiert werden. Meine Beschränkung einer intensiven Betrachtung auf die Psychoanalyse und die Primärtherapie ist möglich, da beide Therapieformen in verschiedener Hinsicht als Prototypen einer tiefenpsychologischen Schule gelten können und da sich die «therapeutischen Beziehungen», auf denen ihre Behandlungsverfahren beruhen, kaum von den therapeutischen Beziehungen anderer Schulen unterscheiden.

Allerdings ist die Aufgabe, eine psychoanalytische oder primärtherapeutische Behandlung für den Leser anschaulich zu machen und wissenschaftlich zu kommentieren, nicht einfach zu lösen. Denn einerseits muß erklärt werden, was nach Ansicht der Psychoanalytiker und der Primärtherapeuten selbst in der Behandlung geschieht oder zu geschehen hat. Andererseits muß auch verdeutlicht werden, wo diese Vorstellungen irrig oder unzureichend sind und auf der Grundlage von Ergebnissen der heutigen Verhaltenswissenschaften ergänzt oder kritisiert werden müßten. Denn letztlich waren es Fehleinschätzungen der Situation und Fehlinterpretationen der zu behandelnden Symptome, die dazu führten, daß die Behandlungen den Zustand der Patientin nicht bessern konnten und sogar (im Fall der Psychoanalyse geringfügig, im Fall der Primärtherapie in hohem Maß) zu einer Verschlechterung beitrugen.

Im Prinzip gilt dasselbe auch für die Symptomdeutungen des Psychoanalytikers und des Primärtherapeuten. Auch hier müßte zum einen erläutert werden, wie der jeweilige Therapeut zu den Deutungen kam, die er seinem Handeln zugrunde legte, als auch daneben gesagt werden müßte, inwieweit die betreffenden Reaktionen und Symptome besser anders interpretiert werden sollten – soweit die Wissenschaft hierfür überhaupt genug Anhaltspunkte bietet. Allerdings kommt es im Rahmen dieses Buches insgesamt doch weniger auf die Theorie der Neurosenentstehung an, sondern es soll der von der Psychotherapie eingeleitete Änderungsprozeß untersucht werden. Für den betroffenen Patienten ist wesentlich, was mit ihm geschieht, nicht so sehr das, was über den Menschen allgemein und über die menschliche Psychopathologie gedacht wird. Der Theorie kommt hier nur insoweit Bedeutung zu, als die Erklärung der Symptome, die der Patient in der Therapie erhält, ebenfalls eine Veränderungswirkung entfaltet. Es ist nicht gleichgültig, was der Patient über die Ursache seiner Probleme denkt, und daher muß ich wenigstens kurz erläutern, was die Tiefenpsychologie zu phobisch-paranoiden Symptomen und zu den sogenannten Neurosen generell zu sagen hat.

Die Neurose aus analytischer Sicht

Das Leiden Vera Beckers kann entweder beschreibend als «phobisch-paranoide Störung» bezeichnet werden, oder man benutzt den Begriff der Angstneurose, der aus tiefenpsychologischer Sicht auf das Problem angewandt wurde. Unter einer Angstneurose versteht man eine psychische Störung, für die unkontrollierte Angstzustände charakteristisch sind, wobei diese aus an und für sich nichtigen Anlässen heraus in vielen verschiedenen Situationen auftreten können.[18] Man spricht davon, daß eine solche Angstneurose durch «frei flottierende Ängste» charakterisiert sei. Dadurch unterscheidet sich die Angstneurose von den Phobien (zum Beispiel von einer Hundephobie oder Höhenphobie), bei denen die unkontrollierbare Angst durch ein bestimmtes Objekt oder eine bestimmte Situation ausgelöst wird. Allerdings kann es auch bei einer Angstneurose so etwas wie «phobische Schwerpunkte» geben, in diesem Fall zum Beispiel die Angst vor dem Einschlafen. Es kommen auch sogenannte «multiphobische» Zustände vor, in denen die ängstigenden Situationen und Objekte besser definierbar sind als bei frei flottierenden Ängsten, die aber trotzdem nicht so klar begrenzt auftreten wie bei einer einfachen Phobie. Es ist insgesamt nicht leicht, komplexe Phobien und Angstneurosen gegeneinander abzugrenzen, aber die Symptome Vera Beckers fielen weit eher in den Bereich des angstneurotischen Leidens.

Eine Schwierigkeit liegt nun darin, daß der Begriff der Angstneurose eigentlich von Sigmund Freud stammt, bei ihm aber nicht nur beschreibend gemeint ist, sondern einen besonderen theoretischen Hintergrund hat.[19] Freud zählte die Angstneurose zu den sogenannten Aktualneurosen, bei denen seiner Auffassung nach die Symptome eher auf gegenwärtige (sexuelle) Mißbräuche als auf frühkindliche Konstellationen zurückgehen. Die heutigen Psychoanalytiker teilen diese Auffassung nicht mehr, so daß ich den Begriff «Angstneurose» im weiteren Text nur im beschreibenden Sinn gebrauchen werde. Der Analytiker, der Vera Becker behandelte, ging ganz offensichtlich im heutigen Sinn davon aus, daß er es mit einer frühkindlich vorstrukturierten Neurose (im Sinne Freuds nicht mit einer Aktualneurose, sondern mit einer Psychoneurose) zu tun hatte. Sonst hätte er eine ganz andere Behandlungsform wählen müssen. Welche Diagnose er stellte, hat die Patientin allerdings nie erfahren, und auch nachträglich läßt sich das aus ihren Erinnerungen nicht erschließen. Für das Verständnis der Ereignisse genügt es jedoch vollkommen, die allgemeine Neurosenlehre der Psychoanalyse zu skizzieren, auf deren Grundlage sich nicht nur die geschilderte, sondern nahezu jede Analyse vollzieht. Dies gilt um so mehr, als die Psychoanalytiker in der Regel auf eine genaue Differentialdiagnose zu Anfang der Behandlung wenig Wert legen, da sie – aus dieser Sicht zu Recht – davon ausgehen, daß sich die genauen Zusammenhänge der Neurosenstruktur erst durch die Analyse selbst enthüllen lassen. Daher hat die exakte Diagnose, selbst wo sie gestellt wird, nur wenig Einfluß auf das therapeutische Vorgehen.

Im allgemeinen versteht die heutige Psychoanalyse (im Gegensatz zu Freud, der einen weiter gefaßten Neurosenbegriff vertrat) unter einer Neurose dasselbe, was in der gesamten Psychologie und Psychiatrie darunter verstanden wird, sofern man den Begriff überhaupt noch verwendet: Neurosen sind Störungen des Verhaltens, Fühlens oder Denkens, die wesentlich mit dem Versuch zu tun haben, unangemessen starke und sachlich unberechtigte Angstzustände zu überspielen, zu beherrschen oder einzugrenzen. Gleichzeitig sind mit den Störungen von Verhalten, Fühlen und Denken auch Beeinträchtigungen des Selbstwertgefühls, des Selbstbildes und der Beziehungen zu anderen Menschen verbunden.

Die Besonderheit der Psychoanalyse besteht nun darin, daß sie im Gefolge Sigmund Freuds annimmt, daß der psychische Konflikt hinter den offensichtlichen Symptomen seinen Ursprung in der frühen Kindheit des Patienten haben müsse. Man nimmt an, daß es sich bei den neurotischen Symptomen um eine Abwehr gegen Affekte, Gefühle oder «Triebenergien», gegen Ideen, Phantasien oder ganz allgemein gegen «Konflikte» handelt, die aus negativen Erfahrungen der frühen Kindheit stammen. Bei diesen Erfahrungen kann es sich sowohl um einen psychischen Konflikt im engeren Sinn handeln, zum Beispiel um einen ödipalen Konflikt um die Zuwendung der Eltern, als auch um ein gravierendes Mangelerlebnis im emotionalen oder körperlichen Bereich, etwa um die Ablehnung der Mutter ihrem neugeborenen Säugling gegenüber. Ein solches Mangelerlebnis kann dann sekundär ebenfalls zu einem psychopathogenen Triebkonflikt führen.

Die Abwehrtheorie

Allerdings bewirkt nach psychoanalytischer Auffassung nicht der Konflikt als solcher eine unbewußte seelische Struktur, die später zu einer Neurose werden kann. Vielmehr muß es sich um einen für das Kind unlösbaren Konflikt handeln, den es durch sein Verhalten und Erleben nicht befriedigend bewältigen kann. Erst dann müssen der Konflikt oder die zugrundeliegenden Affekte und Phantasien «verdrängt» werden, das heißt, es bildet sich eine Abwehr, die den Konflikt vom Bewußtsein fernhält. Sobald diese unbewußte Struktur aus innerem Konflikt und Abwehr einmal existiert, bleibt sie auch im weiteren Verlauf der Entwicklung erhalten, sofern es nicht zu einer Bewußtmachung und Aufarbeitung kommt. Für ein solches Aufarbeiten sind beim Erwachsenen nach Auffassung der Psychoanalytiker aber in der Regel gezielte psychotherapeutische Maßnahmen erforderlich. Wenn dies nicht geschieht, bleibt der betreffende Mensch für neurotische Störungen anfällig, die der Struktur seines unbewußten seelischen Konfliktes folgen, da diese Struktur jederzeit durch ungünstige Umstände wieder reaktiviert werden kann. Zu pathologischen Symptomen kommt es also nicht durch die Existenz einer Abwehr als solcher (obwohl sie Voraussetzung ist), sondern erst durch das «Mißglücken» der Abwehr im späteren Leben. Wenn es der Abwehr nicht mehr gelingt, den unbewußten innerseelischen Konflikt hinreichend vom gegenwärtigen Erleben und Verhalten fernzuhalten, reagiert der Mensch «neurotisch», das heißt, nicht bezogen auf die gegenwärtige Realität, sondern auf frühere Erfahrungen, Bedürfnisse und Ängste.

Aus psychoanalytischer Sicht wiesen die Symptome Vera Beckers bei Beginn der Analyse auf eine in besonders hohem Maß «mißglückte» Abwehr hin. Das direkte Erleben von irrealen Ängsten und Phantasien, das nicht kontrollierbar ist, entspricht, so die Theorie, einer wenig komplexen und fast funktionsunfähigen Abwehr. Die gängigsten Abwehrmechanismen (Verleugnung, Konversion usw.[20]) sind in solchen Symptomen nicht mehr zu entdecken, es fehlt zum vollen Wiedererleben lediglich die richtige lebensgeschichtliche Verknüpfung (Assoziation im Sinne Sigmund Freuds) der negativen Affekte. Eine solche Neurose müßte an und für sich besonders leicht analytisch zu behandeln sein. Und in der Tat war dies die Ansicht früherer Psychoanalytiker, bis die Praxis sie eines Besseren belehrte. Heute fürchten Psychoanalytiker in der Regel die Behandlung solcher Ängste (wie sie zumindest privat zugeben), da die Erfolge selten und gering sind. Warum gerade diese Form seelischen Leidens ganz im Gegensatz zur Theorie so schlecht auf die Analyse anspricht, haben die Analytiker allerdings (nach meiner Auffassung) bis heute nicht zufriedenstellend erklärt. Ein aus analytischer Sicht denkbarer Grund für die schlechten Ergebnisse, den wahrscheinlich auch der Therapeut Vera Beckers angeführt hätte, liegt in der Neigung dieser Patienten, sehr heftig zu «agieren» – wie dies in der Psychoanalyse genannt wird. Ich werde diesen wichtigen Begriff im folgenden noch näher erläutern.

Das magische Dreieck der Tiefenpsychologie

Wenn man von den psychoanalytischen Vorstellungen über die Ursachen einer Neurose ausgeht, muß der Heilungsprozeß folgerichtig darin bestehen, die unbewußten Konflikte mit den damit verbundenen Erinnerungen bewußt werden zu lassen, so daß der erwachsene Mensch die abgewehrten Affekte (beziehungsweise den unbewußten Konflikt) auf eine ihm angemessene Weise verarbeiten kann. Dieses «magische Dreieck» der Tiefenpsychologie aus Bewußtmachung (Erinnerung), Wiedererleben (Fühlen) und Verarbeiten (Integration) wird dem Leser auch in den folgenden Berichten immer wieder begegnen. Auf ihm beruhen mit wenigen Ausnahmen alle Behandlungsformen, die man im weitesten Sinn den Nachfahren Sigmund Freuds zurechnen kann, auch die Primärtherapie nach Arthur Janov. Es ist von großer Bedeutung, sich klarzumachen, daß eine Behandlung in diesem «magischen Dreieck» nur dann eine reale Grundlage hätte, wenn die Vorstellungen der Psychoanalytiker oder im weiteren Sinn der Tiefenpsychologen zuträfen. Bei der Prüfung dieser Vorstellungen darf man sich von der immensen Komplexität der tiefenpsychologischen Theoriengebäude nicht täuschen lassen. Die anthropologischen oder sozialpsychologischen Aussagen analytischer Autoren weichen oft erheblich von dem hier vorgestellten Schema ab und beziehen Gedanken mit ein, die keineswegs «tiefenpsychologisch» oder «freudianisch» im engeren Sinn sein müssen. Darum wiederhole ich, daß es für dieses Buch und für den Patienten, der sich einer Analyse oder einer anderen tiefenpsychologischen Behandlung unterzieht, vor allem von Bedeutung ist, welche Ideen hinter der Behandlung stehen, die ihm widerfährt. Ihn interessiert nicht, was der Therapeut über Mensch und Gesellschaft denkt, sondern welche Instrumente zur Veränderung er einsetzen will, um dem Patienten zu helfen. Und hier findet man in der tiefenpsychologischen Literatur durchgehend dieselben, relativ einfachen Ideen wieder, die ich kurz skizziert habe.

Tiefenpsychologisch orientierte Autoren beweisen häufig ein großes Geschick darin, um die entscheidende Frage nach den Instrumenten therapeutischer Veränderung herumzusteuern. Für sie (und durch ihren Einfluß für zahllose Menschen, die sich mit psychologischen Fragen befassen) sind die Grundlagen der Tiefenpsychologie (frühkindliche Vorstruktur der Neurose,

Abwehrtheorie usw.) so selbstverständlich, daß sie gar nicht mehr erkennen, daß bereits diese einfachen Grundlagen falsch oder zumindest überholt sein könnten. Nach meinen ziemlich ausführlichen Erfahrungen in der Diskussion mit Therapeuten dieser Schulen ist es schwierig, ihnen klarzumachen, daß sich hier überhaupt ein Problem verbirgt. Man erreicht dies in der Tat am besten, indem man konsequent (und wenn es sein muß, auch penetrant) auf der Frage besteht, was nach Ansicht des Therapeuten dem Patienten helfen soll oder – um es abstrakter auszudrücken – wie der Behandelnde das «therapeutische Agens» der Methode definiert. Dann zeigt sich sehr schnell, daß die Vorstellungen des Therapeuten darüber, wie er seinen Patienten helfen könne, in aller Regel genau so strukturiert sind, wie ich es oben mit dem etwas saloppen Bild des «magischen Dreiecks» geschildert habe.

Um diese Aussage wenigstens mit einem Beispiel zu belegen, zitiere ich eine Formulierung [21], die auf den ersten Blick weit von der klassischen Tiefenpsychologie entfernt zu sein scheint. Alois Becker begründet die Wichtigkeit der Einsichtgewinnung (Bewußtmachung) in der Psychoanalyse damit, «daß Schwierigkeiten der Gegenwart als Folgen mißglückter Problemlösungsversuche der Vergangenheit gesehen werden ... Woraus sich ergibt, daß gegenwärtige Konflikte, die aus gescheiterten Versuchen der Problemlösung stammen, in einem historischen Regreßverfahren auf ihre Vorläufer und ihre vermutlichen Ursprünge zurückzuverfolgen sind.»

Diese Formulierung scheint nicht von der Vorstellung frühkindlich festgelegter seelischer Strukturen auszugehen, die in einer Neurose wieder hervorbrechen, sondern sie hebt in moderner Weise auf «Problemlösungsverhalten» und auf geschichtliche Entwicklungsprozesse ab. Und in der Tat dürfte es kaum einen Verhaltenswissenschaftler geben, der der Auffassung nicht zustimmen würde, daß Probleme der Gegenwart zumindest teilweise Folge mißglückter früherer Lösungsversuche sind. Der spezifisch tiefenpsychologische Gedanke liegt auch gar nicht in dieser Aussage, sondern in der aus ihr gezogenen Folgerung, daß «gegenwärtige Konflikte ... in einem historischen Regreßverfahren auf ihre Vorläufer und ihre vermutlichen Ursprünge zurückzuverfolgen sind». Denn diese Folgerung ist alles andere als selbstverständlich. Es wäre viel naheliegender, anstatt der früher mißglückten Lösungen früherer Probleme andere Lösungen für die aktuellen Probleme einzuüben oder sonstige sinnvolle Veränderungen in der Gegenwart zu versuchen. Die Vergangenheit wäre dafür höchstens nebenbei heranzuziehen. Ein «historisches Regreßverfahren» folgt nur dann automatisch, wenn man annimmt, daß die Ursachen für die früheren problematischen Reaktionen im Unbewußten irgendwo noch vorhanden sind und daß sie aufgesucht und verändert werden können. Ohne diese Vorstellung ergibt auch die Abwehrtheorie der Psychoanalyse keinen rechten Sinn mehr, mag man sie noch so modern lerntheoretisch oder kognitiv umformulieren. (Eine weitere tiefenpsychologische Besonderheit liegt natürlich darin, daß die «früheren Problemlösungsversuche», die als Ursache späterer Probleme in Frage kommen, in der therapeutischen Praxis fast nur in der frühesten Kindheit gesehen werden. Mit dieser Einschränkung wären andere Wissenschaftler aus Psychologie und Verhaltensbiologie in aller Regel nicht einverstanden.)

Ich möchte die oben ausgeführte Überlegung in der folgenden Formel zusammenfassen: Für eine tiefenpsychologisch orientierte Psychotherapie ist kennzeichnend, daß ein Regressionsprozeß des Patienten für notwendig oder gar für entscheidend gehalten wird. Die Heilung stellt man sich so vor, daß die in der Regression abgebauten oder relativierten seelischen Strukturen auf eine andere Weise wieder aufgebaut oder festgelegt werden können. Aus dieser Vorstellung folgt unmittelbar, daß sich jede tiefenpsychologische Therapieform notwendigerweise in dem «magischen Dreieck» von Erinnerung, Wiedererleben und Verarbeitung bewegen muß. Dies gilt für die Psychoanalyse ebenso wie für die Primärtherapie, für die

Schreitherapie Daniel Casriels und für die Transaktionsanalyse, sosehr jede Schule ihre theoretische und praktische Eigenständigkeit auch betonen mag.

Der Reigen der Neuerer

Worin bestehen dann aber die Unterschiede zwischen der Psychoanalyse und zum Beispiel der Primärtheorie, über die Vera Becker ja ebenfalls berichtet? Ich werde die Theorie der Primärtherapie noch näher besprechen, vorab kann diese Frage aber bereits kurz beantwortet werden: Die verschiedenen tiefenpsychologischen Therapieformen unterscheiden sich dadurch, wie sie die Gewichte innerhalb des «magischen Dreiecks» verteilen. Die Psychoanalytiker, besonders die gut etablierten Analytiker der Nachkriegszeit, betonen die Bewußtmachung (Erinnerung) mehr als das Wiedererleben und auch etwas mehr als die Verarbeitung der frühen Konflikte. Aber auch sie verlassen das «magische Dreieck» nicht, denn zumindest in der Theorie wurde immer unter Berufung auf Sigmund Freud selbst betont, daß «Erinnern ohne Emotionen wirkungslos ist», daß also der Aspekt des Wiedererlebens nie ganz vernachlässigt werden kann.

Die Vertreter der Primärtherapie, die sich von der Psychoanalyse abspalteten, betonen umgekehrt gerade das Wiedererleben der frühen Konflikte und rücken das Erinnern an die zweite Stelle, während die Verarbeitung automatisch eintreten soll und in der Praxis nicht weiter beachtet wird. Es ist typisch, daß sich Primärtherapeuten über die Analytiker lustig machen, weil diese über Gefühle nur «schwatzen», anstatt sie erlebbar zu machen, während die Analytiker den Primärtherapeuten vorhalten, sie würden die Patienten mit frühen Konflikten überfordern und ihnen keine Zeit zur Verarbeitung lassen.

Die Schreitherapie nach Casriel hingegen (der der Leser im

nächsten Bericht im sechsten Teil begegnen wird) betont ausdrücklich die Verarbeitung der frühen Konflikte in der Gegenwart. Erinnern und Wiedererleben spielen zwar eine Rolle, sind aber der Erfahrung neuer, anderer Gefühle in der Gegenwart untergeordnet. Konsequenterweise werfen die Schreitherapeuten (die sich ebenfalls durch eine Abspaltung von der Psychoanalyse etabliert haben) sowohl den Analytikern ihre Kopflastigkeit als auch den Primärtherapeuten ihre fehlende Hilfe in der Gegenwart vor – und ihnen wird ihrerseits von beiden Seiten vorgehalten, große Gefühlswallungen zu produzieren, ohne «in die Tiefe zu gehen».

Für denjenigen, der den tiefenpsychologischen Voraussetzungen von vornherein mißtraut, sind diese Gewichtsverlagerungen innerhalb des «magischen Dreiecks» nicht von allzu großem Interesse. Es scheint so zu sein, daß jeder therapeutische Neuerer von einer Verlagerung der Gewichte bessere Erfolge erwartet. In Wahrheit kann jedoch nur eine tiefgreifende kritische Überprüfung der Grundlagen der Arbeit eine wirkliche Änderung bringen. Denn an diesen Grundlagen, wie sie die Psychoanalyse schuf, haben weder Arthur Janov noch Daniel Casriel, noch Eric Berne, Fritz S. Perls oder selbst die Neo-Sannyasins etwas geändert. Der Reigen der immer neuen Schulen und Sekten um die drei Eckpunkte «Erinnern», «Wiedererleben» und «Verarbeiten» wird nicht enden, solange die in der Wissenschaft überholten tiefenpsychologischen Vorstellungen in der Praxis weiterwirken.

Die Instrumente der Psychoanalyse

Der obige Gedankengang hat uns allerdings von der Psychoanalyse etwas abgeführt. Für das Verständnis dessen, was in der Analyse Vera Beckers geschah, ist nicht nur die grundsätzliche Einordnung des Analyseprozesses in die Tiefenpsychologie wichtig. Es sollten auch die Veränderungsinstrumente der

Psychoanalyse im engeren Sinn erläutert werden, also diejenigen Instrumente, mit denen versucht wird, Erinnerung, Wiedererleben, und Verarbeitung tatsächlich hervorzubringen und zu lenken. Allerdings wird im speziellen Fall der Psychoanalyse die Antwort vielen Lesern bereits bekannt sein: Der von Sigmund Freud entwickelte Therapieprozeß der «Analyse» steht seit Jahrzehnten im Mittelpunkt der psychoanalytischen Behandlung. Auch die Beschreibung Vera Beckers (soweit es sich um Einzelsitzungen handelt) gibt eine solche typische Analyse wieder. Der Unterschied zur «orthodoxen» Form besteht bei ihr lediglich darin, daß die Patientin nicht auf der berühmten Couch liegt, sondern dem Analytiker gegenübersitzt und ihn so beobachten kann. Dieses Arrangement, das die Anonymität des Analytikers teilweise einschränkt und mehr direkte Kommunikationsmöglichkeiten schafft, wird der sogenannten Neoanalyse zugeordnet, auf deren nähere Charakterisierung es aber hier nicht ankommt.

Das Gespräch folgt im wesentlichen dem Prinzip, daß die Patientin ihren spontanen Ideenverbindungen und Einfällen folgen soll, das heißt, sie soll ihren «freien Assoziationen» Raum geben. Dieses Verhalten wird durch die sogenannte analytische Grundregel beschrieben, die unter anderem aussagt, daß es auf die Folgerichtigkeit oder Genauigkeit der Gedanken nicht ankommt, sondern daß diese möglichst spontan zu äußern seien. Dem spontanen Verhalten des Patienten oder Analysanden entspricht das Verhalten des Analytikers, der «Abstinenz» zu üben hat. Er soll die freien Assoziationen des Patienten weder hervorzurufen noch auszuwählen versuchen, sondern vielmehr eine Art Ersatzobjekt für jede Regung bilden, die im Patienten erscheint. Daher sollen seine Persönlichkeit und sein Verhalten dem Patienten auch möglichst wenig konkrete Anhaltspunkte für dessen Reaktionen geben. Der Analytiker ist mit Absicht unpersönlich, so daß der Patient an ihm und in ihm um so leichter seine Erwartungen und Befürchtungen wiederfinden kann.

Dieser durch die analytische Grundregel einerseits und durch das Abstinenzgebot andererseits gekennzeichnete Prozeß wird heute allgemein, auch außerhalb der eigentlichen Psychoanalyse, in verschiedenen Abwandlungen benutzt. Die Ergebnisse dieser Kommunikationsstrategien für den Patienten sind keineswegs immer gut – was uns nicht daran hindern sollte, anzuerkennen, daß Sigmund Freud sich ein großes Verdienst erworben hat, indem er das Hinhören, die geduldige Beschäftigung mit den Äußerungen des Patienten, in den Rang einer Methode erhob. Man braucht die Vorstellungen nicht zu teilen, die die Analytiker sich über den Inhalt der Äußerungen von Patienten machen, um die Bedeutung des Hörens und Aufmerkens zu würdigen. Auch die «Abstinenz», die sich die Analytiker auferlegen, hat sehr positive Auswirkungen für den Patienten. Durch sie wird er davor geschützt, Objekt (und oft Opfer) der hemmungslos ausgelebten Vorstellungen, Emotionen und Wünsche von echten und sogenannten Therapeuten zu werden, was in Therapieschulen, die nichts von therapeutischer Abstinenz halten, regelmäßig geschieht. Die Erfahrungen Vera Beckers in der Primärtherapie liefern hier nur ein, und noch nicht einmal ein besonders krasses, Beispiel.[22]

Trotzdem ist die psychoanalytische Theorie für den Verlauf der Therapie natürlich nicht bedeutungslos, denn neben den allgemeinen Regeln bestimmt auch das, was der Therapeut sich bei den Äußerungen des Patienten im einzelnen denkt, den Therapieprozeß sehr stark. Welche Vorstellungen dabei eine Rolle spielen, läßt sich an Hand der Beschreibungen Vera Beckers deutlich machen.

Der Wiederholungszwang

Ein wesentliches psychoanalytisches Instrument zur Erschließung unbewußter frühkindlicher Konflikte wird bereits im ersten Gespräch demonstriert: Als Vera Becker von ihrer Angst vor dem Alleinsein berichtet, regt der Analytiker sie an, sich an Situationen aus ihrer Kindheit zu erinnern, in denen sie sich allein gelassen fühlte. Dann zieht er den Schluß, daß das Alleinsein ihr ja wohl «in gewissem Sinn vertraut» sei.

Hinter diesem vordergründig ziemlich trivialen Schluß steht ein keineswegs trivialer theoretischer Begriff, der Begriff des «Wiederholungszwangs». Der Analytiker nimmt an, daß die Patientin in ihren persönlichen Beziehungen immer wieder Konflikte derselben Art heraufbeschwört, weil ihre Abwehr gegen unbewußte Kindheitswünsche und Kindheitsängste immer dieselben Reaktionen auf andere Menschen hervorruft. Er geht davon aus, daß die Patientin Erfahrungen und Wertungen aus ihrer Kindheit auch auf ihre gegenwärtigen Partner überträgt und diese damit immer wieder in die Rolle von Kindheitsfiguren bringt.

In Vera Beckers Fall, in dem die Angst vor dem Verlassenwerden eine große Rolle spielte, nahm der Analytiker wohl etwa den folgenden Zusammenhang an: Die Patientin stützt ihre Abwehr gegen ihre unbewußten Kindheitsängste damit, daß sie von anderen Menschen besonders viel Zuwendung fordert und sich an sie klammert. Dadurch überfordert sie ihren Partner – in diesem Fall den Freund – aber auch, so daß dieser tatsächlich dazu neigt, sich abzuschirmen oder sich gar zurückzuziehen, was wiederum die Ängste bestätigt und das Anklammern verstärkt. Damit erschafft die neurotische Abwehr gerade diejenige Situation wieder, die das ursprüngliche Leiden des Kindes hervorrief. In gewissem Sinn bildet der «Wiederholungszwang» den immer neuen Versuch, die Kindheitsgeschichte endlich zu einem «besseren» Abschluß zu bringen.

Daß der Analytiker tatsächlich so oder so ähnlich dachte, zeigt sich in einer späteren Sitzung sehr deutlich: «Ich denke, daß Sie bei Ihrem Freund etwas suchen, was Sie bei Ihrem Vater immer vermißt haben», interpretiert er die Probleme Vera Beckers mit ihrem – wie sie meint – zu gleichgültigen Ehemann. Die Patientin reagiert auf diese Deutung erbost. Sie will nicht, wie sie selbst schreibt, in die Rolle der «überfordernden Frau mit Vaterproblematik» gedrängt werden. Sie besteht auch dem Analytiker gegenüber darauf, daß in der Beziehung zu ihrem Mann aktuelle Probleme die Hauptrolle spielen. Aber auch diese Gegenwehr paßt durchaus in das Deutungsmuster des Analytikers. Denn mit dem Gedanken «Ich bin eben auch ein Mann» kann er die Reaktion seiner Patientin erklären, und – so könnte man hinzufügen – «bei ihrer Neurosenstruktur *muß* sie mir gegenüber Enttäuschung empfinden».

In diesen Deutungen benutzt der Analytiker das Konzept des «Wiederholungszwangs» in einer sehr bezeichnenden Weise. Denn besonders typisch für die Analyse ist die Deutung derjeniger Reaktionen, die sich auf den Analytiker selbst richten. Hier wird der Wiederholungszwang nämlich zur «Übertragung» (in diesem Fall zu einer negativen Übertragung), und der Prozeß der Übertragung, wie ihn die Analytiker sehen, spielt in den therapeutischen Vorstellungen eine außerordentlich große Rolle.

Die Übertragung

Die ungewöhnliche Art der Kommunikation, die durch die analytische Grundregel und durch die «Abstinenz» des Therapeuten geschaffen wird, führt nach Ansicht der Analytiker zu einer besonders intensiven Form der Wiederholung früherer Erlebnismuster, nämlich zur «Übertragung» von Affekten, Wünschen und Ängsten auf die Person des Therapeuten. Dadurch, daß in der Analyse die einschränkenden Umstände der sonstigen sozialen Beziehungen wegfallen (die Analytiker sprechen von der «Autonomie» des Patienten), können sich die frühkindlichen Erfahrungs- und Reaktionsmuster viel direkter ausdrükken als im sonstigen Leben. Nach Sigmund Freud muß es in der Analyse sogar zu einer sogenannten Übertragungsneurose kommen, wenn der Heilungsprozeß gelingen soll, also zu einer stärkeren und offeneren Ausprägung des kindlichen Konflikts, als sie sonst möglich wäre.

Im Rahmen der Übertragungsneurose kann es aus der Sicht des Analytikers sogar durchaus zu einer Verschlimmerung der Symptome kommen, ohne daß dies bedenklich wäre oder den Erfolg der Therapie in Frage stellen würde. Es ist daher verständlich, daß auch der Therapeut Vera Beckers auf ihre Klagen, die Angstanfälle würden schlimmer und schlimmer, beruhigend und beschwichtigend reagiert. In jeder anderen Behandlung würde eine Verschlimmerung der Symptome das Absetzen der Therapie nahelegen – nicht so in der Psychoanalyse (und in der Tiefenpsychologie allgemein). Solche Verschlimmerungen werden unter dem Aspekt des «Wiedererlebens» erwartet oder sind sogar erwünscht.

Allerdings kann die vorübergehende Verschlimmerung neurotischer Symptome auch nach psychoanalytischer Auffassung nur therapeutisch wirksam werden, wenn es gelingt, die Übertragungsneurose durch fortschreitende Bewußtmachung und Verarbeitung langsam aufzulösen. Dieser Prozeß (der die beiden anderen Aspekte des «magischen Dreiecks» umfaßt) gelingt aber selbst aus analytischer Sicht nicht immer so, wie der Therapeut sich dies wünscht. Denn der Patient setzt dem Abbau seiner Abwehr (dem Bewußtmachen) und dem Aufbau anderer Reaktionen einen Widerstand entgegen. Dieser Widerstand wird unter anderem gerade von der drohenden Verschlimmerung von Ängsten und innerseelischen Konflikten motiviert. Auch die im letzten Abschnitt erwähnte negative Übertragung auf den Therapeuten würden Psychoanalytiker als eine Form des Widerstands klassifizieren, mit dem die Patientin die inneren Konflikte unbewußt zu halten sucht. Es ist eine wesentliche Aufgabe des Analytikers, mit solchen und anderen Widerständen so umzugehen, daß der Analysand die Gründe seines Verhaltens einsehen und sich langsam verändern kann. Daher bildet die «Widerstandsanalyse» und allgemein die Behandlung von «Widerständen» ein weiteres wichtiges Werkzeug des Analytikers.

Der Widerstand

Bei der sogenannten Neopsychoanalyse, die sich in Deutschland vor allem auf Harald Schultz-Hencke beruft,[23] spielt die Widerstandsanalyse eine besonders große Rolle. Auch Sigmund Freud beschäftigte sich intensiv mit dem Widerstand in der Analyse, aber bei ihm haben die Arbeit mit Übertragungen und die Traumdeutung (die in Vera Beckers Bericht gar nicht vorkommt) ein stärkeres Gewicht. Wenn die Vermutung zutrifft, daß der Analytiker, der Vera Becker behandelte, der Neopsychoanalyse zuzuordnen ist, würde dies seine starke Betonung der Widerstandsbearbeitung erklären, die auch in den Gruppensitzungen zu beobachten ist. Auch das Fehlen von Traumdeutungen weist in eine ähnliche Richtung, denn eine solche Lücke käme bei einem Freudianer im engeren Sinn unerwartet und wäre zum Beispiel bei einem Anhänger Carl Gustav Jungs fast unmöglich.

Ein in mehrfacher Hinsicht bezeichnendes Beispiel einer Widerstandsanalyse ergibt sich in der Behandlung aus dem Versuch der Patientin, ihre Anfälle von Heißhunger im Rahmen der psychoanalytischen Theorien zu verstehen. Ihre erste Deutung (Angst des Babys vor dem Verhungern) gefällt dem Analytiker nicht. Er vermutet bei der Patientin den Wunsch, schlank zu bleiben, hinter dem eine unbewußte Angst vor weiblichen Formen steht. Mit anderen Worten, er vermutet hinter dem Symptom «Heißhunger» eine Störung des geschlechtlichen Selbstbildes. Als die Patientin seine Ansicht nicht überzeugend findet, ist die Sache für ihn eindeutig: Hier zeigt sich der Widerstand. Man braucht, wie der Analytiker einräumt, «viel Zeit, bis man sich diese Einstellung zugestehen darf». Damit ist das Problem für den Analytiker geklärt, und auch seine Patientin ist bereits halbwegs überzeugt. Nur – die Anfälle von Heißhunger werden immer stärker. Aber das ist ein anderes Problem, mit dem sich der Analytiker nicht direkt auseinandersetzt.

Ein geradezu grotesker Fall des Arbeitens mit einem «Widerstand» ereignet sich in einer Gruppensitzung: Die Patientin erzählt, daß sie während eines Anfalls von Heißhunger mitten in der Nacht Currywürste mit Pommes frites gekauft hätte. Den Amateur-Analytikern unter den Gruppenmitgliedern ist die Sache sofort klar. Currywürste um Mitternacht – dabei kann es sich nur um ein symbolisches Ausleben sexueller Wünsche handeln. Und der Therapeut unterstützt diese Deutung, die zu seinen eigenen Vorstellungen paßt, auch noch ganz massiv (mißt man sein Eingreifen an der Zurückhaltung, die der Leiter einer psychoanalytischen Gruppe in der Regel übt). Die Patientin kann auch hier mit der Deutung nichts anfangen, wird aber trotzdem mehr oder weniger überzeugt: «Wenn alle dasselbe sagen, muß es wahr sein.» Dieser Schluß, der im Alltag bekanntermaßen oft in die Irre führt, wird in Therapiegruppen sehr häufig gezogen.

Vorgreifend auf das nächste Kapitel sei bereits hier darauf hingewiesen, daß auch solche eher komisch anmutenden Episoden für die Patienten eine durchaus ernste Bedeutung haben. Vera Becker wurde durch ihre Anfälle von Heißhunger seelisch erheblich belastet, und die Stärke dieser Anfälle nahm während der Analyse immer mehr zu. Falls die Interpretation des Analytikers und der Gruppenmitglieder begründet gewesen wäre, hätte sich über die vorübergehende Verstärkung des Symptoms ein Fortschritt der Therapie ergeben können. Falls sie aber falsch war – und der Mißerfolg weist in diese Richtung –, wäre die in der Gruppe gewonnene Erkenntnis für Vera Becker nicht nur nutzlos, sondern schädlich gewesen. Denn durch den Analytiker und durch die Gruppenmitglieder wurde sie davon überzeugt, daß ihr Heißhunger tiefere, verborgene Ursachen ganz anderer Art im Unbewußten habe. Diese Überzeugung und die ständige Suche nach unbewußten Gründen hinderten sie daran, direkte und gezielte Maßnahmen zur Lösung des Problems zu ergreifen, zum Beispiel indem sie sich an eine regelmäßige Ordnung von Mahlzeiten hielt und anderes mehr. Jahre später gelang es ihr, diese lästigen Zwangssymptome ganz ohne Hilfe eines Therapeuten zum Verschwinden zu bringen, indem sie sich ein solches «Training» vornahm und es auch durchführte. Während ihrer Analyse beschäftigte sie sich statt dessen mit dem paradoxen Versuch, ihre Anfälle von Heißhunger «anzunehmen», wodurch nicht nur alle Selbstheilungstendenzen unterdrückt wurden, sondern auch der Hunger auf eine schädliche Weise in das Zentrum der Aufmerksamkeit rückte. Dieser Einzelfall bildet nur ein Beispiel für den in Psychotherapien häufigen Vorgang, daß die angeblichen Lösungen eines Problems nicht nur keine Lösung bewirken, sondern sogar selbst zum neuen Problem werden.

Auch im Fall Vera Beckers führte die jahrelange Analyse, die Arbeit mit Übertragungen, Widerständen und Kindheitserinnerungen, nicht zu einer Verbesserung der Situation. Vielmehr traten die nächtlichen Ängste eher häufiger als seltener auf, und besonders die zwanghafte Eßlust hatte sich erheblich verstärkt. Auch die Grundstimmung, das allgemeine Lebensgefühl, war nicht positiver geworden, ganz im Gegenteil. Diese Verschlechterungen sind um so bemerkenswerter, als sich die äußere Situation der Patientin in der vorhersehbaren Weise stabilisierte. Sie überwand den Schmerz der Trennung von ihrem Freund und ging eine neue Bindung ein, die zur Ehe führte. Man ist versucht zu vermuten, daß es ohne die psychoanalytische Behandlung auch zu einer langsamen Besserung des innerseelischen Zustands gekommen wäre, daß der analytische Veränderungsprozeß dies aber verhinderte. Es gibt etliche Fachleute aus der

Psychotherapieforschung, die vermuten, daß solche Vorgänge (die Blockierung einer Spontanremission) nicht allzu selten vorkommen.[3] Auf die ständigen Verschlechterungen ihres Zustands reagierte Vera Becker leider nicht damit, daß sie ihre Psychotherapie überhaupt beendete. Statt dessen entschloß sie sich, eine Primärtherapie zu beginnen. Ihr weiteres Schicksal in ihrer tragischen Therapiekarriere wurde sehr stark von diesem Schritt bestimmt.

Die Mühle der Primärgefühle

Daß Vera Becker auf der Suche nach wirksameren psychotherapeutischen Methoden auf die in einer hohen Auflage verbreiteten Bücher von Arthur Janov stieß, ist verständlich. Weniger selbstverständlich ist, daß sie auch ein Therapiezentrum fand, in dem die Methode der «Urschrei-Therapie» oder, wie sie sich später nannte, der Primärtherapie auch tatsächlich angewandt wurde. Reine Primärtherapie wird auf dem Supermarkt der Psychotherapien gar nicht so häufig angeboten, wie man aus der früheren Verbreitung von Janovs Büchern schließen könnte, obwohl zumindest in jeder Großstadt irgend jemand sich als Primärtherapeut bezeichnet. Aber die Behandlung Vera Beckers folgte in der Tat ziemlich genau den Methoden Arthur Janovs, wenn man davon absieht, daß der Therapeut auch einige Begriffe benutzte, die aus der Transaktionsanalyse stammen.

Den Ablauf der primärtherapeutischen Einzel- und Gruppensitzungen stellt Vera Becker anschaulich dar, so daß nur einige allgemeine Anmerkungen nötig sind, um diese Behandlungsmethode weiter zu charakterisieren.

Die Praxis der Primärtherapie besteht ganz wesentlich in dem Versuch, beim Patienten die sogenannten Primärerlebnisse hervorzurufen. Schon der Beginn der Therapie ist so geplant, daß es möglichst schnell zu Primärerlebnissen, also zu unkontrollierten Ausbrüchen von Affekten und Körpergefühlen, kommen kann. Daher beginnt eine Primärtherapie nach Arthur Janov mit einer sogenannten Intensivphase, in der der Patient in ein Hotel zieht und sich verpflichtet, keinen Kontakt zu irgendwelchen Angehörigen oder Bekannten aufzunehmen. Außerdem wird er streng dazu angehalten, auf alle seine üblichen Mittel der Ablenkung oder Beruhigung – Rauchen, Alkohol, Fernsehen, Lesen usw. – zu verzichten. Durch diese Form der Isolation will man erreichen, daß sich der Patient ganz auf seine Anspannung und auf sein Unbehagen konzentrieren muß, so daß «Primärgefühle» leicht hervorgerufen werden können. In dieser Phase, die zwischen einer und drei Wochen dauert, kommt der Patient täglich zur Behandung in das Zentrum und kann auch sonst seinen Therapeuten jederzeit erreichen. Janov schildert die Behandlungen als Einzeltherapien; in Vera Beckers Fall wurden die Sitzungen aber mit anderen Patienten gemeinsam abgehalten. Dadurch sollte wohl die zeitliche Belastung des Therapeuten verringert werden.

An die Intensivphase schließt sich die weitere Behandlung mit einer lockeren Folge von Sitzungen an, an denen der Patient meist nach eigenem Bedarf teilnimmt. Die Isolation wird nicht weitergeführt, der Patient nimmt sein normales Leben wieder auf und erscheint nur ambulant im Therapiezentrum.

Die Sitzungen zerfallen dabei meist in zwei Teile: Im ersten Teil liegen oder (seltener) sitzen die Patienten jeder für sich in einem dämmrig beleuchteten Raum und nehmen keinen Kontakt miteinander auf, selbst wenn sich zwei oder mehr Leute einen Raum teilen. Der Therapeut geht in dieser Phase von Patient zu Patient und versucht, bei jedem Primärgefühle hervorzurufen. Der Lärm in dieser Phase ist oft unerträglich, obwohl die Therapieräume in den meisten Zentren mit schalldämpfendem Material verkleidet sind; und die Flut der dadurch ausgelösten negativen Emotionen macht es leicht, «in Gefühle zu kommen» (wie der Gruppenjargon der Primärtherapie lautet).

Im zweiten Teil, der sogenannten «post group» oder «Nachgruppe», wird dann das Licht verstärkt, und die Patienten nehmen Kontakt miteinander auf. So entsteht eine Therapiegruppe. Diese «post group» dient dazu, Emotionen zwischen den Teilnehmern auszutauschen und Konflikte offenzulegen – immer mit dem Ziel, auch dadurch Primärgefühle zu erzeugen. Die Teilnehmer werden ermutigt, ihre Gefühle auszusprechen und dann in die entsprechenden emotionalen Ausbrüche zu versinken. Der Therapeut greift in diesen Prozeß relativ oft ein und versucht, Gefühlsausbrüche zu provozieren. Dabei gibt es harte, verletzende Methoden, die als «busting» bekannt sind. Zu den «bustern» gehörte auch der Therapeut Vera Beckers, wenn man nach der Beschreibung urteilt. Andere Primärtherapeuten lehnen ein so hartes Vorgehen ab und weigern sich, Patienten zu Gefühlsausbrüchen zu zwingen, die diese nicht selbst inszenieren. Bei einem «buster» ist die Gefahr natürlich groß, daß sich der Therapeut lediglich an den Patienten abreagiert, und besonders an denen, die ihm kein angemessenes Erfolgserlebnis vermitteln. Auch der Therapeut Vera Beckers macht von dieser Möglichkeit weidlich Gebrauch, indem er ihr auf brutale Weise zu verstehen gibt, daß es an ihr liege, wenn sie die Chance, durch Primärerlebnisse wirklich «real» zu werden, nicht nutze und dazuhin auch noch den völlig «realen» Therapeuten in ihren «neurotischen Kampf» hineinzuziehen versuche. An der Anschauung, daß Primärerlebnisse der einzige Weg zur seelischen Gesundheit sind, wird dabei auf keinen Fall gerüttelt.

Die Suche nach immer neuen Primärerlebnissen wird in der Therapie im Prinzip so lange fortgesetzt, wie der Patient sich als therapiebedürftig empfindet. Die verschiedenen Techniken, die dabei benutzt werden, habe ich an anderer Stelle ausführlich geschildert. [24] Ich will diese Frage deshalb hier nicht weiter verfolgen.

Allerdings setzen viele Zentren aus gewichtigen Gründen, die noch zu diskutieren sein werden, auch Grenzen für die Therapiedauer an – zum Beispiel ein Jahr oder achtzehn Monate.

Arthur Janov selbst gibt diese Notwendigkeit in seinen Büchern allerdings nicht zu.

Worin besteht nun nach Ansicht der Primärtherapeuten die heilende Wirkung der Primärgefühle oder Primärerlebnisse, und wie unterscheidet sich diese Ansicht vom psychoanalytischen Standpunkt? Um diese Frage zu beantworten, muß ich näher auf die Theorien Arthur Janovs eingehen.

Janov – der radikalste Tiefenpsychologe

Ebenso wie die meisten anderen Tiefenpsychologen geht Arthur Janov davon aus, daß die seelischen Probleme eines Erwachsenen auf unbewußten Strukturen beruhen, die durch Kindheitserfahrungen entstanden sind. Mit dieser Auffassung folgt er genauso den Grundgedanken Sigmund Freuds wie die Psychoanalytiker, aber er unterscheidet sich von anderen «Freudianern» durch die Einfachheit und Pauschalität seiner Ideen. In seinen Büchern stellt er die unbewußte psychische Struktur aus affektivem Konflikt und Abwehr sehr anschaulich und konkret dar.[9]

Janov nimmt an, daß Belastungen der frühen Kindheit einen «Urschmerz» (englisch «primal pain») im Gehirn des Menschen zurücklassen. Den Urschmerz beschreibt er in seinen ersten Büchern als eine Art von Schmerzenergie, die im Organismus verbleibt. Eine Neurose kommt dadurch zustande, daß der Neurotiker den drängenden Urschmerz ständig abwehren muß, was ihn zu symbolischen Befriedigungen und Ersatzbefriedigungen, zu Verleugnungen und Verdrängungen aller Art veranlaßt. Analog zu Freud nimmt Janov an, daß der Neurotiker dann zu leiden beginnt, wenn die Abwehr nicht mehr völlig funktioniert und der Urschmerz darum in irgendeiner Form das Bewußtsein erreichen kann. Positive Formen der Abwehr wie die Sublimation gibt es bei Janov im Gegensatz zu Freud allerdings nicht.

Bei ihm ist nicht nur die erfolglose Abwehr, sondern jede Abwehr schädlich für den Organismus, nur der abwehrfreie Mensch ist als gesund zu betrachten.

Daher sehen Primärtherapeuten auch einen Menschen, der an seiner Abwehr nicht leidet, als geschädigt an. Der Urschmerz, der im Körper verbleibt, verursacht nach ihrer Ansicht dort Spannungen aller Art, die sich in Krankheiten äußern. Außerdem macht die Abwehr den Menschen «irreal», das heißt unfähig dazu, seine eigentlichen Gefühle und Wünsche zu erkennen. Er lebt von seinen Gefühlen getrennt und folgt rein gedanklich festgelegten Zielen, die oft nur symbolischer Ausdruck verdrängter Bedürfnisse sind. (Man beachte, daß Janovs Ausweitung des Neurosenbegriffs dazu führt, daß in seinem Weltbild alle Menschen krank sind, zumindest alle, die bei ihm nicht an einer Primärtherapie teilgenommen haben. Eine Entscheidung darüber, ob jemand behandlungsbedürftig ist oder nicht, wird unmöglich. Jeder ist per Definition behandlungsbedürftig.) Die Auffassung Arthur Janovs entspricht so weitgehend der Neurosenätiologie, die Sigmund Freud in seinen frühen Schriften entwickelte, daß man sie als eine bloße Zweitauflage der Freudschen Ideen betrachten kann. Auch Freud sprach von einer «traumatischen Energie» und meinte, daß die neurotischen Symptome durch die Verdrängung dieser Energie zu erklären seien.[25] In seinem letzten Buch stellt Arthur Janov den Urschmerz allerdings etwas anders dar.[9] Jetzt handelt es sich weniger um eine Energie als um «biochemische» Veränderungen des Gehirns, also Veränderungen der Verknüpfungen von Nervenzellen, der hormonellen Regulation des Verhaltens und so weiter. Dieser Wechsel ist eine Folge der Versuche Janovs, seine Theorie wissenschaftlich abzusichern (ironischerweise folgt er auch hier ziemlich genau den Spuren des frühen Freud). Dabei stieß er auf die modernen Erkenntnisse der Gehirnforschung, die er seither benutzt, um seine im Grund unveränderten Ideen in einer anderen Terminologie darzustellen. Er spricht nun davon, der Urschmerz werde dem Gehirn von Säuglingen und

Kleinkindern «eingeprägt», so daß sich der neurotische vom unneurotischen Menschen buchstäblich durch eine andere Gehirnphysiologie unterscheiden würde. (Letzterer kommt nach Arthur Janov in unserer Kultur aber praktisch nicht vor.)

Die Abwehr-Schleusen

Auch die Abwehr wird in der Primärtherapie heute mit Bildern beschrieben, die sich an die Gehirnforschung anlehnen. Man hat sich die Abwehr gegen den Urschmerz als eine Art von Schleuse im Gehirn vorzustellen, die verhindert, daß Gefühle und Informationen aus dem Unbewußten ins Bewußtsein dringen. Als Mittel dieser Unterdrückung von Nervenimpulsen glaubt Arthur Janov die sogenannten Endorphine ausgemacht zu haben. Diese vor einigen Jahren entdeckten Substanzen sind in ihrer Struktur (und damit in ihrer Wirkung auf Nervenzellen) mit den pflanzlichen Morphinen (zum Beispiel im Opium) verwandt. Besser ausgedrückt: Die pflanzlichen Opiate simulieren die Wirkung der körpereigenen Endorphine.[26]

Nun ist es sicherlich richtig, daß die Endorphine etwas mit der Regulation der Affekte und der Allgemeinerregung des Zentralnervensystems zu tun haben. Eventuell sind pathologische Veränderungen in der Produktion oder Wirkung dieser Hormone auch an psychischen Erkrankungen beteiligt. So gibt es zum Beispiel Versuche, die Schizophrenie auf solche hormonellen Störungen zurückzuführen. Alle darüber hinausgehenden Vermutungen Arthur Janovs beruhen aber lediglich auf seinen eigenen (sehr unzulänglichen) Vorstellungen über die Gehirnforschung und werden durch keinerlei Tatsachen gestützt.

Er geht sogar so weit, die Schleusen, auf denen die Abwehr beruht, mit einzelnen Gehirnbereichen zu identifizieren: Die erste Schleuse verhindert, daß körperliche Schmerzen und andere Körperwahrnehmungen (Atemnot, Hitze und ähnliches) die

Emotionen und das Bewußtsein erreichen. Die zweite Schleuse, die man sich «oberhalb» der ersten vorstellen soll, liegt zwischen den Emotionen und dem bewußten Denken und verhindert, daß Affekte wie Angst, Zorn oder Liebesbedürfnisse bewußt werden. Aus dieser Vorstellung folgt unmittelbar eine Dreiteilung des menschlichen Bewußtseins, für die Arthur Janov ebenfalls gehirnphysiologische Belege zu haben glaubt. Nach seiner Auffassung gibt es ein Körperbewußtsein (vegetative Ebene), ein emotionales Bewußtsein (affektive oder Triebebene) und ein denkendes, planendes Bewußtsein (kognitive Ebene). Die Abwehr führt dazu, daß dem Neurotiker nur die kognitive Ebene zugänglich ist, während die Primärerlebnisse dadurch entstehen, daß körperlicher oder emotionaler Urschmerz die Schleusen überwindet und alle Bewußtseinsebenen erreicht.

Nach der Ansicht Arthur Janovs ist es sogar so, daß sich die menschliche Denkfähigkeit mit ihrer organischen Grundlage, dem komplexen Neokortex, in der Evolution nur zu dem Zweck entwickelt hat, den ständig vorhandenen Urschmerz abzuwehren. Janov zufolge überlebten nur diejenigen Individuen unter den Urmenschen, die imstande waren, ihren Urschmerz genügend abzuwehren, um äußerlich funktionieren zu können. Die Existenz eines Unbewußten wird also dadurch erklärt, daß eine Abwehr bereits in der Stammesgeschichte des Menschen nötig war.

Mit dieser Theorie geht Janov sogar noch weiter als Sigmund Freud, der das Unbewußte zwar ebenfalls als eine Funktion betrachtete, die in der Stammesgeschichte des Menschen nötig wurde, der aber die Denkfähigkeit des Menschen nicht nur unter dem Aspekt der «Abwehr» sah. Es ist hier nicht der Ort, auf die wissenschaftlichen Irrtümer Arthur Janovs näher einzugehen (vgl. Anm. 24). Der Hinweis muß genügen, daß kein Fachmann aus Gehirnforschung und Evolutionstheorie imstande ist, die primärtherapeutischen Ideen ernst zu nehmen. Auf Leser, die über keine eigenen Fachkenntnisse verfügen, macht die medizinische Terminologie allerdings leider häufig einen besonders seriösen Eindruck. Die Bücher Arthur Janovs haben eine sehr hohe Werbewirkung für die Primärtherapie – ein Aspekt, mit dem wir uns noch zu beschäftigen haben werden.

Das primärtherapeutische Heil

Eine nähere Beschäftigung mit der Theorie der Primärtherapie würde nicht nur deshalb wenig neue Erkenntnisse bringen, weil die Unterschiede zu Sigmund Freuds frühen Vorstellungen so gering sind. Viel mehr noch fällt ins Gewicht, daß Arthur Janovs Theorie zum praktischen therapeutischen Vorgehen in einer Primärtherapie kaum einen Bezug hat. Die therapeutische Methodik kreist fast nur um das Primärerlebnis, das in der Tat ein bemerkenswertes psychologisches und sogar biologisches Phänomen darstellt. Man könnte das Primärerlebnis aber mit jeder anderen – auch mit einer viel differenzierteren – tiefenpsychologischen Theorie deuten, wie es einige Psychoanalytiker tatsächlich getan haben. An der Behandlung durch die Erzeugung von Primärerlebnissen würde sich dadurch nichts Grundsätzliches ändern.

Außer durch die Verwendung von Primärerlebnissen zeichnet sich die Primärtherapie aber auch noch durch einen beispiellosen therapeutischen Utopismus aus. In seinen Büchern verspricht Arthur Janov, daß es durch die Primärtherapie zum erstenmal möglich sei, den Urschmerz zu überwinden und seelisch unbelastete Menschen zu schaffen. Nach seiner Ansicht bildet diese Entdeckung nicht nur einen Wendepunkt in der Kulturgeschichte, sondern sogar in der Evolution der Menschheit. Er verspricht seinen Patienten eine radikale Bewußtseinserweiterung, ein besseres und erfüllteres Leben in nahezu jeder Beziehung und die Rückkehr zu einem unbehinderten Körperempfinden sowie zu einer Gefühlsoffenheit, wie sie sonst niemand in unserer Gesellschaft erreichen kann. Solche Versprechungen würde kein Psychoanalytiker und auch sonst kaum ein Psychotherapeut seinen Patienten gegenüber abgeben. Und es sei vorausgeschickt, daß diese Versprechungen nicht nur falsch sind, sondern daß die Primärtherapie im Gegenteil ausgesprochen gefährlich für die Patienten ist. Daher muß man Arthur Janovs Geschick im Wecken von utopischen Hoffnungen als eine Bedrohung der psychischen Gesundheit seiner Leserschaft betrachten. Es lohnt sich, die Wirkungsweise seiner Bücher näher zu erläutern: Die Texte bestehen zum großen Teil aus Berichten von Patienten, in deren Problemen viele Leser ihre eigenen wiederfinden können. Die einfache, sehr emotionale Sprache trägt dazu bei, Interesse und Mitgefühl zu wecken. Und wenn dann mit scheinbar wissenschaftlichen Beweisen belegt wird, daß die vorher problembeladenen Patienten durch die Behandlung zu ganz anderen Menschen wurden, muß der Leser fast zwangsläufig zu der Ansicht gelangen, daß er sein Leben vergeude, wenn er nicht ebenfalls eine Primärtherapie mache.

Die Wirkung der Bücher Arthur Janovs kommt also hauptsächlich durch den Kontrast zustande, den er zwischen der «neurotischen» und «irrealen» Umwelt mit ihrem menschlichen Leid auf der einen Seite und dem psychisch befreiten Menschen nach einer Primärtherapie auf der anderen Seite herstellt. Die Verbreitung psychischen Leidens unter den Menschen bietet ihm Stoff genug, um die Gesellschaft schwarz in schwarz zu malen. Und da er durch wissenschaftliche Skrupel nicht allzusehr daran gehindert wird, die Erfolge der Primärtherapie als welterschütternd und einmalig darzustellen, läßt sich der bauernfängerische Gegensatz von «hie böse, da gut» leicht konstruieren. Auch in seinem Gesellschafts- und Kulturpessimismus orientiert sich Janov übrigens an Sigmund Freud. Dieser ging jedoch nicht so weit, jede kulturelle Aktivität als «neurotisch» zu verdammen, und vor allem war er auch in bezug auf die therapeutischen Möglichkeiten realistisch (wenn nicht pessimistisch). Dieser bei Freud sehr ausgeprägte Zug des gesunden Realismus und der klaren Menschenkenntnis läßt sich bei Janov nicht wiederfinden.

Ich bin im Fall der Primärtherapie in der Lage, aus eigener Erfahrung zu versichern, daß die Erfolgsberichte in den Büchern Arthur Janovs trotz der wissenschaftlichen Terminologie nicht richtig sind. Unter anderem hatte ich Gelegenheit, mehrere seiner ehemaligen Patienten kennenzulernen (darunter solche, die in publizierten Fallberichten erscheinen). Alle ohne Ausnahme waren auch nach einer jahrelangen Behandlung noch psychisch belastet oder sogar krank. Einige setzten die Therapie nach Jahren immer noch fort, obwohl sie kaum Hoffnung hatten, je an ein Ende zu gelangen, weil sie meinten, ohne Primärerlebnisse nicht existenzfähig zu sein. Auch von den «realen», intensiven und ehrlichen Beziehungen unter den Primärpatienten, wie sie in den Büchern geschildert werden, konnte keine Rede sein. Fast alle Primärpatienten erwiesen sich als ungewöhnlich schwierig im Umgang, als aggressiv oder fordernd. Kaum eine Ehe oder sonstige Paarbeziehung, die vor oder während einer Primärtherapie eingegangen wurde, blieb in der Therapie bestehen. Dies galt auch dann, wenn beide Partner sich der Therapie unterzogen. Auf die Schwierigkeiten der Primärpatienten mit ihren Kindern, die ich an anderer Stelle geschildert habe, will ich hier nicht weiter eingehen.[24]

Die katastrophalen Folgen der Primärtherapie, die Vera Becker erlebte, bilden also keineswegs einen Einzelfall, sondern sind sehr häufig zu beobachten. Allerdings treten sie meist erst nach längerer Zeit ein. Daß sich bereits eine Therapie von vier Monaten so stark auswirkte, lag an den besonderen Problemen Vera Beckers, für die die Primärtherapie eigentlich in einer geradezu ausgesuchten Form kontraindiziert war. (Eine volle Primärtherapie ist nie indiziert, aber es gibt gewisse psychische Probleme, bei denen einzelne Primärerlebnisse sich positiv auswirken können; vgl. Anm. 24.)

Die Quacksalber-Legende

Natürlich konnten die häufigen schädlichen Folgen der Primärtherapie der Fachwelt auf Dauer nicht verborgen bleiben. Daher sah sich Arthur Janov mit einem zunehmenden Mißtrauen konfrontiert. Er wehrt sich gegen dieses Mißtrauen, indem er die Auffassung verbreitet, nur die Therapie in seinen eigenen Instituten sei echte Primärtherapie. Therapeuten, die die Primärtherapie ohne sein eigenes «Zertifikat» benutzen, diffamiert er als Quacksalber (englisch «mock therapists»), auch wenn sie medizinisch oder psychologisch besser qualifiziert sind als er selbst und sein Stab. Weiterhin sorgt er dafür, daß ihm aus den eigenen Reihe keine Konkurrenz erwächst, indem er für ein Zertifikat einen Anteil der Einnahmen aus der «zertifizierten» Praxis verlangt. In einem mir bekannten Fall wollte er die Hälfte der Honorare kassieren. Daß angesichts solcher Forderungen kaum jemand außerhalb seiner Institute mit seinem Segen Primärtherapie betreibt, nimmt nicht wunder. Als Ergebnis dieser Geschäftspolitik gibt es (aus der Sicht Arthur Janovs) eine große Zahl von primärtherapeutischen Quacksalbern, denen nur eine winzige Gruppe «echter» Primärtherapeuten gegenübersteht. Diese Sehweise hat den Vorzug, daß alle Schäden der Primärtherapie auf die Fehler der Quacksalber geschoben werden können, die nicht Arthur Janovs Weihe empfangen haben. Auch die schlimmen Folgen von Vera Beckers Primärtherapie würde er mit Sicherheit darauf zurückführen, daß es sich nicht um eine echte, sondern um eine Schein-Primärtherapie (englisch «mock therapy») gehandelt habe. Allerdings wäre dann in der Bundesrepublik gar keine echte Primärtherapie möglich, denn meines Wissens arbeitet niemand mit einem Zertifikat Arthur Janovs.

In Wirklichkeit ist die Trennung von echter und scheinbarer Primärtherapie absurd und dient nur der Wahrung der Geschäftsinteressen Janovs. Natürlich gibt es unter den Primärtherapeuten wie überall begabtere und weniger begabte, qualifizierte und nicht qualifizierte Personen. Aber grundsätzlich ist es für einen Fachmann alles andere als schwierig, die primärtherapeutischen Techniken anzuwenden und Primärerlebnisse bei Patienten hervorzurufen. Diese Primärerlebnisse sind dann auch ebenso – oder besser ebensowenig – echt wie die Primärerlebnisse in Arthur Janovs Instituten. Trotzdem verbreitet dieser die Auffassung, nur die zertifizierten Primärtherapeuten könnten wirkliche Primärerlebnisse erzeugen, die dazu geeignet sind, die Patienten in das gelobte abwehrfreie Leben hinüberzugeleiten.

Wie wirken Primärerlebnisse?

Die Primärtherapeuten äußern sich nur auf eine sehr unklare Weise darüber, wie die Primärerlebnisse ihre ungeheure Wirkung eigentlich erzielen sollen. Es wird zwar gesagt, daß diese Erlebnisse die «Abwehr öffnen», die biochemischen Veränderungen des Gehirns irgendwie «rückgängig machen» und den Urschmerz «abbauen». Nähere Erläuterungen zu diesen geheimnisvollen Vorgängen sucht man jedoch vergeblich, insbesondere in den späteren Büchern Arthur Janovs, in denen er seine medizinische oder besser pseudomedizinische Terminologie darlegt.

In den ersten Büchern wurde die Wirkung der Primärerlebnisse noch relativ simpel dargestellt: Da Janov den Urschmerz als eine Energie betrachtete, bestand für ihn die Wirkung der Primärerlebnisse einfach darin, daß die gestauten Schmerzenergien abgeführt würden, daß sich der «primal pool», der Teich der Urschmerzen, leerte. Da diese Vorstellung aber nicht mehr aufrechterhalten wird, ist völlig offen, wie die Primärerlebnisse die nach Ansicht Arthur Janovs notwendigen «biochemischen» Änderungen im Gehirn bewirken sollen.

Aber wiederum kommt es auf die Theorie und auf die vernünftige Einsicht in die therapeutischen Vorgänge in der Primärtherapie kaum an. Es genügt, daß Patienten wie Therapeuten daran glauben, daß im Primärerlebnis der abgewehrte Urschmerz bewußt gemacht und wiedererlebt wird. Die überwältigenden Erfahrungen von Trauer, Angst und Schmerz, die die Patienten in den Primärerlebnissen machen, sorgen von selbst dafür, daß Zweifel nur selten (und erst nach längerer Zeit) aufkommen. Therapeuten wie Patienten glauben an die erfolgreiche Verarbeitung der «Urschmerzen», ohne ernstlich darüber nachzudenken, wie diese Verarbeitung eigentlich auszusehen hätte. Für alle Beteiligten ist es in so hohem Grad plausibel, daß die intensiven Erlebnisse auch eine intensive Wirkung haben müssen, daß ein weiteres Verstehen für unnötig und der Wunsch danach gar für «neurotisch» gehalten wird. Wenn sie starke Effekte vermuten, haben die Patienten und die Therapeuten auch keineswegs unrecht, nur sehen die Effekte leider nicht so aus, wie es die Heilsversprechen Arthur Janovs glauben machen wollen.

Da Vera Becker in ihrem Bericht typische Primärerlebnisse beschreibt, erübrigt es sich, dieses Phänomen hier im einzelnen vorzustellen. Im fünften Teil wird noch gründlicher zu untersuchen sein, was in einem Primärerlebnis tatsächlich mit den Patienten geschieht und welche Wirkung diese Erfahrung auf die Dauer hat oder haben kann. Dabei wird sich zeigen, daß die tiefenpsychologische Deutung des Primärerlebnisses, die wie stets im «magischen Dreieck» aus Bewußtmachung, Wiedererleben und Verarbeiten verbleibt, sehr wohl durch eine andere ersetzt werden kann, die den Vorzug hat, auch die schädlichen Folgen mit zu erklären. Allerdings ist dazu erforderlich, sowohl das Primärerlebnis als auch die Vorgänge in der Psychoanalyse außerhalb des gängigen, bisher geschilderten tiefenpsychologischen Begriffssystems zu betrachten. Gibt es eine wissenschaftliche Alternative zur Tiefenpsychologie?

Eine Alternative zur Tiefenpsychologie

Die Frage nach Ätiologie und Therapie

Die Kritik an der psychoanalytischen Behandlung Vera Beckers ebenso wie die Kritik an der Primärtherapie und der Tiefenpsychologie allgemein muß von zwei miteinander verbundenen Fragen ausgehen: Die erste Frage lautet, ob die Vorstellungen der Analytiker (und im weiteren Sinn aller Tiefenpsychologen) über die Ursachen seelischer Probleme richtig sind oder nicht. Handelt es sich bei Zwangsreaktionen oder bei «frei flottierenden Ängsten» wirklich um eine in irgendeiner Hinsicht mißglückte Abwehr gegen unbewußte emotionale Konflikte, die aus der frühen Kindheit stammen? Und, wenn diese Vorstellung nicht zutrifft, was geschieht dann in einer Psychoanalyse oder in einer Primärtherapie, in der die Patienten angeblich Kindheitsbedürfnisse auf den Therapeuten «übertragen» oder endlich «den Schmerz ihrer Kindheit fühlen»? Denn die Theorie der tiefenpsychologischen Veränderungsinstrumente setzt selbstverständlich die tiefenpsychologische Neurosentheorie voraus, die Therapie beruht auf der Ätiologie. Und wenn diese Ätiologie nicht stimmt, dann müssen Phänomene wie die analytische Übertragung oder das Primärerlebnis anders zu erklären sein, als die Psychoanalyse oder die Primärtherapie dies tun. Denn wenn es die unbewußten Konfliktstrukturen aus der Kindheit, wenn es den Urschmerz und die Abwehr dagegen nicht gibt, kann es auch keine Übertragung im Sinn der Psychoanalytiker und kein Wiedererleben der Kindheit im Primärgefühl geben. Daher muß die erste Prüfung der Ätiologie, der tiefenpsychologischen Anschauung über die Entstehung von Neurosen, gelten.

Die Traumatheorie

Die gemeinsame Überzeugung, die den meisten tiefenpsychologischen Formen der Psychotherapie zugrunde liegt und die ich bereits im letzten Kapitel umrissen habe, könnte man als die «tiefenpsychologische Traumatheorie» bezeichnen. Das Prinzip der Traumatheorie wurde von Josef Rattner folgendermaßen formuliert:

«1. Seelische Krankheiten (Neurosen, Perversionen, Delinquenz, Psychosen) entstehen durch seelische Verletzungen in der Kindheit, im Zusammenhang mit Erziehungsmethoden, die die Bedürfnisse des Kindes nicht erfüllen.

2. In der Kindheit durchläuft der Mensch eine komplizierte seelische Entwicklung, die die Grundlagen zu seiner Charakter- und Persönlichkeitsbildung zutage fördert. Durch das ganze Leben hindurch bleiben in den ersten Jahren erworbene seelische Strukturen erhalten ...»

Der Traumatheorie in diesem tiefenpsychologischen Sinn zufolge ist also überall dort, wo schwere seelische Störungen auftreten, die Ursache in seelischen Mechanismen zu suchen, die durch negative Erfahrungen in der frühen Kindheit im Unbewußten entstanden. Radikalere Tiefenpsychologen wie Arthur Janov sehen in diesen unbewußten Mechanismen sogar den universellen Antrieb des menschlichen Handelns und der Menschheitsgeschichte schlechthin.

Der alte Begriff der Traumatheorie bezeichnet die von Josef

Rattner stellvertretend für die ganze Tiefenpsychologie formulierte Anschauung auch heute noch hinreichend, obwohl die modernen Tiefenpsychologen keine einheitliche Vorstellung davon haben, wie das «seelische Trauma» (also die unbewußte Konfliktstruktur oder Schmerzenergie) zu verstehen sei, das in den Therapien aufgelöst oder «geheilt» werden soll. Ein moderner Psychoanalytiker wie Alois Becker bedient sich ganz anderer Begriffe wie zum Beispiel Arthur Janov, aber diese im einzelnen durchaus wichtigen Unterschiede lassen die Grundidee trotzdem unverändert. Und diese Grundidee führt in der Therapiepraxis stets zu einem Vorgehen, bei dem (in den Worten Paul Watzlawicks) hinter den sichtbaren Symptomen der Neurose nach dem «unsichtbaren Teil des Eisbergs» gesucht wird. [17] Der langwierige und prinzipiell sogar endlose Versuch, diesen unsichtbaren Teil des Eisberges irgendwie ans Licht zu bringen, gibt jeder tiefenpsychologischen Behandlung ihr Gepräge, sofern sie nicht ausgesprochen gegenwartsorientiert ist und damit aber auch die Grundlage der tiefenpsychologischen Traumatheorie verläßt. [27] Es fragt sich, auf welche Belege sich die «Eisbergtheorie» seelischer Störungen überhaupt stützen kann, wenn man sie als eine wissenschaftliche Ansicht betrachtet und mit den Augen des empirischen Wissenschaftlers prüft. Diese Frage habe ich in einer anderen Publikation bereits ausführlich bearbeitet, [28] so daß an dieser Stelle eine kurze Zusammenfassung der Ergebnisse genügen muß.

Die empirische Prüfung

Nach der tiefenpsychologischen Traumatheorie sollte man annehmen, daß ungünstige Entwicklungsbedingungen in der frühen Kindheit eines Menschen in erheblichem Maß mit dessen seelischer Gesundheit im späteren Leben zusammenhängen. Mit anderen Worten: Menschen mit bestimmten Belastungen in ihrer Kindheit sollten auch häufiger von bestimmten psychischen Problemen betroffen sein als andere Menschen, die Belastungen dieser Art entgingen. Diese triviale Schlußfolgerung läßt sich mit einigem Aufwand ohne weiteres nachprüfen, und dabei zeigt es sich, daß sie nicht so zutrifft, wie man es nach den Anschauungen der Tiefenpsychologen erwarten sollte. Ein besonders lohnendes Feld für entsprechende psychologische Längsschnittuntersuchungen bildet die Adoptionsforschung: Kinder, die adoptiert werden, haben in der Regel vor ihrer Adoption erhebliche seelische Belastungen auszuhalten gehabt, die zumindest im Mittel viel schwerer wiegen als die anderer Kinder. Außerdem sind die Belastungen der Adoptivkinder auch anderer Art. Bei ihnen wären im Durchschnitt sehr viel mehr Traumata vom Typ des Verlassenwerdens, der Vernachlässigung und Bindungsarmut zu erwarten als bei Kindern, die in ihren Herkunftsfamilien bleiben. Bei letzteren sollten, wenn überhaupt, eher Belastungen vorkommen, die sich aus stabilen, aber in irgendeiner Hinsicht «neurotischen» Beziehungen ergeben, zum Beispiel Überbehütung, starre Rollenzwänge und so weiter. Man müßte also annehmen, daß Adoptivkinder trotz ihrer Aufnahme in durchschnittlich fürsorgliche (oder sogar mehr als durchschnittlich fürsorgliche) Familien später im Jugend- und Erwachsenenalter mehr psychische Probleme entwickeln als andere Menschen oder daß sie zumindest zu Störungen anderer Art neigen. Außerdem wäre zu erwarten, daß das Risiko späterer seelischer Störungen immer größer wird, je später die Adoption erfolgte. Ein mit sechs Jahren adoptiertes Kind müßte danach ein viel größeres Risiko eingehen als ein mit sechs Monaten adoptiertes Baby. In der Tat glauben viele Menschen, daß dieses Risiko besteht, und sie stellen sich folgerichtig vor, es sei erfolgversprechender, ein kleines Baby zu adoptieren. Aber weder diese noch die anderen Schlußfolgerungen, die aus der tiefenpsychologischen Traumatheorie abgeleitet wurden, halten einer Überprüfung stand.

Eine Reihe von Nachuntersuchungen zeigt, daß Adoptivkinder (sofern die Adoption überhaupt gelingt) später nur geringfügig oder überhaupt nicht mehr Verhaltensprobleme haben als andere Kinder aus vergleichbaren Familien. Und vor allem unterscheidet sich die Art der Probleme, die bei Adoptivkindern auftreten, nicht von den Problemen anderer Menschen mit einem ähnlichen familiären Hintergrund. Selbst der Zeitpunkt der Adoption spielt für das spätere Schicksal eine viel geringere Rolle, als die meisten Fachleute vermuten würden. Das bedeutet nicht, daß die Adoption eines Sechsjährigen ebenso einfach wäre wie die eines kleinen Säuglings – ganz im Gegenteil. Die Aufnahme eines älteren, psychisch oft sehr belasteten Kindes in eine normale Familie führt meist zu einer recht turbulenten Zeit für die neuen Eltern und ebenso für das Kind. Aber wenn diese Anfangsschwierigkeiten erfolgreich bewältigt werden, zeigen sie im späteren Leben keine Auswirkungen mehr.

In der neuesten deutschen Übersichtsarbeit schreibt J. Jungmann[29]: «Die noch heute zumindest in der öffentlichen Diskussion geäußerte Befürchtung jedoch, daß soziale und kognitive Deprivations- und Trennungserlebnisse in der frühen Kindheit und erst recht während der folgenden Jahre die Entwicklung eines Kindes irreversibel schädigen, kann auch durch die vorliegenden Adoptionsuntersuchungen nicht gestützt werden. Statistisch bedeutsame Zusammenhänge zwischen dem Alter des Kindes bei der Aufnahme in die Adoptivfamilie oder der Dauer des vorausgegangenen Heimaufenthalts und dem späteren Adoptionsverlauf konnten in einer Reihe von Untersuchungen nicht nachgewiesen werden.»

Diese Aussage unterstreicht eindrucksvoll den hohen Wert der Adoption als einer sozialpsychologischen Hilfsmaßnahme für Kinder, die von ihren leiblichen Eltern nicht versorgt werden können oder diese auf andere Weise verloren haben. Umgekehrt stellt diese Aussage selbstverständlich keine Rechtfertigung für das Bestreben dar, Hilfsmaßnahmen für psychisch belastete Kleinkinder einzuschränken, zum Beispiel einen Adoptionstermin hinauszuschieben, der bereits früher möglich gewesen wäre, und ähnliches mehr. Die Tatsache, daß spätere Hilfen die negativen Folgen abwenden können, die durch frühere Belastungen drohen, rechtfertigt keineswegs die Duldung oder gar Schaffung von Belastungen. Denn erstens würde man den betroffenen Kindern dadurch vermeidbares Leiden zumuten, also zutiefst gegen das Ethos unserer Kultur verstoßen. Und zweitens kann niemand eine Garantie dafür geben, daß die nötigen Hilfen später auch wirklich zur Verfügung stehen werden. Zum Beispiel wird eine Adoption erfahrungsgemäß immer unwahrscheinlicher, je länger ein Kind in wechselnder Fremdpflege oder in Heimen bleibt. Damit wächst aber auch die Aussicht, daß es dem Kind nicht gelingen wird, mit den Belastungen seiner Gesamtentwicklung fertig zu werden. Spätere Probleme werden somit tatsächlich immer wahrscheinlicher. Die Schlußfolgerung, die in bezug auf die Traumatheorie aus den Befunden der Adoptionsforschung gezogen werden kann, betrifft nicht die Adoptionspraxis, sondern die Theorie und Praxis der Psychotherapie.

Folgender Schluß bietet sich an: Der Zusammenhang zwischen frühkindlichen Belastungen und seelischen Problemen beim Erwachsenen kann nicht so sein, wie er in der Tiefenpsychologie gesehen und wie er in der tiefenpsychologischen Neurosenätiologie vorausgesetzt wird. Es ist unwahrscheinlich, daß unverarbeitete Konflikte und Mangelerlebnisse tatsächlich eine unbewußte Struktur erzeugen, die auf Dauer erhalten bleibt. Vielmehr sieht es so aus, als verhalte sich die Psyche des Menschen oder, neutraler ausgedrückt, die Verhaltenssteuerung und das Denken, in ganzheitlicher Weise: Negative und positive Änderungen in der Situation eines Kindes wirken sich zumindest langfristig stets auf sein gesamtes Verhalten und Erleben aus. Im Fall positiver Einflüsse wird die Entwicklung des Fühlens, Erlebens und Denkens in seiner Ganzheit in eine günstigere Richtung gelenkt, und es bleibt keine unbewußte Struktur zurück, die später leichter als bei anderen Personen zu einer Neurose führen könnte. Umgekehrt beeinträchtigen negative Einflüsse selbst im Erwachsenenalter die ganze Persönlichkeit. Es gibt keinen durch Kindheitserfahrungen vorgeformten Bereich, der keine ungünstige Entwicklung mehr nehmen könnte. Daher kann eine Neurose auch durchaus bei Menschen vorkommen, die keine besonderen oder nach tiefenpsychologischer Anschauung «einschlägigen» Belastungen in der frühen Kindheit aufweisen.

Lebensläufe als Widerlegung der Traumatheorie

Die obige Schlußfolgerung wird von vielen anderen Befunden außerhalb der Adoptionsforschung bestätigt, vor allem durch die langfristige Beobachtung menschlicher Lebensläufe. In einer der wichtigsten Untersuchungen dieser Art, der sogenannten Grant-Studie, wurde an 268 Studenten der Harvard University in den USA um 1940 eine gründliche medizinische und psychologische Untersuchung durchgeführt. Die Lebensläufe dieser Männer wurden danach über drei Jahrzehnte hin verfolgt. Das Ergebnis, das George E. Vaillant zusammenfaßt, bestätigt in jeder Hinsicht eine ganzheitliche Sicht der menschlichen Verhaltens- und Persönlichkeitsentwicklung[30]: «Die Lebensumstände, die wirklich auf unsere Gesundheit einwirken, die Umstände, die uns die Anpassung erleichtern oder die Weiterentfaltung hemmen, sind ... nicht isolierte Ereignisse. Ob wir glücklich oder unglücklich werden, darüber entscheidet offenbar die ständige Wechselwirkung zwischen den von uns gewählten Anpassungsmechanismen und unseren lang andauernden Beziehungen zu anderen Menschen.»

Mit den Begriffen Anpassungsmechanismus und (an anderen Stellen) Abwehrmechanismus bezeichnet der selbst tiefenpsychologisch orientierte Wissenschaftler George E. Vaillant die für einen Menschen typische Strategie, um mit Problemen und Konflikten fertig zu werden. Von der Wahl dieser Konfliktlösungsmethoden hing das «Glück», aber auch die seelische Gesundheit der beobachteten Männer viel stärker ab als von sämtlichen anderen Einflüssen – ein im Grund nicht allzu überraschender Befund: «Die Abwehrmechanismen können als die entscheidenden Variablen darüber Auskunft geben, ob der Umweltstress zur Verrücktheit oder zur Bildung von ‹Perlen› führt. Anders gesagt: ein Großteil des bei emotional Kranken beobachteten Stresses ist Folge und nicht Ursache dürftiger Anpassung.»

Die Bedeutung einer solchen Betrachtungsweise für die Praxis der Psychotherapie dürfte klar auf der Hand liegen. Wenn sie zutrifft, wäre jede tiefenpsychologische Behandlung fragwürdig, die die gefühlsmäßige Grundlage des Verhaltens und Erlebens zu verändern sucht und von der Hoffnung ausgeht, daß ein verändertes Fühlen auch eine Veränderung des Handelns und Denkens hervorrufen müsse. Umgekehrt wäre es geboten, andere Reaktionen auf Probleme, andere Arten des Denkens und der Weltsicht zu vermitteln und darauf zu vertrauen, daß andere Erfahrungen und andere Deutungen der Erfahrungen auch den emotionalen Stress abbauen werden. Der «Primat der Emotionen» [28] in der Tiefenpsychologie stellt dann einen Irrtum dar, der schlimme Folgen für die therapeutische Methodik nach sich zieht. Er wäre durch einen «Primat des Handelns» oder vielleicht (wie die kognitiven Therapien meinen) durch einen «Primat des Denkens» zu ersetzen, auf dessen Grundlage völlig andere Hilfsmethoden entwickelt werden müßten, die auf den Erwerb besserer «Anpassungsmechanismen» zielen.

Allerdings bliebe den Tiefenpsychologen wenigstens noch ein teilweise wirksames Gegenargument, wenn sie sich auf den Standpunkt stellen würden, daß es die unbewußten psychischen Kindheitsstrukturen sind, die die Wahl eines Anpassungsmechanismus bestimmen. Denn damit wären die Symptome psychischer Störungen wenigstens indirekt durch die Kindheitserfahrungen festgelegt, wie es die tiefenpsychologische Traumatheorie verlangt. Jedoch auch dieser Zusammenhang konnte nicht gefunden werden. George E. Vaillant soll nochmals zu Wort kommen: «Ich kann nicht erklären, warum in einem bestimmten Fall gerade diese Abwehrmechanismen auftreten und nicht jene. Meiner Ansicht nach ist die Entstehung der Abwehrmechanismen genauso wie die Entstehung von Humor und Kunst von vielen Determinanten abhängig ... Genetische Anlagen, Eltern-Einflüsse, enge Beziehungen und Einsamkeit spielen allesamt bei der künstlerischen Schöpfung eine Rolle, und ich könnte mir vorstellen, daß die Wahl eines individuellen Abwehrmechanismus ähnlich komplex verläuft.»

In der Tat schildert Vaillant in seinem Buch *‹Werdegänge›* eindrucksvolle Beispiele dafür, wie Menschen mit relativ ähnlichen Kindheitsproblemen im späteren Leben äußerst verschiedene Schicksale erlitten, da sie sich für verschiedene Maßstäbe des Handelns und für verschiedene Werte ihres Lebens entschieden. Ganz ähnliche Befunde ergaben sich auch bei den anderen sogenannten Lebenslauf-Studien, über die ich hier nicht weiter berichten kann.[31]

Was ist eine Ursache?

Angesichts solcher Ergebnisse scheint es recht schwierig zu sein, die tiefenpsychologischen Vorstellungen über die Ursachen einer Neurose aufrechtzuerhalten.[32] Auch der im besten Fall mäßige Erfolg tiefenpsychologischer Therapien, die sich im «magischen Dreieck» von Bewußtmachung, Wiedererleben und Verarbeitung bewegen, spricht weit eher gegen als für ein tiefenpsychologisches Arbeiten.[15] Es ist nicht verwunderlich, daß die Haltung der empirischen Wissenschaft daher heute meist ablehnend ausfällt. Im Blick auf die tiefenpsychologische Traumatheorie formuliert Paul Watzlawick zwei mögliche Formen dieser Ablehnung:[17]

«1. Die Kausalbedeutung der Vergangenheit [für gegenwärtige Schwierigkeiten, H. H.] ist lediglich ein faszinierender, aber unzutreffender Mythus. In diesem Fall stellt sich als einzige die rein pragmatische Frage: Wie kann eine erwünschte Veränderung gegenwärtigen Verhaltens am besten erzielt werden?

2. Die Vergangenheit wirkt sich tatsächlich kausal auf gegenwärtiges Verhalten aus. Da sie aber offensichtlich nicht mehr geändert werden kann, sind wir entweder gezwungen, alle Hoffnung auf Wandel fahrenzulassen oder aber anzunehmen, daß sie – wenigstens in gewissen wichtigen Hinsichten – ihren Einfluß auf das gegenwärtige Verhalten eines Menschen nur in Form seiner gegenwärtigen Deutung vergangener Ursachen ausübt ... was ferner bedeutet, daß eine Verschiebung der Perspektive, in der die Vergangenheit gesehen wird, lediglich eine vieler möglichen Formen der Beeinflussung gegenwärtigen Verhaltens darstellt. Und in diesem Fall stehen wir wieder vor der einzig sinnvollen, nämlich der pragmatischen Frage: Wie kann eine erwünschte Veränderung gegenwärtigen Verhaltens am besten erzielt werden?»

Diese allgemeinen Überlegungen sind als Hinführung zur in der Tat entscheidenden «pragmatischen Frage» der Psychotherapie sehr wertvoll, denn gerade die Frage nach dem «therapeutischen Agens» umgehen die Tiefenpsychologen besonders gern. Trotzdem muß die Kritik ergänzt werden, da sie zu einem Mißverständnis tiefenpsychologischen Denkens Anlaß geben könnte.

Ein Mißverständnis droht, weil der Begriff der «Kausalität» – ein an sich schon sehr schwieriger Begriff – besonders leicht zu Verwirrungen führt, wenn man Kausalbeziehungen zwischen einer fernen Vergangenheit und der Gegenwart betrachtet. Denn in einem bestimmten Sinn ist es nicht nur richtig, sondern im höchsten Maß banal, daß unser Verhalten von der Vergangenheit mit «verursacht» wird: Ich schreibe gerade ein Sachbuch über Probleme der Psychotherapie, «weil» ich mich bereits in der Vergangenheit mit der Psychotherapieforschung beschäftigt habe. Und auch dieses Interesse bestand wiederum nur, «weil» ich als Student gewisse Erfahrungen gemacht, gewisse Vorlesungen gehört und gewisse Bücher gelesen hatte.

Mit anderen Worten: Für eine Vielzahl von Handlungen und Charaktereigenschaften ist es möglich, Ursachen oder Ursprünge aus der Lebensgeschichte anzuführen. Diese Ursachen sind manchmal äußerer, manchmal aber auch psychologischer Natur, so daß die Vergangenheit zweifellos Ursachen gegenwärtigen Verhaltens enthält. Die Kausalbedeutung der Vergangenheit für die Gegenwart besteht also darin, daß man Kausalketten in der Zeit konstruieren kann: A führt zu B, B zu C, und C war mindestens eine Teilursache von D. Was das Verhalten eines Menschen angeht, sind diese Kausalketten selten einlinig (monokausal) aufgebaut oder gar lückenlos, aber ihre Angaben über Teilursachen (relevante Einflußfaktoren) sind zweifellos trotzdem häufig glaubhaft. In diesem Sinn gleichen Kausalketten menschlicher Verhaltens- und Persönlichkeitsmerkmale einer geschichtlichen Ursachenverknüpfung, wie sie zum Beispiel ein Historiker vornimmt, um geschichtliche Ereignisse zu erklären. Daher möchte ich diese Betrachtungsweise die «geschichtliche Perspektive» der Verhaltenswissenschaft nennen. Sie betrifft, biologisch gesprochen, die Verhaltensontogenese, die über verfolgbare Schritte das gegenwärtig feststellbare Merkmal hervorbringt.

Für unser Thema ist von entscheidender Bedeutung, daß die geschichtliche Perspektive der Verhaltenswissenschaft nie direkt zur Lösung aktueller Probleme führt. Das gegenwärtige Verhalten oder gar die gegenwärtige Charakterstruktur lassen sich entweder gar nicht oder nicht in die erwünschte Richtung ändern, indem die lebensgeschichtlichen Ursachen bewußt gemacht oder besprochen werden. Dies gilt auch dann, wenn die Ursachen richtig erkannt worden sind, was in einer Psychotherapie häufig nicht der Fall sein dürfte.

Ich will hierfür ein alltägliches Beispiel geben: Wenn ich heute in meinem Stil als Schriftsteller eine Schwäche entdecke, so hilft es mir nicht direkt weiter, die Ursachen zu betrachten, die zu dem stilistischen Defekt geführt haben, obwohl es solche Ursachen natürlich gibt. Vielmehr muß ich möglichst gut festlegen, was mir an meinem gegenwärtigen Stil nicht gefällt (ich muß das Problem definieren), und dann muß ich das Ziel bestimmen, das ich anstrebe (ich muß den Soll-Zustand festlegen). Erst dann kann ich an die Aufgabe gehen, die Hindernisse zu prüfen, die der erwünschten Änderung entgegenstehen (zum Beispiel lange Gewohnheit), und ich kann versuchen, geeignete Wege zur Lösung zu finden. Bei dieser Suche können lebensgeschichtliche Informationen hilfreich sein, etwa indem frühere erfolglose Lösungsversuche mit bedacht werden. Aber die lebensgeschichtliche Betrachtung allein liefert niemals einen Impuls zur Änderung. Dasselbe gilt auch für die Veränderungswirkung der Psychotherapie, so daß man dem Zitat Paul Watzlawicks in dieser Hinsicht zustimmen kann.

Die gegenwärtige Vergangenheit der Tiefenpsychologie

Allerdings trifft der obige Gedankengang, den ich zur Klärung der Begriffe für notwendig hielt, im Grund auf die Traumatheorie nicht zu. Denn die Kausalbedeutung für gegenwärtiges Verhalten, die die Tiefenpsychologie der Vergangenheit zuschreibt, ist in aller Regel gar nicht im Sinn einer historischen Perspektive gemeint. Der Tiefenpsychologe sieht die Ursachen eines gegenwärtigen seelischen Leidens nicht in der Vergangenheit, sondern im Unbewußten. Das Unbewußte aber bildet eine *gegenwärtige* psychologische Entität. Es ist daher genaugenommen nicht richtig, wenn Alvis Becker die Psychoanalyse als ein «historisches Regreßverfahren» bezeichnet. Der Analytiker versucht, den Patienten nicht in eine historische, sondern in eine aktuelle Regression zu führen. Dieser Sachverhalt wird nur dadurch verwischt, daß der Aufbau der Verhaltenssteuerung beim Erwachsenen nach Ansicht der Psychoanalytiker in seiner Schichtung durch die Einwirkungen der Lebensgeschichte zustande kam. Das entscheidende krankmachende (pathogene) Element der Psyche existiert jedoch selbstverständlich in der Gegenwart und wird in der Gegenwart behandelt.

Der Unterschied zwischen der «historischen Perspektive» und der traumatheoretischen Perspektive ist von höchster Bedeutung, wenn man über die vergangenen Ursachen heutiger Probleme redet. Dies gilt um so mehr, als viele Autoren – auch und vor allem Fachleute – an diesem Punkt verwirrt sind und Verwirrung stiften. – Demgegenüber muß ausdrücklich festgehalten werden: Eine «historische Perspektive» gegenüber psychischen Störungen, Neurosen und so weiter einzunehmen ist richtig und sogar trivial, aber therapeutisch nur sehr beschränkt hilfreich. Die traumatheoretische Perspektive dagegen ist nicht trivial, aber sicherlich spekulativ und – wie ich meine – sachlich falsch. Eine traumatheoretisch orientierte Psychologie ist grundsätzlich unhistorisch und daher unzulänglich.

Darum zielt Paul Watzlawicks Argument, die Vergangenheit sei nicht veränderbar, trotz seiner Selbstverständlichkeit am eigentlichen tiefenpsychologischen Denken teilweise vorbei. Es wäre die Aufgabe der Tiefenpsychologen, nicht immer nur den irreführenden Hinweis auf «geschichtliche Ursachen» zu geben, sondern genauer zu erklären, wie sie sich die Ursachen der aktuellen Probleme ihrer Patienten vorstellen und wie sie eine Veränderung in die gewünschte Richtung erreichen wollen. Denn der Analytiker oder der Primärtherapeut versucht nicht, die Vergangenheit zu ändern, er versucht, die gegenwärtige Struktur des Fühlens, Erlebens und Denkens zu ändern, auch wenn er diese Struktur für das unmittelbare Resultat lange vergangener Ereignisse hält. Der Analytiker, der Vera Becker sagt, daß sie bei ihrem Freund zu holen versuche, was ihr Vater ihr verweigert habe, nimmt keine historische Perspektive ein. Er stellt sich einen unbewußten emotionalen oder sogar physiologischen Mangelzustand (oder vielleicht zwanghafte Phantasien) in der Psyche seiner Patientin vor, die durch die Zuwendung des Freundes unbewußt gehalten werden sollen. Und der Primärtherapeut, der von seiner Patientin verlangt, sie solle ihre Wut über die Mutter «fühlen», ist von der historischen Perspektive noch weiter entfernt. Er geht von der Vorstellung aus, daß diese Wut seit der frühen Kindheit in irgendeiner Form unbewußt weiterexistiert hat und im Primärerlebnis endlich abgeführt werden kann. Arthur Janov sagt sogar ausdrücklich, daß der Schmerz der Kindheit im Neurotiker immer gegenwärtig ist, auch wenn er ihn nicht wahrnimmt.

In diesem Sinn einer gegenwärtigen Vergangenheit und nur in diesem Sinn bildet die Kausalbedeutung der Vergangenheit für die Gegenwart die Grundlage der tiefenpsychologischen Traumatheorie. Nur in diesem Sinn war sie empirisch zu prüfen, und nur in diesem Sinn muß sie auf Grund der Prüfung verworfen werden: Frühkindlich vorstrukturierte Grundlagen einer Neurose im Sinn der Traumatheorie existieren beim Erwachsenen nicht oder zumindest nicht in der Form, in der sie von der Tiefenpsychologie vermutet und scheinbar behandelt werden. Daher hat eine Therapie, die auf die Bewußtmachung, auf das Wiedererleben und auf das Verarbeiten solcher Strukturen zielt, keine reale Grundlage. Ihre Methoden beeinflussen das behandelte Problem entweder gar nicht oder auf eine Weise, die nicht vorhersehbar ist. Wie die Auswirkungen der Psychoanalyse und der Primärtherapie im Fall Vera Beckers aussahen, will ich im folgenden noch näher erörtern. Dafür erweist es sich allerdings als notwendig, vorher auch ihre Symptome, die ja das zu behandelnde Problem darstellten, außerhalb des tiefenpsychologischen Bezugsrahmens zu betrachten.

Ein instabiles Gleichgewicht

Ein Mensch mit den geschilderten Symptomen leidet darunter, daß an und für sich harmlose oder fast harmlose Situationen des Alltags extreme Angstgefühle bis hin zur Panik auslösen können. Die Angst entsteht dabei manchmal (soweit das feststellbar ist) durch die Erwartung von Mißständen, Angriffen oder sonstigen schrecklichen Schicksalsschlägen, die mehr oder weniger deutlich vorgestellt oder phantasiert werden. Wenn zum Beispiel ein Brief ankommt, wird der betroffene Mensch möglicherweise von dem Gefühl überfallen, daß ihm eine schreckliche Nachricht droht, und er hat die größte Mühe, den Brief überhaupt zu öffnen. Viele Betroffene erleben im Lauf ihrer Entwicklung aber auch eine zunehmende Verselbständigung der Angst, die es immer schwieriger macht, überhaupt Angstobjekte ausfindig zu machen. Durch diese Verselbständigung werden die Angstanfälle zu einem persönlichkeitsfremden Symptom, unter dem der Betroffene leidet, ohne seine Affekte steuern zu können. Bei einer solchen «fortgeschrittenen Angstneurose» kommt es auf das Angstobjekt, auf den Inhalt einer Befürchtung nicht mehr wesentlich an. Der Unterschied zur einfachen Phobie, bei der ganz bestimmte Objekte Angst auslösen, wird dann besonders deutlich. Die Angst- und Panikgefühle überwältigen den Menschen auf vielfältige Weise, und die Vermeidung der auslösenden Situationen wird sehr schwierig, wenn nicht unmöglich – vor allem, da sich das angstauslösende Geschehen auch in der Phantasie und im Denken abspielen kann. Die rationale Einsicht, daß für die Ängste kein Grund besteht, hilft dem Leidenden selbst dann nur wenig, wenn er zu ihr imstande ist. Es ist ihm – in unserem Beispiel – vielleicht völlig klar, daß die meisten Briefe gleichgültige oder positive Nachrichten enthalten und daß kaum einer jemals eine solche Panik rechtfertigen würde, wie er sie erlebt. Trotzdem kann er sich gegen seine Angst nicht zur Wehr setzen.

Vera Becker beschreibt auf Seite 96–98 eine typische Situation:

In einem Café wird sie so sehr von Angst überwältigt, daß sie sich nicht mehr bewegen kann. Für ihre extreme Angst gibt es keinen objektiven Grund, und sie bildet sich einen solchen Grund auch gar nicht ein. Das Erlebnis, allein unter Fremden zu sitzen und vielleicht einen unfreundlichen Blick von der Kellnerin aufgefangen zu haben, genügt als Auslöser einer Panik, die sie völlig lähmt. Für Vera Becker war diese Erfahrung schrecklich, und Angstanfälle dieser Stärke traten bei ihr auch erst nach der Primärtherapie auf. Vorher waren die Angstzustände tagsüber weniger ausgeprägt gewesen, und es hatten die Nachtängste überwogen. Und vor Beginn der Psychoanalyse waren starke Angstzustände dieser Art auch tagsüber noch nicht aufgetreten.

Für das Verständnis dieser Reaktionen ist es wesentlich, sich folgende Tatsache klarzumachen: Die Ankunft eines Briefes, das Alleinsein in einem Raum voller Fremder oder gar unfreundliche Blicke haben wie unzählige andere Vorkommnisse des Alltags für jeden hin und wieder eine angstauslösende Wirkung. Ebenso selbstverständlich ist, daß mit allen möglichen äußeren Anlässen unangenehme Erwartungen verknüpft sein können. Die geringfügigen unangenehmen (aversiven) Regungen, die dadurch erzeugt werden, kommen den Betroffenen aber meist nur dann zu Bewußtsein, wenn sie sich in einem ungewöhnlich gereizten, ermüdeten oder sonstwie beeinträchtigten Zustand befinden.

In der Regel werden die negativen Affekte sofort durch eine Reihe von Anpassungsreaktionen aufgefangen, die so gut funktionieren, daß sie keinerlei Planung oder Überlegung bedürfen: Durch sofortiges Öffnen und Lesen etwa kann man dem Brief, sollte er vage Befürchtungen auslösen, seine vermeintliche Gefährlichkeit nehmen – das wäre eine Form des «aggressiven» Problemlösens. Man könnte die negativen Erwartungen aber auch kompensieren, indem man sich mögliche positive Inhalte vorstellt und damit beruhigende Gedankengänge auslöst. In diesem Fall bestünde die Anpassungsreaktion aus inneren, kognitiven Vorgängen, die nach außen gar nicht ohne weiteres sichtbar würden. Das Alleinsein unter Fremden kann jemand zum Beispiel bewältigen, indem er ihre Anwesenheit durch eine gezielte Steuerung der Aufmerksamkeit ausblendet – ein Vorgang, der dadurch möglich wird, daß ein Gast in einem Café nach allgemeiner Konvention so tun darf, als gäbe es die anderen Gäste nicht. Und sollte es doch zu einer Kommunikation mit Fremden kommen, geschieht sie über festgelegte Formeln, die beiden Seiten vertraut sind und daher keine Beunruhigung mit sich bringen. Das unfreundliche Gesicht der Kellnerin wird vielleicht durch einen internen, ebenfalls unfreundlichen Kommentar abgetan – auch dies wäre eine aggressive Form des Problemlösens. Vielleicht ringt sich der von dem ärgerlichen Gesicht betroffene Gast auch dazu durch, eine verbindliche Anpassungsreaktion zu wählen, indem er die anstrengende und frustrierende Arbeit der Kellnerin bedenkt und damit eine Möglichkeit der Empathie schafft, die seine Alarmreaktion abbaut.

Die verschiedenen möglichen Anpassungsreaktionen, mit denen man auf unangenehme (aversive) Affekte reagieren kann, sind ethisch, kulturell oder sozial natürlich keineswegs gleichwertig. Sie haben aber alle die Auswirkung, daß der potentiell störende Außeneinfluß durch eine Reaktion beantwortet wird, der ihm die Gefährlichkeit nimmt und die damit das innere emotionale Gleichgewicht, die innere Homöostase, aufrechterhält. Natürlich sind diese Reaktionen in Fällen echter Belastung weder so einfach noch so erfolgreich wie in den trivialen Alltagssituationen, die hier als Beispiele dienten. Aber darum geht es gar nicht: Für die Angstsymptome ist typisch, daß die Anpassungsreaktionen selbst unter geringer, ja unter von außen kaum wahrnehmbarer Belastung völlig versagen können, so daß statt eines emotionalen Gleichgewichts ein Erregungszustand eintritt, der in keinem Verhältnis zum äußeren Anlaß steht.

Über Alpträume

Die nächtlichen Ängste, die die wesentlichen Symptome Vera Beckers zu Anfang der Therapie bildeten, können im Prinzip ähnlich betrachtet werden wie die sonstigen Angstanfälle. Es ist durchaus normal, daß die Angstbereitschaft abends und nachts ansteigt. Diesen Effekt hat bereits die körperliche Ermüdung, die sich gegen Abend einstellt, und wahrscheinlich spielt der Tagesrhythmus des Organismus dabei zusätzlch eine Rolle. Die klinische Erfahrung zeigt, daß phobische und paranoide Symptome, aber auch die Neigung zu Gereiztheit und Nervosität bei psychisch gesunden Menschen gegen Abend stärker werden – übrigens im Gegensatz zu depressiven Symptomen, die häufig morgens am stärksten sind und durch die Tagesaktivitäten zurückgehen. Einschlafängste bei einem Menschen, der sich in einer akuten Konfliktsituation befindet und der sowieso zu starken Alarmreaktionen neigt, sind keineswegs überraschend. Auch das Auftreten von Alpträumen überrascht nicht, denn im Traum entstehen ebenfalls unangenhme oder ängstigende «innere» Reize, die aus den Gedanken und Erinnerungen des Vortrags stammen. Die Anpassungsreaktionen sind im Schlaf offenbar anderer Natur als im Wachzustand, und daher ist es auch bei relativ unbelasteten Menschen nicht selten, daß sich aus solchen inneren Reizen Traumerlebnisse entwickeln, die unangenehm oder ängstigend sind. Aber wiederum ist der Angstkranke diesem Ablauf besonders häufig und besonders stark ausgesetzt. Wie auch immer die inneren Anpassungsvorgänge während des Träumens aussehen (hier steckt die Forschung noch in den Kinderschuhen), beim Angstkranken funktionieren sie schlechter als bei anderen Menschen, und es gelingt ihm nicht, das emotionale Gleichgewicht des Träumens im selben Maß zu wahren. Es ist sicherlich typisch, daß bei Vera Becker ursprünglich nur die abendliche Kontrolle der Ängste und die Kontrolle während des Träumens ernsthaft beeinträchtigt waren, daß sie aber ihre täglichen Aktivitäten noch einigermaßen aufrechterhalten konnte, auch wenn ihre Anpassungsrekationen zwanghafte Elemente enthielten. Ein allgemeiner Verlust der Kontrollfähigkeit wurde erst durch die mehrjährige Psychotherapie, insbesondere durch die Primärtherapie, verursacht. Auf die Frage, warum dies so war, werde ich ausführlich eingehen. Aber Tendenzen zu phobisch-paranoiden Reaktionen waren zweifellos bereits vor Beginn der Psychotherapie vorhanden, und durch die aktuelle Lebenskrise wurden diese Tendenzen schmerzlich wirksam. Es fragt sich, wie es in der Lebensgeschichte eines Menschen zu solchen Reaktionweisen kommen kann, die sich in einer Krise dann entsprechend negativ auswirken.

Psychologie der Angstkrankheit

Die folgende Darstellung stützt sich vor allem auf die Ergebnisse von V. F. Guidano und G. Liotti[4], die allerdings nicht von «Angstneurose» sprechen, sondern einen etwas weiter gefaßten Begriff benutzen: agoraphobisches Syndrom. Dieser Begriff umfaßt neben der Angsterkrankung im bisherigen Sinn auch Leidenszustände, die wir eher als «multiphobisch» bezeichnen würden.

Nach Guidano und Liotti haben alle Menschen, die an einem «agoraphobischen Syndrom» leiden, folgende Merkmale gemeinsam: Es fällt diesen Menschen schwer, spontanes Vertrauen zu ihrer Umgebung, vor allem zu den Menschen ihrer Umgebung, zu fassen. Sie erfahren alle Menschen als potentielle Gegner, die sie bedrohen, demütigen oder im Stich lassen könnten. Nur wenige besonders vertraute Menschen, an die die Leidenden sich daher auch besonders fest binden, machen hier eine Ausnahme. Allgemein gehört es zum «agoraphobischen Syndrom», daß die Betroffenen kein Vertrauen in den guten Verlauf unvorhersehbarer Ereignisse haben. Und da in unserer Welt sehr viele Ereignisse unvorhersehbar sind, entsteht ein Gefühl ständiger unbestimmter Bedrohung.

Im sozialen Umgang sind solche Menschen verständlicherweise öfters mißtrauisch und reagieren empfindlich auf geringe Unstimmigkeiten. Einerseits verhalten sie sich leicht aggressiv, auf der anderen Seite neigen sie manchmal zu einer starken, ja überstarken Anpassung an die anderen, um Konflikte zu vermeiden. Beide Reaktionsweisen sind von Angst motiviert und bilden auch die beiden grundsätzlich vorhandenen Möglichkeiten, um ängstigende Konflikte kurzfristig zu vermeiden oder zu beenden. Langfristig erzeugen beide Reaktionen natürlich immer neue Konflikte, aber die Problematik der Neurose besteht ja gerade darin, daß langfristige Erfahrungen die akuten emotionalen Reaktionen nicht ändern können, obwohl diese nicht wirklich «funktionieren».

Es ist in der Verhaltensbiologie bekannt, daß Angst (Fluchttendenzen) und Aggressivität, die dem eigenen Schutz dient, eng miteinander verknüpft sind. Die offene Flucht und der Gegenangriff sind zwei Formen der Reaktion auf eine Bedrohung, die nahezu dieselben Motive oder denselben Triebhintergrund haben.[33] Das Gefühl des Bedrohtseins verschwindet durch die aggressive Reaktion nicht von selbst, wenn keine echte Entspannung folgt, sondern es verstärkt sich eher. In sozialen Konflikten wird die Angst immer größer, wenn auf aggressive Interaktionen keine Beschwichtigung und Versöhnung folgt – zumindest wenn die Beziehung weiter bestehenbleibt. Beim Menschen kommt hinzu, daß aggressives oder ängstliches Verhalten auch die Erwartung weckt, selbst wieder angegriffen zu werden. Dadurch steigt die soziale Angst weiter an.

Guidano und Liotti fassen ihre Ergebnisse zusammen, indem sie von drei Grundängsten des «agoraphobischen Syndroms» sprechen:

- Die Angst vor dem Verlust der Kontrolle, vor allem der Selbstkontrolle
- Die Angst vor körperlicher Bedrohung
- Die Angst vor der Unfähigkeit, einer Gefahr zu begegnen.

Diese Grundängste, die in mancher Hinsicht auch an depressive Zustände erinnern, sind jedoch anders als in einer Depression nicht mit einer Verneinung des eigenen Werts, mit Selbstherabsetzung verbunden. Auch das Gefühl für den Wert der guten Dinge des Lebens ist nicht grundsätzlich gestört, der Leidende sieht sich durch seine Ängste lediglich daran gehindert, seinen Wünschen und Bedürfnissen Genüge zu tun. Im Zusammenhang damit neigen solche Menschen auch relativ wenig zu Selbstbeschuldigungen, vergleicht man sie wieder mit depressiven Menschen. Es überrascht daher nicht so sehr, daß Personen mit Angstsymptomen auch nicht übermäßig zu apathischem oder energielosem Verhalten neigen. Natürlich verschlingen die häufigen emotionalen Alarmzustände, der schlechte Schlaf und die äußeren Konflikte sehr viel Energie, aber oft sind die Betroffenen trotzdem beruflich und privat aktiv und nicht selten sogar besonders tüchtig. Allerdings gehört zum «agoraphobischen Symdrom» ein starkes Bedürfnis, das den Betroffenen ängstigende Alleinsein (die Abwesenheit vertrauter Bezugspersonen) und ebenso einschränkende, einengende Umstände zu vermeiden. Dieses gleichzeitige Vorkommen von «agoraphobischen» und «klaustrophobischen» Verhaltensweisen betrachten Guidano und Liotti als besonders typisch für das agoraphobische Syndrom. Bei der Agoraphobie im engeren Sinn steht dabei die Angst vor Gefahren und besonders die Menschenangst im Vordergrund, während das Gefühl der Beschränkung und Einengung bei den «multiphobischen» Leiden eher überwiegt. Aber grundsätzlich sind wohl stets beide Verhaltenstendenzen feststellbar.

Die unterschiedlichen Erscheinungsformen des «agoraphobischen Syndroms» werden noch deutlicher, wenn man den lebensgeschichtlichen Hintergrund des Leidens betrachtet: Dabei stellt man fest, daß in den Lebensgeschichten der Patienten sowohl eine bestimmte Art von Überbehütung vorkommt als auch die Bedrohung durch den Verlust einer Bezugsperson, also vor allem den Verlust von Vater und Mutter. Zum Beispiel gibt es viele Patienten, denen in der Kindheit ganz normale Aktivitäten verboten wurden, weil diese zu gefährlich seien oder weil – was für das Kind auf dasselbe hinausläuft – das Kind zu krank, zu schwach oder zu ungeschickt sei. Diese erzieherische Einengung des kindlichen Tätigkeitsdrangs – und zwar die Einengung durch Drohungen anstatt durch tatsächliche, für das Kind einsichtige Hindernisse – scheint das Risiko späterer «agoraphobischer» Störungen mit sich zu bringen. Die Angst vor Einengung, vor dem sozialen Urteil anderer Menschen, ebenso wie das Mißtrauen in den «normalen Gang der Dinge» scheinen hier eine wesentliche Wurzel zu haben.

Neben dieser Art von «Überbehütung durch Drohungen» spielen auch andere Drohungen in der Lebensgeschichte der Patienten eine große Rolle. So wuchsen viele Patienten in Familien auf, in denen ständig der Verlust eines Elternteils drohte, obwohl er nie wirklich eintrat. Es gab zum Beispiel Familien, in denen ein Elternteil eine ernsthafte Krankheit hatte und diese als Druckmittel in der Familie benutzte, indem er ständig seinen möglichen Tod ins Bewußtsein der Kinder rückte. Häufig sind organische und neurotische Herzbeschwerden mit einem solchen Verhalten verbunden, das Kinder – die die Todesankündigung wörtlich nehmen – als sehr bedrohlich empfinden müssen. Aber auch Väter oder Mütter, die ständig damit drohen, daß sie die Familie verlassen wollen, können ein ähnliches Klima der Angst und Unsicherheit erzeugen. Allen diesen Situationen ist gemeinsam, daß sie zu einer unbestimmten Angst vor der Umwelt als solcher führen, weniger zu einer Angst vor ganz bestimmten Situationen oder Objekten. Daß Erlebnisse dieser Art das Risiko späterer Angstsymptome erhöhen, scheint unmittelbar plausibel zu sein.

Wenn man will, kann man beide Erfahrungen – sowohl die Einschränkung durch Drohungen, die angeblich dem Wohl des Kindes dienen, als auch die ständige Drohung des Verlusts der Eltern, die angeblich ihr Kind lieben – als eine Spielart emotionaler Doppelbindung oder als emotionale «Ambivalenz» bezeichnen. Allerdings darf man nicht übersehen daß es sich dabei nicht um das klassische «double bind» nach Bateson handelt[34], das dieser in der Lebensgeschichte von schizophrenen Patienten auffand. Die «schizophrene» Doppelbindung wird von ihm als eine sinnlose, paradoxe Beziehungsdefinition beschrieben, in der die Eltern gleichzeitig Kontakt wünschen und verhindern. Diese kognitive Verwirrung scheint für die Geschichte von Patienten mit «agoraphobischem Syndrom» nicht typisch zu sein. Vielmehr geht es bei ihnen um emotionale Verunsicherung: Das Kind ist sich nie sicher, ob es zu einem gegebenen Zeitpunkt wirklich geborgen ist und sich entspannen kann, obwohl ihm die Eltern (anders als nach Bateson) relativ konsistent versichern, es sei geborgen, wenn es sich nach ihnen richte. Die Unsicherheit entsteht daraus, daß es zu demütigend oder zu angstauslösend ist, sich wirklich nach ihnen zu richten – wie im Fall der Überbehütung –, oder daß sie selbst Verlustängste heraufbeschwören, die ihre eigene Definiton der Lage zunichte machen.

Wieder gibt es hier gewisse Unterschiede zwischen «multiplen Phobien» und Agoraphobien im engeren Sinn. Bei ersteren scheint die Einengung der Aktivitäten durch Drohungen eher im Vordergrund der lebensgeschichtlichen Erfahrungen gestanden zu haben, während bei letzteren eher allgemeinere Ängste im Vordergrund standen, die aber sekundär ebenfalls zu einer Einengung des Aktivitätsspielraums führten. Innerhalb des geschilderten allgemeinen Rahmens unterscheiden sich das Verhalten, das Denken und das Erleben der Leidenden natürlich voneinander. Außerdem gibt es den «reinen» Agoraphobiker selten oder gar nicht – immer wieder spielen auch depressive oder zwanghafte Reaktionen eine gewisse Rolle.

Auftreten und Behandlung von Angsterkrankungen

Dem Erscheinungsbild und den Ursachen entsprechend treten die ersten akuten Anfälle des Leidens sehr oft in bestimmten angstauslösenden Situationen auf, nämlich nach großen Veränderungen im Leben, nach einer Heirat, nach einer Scheidung oder einem anderen Verlust des Partners, aber auch in einer besonderen Krise der Partnerbeziehung oder in einer beruflichen Krise. Typischerweise brechen die Angstsymptome beim Heranwachsenden oder beim jungen Erwachsenen aus, nachdem das Symptom vorher nicht vorhanden gewesen war, obwohl vielleicht andere psychische Probleme existierten. Es gibt auch manche Patienten, die bereits als Kinder unter Schulängsten oder ähnlichen Symptomen litten, aus denen sich dann das «agoraphobische Syndrom» entwickelte, aber typisch ist dieser Verlauf nicht. Typisch ist vielmehr, was auch Vera Becker erlebte: Eine Lebenskrise (in diesem Fall der Verlust des Partners) führte zum ersten Auftreten der Symptome, derentwegen fachliche Hilfe gesucht werden muß.

Allerdings darf hier folgendes nicht übersehen werden: Das durch den Bruch mit dem Freund verursachte Leid ebenso wie die dadurch ausgelösten Symptome hätten möglicherweise im Lauf der Zeit von selbst an Wirkung verloren. Es ist aus der Psychotherapieforschung gut bekannt, daß psychopathologische Symptome, die in akuten persönlichen Krisen auftreten, sehr häufig zurückgehen. Um die Ursachen dieser sogenannten «Spontanremissionen» gibt es zwischen den Schulen Auseinandersetzungen, die auch heute keineswegs entschieden sind. Aber für Vera Becker entstand die Möglichkeit der spontanen Veränderung während einer längeren Zeitspanne des Verarbeitens nicht. Ihr Weg führte in die tiefenpsychologische Therapie, die ihr Weltbild und ihre Erfahrungen während der nächsten Jahre bestimmte. Es kam zwar zu Veränderungen, auch zu Veränderungen im Verhalten und im Weltbild, aber keineswegs in eine hilfreiche Richtung. Vielmehr wurde die Psychotherapie zur Quelle neuer, nutzloser oder schädlicher «Anpassungsmechanismen», die ihr immer eine gewisse Zeit lang halfen, das Gefühl des Scheiterns und der Hoffnungslosigkeit zu überwinden. Allerdings führten sie diese Anpassungsmechanismen auch in immer neue nutzlose Therapien, die ihre Lage nur verschlimmerten.

Wie hätte den Ansichten Guidanos und Liottis[4] zufolge eine hilfreiche Therapie aussehen müssen? Nach diesen Autoren sollte die Therapie davon ausgehen, daß die Angst und das Kontrollbedürfnis der Patienten akzeptiert wird. Durch genaue Absprachen und partnerschaftliches Verhalten sollte der Therapeut sicherstellen, daß die sozialen Ängste der Patienten die Arbeit nicht verhindern, sondern daß ihr meist recht ausgeprägtes Leistungsstreben der Therapie zugute kommt.

Im einzelnen schlagen die Autoren vor, auf der verhaltenstherapeutischen Ebene vor allem auf die direkte Auseinandersetzung mit den angstauslösenden Situationen zu setzen. Die erfolgreiche Bewältigung solcher Aufgaben komme ebenfalls dem Bedürfnis der Patienten entgegen, eine bessere Kontrolle über sich selbst und über die äußere Situation zu gewinnen, und sie vermindere gleichzeitig die Angst. Andere verhaltenstherapeutische Techniken, die mit Entspannungsübungen und phantasierten Vorstellungen arbeiten, seien dagegen weniger wirksam.

Allerdings geben die Autoren auch an, daß die verhaltenstherapeutische Arbeit durch kognitive Techniken ergänzt werden müßte, wenn sie auf Dauer wirksam sein solle. Es komme darauf an, die negativen Prämissen über die Umwelt, eventuell auch über das eigene Selbst, im Denken der Patienten erfolgreich zu kritisieren und zu verändern. Auch dabei müsse, so die Autoren, vorsichtig und stufenweise – von weniger wichtigen zu den zentralen und wichtigen Aspekten – vorgegangen werden, um nicht eine durch soziale Ängste motivierte Ablehnung zu provozieren.

Ich füge diese (natürlich sehr knappe) Darstellung der therapeutischen Vorstellungen von Guidano und Liotti hier ein, weil ich sie großenteils übernehmen kann, aber auch deswegen, weil sie dem Leser zum Vergleich mit dem tatsächlichen Vorgehen der Therapeuten Vera Beckers dienen sollen. Auch wenn man die verhaltenstherapeutischen und kognitiv orientierten Ansätze nicht so hoch schätzt wie ich, so fällt doch auf, wie gravierend bei den therapeutischen Interventionen, die Vera Becker schildert, gegen die simpelsten Einsichten der genannten Autoren verstoßen wurde. Zum Beispiel wurden die Denkweisen, die die Angst fördern, in der Psychoanalyse und noch mehr in der Primärtherapie verstärkt und nicht abgebaut. Man denke an Vera Beckers Fazit der Analyse: «Ich sehe nur noch das Krankhafte» und an die Schwarz-Weiß-Ideologie der Primärtherapie. Auch gegen das Verbot, die Zusammenarbeit durch Mißachtung des Sicherheitsbedürfnisses der Patienten zu gefährden, wurde besonders in der Primärtherapie auf fast schon absurde Weise verstoßen.

Der nächste Bericht aus der Klinik Mennigrode (im sechsten Teil) wird zeigen, daß auch dort die Therapie vor allem an der Mißachtung der Ängste scheiterte, die nun einmal das Wesen einer Angsterkrankung ausmachen. Die deprimierende Reihe von Fehlschlägen, über die Vera Becker im achten Teil dann weiter berichtet, zeigt wieder und wieder, wie ein Therapeut nach dem anderen das Wesen des Problems mißversteht und weiteres Unheil anrichtet oder mindestens nicht imstande ist, seine Kenntnisse in ein Therapieprogramm umzusetzen. Die wenigen guten Ansätze – die die Patientin im übrigen sehr dankbar aufnimmt, von Therapieresistenz ist wenig zu spüren – vermögen an dem traurigen Gesamtbild der Psychotherapie wenig zu ändern. Doch es wäre verfrüht, hier bereits Bilanz zu ziehen. Ich will daher zu den mehr theoretischen Fragen zurückkehren.

Nur dasselbe?

Es wird manchen Leser erstaunt haben, daß ich in den ersten Abschnitten dieses Kapitels die tiefenpsychologische Traumatheorie abgelehnt habe und dann in einem der folgenden Abschnitte schildere, wie seelische Probleme von Angstkranken mit ihrer Erziehung in der Familie zusammenhängen. Der Leser könnte vermuten, daß das doch alles dasselbe und daß der Unterschied zur Traumatheorie gar nicht so groß sei, so daß es auf den Streit der Wissenschaftler in der Praxis nicht ankomme. Wenn die Kindheit sowieso an den Problemen «schuld ist», so wäre es für die Praxis ja auch unwesentlich, wie man die Zusammenhänge im einzelnen formuliert.

Um dieses Mißverständnis zu beseitigen, möchte ich an das erinnern, was ich über die verschiedenen Bedeutungen des Kausalitätsbegriffs und über die «historische Perspektive» in der Betrachtung einer Entwicklung gesagt habe. Im Fall der Angstsymptome habe ich versucht, in einer ziemlich allgemeinen Form die Risikofaktoren aufzuzeigen, die zu der späteren Störung beitragen können. In einer solchen Kette sind die Glieder aus der frühen oder späteren Kindheit nicht mehr «schuld» am gegenwärtigen Ergebnis als alle anderen Faktoren, die auf die Entwicklung einwirkten. Zum Beispiel glaubt Vera Becker selbst, daß in ihrem Fall auch erbliche Dispositionen wie ein leicht erregbares Temperament und emotionale Instabilität eine Rolle spielen. Der Unterschied zur Traumatheorie besteht aber nicht in einer solchen Vermutung (auch Freud nahm einen Einfluß des Erbguts an), sondern darin, daß in der Traumatheorie von der irgendwie fortdauernden Gegenwart der frühkindlichen Konflikte ausgegangen wird, auf die spätere Einflüsse nur zusätzlich einwirken. In Wirklichkeit lassen sich die Gewohnheiten, die Verhaltensmuster und die Denkweisen, die zum «neurotischen» Leiden führen, zwar in die Vergangenheit verfolgen, aber sie sind nicht der äußere Mantel einer im Unbewußten wirkenden «gegenwärtigen Vergangenheit», die es bewußt zu erleben und verarbeiten gälte. Nicht die «Kindheitsängste» halten das pathogene Denk- und Verhaltensmuster aufrecht, sondern das Denken und Verhalten ruft immer wieder dieselben Ängste hervor. Die affektive Dynamik der Probleme entsteht in der Gegenwart, auch wenn es natürlich geschichtliche Ursachen für das entsprechende Muster von Denk- und Handlungsgewohnheiten gibt. Aber aus der Entwicklungsgeschichte der Verhaltens- und Denkweisen, die die Schäden verursachen, läßt sich die Frage nicht beantworten, wie diese Eigenschaften in der Gegenwart in die richtige Bahn zu verändern seien.

Dieser Punkt, obwohl er der entscheidende ist, bildet keineswegs den einzigen Unterschied zur tiefenpsychologischen Denkweise. Ein anderer, verwandter Unterschied wäre der folgende: Während die Tiefenpsychologen in aller Regel die Quelle eines Symptoms in der emotionalen Struktur des Patienten sehen, also in seiner Form der Triebbefriedigung und Trieberfahrung, wird außerhalb der Tiefenpsychologie betont, daß das Handeln und Denken häufig von derselben oder von viel größerer Bedeutung ist als die unmittelbaren emotionalen Reaktionen. Besser gesagt: Die Emotionen hängen häufig sehr viel stärker vom Handeln und Denken ab als umgekehrt Handeln und Denken von der Gefühlswelt. Die Tiefenpsychologen würden, soweit sie der Traumatheorie folgen, diese Ansicht keineswegs teilen.

Weiterhin nimmt die frühe Kindheit in der Entstehung von Angstsymptomen keinen besonderen Platz ein – im Gegenteil: Sie ist eher ein unbedeutender Faktor. Im Fall Vera Beckers waren die familiären Bedingungen in der Kleinkinderzeit sogar besser als später, was sich sowohl aus ihrer Erinnerung als auch aus äußeren Ereignissen schließen läßt: Als kleines Kind lebte sie in ländlicher Umgebung in einer Art von Großfamilie und erfreute sich sowohl einer sehr kindgemäßen materiellen Umwelt als auch der Fürsorge mehrerer erwachsener Bezugspersonen. Sie erinnert sich an diese ersten Lebensjahre als glücklich, und auch die beteiligten Erwachsenen können sich aus der Zeit (im Gegensatz zu später) nicht an besondere Erziehungsprobleme erinnern. Erst danach wurde sie durch einen Umzug von den meisten Mitgliedern der Familie getrennt und lebte unter viel ungünstigeren Verhältnissen allein mit ihren Eltern und Geschwistern. Die Probleme der Eltern fingen in dieser Situation an, intensiver zu werden und die Kinder eher zu beeinträchtigen. Erst dann begann wohl auch der geschichtliche Prozeß, der schließlich zur Anfälligkeit für angstneurotische Symptome beitragen sollte.

Eine solche geschichtliche Sicht steht mit der tiefenpsychologischen Interpretation, nach der eine Neurose in den ersten Lebensjahren vorstrukturiert werden muß, in einem unauflöslichen Widerspruch. Am krassesten tritt der Unterschied zwischen der tiefenpsychologischen Traumatheorie und einer lebensgeschichtlichen Betrachtungsweise aber zutage, wenn es um die Therapie oder, besser, um das Lösen von Problemen geht. Dann zeigt es sich, daß es von entscheidender Bedeutung ist, ob man mit der Tiefenpsychologie auf die Suche nach dem «verborgenen Teil des Eisberges» geht, um seine Symptome zu verstehen und zu beheben, oder ob man sich direkt daranmacht, in der Gegenwart Veränderungen zu bewirken. Vera Becker wählte die Tiefenpsychologie. Ich werde im nächsten Kapitel weiter darstellen, wie sich dieser Entschluß auf ihre Probleme auswirkte.

Die endlose Ursachensuche

Die Macht der Deutung

Wenn man die Wirkung einer längeren tiefenpsychologischen Behandlung nüchtern von außen betrachtet, gewinnt man den Eindruck, daß die schnellste und auffallendste Änderung, die die Therapie hervorbringt, fast stets in einer veränderten Sicht der eigenen Probleme besteht. Der Patient lernt die Sprache der Therapie und formuliert seine Probleme in ihren Begriffen um. Dadurch wird sein Urteil über sich selbst und über andere Menschen sowie das ganze Verhalten teils subtil, teils deutlich in eine andere Richtung gesteuert. Am meisten Wirkung entfalten dabei nicht die tiefenpsychologischen Deutungen einzelner Symptome oder Handlungen, obwohl sie in der Therapie im Vordergrund stehen. Das Fundament des Veränderungsprozesses bildet sich vielmehr dadurch heraus, daß sich ein ganz neues Denk- und Deutungsmuster ausbildet, das üblichen Ideen und Reaktionen weithin widerspricht.

Ein Analysand, der homosexuelle Neigungen verspürt, wird irgendwann unter der Anleitung seines Analytikers (oder der einschlägigen Lektüre) zu der Ansicht gelangen, diese Neigungen gingen auf die Erziehung durch einen zu dominanten Vater und eine zu abweisende, kühle Mutter zurück, während er noch im Kindergartenalter war. Diese – und viele andere – Einzelansichten sind für sein Denken und Verhalten (und damit für sein

Gefühlsleben) sicherlich wichtig, selbst wenn sie sich im Lauf der Jahre einer Analyse wieder erheblich ändern. Noch wichtiger aber ist die Gewohnheit, Gedanken und Regungen aller Art auf angebliche unbewußte Ursachen zurückzuführen, denn diese Gewohnheit kann sich auf alle möglichen Bereiche des Denkens und Handelns ausbreiten, ohne daß diese in der Analyse überhaupt zur Sprache kommen.

Ich will versuchen, den geistigen und seelischen Zustand eines überzeugten Analysanden oder eines «Primärpatienten» so zu schildern, daß die wesentlichen Punkte auch demjenigen Leser deutlich werden, der keine eigenen Erfahrungen mit Therapieprozessen hat. Man stelle sich vor, unser Analysand folge einer Einladung zu einer abendlichen Feier bei einem Kollegen. Bei einem solchen Treffen sind neben den angenehmen Aspekten stets auch einzelne unangenehmere Eindrücke zu erwarten, die sich aus den Unsicherheiten im Umgang miteinander, aus kleinen Unterschieden in den gesellschaftlichen Konventionen und so weiter ergeben – aber nichts soll geschehen, was die soziale Kompetenz eines Durchschnittsmenschen überfordern oder auch nur stark beanspruchen würde. Zum Beispiel mag es sich ereignen, daß unser Analysand von seiner Gastgeberin (die er immer schon attraktiv fand) weniger warm und freundlich behandelt wird, als er es sich erhofft hatte. Sie benimmt sich förmlicher, als es (nach seiner Ansicht) ihrer Vertrautheit entspricht, und sie widmet ihm relativ wenig Zeit.

Die Gründe für ihr Verhalten sind unwichtig. Vielleicht liegen sie nur in der Sorge der Gastgeberin, nichts falsch zu machen. Jedenfalls ist unser Analysand unangenehm berührt. In seiner Analyse hat er gelernt, solche Regungen durch angeblich freie (in Wirklichkeit wohlgerichtete) Assoziationen zu ihren unbewußten Ursprüngen hin zu verfolgen, und die Erklärung für seine unangenehmen Eindrücke läßt auch nicht lange auf sich warten: Kühl behandelt zu werden, wenn er Zuwendung erwartet, das ist ja keine neue Erfahrung für ihn! Ganz ähnlich erging es ihm mit seiner Mutter. Sie war äußerlich wohlwollend, aber an echter Wärme, an körperlicher Zärtlichkeit fehlte es stets. Kein Wunder, daß das Zusammensein mit einer ebenso kühlen Frau ihm auch jetzt Schmerz verursacht! Kein Wunder, daß er mit Frauen immer wieder dieselben Schwierigkeiten hat! Es ist ganz bezeichnend, daß gerade Frau X bei ihm solche Gefühle hervorruft, denn er glaubt bemerkt zu haben, daß sie sich ihren Kindern gegenüber auch nicht anders benimmt als seine Mutter früher. Tun kann er allerdings nichts, denn Frau X würde jeden Hinweis sicherlich übelnehmen, sie weiß ja gar nicht, was sie da anrichtet. Unsinn, jetzt verliert er sich schon wieder in die übliche Regung, jedem helfen zu wollen! Die stammt auch aus seiner Kindheit, aus dem vergeblichen Versuch, von seiner Mutter doch noch Zuwendung zu erhalten. Die ganzen letzten Monate der Analyse waren ja um dieses Thema gekreist. Es wäre höchste Zeit, mit dieser Art des Ausagierens endlich Schluß zu machen und die eigenen Bedürfnisse mehr zu berücksichtigen!

An diesem Punkt faßt unser Analysand wahrscheinlich den verbissenen Entschluß, sich um jeden Preis gut zu unterhalten, und wendet sich dem kalten Buffet zu. Wir aber wollen ihn seinem weiteren Schicksal überlassen und zu der Frage zurückkehren, was für Folgen ein solches «analytisches» Reaktionsmuster hat. Die wichtigsten Effekte bestehen darin, daß sich das ursprünglich ausgelöste Unbehagen erheblich verstärkt und daß es nicht mehr im richtigen Zusammenhang gesehen wird. Der Vorgang, der dies bewirkt, ist leicht einsehbar: Bei der Suche nach unbewußten Zusammenhängen richtet sich die Aufmerksamkeit introspektiv auf das eigene Empfinden, und das Denken kreist um Vorstellungen, die neue, ähnliche Empfindungen auslösen. Der Gedanke an die enttäuschende Mutter wirkt auf die Affekte zurück, und die Verstärkung der ursprünglichen (eigentlich andersartigen) Enttäuschung läßt daher nicht lange auf sich warten. Aber auch die Qualität der Empfindungen verändert sich. Was vorher enttäuschte Eitelkeit und eine gewisse Frustration erotischer Impulse war, wird zu einem Leiden an der «neurotischen» Verformung der Mitmenschen und an dem Unglück, so eine «kaputte» Kindheit hinter sich zu haben.[35] Durch die Introspektion vor dem Hintergrund der tiefenpsychologischen Ursachensuche wird also eine Reihe neuer negativer Affekte produziert, die mit dem ursprünglichen Ereignis kaum mehr etwas zu tun haben, die der Analysand aber trotzdem darauf zurückführt. Er bemerkt nicht, daß er sein vermehrtes Mißbehagen durch seine Denk- und Reaktionsweise selbst erzeugt, sondern er führt es auf die Umwelt und auf seine eigene «Neurose» zurück. Im Endeffekt kommt er zu der nicht gerade erbaulichen Überzeugung, daß er seelisch so «offen» und so «kaputt» sei, daß er in unserer neurotisierten Gesellschaft nicht mehr zurechtkommen könne. Er empfindet sich selbst ebenso wie die ganze Umgebung als krank.

Die Überzeugung, selbst «neurotisch» zu sein und in einer «neurotischen» Gesellschaft zu leben und zu leiden, ist bei Analysanden, Primärpatienten und den sonstigen Teilnehmern ähnlicher Therapien sehr weit verbreitet. Auch bei Vera Becker hatte die Psychoanalyse einen solchen Effekt: «Ich sehe nur noch das Krankhafte wie durch ein Vergrößerungsglas», erklärt sie ihrem Psychoanalytiker, der diese äußerst wichtige Feststellung aber nicht als die genaue Beschreibung der Folgen der Analyse gelten läßt, die sie tatsächlich ist.

Unangepaßte Anpassungsreaktionen

Zusammenfassend kann man die Wirkung der tiefenpsychologischen «Ursachensuche» wie folgt beschreiben: Der Analysand oder Patient, der die traumatheoretische Interpretation seiner Probleme akzeptiert, erwirbt durch die Behandlung neue Anpassungsreaktionen, mit denen er auf Belastungen aller Art zu reagieren sucht. Die tiefenpsychologische Denkweise und die vor ihrem Hintergrund eingeübte introspektive Selbstprüfung werden selbst zu einer Methode der Belastungs- und Konfliktbewältigung, die im wesentlichen darin besteht, die introspektiv festgestellten negativen Emotionen und die dazugehörigen pessimistischen Interpretationen mit einer angeblich unbewußten Eigenschaft in Verbindung zu bringen, sie so zu verändern (meist zu verstärken) und sie aus ihrem aktuellen Kontext zu lösen.

Allerdings handelt es sich dabei um ein in vieler Hinsicht untaugliches (dysfunktionales) Instrument der Konfliktbewältigung: Der betroffene Patient verstärkt nicht nur seine negativen Affekte, er erwirbt auch ein verzerrtes und realitätsfernes Weltbild und wird dadurch in gewissem Maß hilflos gemacht. Denn die Ursachen, die er annimmt, sind alle nicht direkt durch sein Handeln oder Wollen beeinflußbar. Auch die eigene «Neurose» befindet sich ja außerhalb der direkten Wahrnehmung und des bewußten Willens und wird, obwohl der Patient an ihre Existenz glaubt, wie ein schicksalhafter Außeneinfluß erlebt. Wenn der Analysand unseres Beispiels seine Enttäuschung auf frühkindliche Traumata zurückführt, so verzichtet er damit gleichzeitig darauf, diese Enttäuschung auf andere Weise zu verarbeiten. Hätte er in unserem Beispiel realistischerweise angenommen, seine Enttäuschung über die Gastgeberin beruhe auf falschen Erwartungen seinerseits, eventuell sogar auf einer erotischen Anziehung, die zwar sie auf ihn, aber nicht umgekehrt er auf sie ausübte, so hätte er diese Erwartungen korrigieren können. Auch einer nicht so klar an Erwartungen gebundenen schlechten Laune könnte man entgegenarbeiten, denn sie wäre zumindest indirekt wahrnehmbar und dem Willen zugänglich. Aber eine Verstimmung, die auf einem unbewußten Mutterkonflikt beruht, kann nicht weiter beeinflußt werden, außer daß man mit der Therapie fortfährt – und das ist natürlich auch eine wesentliche Funktion dieses Verhaltensmusters.

Dieselbe Hilflosigkeit schleicht sich nicht nur in den Umgang mit den eigenen Regungen, sondern auch in die Kommunikation mit anderen Menschen ein. Wenn sich mit ihnen Probleme ergeben, können diese augenblicklich nicht mehr gelöst werden, sobald man sie für ein Resultat ihrer «neurotischen» Eigenschaften hält. Neurotische Eigenschaften können weder durch das Aufklären von Mißverständnissen noch durch Kompromisse, noch durch sonstige Lösungsversuche im Raum bewußter Wahrnehmung verschwinden, so daß nur ein Ausweg bleibt: Die Personen, mit denen der Patient Probleme hat, müssen ebenfalls auf die tiefenpsychologische Ursachensuche gehen und, wenn möglich, selbst zu Patienten werden. Aus dieser unweigerlich eintretenden Tendenz ergibt sich das bei vielen Patienten sehr starke Verlangen, ihre Angehörigen von ihren tiefenpsychologischen Deutungen zu überzeugen und sie tatsächlich zu Patienten zu machen.

Die tiefenpsychologische Form des Problemlösens durch die Suche nach unbewußten Ursachen bildet daher allgemein gesprochen zwar eine Anpassungsreaktion, aber sicherlich eine solche, die mehr Probleme erzeugt als auflöst. Diese Eigenschaft hat sie mit den Symptomen gemeinsam, die sie behandeln soll und die fast immer ebenfalls aus dysfunktionalen Anpassungsreaktionen entspringen. Der alte, bittere Satz, daß die Psychoanalyse die Krankheit sei, für deren Kur sie sich hält, ist darum gar nicht so falsch. Exakter (aber viel weniger elegant) müßte man sagen, daß die Psychoanalyse ebenso wie die übrige Tiefenpsychologie häufig zu einer anderen Krankheit von derselben Art wird wie die Neurosen, die sie zu heilen versucht. Denn – der Satz George E. Vaillants sei wiederholt – «ein Großteil des bei emotional Kranken beobachteten Stresses ist Folge und nicht Ursache dürftiger Anpassung.»

Und die Anpassung durch tiefenpsychologische Ursachensuche liefert in der Tat dürftige Formen des Problemlösens, die vielleicht nicht ganz so dürftig sind wie diejenigen, die schwere Neurotiker anwenden, die aber den Reaktionen, die die meisten Menschen im Alltag beherrschen, an Erfolg und Realitätsnähe weit unterlegen sind.

Allerdings nimmt die Primärtherapie hier eine Sonderstellung ein. Zwar erwirbt auch der Primärpatient die Gewohnheit der analytischen «Ursachensuche», aber zusätzlich lernt er noch, auf Konflikte und Belastungen mit Primärerlebnissen zu reagieren. Auch die Primärerlebnisse werden zu einer «Anpassungsreaktion», deren destruktive Wirkung allerdings um ein Vielfaches ausgeprägter ist als die Wirkung der analytischen Reaktionen. Während diese lediglich zu einer Veränderung des Weltbildes und des Verhaltens führen, die sekundär die Affekte verändert, wirken die Primärerlebnisse in massiver Form direkt auf die Gefühlsreaktionen und sogar auf die körperlichen Reaktionen ein. Wegen dieser Sonderstellung in der Tiefenpsychologie will ich auf das Primärerlebnis ausführlicher eingehen.

Das Primärerlebnis

Ein Primärerlebnis besteht in einem extremen Ausbruch heftiger Affekte oder in der Erfahrung körperlicher Leiden, die beide auf den ersten Blick mit der gegenwärtigen Situation des Patienten nichts zu tun zu haben scheinen. Daher deutet man die Primärgefühle als das Wiedererleben frühkindlicher Erfahrungen. In Wirklichkeit wird jedes Primärerlebnis durch irgendeine gegenwärtige Erfahrung oder Vorstellung ausgelöst. Seine besondere Natur besteht darin, daß die aktuellen Affekte oder Wahrnehmungen aus kleinsten Ansätzen bis zur äußersten Form verstärkt werden und daß der Patient lernt, diese Verstärkung bewußt selbst vorzunehmen.

Der Anlaß als solcher ist dabei für den Prozeß nicht entscheidend. Gemäß der Theorie der Primärtherapie werden häufig Kindheitserinnerungen oder vermeintliche Kindheitserinnerungen zum Anlaß für ein Primärerlebnis genommen. Zum Beispiel stellt sich der Patient vor, wie er von seiner Mutter abgelehnt wurde, so daß die intensive Phantasieleistung Ärger oder Trauer erweckt. Das Primärerlebnis entsteht dann durch die

Verstärkung dieser induzierten Affekte. Aber ebensooft kann es vorkommen, daß irgendwelche aktuellen Erfahrungen Affekte hervorrufen, zum Beispiel ein Zusammenstoß mit einem Arbeitskollegen. Dann kann auch die damit verbundene Enttäuschung aktiviert und zum Anlaß eines Primärerlebnisses gemacht werden, das sich in Intensität und Ablauf in nichts von einem «Kindheitserlebnis» unterscheidet. Häufig wird der Patient zwar, gemäß den Regeln der analytischen «Ursachensuche», seine Enttäuschung in der Gegenwart mit angeblichen frühkindlichen Enttäuschungen in Verbindung bringen. Aber diese Pflichtübung hat auf den Ablauf des Primärerlebnisses keinen direkten Einfluß.

Während die Primärerlebnisse in Einzelsitzungen häufig von Vorstellungen und Phantasien ausgehen, bieten die primärtherapeutischen Gruppen aktuelle Anlässe in hinreichender Zahl. Die gegenseitigen Angriffe und «Projektionen» zwischen den Gruppenteilnehmern, ja bereits der allgemeine Lärm und die Allgegenwart von Weinen, Schreien und Stöhnen müssen negative Affekte hervorrufen, mit denen (wie die Therapeuten sagen) «gearbeitet» werden kann. Auch körperliche Anlässe gibt es genug: Zum Beispiel kann jedes Kopfweh dazu dienen, ein «Geburtserlebnis» aufzubauen, oder ein zuerst eher kognitiver Eindruck des «Nicht-weiter-Kommens» kann durch entsprechende Übungen zum Steckenbleiben im Geburtskanal werden. Vera Becker schildert in ihrem Bericht hinreichende Beispiele für solche Vorgänge.[36]

Die perverse Meditation

Der interessanteste Punkt (den ich hier leider nur streifen kann) liegt in der Frage, wie die Verstärkung der negativen Affekte beziehungsweise der körperlichen Leiden eigentlich vor sich geht. Die Antwort lautet in kurzer Form etwa folgendermaßen:

Der Primärpatient lernt in der Therapie, sich in einer Art von Meditation auf das Erleben innerer Zustände negativer Art zu konzentrieren. Man könnte von einer «perversen Meditation» sprechen, da es darum geht, Affekte und Körperwahrnehmungen nicht (wie bei sonstigen Meditationen) zu kontrollieren und auszuschalten, sondern einzeln herauszugreifen und auf das höchstmögliche Maß zu steigern.[37] Auf der kognitiven Ebene sieht dieser Vorgang so aus, daß sich der Patient möglichst stark auf seine Vorstellungen oder Phantasien konzentriert und seine Aufmerksamkeit von der Umwelt abzieht, so daß seine Affekte und seine sonstigen Wahrnehmungen mehr und mehr von den «inneren» Reizen abhängig werden. Damit gibt der Patient die sonst praktizierte Realitätskontrolle des Verhaltens bewußt auf.

Auf der Verhaltensebene wiederum wird die Gesetzmäßigkeit benutzt, daß das intensive Ausdrücken eines schwachen Affekts diesen Affekt verstärkt. Ein milder (oder nur eingebildeter) Zorn kann schnell stärker oder real werden, wenn der Patient sich dazu überreden läßt, so zu schreien und zu toben, als sei er extrem zornig. Dieses «Sich-Hineinsteigern» spielt in der perversen Meditation des Primärerlebnisses eine sehr große Rolle. Es beruht auf der Gesetzmäßigkeit, daß der Ausdruck (auch der vorgespielte Ausdruck) eines Affekts zahllose Assoziationen aktiviert, die auch die eigentlich schwach oder gar nicht vorhandenen Emotionen verstärken. Wenn andere Gruppenmitglieder oder der Therapeut die assoziative Aktivierung noch durch ihre Zustimmung belohnen, lernt der Teilnehmer den Übergang von der gespielten zur echten Emotion sehr schnell. Es wird zum Automatismus. Ein erfahrener Primärpatient kann nahezu jeden emotionalen Extremzustand erreichen, wenn er meint, dieser wäre in seinem «Unbewußten» vorhanden und müßte freigesetzt werden.

Allerdings erlebt der Primärpatient den Lernprozeß, den ich hier kurz geschildert habe, in ganz anderer Weise. Er hält an dem Glauben fest, daß die «Primärgefühle» aus seinem Unbewußten hervorbrechen und daß äußere Anlässe nur als Auslöser wirken können. Obwohl er die genannten Techniken, von der meditativen Konzentration auf bestimmte Phantasien bis hin zum Vorspielen von Emotionen, alle benutzt, nimmt er dieses Verhalten gar nicht als die Benutzung einer psychologischen Technik wahr. Diese verschobene Wahrnehmung wird durch die besondere Form erzeugt und aufrechterhalten, in der der Patient seine Anweisungen erhält und die Techniken erwirbt. Es wird nie gesagt, daß diese zur Verstärkung von Gefühlen dienen, sondern Formeln wie «Geh in dieses Gefühl rein» suggerieren, es handele sich im Grund um ein spontanes Erleben. Mit dieser paradoxen Situation – die für das Verständnis der «therapeutischen Beziehungen» in der Tiefenpsychologie sehr wesentlich ist – werde ich mich im nächsten Teil noch ausführlich befassen.

Negative Sensitivität

Das Ergebnis einer längeren Primärtherapie besteht, wie gesagt, vor allem darin, daß der Patient neben der üblichen tiefenpsychologischen Ursachensuche auch das Primärerlebnis als «Anpassungsreaktion» erwirbt. Er lernt, auf alle möglichen negativen Erfahrungen mit Primärerlebnissen zu reagieren, die die «echten Gefühle» hinter dem Erlebnis aufdecken sollen und durch die er seine «neurotische Belastung» zu verringern hofft. Die Folgen sind im Prinzip ähnlich wie bei der «analytischen Ursachensuche», nur von einer sehr viel intensiveren Art. Zum Beispiel hätte der vorher geschilderte Patient, der auf einer Party von seiner Gastgeberin frustriert wurde, als Primärpatient möglicherweise nicht nur eine Art von Selbstanalyse versucht. Er wäre vielleicht in eine Primärsitzung gegangen, um «seine Gefühle zu fühlen», wie es im Jargon heißt. Dann wäre er auf die Erinnerung an die Distanziertheit seiner Gastgeberin hin in heftige Zornausbrüche geraten und vielleicht in tiefer Trauer über die Kälte seiner Mutter versunken. Dadurch hätte er seine alltägliche, triviale Erfahrung nicht nur mit einer negativen und unrealistischen Interpretation, sondern zusätzlich mit heftigen Affekten verknüpft. Beim nächsten Treffen mit den Bekannten wäre er schwieriger, empfindlicher und noch eher bereit gewesen, seine Gefühle in der Primärtherapie zu «fühlen».

Primärerlebnisse haben also einen sich selbst verstärkenden Effekt, der zu immer mehr Primärerlebnissen führt. Durch sie werden die Patienten für alle Einflüsse sensitiver, die negative Affekte hervorrufen könnten. Sie werden aber nicht sensibler im umgangssprachlichen Sinn, denn ihre Wahrnehmung wird keineswegs realistischer. Vielmehr verschiebt sich die Gefühlswelt der Patienten in eine negative Richtung, und positive Gefühlslagen werden immer schwerer erreichbar. Auf diese Verschlechterung glauben die Patienten leider in aller Regel mit neuen Primärerlebnissen reagieren zu müssen, so daß sich der Vorgang immer weiter fortsetzt. In nicht wenigen Fällen kommt es zu einer Art von Sucht, zur «primal addiction», in der die Patienten unfähig werden, ohne häufige Primärerlebnisse zu leben. Wenn diese Sucht nicht eingedämmt wird, geben solche Patienten oft ihren Beruf, ihre Beziehungen außerhalb der Therapie und die meisten anderen Tätigkeiten auf und beschäftigen sich nur noch mit ihrer «Therapie». Da solche Entwicklungen für das Image einer Therapieschule oder eines Therapeuten aber nicht gerade günstig sind, versuchen viele Institutionen, die Sucht zu verhindern. In einigen Fällen wird die Therapiezeit begrenzt, in anderen Fällen wird die Therapie davon abhängig gemacht, daß der Patient eine regelmäßige Arbeit annimmt und beibehält. Trotzdem lassen sich die Schäden einer längeren Primärtherapie nicht wirklich eindämmen, solange die Therapie überhaupt weitergeht.

Allerdings stellte sich bei Vera Becker das Problem der Sucht nicht. Dafür war sie nicht lange genug in einer Primärtherapie, und dafür traten die schädlichen Auswirkungen auch zu schnell und zu heftig ein. Die Erhöhung der Sensibilität gegen negative Affekte, die die Primärtherapie unweigerlich bewirkt, rief in ihrer Erlebniswelt bereits nach kurzer Zeit eine vorhersehbare Katastrophe hervor. Ihre sowieso unzulänglichen Möglichkeiten, sich an negative Erfahrungen und Erwartungen anzupassen, wurden weiter vermindert, so daß ihre Symptome sich rapide verschlimmerten. Die «dysfunktionale Anpassung» durch Primärerlebnisse hätte auf kaum einem anderen psychischen Hintergrund schlimmere Folgen haben können.

Am Schluß des Kapitels möchte ich die Folgen der ersten beiden Therapieversuche – Psychoanalyse und Primärtherapie – nochmals diskutieren.

Die Lösung wird zum Problem

Die Veränderungen des Denkens, Fühlens und Handelns, die durch die Psychoanalyse und die Primärtherapie hervorgerufen werden, wirkten sich bei Vera Becker besonders negativ aus. Durch die Psychoanalyse geriet sie wie viele gebildete Analysanden (und Analysanden sind fast alle gebildet) in den endlosen Kreislauf alltäglicher Ursachensuche hinein, der sie scheinbar in die Tiefe des Unbewußten, in Wirklichkeit aber in immer neue äußere Schwierigkeiten, irrige Denkmuster und negative Emotionen hineinführte. Zu ihrer sowieso vorhandenen Selbstunsicherheit und nur notdürftig aggressiv überdeckten Furchtsamkeit kam das Gefühl gesteigerter Hilflosigkeit gegenüber ihren Problemen und der Eindruck hinzu, selbst krank zu sein und in einer kranken Umwelt zu leben. Besonders die Erfahrung «Ich sehe nur noch das Krankhafte» richtete vor ihrem psychischen Hintergrund viel Schaden an, da die dadurch bewirkte existentielle Angst gerade bei ihr auf Resonanz treffen mußte. Hinzu kam, daß die Überzeugung, gegen die Probleme nichts tun zu können, ihre bisherigen, wie meist bei Angstkranken auf Aktivität abgestellten Anpassungsreaktionen stark unterminierte. Andere praktikable Reaktionen traten aber nicht an deren Stelle, außer der immer stärkeren Tendenz, immer mehr und immer besser «Therapie zu machen». Diese Tendenz führte sie ja auch von der Psychoanalyse zur Primärtherapie und damit zu einer noch weitergehenden Schwächung ihrer Anpassungsmechanismen.

Durch ihre Primärerlebnisse wurde Vera Becker immer sensitiver gegenüber negativen Erfahrungen und Erwartungen und gleichzeitig unempfänglicher für positive Einflüsse. Die kognitive Haltung, in der Welt vor allem das «Krankhafte» zu sehen, wurde also auf der emotionalen Ebene weiter verstärkt. «Die Angst breitete sich auf mein tägliches Leben aus wie eine Seuche», schrieb sie, und man möchte als Leser und Fachmann noch nachträglich aus der Haut fahren, wenn man bedenkt, was diesem leidenden Menschen mit der Primärtherapie angetan wurde. Dadurch entwickelte sich ihr pessimistisches Welt- und Selbstbild zu einem pessimistischen Weltgefühl, zu einem Gefühl ständiger emotionaler Bedrohung und lauernder Existenzangst. Sie empfand die Wirkung der Primärtherapie auch selbst durchaus als bedrohlich, als einen Versuch, sie in eine dunkle und zerstörerische Erfahrung zu stürzen, der sie nicht mehr entkommen würde. Trotzdem ließ sie sich vom Therapeuten eine Zeitlang zum Durchalten überreden, bis ihre Ängste unerträglich wurden. Der Abbruch kam für sie zu spät: Sie konnte den Prozeß des perversen «Fühlens» nicht mehr rückgängig machen und ihrer gesteigerten Existenzangst nicht mehr entkommen. Sie war durch die Primärtherapie wirklich so hilflos geworden, wie sie es stets gefürchtet hatte. Ihre einzige Hoffnung war nun weitere Therapie, diesmal in einer Klinik, die ihr auch den zur Last gewordenen Alltag abnehmen sollte. In ihrem Bericht im sechsten Teil wird sie von diesem nächsten und verworrensten Abschnitt ihrer therapeutischen Erfahrungen erzählen.

Fünf

Die analysierte Analyse

Gelehrte sind Männer des Friedens, sie tragen keine Waffen, aber ihre Zungen sind schärfer als das Schermesser des Actius; ihre Federn reichen weiter und dröhnen schlimmer als der Donner: Ich wollte lieber einem feuerspeienden Kanonenrohr ausgesetzt sein als der Wut einer unbarmherzigen Feder.

Sir Thomas Browne, ‹*Religio medici*›
Zweites Buch, § 3

Beziehungslabyrinthe

Über Struktur und Funktion

Im vorhergehenden Teil habe ich dargestellt, daß es durchaus eine wissenschaftliche Alternative zur tiefenpsychologischen Denk- und Handlungsweise gibt. Es blieb jedoch die Frage unbeantwortet, warum so viele Patienten eine Beziehung zu Therapeuten eingehen, die sie belastet und ihre Symptome nicht bessert, während sie den Hausarzt unter ähnlichen Umständen sehr schnell wechseln würden. Anders ausgedrückt: Warum sind so viele Patienten bereit, sich in einer Therapie verändern zu lassen und problematische «Anpassungsreaktionen» zu erwerben, obwohl ihre Schwierigkeiten sich dadurch nicht lösen und kein therapeutischer Erfolg sie bestätigt? Die Antwort liegt in der besonderen Form der «therapeutischen» Beziehung, die es dem Patienten sehr schwer macht, die Vorgänge zu überblicken und Fehlentwicklungen zu korrigieren. In diesem Kapitel will ich nun den (zugegebenermaßen ein wenig ehrgeizigen) Versuch wagen, das Wesen einer sogenannten «therapeutischen» Beziehung theoretisch und allgemein zu erläutern.

Um hier weiterzukommen, muß ich eine wichtige Unterscheidung treffen: die Unterscheidung zwischen der Struktur (oder Form) und der Funktion einer Beziehung. Zum Beispiel hat die Beziehung zwischen Lehrer und Schüler eine bestimmte Form, nämlich die zwischen einem übergeordneten und einem untergeordneten Partner mit jeweils verschiedenen sozialen Rollen. Die Beziehung zwischen Lehrer und Schüler hat aber auch eine Funktion, nämlich die Vermittlung von (hoffentlich) lehrreicher Information an den Schüler. Wenn die Beziehung ihre Funktion erfüllt, wird der Schüler in einem wichtigen Punkt, nämlich in seinem Wissen über seine Umwelt, nachhaltig verändert. Nicht jede Beziehung, die eine ähnliche Struktur hat, hat auch dieselbe Funktion. Eine Beziehung der Über- und Unterordnung kann auch die ganz andere Funktion haben, alles beim alten zu lassen und jede Veränderung eines Partners zu verhindern.

Wenn man die Wirkung einer menschlichen Beziehung verstehen will, muß man stets beide Aspekte betrachten. Man muß zu erkennen suchen, was die Beziehung für die beteiligten Individuen bewirkt, und man muß zu verstehen suchen, wie sie diese Wirkung hervorbringt. Von beiden Aspekten hängt es ab, ob die Beziehung stabil oder instabil ist, ob sie sich verändert oder nicht verändert, ob sie abgebrochen oder erhalten wird. Im letzten Kapitel habe ich nahezu ausschließlich den Aspekt der Funktion untersucht, der unserem Denken im allgemeinen auch näherliegt. Es wurde gezeigt, welche Folgen die Psychoanalyse für das Individuum hervorbringen kann, welche Veränderungen durch die Primärtherapie entstehen und so weiter. In diesem Teil werde ich auf die Frage eingehen, welche Struktur die therapeutischen Beziehungen aufweisen, so daß sie überhaupt lange genug bestehen und unverändert bleiben, um ihre Wirkung hervorrufen zu können. Denn in unserem Fall versuchte die Patientin (zumindest in der Primärtherapie) ja heftig und ausdauernd, Veränderungen in der Beziehung zu erreichen. Dies gelang ihr nicht, und die Gründe dafür sind in der Art der therapeutischen Beziehung zu suchen. Wie läßt sich die Struktur einer solchen Beziehung erfassen?

Die Schwierigkeit liegt darin, daß menschliche Beziehungen sehr komplexe Phänomene darstellen, die einer abstrakten Betrachtung nicht leicht zugänglich sind. Unsere Umgangssprache (und auch die allgemein bekannten Begriffe der Psychologie) eignen sich nur schlecht dazu, Beziehungsformen zu beschreiben. Die meisten ihrer Begriffe wie «Anpassung», «Angst», «Antrieb» und viele andere beziehen sich auf individuelle Zustände, auf Eigenschaften oder Erfahrungen des Individuums, nicht auf Zustände von Beziehungen zwischen Individuen. Für den Übergang von der individuellen Betrachtungsweise zu der Betrachtung von kommunikativen Strukturen ist es deshalb erforderlich, sich wenigstens die Grundlagen einer neuen Terminologie anzueignen. Ich will versuchen, diese auf den ersten Blick sehr ungewohnte Terminologie mit einem Beispiel einzuführen – mit dem «Agieren» eines Patienten in einer tiefenpsychologischen Behandlung. Das «Agieren» bildet nur einen kleinen, aber sehr typischen Ausschnitt aus dem komplexen Beziehungsgefüge, das sich in einer Therapie entwickeln kann.

Das Beispiel «Agieren»

Von «Agieren» wird in der Analyse dann gesprochen, wenn ein Patient seine angeblichen kindlichen Reaktionen oder Phantasien nicht nur verbal ausdrückt oder in der eigenen Gefühlswelt erlebt, davon träumt oder sonst eine analytisch anerkannte Ausdrucksform wählt, sondern wenn er auf ihrer Grundlage aktiv wird und handelt. Nach psychoanalytischer Vorstellung wäre es eine erwünschte, positive Ausdrucksweise, wenn eine Analysandin sich in ihren Analytiker verliebt und darüber ein Jahr lang in ihren Sitzungen redet. Würde sie ihn aber auf Umwegen zu einer Party einladen lassen, bei der sie auch anwesend ist – immerhin ein für eine verliebte Frau nicht gerade abwegiges Verhalten –, so würde sie nach analytischer Deutung «agieren». Der Analytiker würde besorgt zur Kenntnis nehmen, daß seine Analysandin ihren angeblichen Kindheitsbedürfnissen aktiv symbolischen Ausdruck verleiht, und er würde versuchen, etwas dagegen zu unternehmen. Auch die (zumindest theoretisch) erwünschte «negative Übertragung» Vera Beckers auf ihren Therapeuten, nämlich ihr Gefühl der Enttäuschung, wäre durchaus akzeptiert worden, hätte sie die Jahre damit verbracht, darüber in analytischen Sitzungen zu sprechen. Aber der konkrete Schritt, einen Abschiedsbrief zu schreiben und nicht mehr zu kommen, wurde als bedauerliches Agieren oder Ausagieren (eine Steigerungsform) zur Kenntnis genommen.

Daß gerade Patienten mit phobisch-paranoiden Symptomen eine starke Neigung zum «Agieren» haben, ist nicht weiter erstaunlich. Schließlich gehört es zu ihren Problemen, daß sie aus ihrer Angst heraus meinen, sie müßten alles im Griff haben und obenauf sein, sobald etwas geschieht, was ihnen nicht paßt. Daß sie auch den Fähigkeiten des Analytikers mißtrauen und ihm die Kontrolle über den Therapieprozeß nicht einfach überlassen wollen, ist nur folgerichtig. Im Fall Vera Beckers kann man ihr Mißtrauen ja auch keineswegs als unvernünftig bezeichnen, nachdem einmal mehr als zwei Jahre Behandlung ohne Erfolg vergangen waren. Mißtrauen in dieser Situation war kein Zeichen einer verzerrten Wahrnehmung, und ihre besonderen Charakterzüge trugen nur dazu bei, daß man ihr ihre realistische Wahrnehmung nicht mehr so leicht ausreden konnte. Ganz gewiß muß man keine hypothetische unbewußte Enttäuschung über den Vater heranziehen, um zu verstehen, daß auch Vera Becker nach zweieinhalb Jahren ungeduldig wurde und ihre Analyse abbrach. Psychoanalytische Behandlungen phobisch-paranoider Symptome enden leicht und häufig in dieser Weise oder noch sehr viel dramatischer. Ich kenne einen Fall, in dem eine Frau mit Angstsymptomen schwerer Art ihren Analytiker selbst nach Abbruch der Analyse noch auf verschiedenste Weise aggressiv verfolgte. Sie stellte ihn zum Beispiel beim Betreten seiner Praxis, um ihn in aller Öffentlichkeit zu beschimpfen, und anderes mehr. Im Vergleich zu solchen (verständlichen, aber nicht mehr vernünftigen) Reaktionen auf die analytische Behandlung müßte der Analytiker Vera Beckers eigentlich dankbar sein über die besondere Art, mit der sie sich von ihm verabschiedete. Leider vermute ich, daß ihm solche dankbaren Gefühle fernliegen.

Daß die Analyse von Angstpatienten für den Psychoanalytiker so problematisch ist, liegt in dem gerade geschilderten Zusammenhang begründet. Da die Analytiker die durch innere Unsicherheit motivierte Aktivität ihrer Patienten als Agieren deuten und auf frühkindliche Konflikte zurückführen, erkennen sie nicht, daß sie mit ihrer traumatheoretischen Interpretation am eigentlichen Problem ihrer Patienten vorbeigehen. Und da es das Ziel eines jeden Analytikers ist, den Analyseprozeß so lange aufrechtzuerhalten, wie es der Analytiker für gut hält, müssen die Enttäuschung und das Mißtrauen des Analysanden neutralisiert werden.

Hierfür dient der Begriff «Agieren» (neben vielen anderen) als ein Instrument des Umdeutens, mit dem der Analytiker versucht, die Beziehung zwischen ihm und dem Analysanden zu kontrollieren. Denn natürlich will kein Analysand agieren, sondern er will Fortschritte machen und sich und den Analytiker zufriedenstellen. Das Druckmittel, unerwünschte Aktivitäten als Agieren zu verdammen, wirkt darum sicherlich häufig in der gewünschten Weise. Aber gerade Personen mit phobisch-paranoiden Störungen sind dadurch nicht gut beeinflußbar, da sie sich im Konfliktfall schwer auf die Dauer einschüchtern lassen und auch keine besondere Tendenz zur emotionalen Anlehnung an den Therapeuten haben. Sie wollen Sicherheit und Klarheit haben, um ihre Angst zu beschwichtigen, und dieser Wunsch läßt sich auch durch die Drohung des «Agierens» kaum unterdrücken.

Beziehung und Kommunikation

Aus dem obigen Gedankengang ergeben sich einige allgemeinere Überlegungen: Offenbar wird der «therapeutische Prozeß» in einer tiefenpsychologischen Behandlung dadurch in Gang gehalten, daß der Therapeut eine Beziehung ganz besonderer Art zum Patienten aufbaut, die er auch ständig kontrollieren muß. Der Therapieprozeß, den sich der Therapeut je nach seiner Schule als «richtig» vorstellt, kommt nur zustande, solange er die Kontrolle behält. Als Instrument wiederum, die Beziehung in der aus seiner Sicht «richtigen» Form zu gestalten, dient die Kommunikation mit dem Patienten, die von den Konzepten und Begriffen der jeweiligen Theorie bestimmt wird.

Wie sieht die Funktion des Begriffs «Agieren» aus, wenn man ihn aus dieser Sicht betrachtet? Die Antwort ist recht einfach: Durch ihn kann jedes Problem in der Beziehung zwischen Therapeut und Patient als Ausdruck der Neurose des letzteren gewertet werden. So rührt die Unzufriedenheit der Patientin Vera Becker nicht etwa daher, daß der Therapeut ihr Problem verkennt und daß alle Symptome stärker werden. In ihrer Unzufriedenheit und in ihrem «Agieren» zeigt sich im Gegenteil gerade die Schwere ihrer Störung, die es noch viel mehr rechtfertigen würde, mit der Therapie fortzufahren. Und die Patientin, die die Behandlung abbricht, zeigt dadurch ihre eigene mangelnde Therapieeignung, aber keinesfalls die des Analytikers. Dadurch, daß der Analytiker je nach Bedarf jede Kritik und jedes andere Verhalten seiner Patientin als Ausdruck ihrer «Neurose» deuten kann, beherrscht er die Kommunikation vollkommen und kann jeden Eingriff in die Beziehung von seiten der Patientin verhindern.

Aber nicht nur in der Analyse, sondern auch in Vera Beckers Bericht über die Primärtherapie taucht dieselbe Kontrollmethode in einer geradezu klassischen, doppelten Form auf (Seite 93 f): Auch hier geht es darum, das Mißtrauen der Patientin zu neutralisieren und sie zur Fortsetzung der Therapie zu veranlassen, und zu diesem Zweck wird jede ihrer Handlungen bei Bedarf als «neurotisch» oder «irreal» eingestuft, gleichgültig, was sie tut oder unterläßt. Wenn die Patientin daran zweifelt, daß die Primärtherapie ihr wirklich gut tut, dann ist ihre Neurose die Ursache der Zweifel, und der Therapeut verlangt, sie solle mehr «fühlen» (also mehr Therapie machen). Wenn sie sich aber bemüht, auf alle Vorschläge eingeht und es wird trotzdem nicht besser, dann liegt die Ursache des Scheiterns wieder bei ihrer Neurose: Sie muß ihren neurotischen Leistungswillen abbauen, sie muß etwas für sich tun, aber vor allem: Sie muß den Vorschlägen des Therapeuten folgen und nicht ihrer eigenen Meinung.

Man beachte, daß natürlich beide Deutungen möglich sind und etwas für sich haben. Es gibt Patienten, die eine Behandlung durch ständige Ablehnung sabotieren, und es gibt andere, die die Behandlung durch scheinbare Willigkeit und geheime Widerstände zum Scheitern bringen. Es gibt sogar Patienten, die je nach Bedarf beide Formen der Ablehnung einsetzen können – aber der entscheidende Punkt ist, daß der Therapeut willkürlich zwischen diesen Interpretationen wechselt. Damit löst er das Problem der Patientin, wie auch immer es richtig bestimmt sein mag, auf keinen Fall. Aber er löst sein eigenes Problem, nämlich wie man die Patientin dazu bringt, ihre Therapie bei ihm fortzusetzen, obwohl es ihr Woche um Woche schlechter geht.

Die nützliche Paradoxie

Es bildet wie gesagt einen wichtigen Teil des phobisch-paranoiden Leidens, daß der betroffene Mensch seine Unsicherheit und Angst durch Aktivität zu überspielen versucht und daß er von dem Gefühl geplagt wird, er müsse auf jede Schwierigkeit dominant und aggressiv oder unterwürfig reagieren. Wenn er sich aber in der Psychotherapie so verhält, so wird ihm versteckt oder ausdrücklich zu verstehen gegeben, daß er damit seine Behandlung hintertreibe. Entweder wird ihm Agieren vorgeworfen (Psychoanalyse) oder «irreales» Verhalten (Primärtherapie) oder mangelnde Unterwerfung unter die Regeln, wie der nächste Bericht im sechsten Teil zeigen wird. Helfen könne man ihm nur, so die unmißverständliche Botschaft, wenn er sich unterwerfe, nicht «agiere», Geduld habe und so weiter. Aber wenn der Patient über alle diese Eigenschaften so verfügen könnte, wie es verlangt wird, dann wäre er wahrscheinlich niemals ein Patient geworden. Anders ausgedrückt: Das vom Patienten gewünschte Resultat der Behandlung wird vom Therapeuten zu einer Voraussetzung der Behandlung erklärt. Man sagt dem Patienten eigentlich, daß man ihm dann helfen könne, wenn er sich selbst geholfen habe, ein exquisites Beispiel einer paradoxen Verwicklung, die man als die «Hilf dem Helfer»-Paradoxie bezeichnen könnte. Diese Paradoxie benutzt der Analytiker, wenn er von seiner Patientin «mehr Vertrauen» verlangt, als ob es nicht seine Aufgabe bei der Therapie von Angstsymptomen wäre, Vertrauen möglich zu machen (S. 67f)!

Man kann dieselbe Paradoxie auch anders aufschlüsseln: Das Verhalten des Patienten wird in zwei verschiedenen Weisen gedeutet. Einmal ist es neurotisch, also aus der Sicht des Patienten unbewußt und behandlungsbedürftig, so daß es die Fortführung des Therapieprozesses rechtfertigt. Andererseits ist dasselbe Verhalten aber willentlich kontrollierbar, und sein Auftreten dient als Rechtfertigung für die Schwierigkeiten der Therapie. Indem der Therapeut zwischen diesen beiden Deutungen wechselt, können dieselben Verhaltensweisen oder Eigenschaften sowohl als Rechtfertigung für die Therapie als auch als Entschuldigung für ihr Versagen dienen. Die doppelbödige Deutung, die in therapeutischen Begriffen wie «agieren» oder «irreal» bereits vorgebildet ist, macht es dem Patienten unmöglich, die Beziehung selbst zu gestalten.

Die angemessene Reaktion innerhalb einer solchen Beziehung liegt auf der Hand: Der Patient müßte darauf bestehen, daß die

Existenzberechtigung des Fachmanns nur darin liegt, jemandem zu helfen, der sich selbst nicht helfen kann oder zumindest glaubt, es nicht zu können. Und wenn dem Fachmann zu den Problemen eines Angstpatienten keine Lösung einfällt, dann sollte er dies offen sagen und den Patienten nicht zu sinnlosen Anstrengungen zwingen, eine in sich widersprüchliche Anweisung zu verstehen. Es ist zwar theoretisch durchaus denkbar, daß man einen Menschen durch seine Verwicklung in eine Paradoxie dazu bringen kann, sich selbst zu helfen, obwohl er dies für unmöglich hält.[38] Aber ein solcher Versuch darf keine zweieinhalb Jahre, sondern höchstens ebenso viele Monate dauern, wenn er nicht sinnlos werden soll. Und der ganze Vorgang der Suche nach unbewußten Ursachen wäre dazu überflüssig. In der Form, in der die Paradoxie des «bedingten Helfens» in der Psychotherapie überall vorkommt, dient sie nur dazu, die Schuld an den Problemen und Fehlschlägen dem Patienten oder vielmehr seinen angeblichen unbewußten Konflikten aufzuladen. Und der Patient merkt zwar vielleicht, daß irgend etwas nicht stimmt, aber er kann den Widerspruch nicht auflösen, solange er von der wichtigsten Prämisse, nämlich der von den unbewußten frühkindlichen Ursachen seiner Probleme, noch fest überzeugt ist. Dann kann er mit dem Therapeuten höchstens darum streiten, ob eine bestimmte Kritik, die er äußert, «irreal» ist oder nicht – eine höchst fruchtlose Art der Auseinandersetzung. Und wenn es ihm zuviel wird, kann er, wie Vera Becker es getan hat, nur den Therapeuten, nicht aber die ganze Denkweise aufgeben und steht in der Gefahr, beim nächsten Therapeuten in Verwicklungen derselben oder schlimmerer Art zu geraten.

In sich widersprüchliche, paradoxe Kommunikationsformen spielen für die Gestaltung der therapeutischen Beziehungen in der Tiefenpsychologie eine sehr große Rolle, ja sie geben bereits den Rahmen der Beziehung vor. Die Aufdeckung dieser Strukturen mit den Mitteln der Kommunikationstheorie stellt eine der wichtigsten Leistungen auf dem Gebiet der modernen Psychotherapieforschung dar.[39] Um die dabei gewonnenen Erkenntnisse zu erläutern, möchte ich im folgenden die am Beispiel des «Agierens» aufgezeigten Zusammenhänge in theoretischer Form wiederholen und ihre allgemeine Bedeutung zu zeigen versuchen. Der Gedankengang soll dabei von der Frage ausgehen, was man im Rahmen der Kommunikationstheorie eigentlich unter einer Beziehung zwischen Menschen zu verstehen hat.

Verschiedene Beziehungsformen

Menschliche Beziehungen unterscheiden sich, wie oben erläutert, sowohl in ihrer Struktur als auch in ihrer Funktion voneinander. Dabei sagt jede einzelne Äußerung und jede einzelne Verhaltensweise etwas über beide Aspekte aus, nämlich sowohl über die Art der Beziehung, die existiert (oder die ein Partner wünscht), als auch über ihre Wirkung auf die Beteiligten. Die Interaktionen zwischen zwei Fahrgästen in der Straßenbahn, die zufällig nebeneinandersitzen, unterscheiden sich fundamental von der Beziehung zwischen zwei Kollegen, die sich jahrelang kennen. Der Unterschied erstreckt sich sowohl auf die Form als auch auf die Funktion der Beziehung: Von der Struktur her läßt die erste Form nur wenige und konventionelle, die zweite aber sehr viele und komplexe Interaktionen zu, und die Rollen der beiden Fahrgäste gleichen sich viel mehr als die Rollen der beiden Kollegen. Von der Funktion her hat die Beziehung in der Straßenbahn nur die Wirkung, daß beide eng zusammenrücken können, ohne daß sie sich miteinander beschäftigen müssen. Die Beziehung zwischen Kollegen hat dagegen viele und komplizierte Funktionen: Aus ihr sollen Arbeitsergebnisse hervorgehen, sie soll ein Gehalt sicherstellen, soll die gute Laune jedes Partners in Streßsituationen erhalten, und anderes mehr.

Die funktionellen Betrachtungen liegen uns, wie gesagt,

nahe und sollen daher nicht weiter verfolgt werden. Die strukturelle Betrachtung wird sich als wesentlich schwieriger erweisen, aber auch wichtige Ergebnisse erbringen. Eine erste Schwierigkeit zeigt sich bereits darin, daß die Struktur der Beziehung zwar von der Funktion für den einzelnen Partner unterschieden werden kann, aber natürlich nicht unabhängig von ihr ist. Auch die Funktion der Kollegenbeziehung, ein Ergebnis zu erarbeiten, hat eine strukturelle Seite, denn beide Kollegen bemühen sich darum, der Beziehung eine Struktur zu geben, in der sie das angestrebte Arbeitsergebnis erzielen können.

Man sagt, daß jede Beziehung durch die beteiligten Personen «definiert» wird, indem sie zu erkennen geben, daß sie bestimmte Strukturen und bestimmte Funktionen wünschen oder für angemessen halten. Dieser Vorgang des «Definierens» ist der entscheidende Punkt, an dem aus individuellen Motiven, Absichten und Ansichten ein überindividuelles System, eine Beziehung, entsteht. Von diesem Punkt an müssen wir unterscheiden zwischen der Funktion, die die Beziehung tatsächlich hat, und der Funktion, die von den Beteiligten definiert wird, also zwischen der Form, die die Partner ihrer Beziehung geben, und der tatsächlichen Wirkung dieser Beziehung. Im folgenden werde ich mich vor allem mit der Definition einer Beziehung befassen, also mit den Eigenschaften, die die Beteiligten auf irgendeine Weise festlegen oder festzulegen suchen. Dabei besteht in einer stabilen Beziehung in der Regel Übereinkunft über die anzuwendende Definition, so daß diese nicht umstritten ist. Auch wenn sie sich ändert oder erweitert, arbeiten die Beteiligten auf eine einvernehmliche Definition hin. Beziehungen, in denen keine Übereinkunft möglich ist, sind instabil und werden – zumindest im umstrittenen Bereich – aufgegeben. Es gibt jedoch auch Beziehungen, in denen eine Seite eine Definition erfolgreich durchsetzt und aufrechterhält, ohne daß die andere Seite einverstanden ist, aber auch ohne daß sie etwas dagegen tun könnte. Diese Beziehungen sind nicht wirklich stabil, erreichen aber eine Art von labilem Gleichgewicht, das relativ lange bestehen kann. Man sagt, daß die Definition in einer solchen Beziehung einseitig kontrolliert wird.

Jede Beziehung (auch die in der Straßenbahn) wird von einer komplexen und über zahlreiche unterschiedliche Kanäle vermittelten Kommunikation getragen, die zwischen den Partnern abläuft, sobald sie überhaupt interagieren. Innerhalb dieser Kommunikation wird natürlich sehr viel Information ausgetauscht, die nichts mit der Beziehung selbst zu tun hat (sondern einer Funktion dient). Aber zumindest nebenbei wird immer auch die Beziehung dadurch definiert. Auch wenn man seinem Gesprächspartner lediglich einen genauen Bericht über die Fernsehsendung des letzten Abends gibt, definiert man damit gleichzeitig die Beziehung zu ihm als eine, in der ein solcher Bericht möglich und erwünscht ist. Die Definition der Zufallsbeziehung in der Straßenbahn würde zum Beispiel einen solchen Bericht nicht einschließen. Würde einer der Fahrgäste den zweiten auf diese Weise anreden, würde er damit gleichzeitig die Beziehung etwas anders definieren und – in der Sprache der Kommunikationsforschung – ein «Manöver» durchführen.

Für die Form einer Beziehung sind natürlich vor allem diejenigen Informationen von Bedeutung, die die Partner austauschen, um ihre Beziehung zu definieren oder umzudefinieren. Die übrigen Inhalte der Kommunikation sind zwar meist für die Funktion der Beziehung von großer Wichtigkeit (zum Beispiel für die Zusammenarbeit im Beruf), können aber hier außer acht gelassen werden. Man spricht davon, daß derjenige Partner, der einen bestimmten Aspekt der Beziehung definieren kann, die Beziehung an diesem Punkt «kontrolliert». Im Beispiel der Straßenbahnfahrer versucht der Mann, der eine Erzählung beginnt, die Beziehung zu kontrollieren, indem er eine neue Interaktion anbietet oder einführt. Mit einem solchen Änderungsversuch wird die Beziehung automatisch instabil, sie kann nur stabilisiert werden, indem sich eine neue Definition ausbildet, der beide Seiten folgen. Akzeptiert der Mitfahrer die Geschichte und hört ihr zu, dann wird die Beziehung stabilisiert und die

Konversation wird zumindest eine gewisse Zeitlang von dem Erzähler kontrolliert.

Allerdings ist die Frage der Kontrolle (die Frage, wer eine Definition geben darf) nicht immer so einfach. Der Mitfahrer kann die Geschichte auch abweisen, zum Beispiel indem er demonstrativ nicht zuhört. Dann definiert er die Beziehung als eine, in der persönliche Erzählungen unmöglich sind, und er übernimmt die Kontrolle. Da der andere dagegen nicht viel tun kann, wird die Beziehung schnell wieder stabil, wenn auch mit einer etwas unerfreulichen Definition. Die Sache kann aber noch komplexer entschieden werden: Der Mitfahrer kann sich die Geschichte anhören, dabei aber durch alle möglichen Zeichen zu erkennen geben, daß er den anderen erzählen läßt und es sich vorbehält, die Beziehung wieder zu verändern. In diesem Fall kann der Erzähler zwar die Beziehung auf der Ebene beobachtbarer Interaktionen kontrollieren, der Zuhörer kontrolliert die Beziehung aber auf einer höheren Ebene, indem er sich die überlegene Rolle zuweist. Die Kontrolle einer Beziehung (das Recht, sie zu definieren) ergibt sich also aus einem komplizierten und sich ständig verändernden Prozeß zwischen den beteiligten Partnern, der immer im Fluß ist. Daher kann die Kontrolle, betrachtet man eine momentane Interaktion, bei dem einen Partner liegen, und beim andern, wenn man von den länger wirksamen sozialen Rollen ausgeht. Dasselbe gilt für längere Interaktionssequenzen: Auch hier kann eine Einzelinteraktion unter der Kontrolle des einen und die ganze Sequenz unter der Kontrolle des anderen Partners stehen. Für diese Komplikationen werden sich noch Beispiele aus der Psychotherapie ergeben.

Manöver in einer Beziehung

Prinzipiell haben alle Informationen, die in einer Beziehung ausgetauscht werden, eine Bedeutung als Definition der Beziehung und damit für ihre Kontrolle. Man kann sich nicht weigern, eine Beziehung zu definieren, und ebensowenig kann man sich weigern, sich an der Kontrolle einer Beziehung zu beteiligen. Es gibt jedoch gewisse Informationen, die hauptsächlich den Zweck haben, eine Beziehung zu definieren oder anders zu definieren. Sie werden in der Regel als «Manöver» bezeichnet. Der Fahrgast in der Straßenbahn führt in diesem Sinn ein Manöver durch, wenn er die formale Beziehung zu seinem Nachbarn um eine Konversation erweitern will. Und auch der Nachbar führt ein Manöver durch, wenn er diese Definition akzeptiert, zurückweist oder «qualifiziert annimmt», also sich auf einer höheren Ebene auch eine Zurückweisung vorbehält. Manöver haben stets die Funktion, entweder eine Definition zu geben oder auf ein Manöver des Partners zu antworten, durch das eine Definition der Beziehung gegeben werden soll. Manöver werden also entweder aktiv oder reaktiv ausgeführt. Wenn man sie unter dem Aspekt der Beziehungskontrolle betrachtet, stellen sie entweder einen Kontrollversuch dar oder nehmen zu einem Kontrollversuch des Partners Stellung.

Wie alle Informationen in einer menschlichen Beziehung werden auch Manöver dieser Art auf mehreren Ebenen gleichzeitig übermittelt, so daß die Teilinformationen sich gegenseitig ergänzen und erläutern. Zum Beispiel erläutert und verschiebt der Tonfall die Bedeutung der gesprochenen Worte, der Kontext der Botschaft trägt zusätzlich zur Gesamtinformation bei und so weiter. Diese komplexe Art der Übermittlung macht viele Informationen und «Manöver» verwirrend, erlaubt aber auch eine Feinheit der Beziehungsdefinition, die für das Funktionieren einer so vielschichtigen Gesellschaftsform, wie sie Menschen aufbauen, von entscheidender Bedeutung ist. Dabei ist, wie gesagt, nur eine einvernehmlich definierte Beziehung stabil, während jede Uneinigkeit über die Definition zur Instabilität führt und bereinigt werden muß, soll die Beziehung andauern. «Einvernehmlich» bedeutet hier allerdings nicht, daß beide Seiten die Beziehung für gut halten (das ist oft nicht der Fall), sondern nur, daß sie die Beziehung nicht ändern wollen.

Komplementäre und symmetrische Beziehungen

Um die unzähligen möglichen Beziehungstypen wenigstens grob zu ordnen, unterscheidet man zwei verschiedene Grundformen: Es gibt einerseits sogenannte symmetrische Beziehungen, in denen im Prinzip jeder Partner dieselben Verhaltensweisen und Äußerungen benutzen kann. Auf der anderen Seite gibt es komplementäre Beziehungen, bei denen sich die Partner gegenseitig ergänzen, aber nicht dieselben Äußerungen und Verhaltensweisen benutzen, also verschiedene Rollen einnehmen. Komplizierte, intensive Beziehungen, wie sie zum Beispiel innerhalb einer Familie bestehen, enthalten stets symmetrische und komplementäre Anteile gleichzeitig. Trotzdem gibt es auch dabei Verschiebungen: Wenn ein Kind aufwächst, dann nehmen die symmetrischen Anteile in der Beziehung zu den Eltern allmählich zu, und die komplementären nehmen ab (so sollte es wenigstens sein). Eine völlig symmetrische Beziehung ist praktisch unmöglich und kommt nur als (allerdings häufig sehr nützliche) gesellschaftliche Fiktion vor, während es eine völlig komplementäre Beziehung im Prinzip geben könnte. Zum Beispiel ist die Beziehung in der Straßenbahn weitgehend (wenn auch nicht ganz) symmetrisch: Der eine Fahrgast verhält sich wie der andere, und so wird es auch erwartet. Allerdings kann schon eine kleine Rollendifferenz, wie etwa ein Geschlechtsunterschied, eine deutliche komplementäre Note in die Interaktionen einführen – wenn der Mann etwa Augenkontakt sucht, die Frau diesen aber vermeidet. Viel stärker komplementär wäre dagegen die Beziehung zwischen Chef und Untergebenem in einer Firma. In einer solchen Beziehung sind sehr viele Verhaltensformen einer Seite zugeordnet, während die andere Seite nicht dieselben, sondern dazu passende andere Formen benutzt. Jede Beziehung, in der eine Rangordnung irgendeiner Art eine Rolle spielt, muß notwendigerweise zum großen Teil komplementär sein. Das bedeutet aber nicht, daß alle komplementären Beziehungen für einen Partner unangenehm sind oder gar erzwungen werden müssen, ganz im Gegenteil. Auch eine Liebesbeziehung zwischen Mann und Frau ist in hohem Maß komplementär (betrachtet man sie mit dem geradezu unanständig abstrahierenden Auge des Forschers). Es ist selbstverständlich, daß die Partner Komplementarität in diesem Fall nicht nur tolerieren, sondern energisch anstreben. Abstrakt ausgedrückt: Die Beziehung wird von beiden Seiten einvernehmlich (und mit großem Eifer) als komplementär definiert.

Allerdings muß die Unterscheidung zwischen symmetrischen und komplementären Beziehungen gleich wieder komplizierter gedeutet werden: Da menschliche Beziehungen, wie gesagt, auf verschiedenen Ebenen und bei verschiedener Betrachtung verschiedene Formen haben können, ist es durchaus möglich, daß die Interaktionen zwar einigermaßen symmetrisch ablaufen, daß die Rollen der Partner aber trotzdem nicht symmetrisch sind. Zum Beispiel mag in einer Firma ein sehr partnerschaftlicher Ton herrschen, bei dem aber allen Beteiligten klar ist, daß der Chef diese «Symmetrie» zuläßt und auch anders entscheiden könnte. Eine solche Beziehung wird im allgemeinen als metakomplementär bezeichnet, das heißt, die Beziehung ist nicht auf der Ebene beobachtbarer Interaktionen, wohl aber auf der übergeordneten Ebene der beiderseitigen Rollenvorstellungen komplementär. Für den Zweck dieses Buches genügt es allerdings, auch solche komplexen Beziehungen als komplementär zu bezeichnen, sobald die Rollen der Partner in einem größeren Zusammenhang gedeutet werden sollen.[40]

Wer hat die Kontrolle?

Zusammenfassend kann man sagen, daß es notwendig ist, jede Beziehungsstruktur unter mindestens zwei Aspekten zu betrachten: Zum ersten muß festgestellt werden, wie die Definition der Beziehung aussieht, und zum zweiten muß geprüft werden, wer die Kontrolle über die Beziehung ausübt. Dabei ist es wichtig, beide Aspekte für denselben Ausschnitt und für dieselbe Ebene der Beziehung zu betrachten, so daß man sich nicht in die widersprüchlichen Definitionen der verschiedenen Ebenen und Teilinteraktionen verstrickt.

Wenn man dies tut, kann man einige allgemeine Aussagen machen: Die Frage der Definition und der Kontrolle einer Beziehung bleibt relativ uninteressant, solange in dem betreffenden Beziehungsausschnitt beide Seiten die Beziehung definieren können und die Kontrolle somit leicht und schnell wechseln kann. Die Kontrolle über einen Aspekt der Beziehung wird erst dann wichtig, wenn eine Definition umstritten oder zumindest potentiell umstritten ist. Mit anderen Worten: Von der Kontrolle eines Beziehungsaspekts kann man eigentlich erst dann sprechen, wenn der eine Partner diese Kontrolle gegen die Interessen, Absichten oder Verhaltenstendenzen des anderen ausübt. Solange die Beziehungsdefinition bei keinem der Partner Widerstände oder Unbehagen hervorruft, läßt sich der Aspekt der Kontrolle nicht direkt betrachten. Solche einvernehmlich definierten Beziehungen sind stets auch stabile Beziehungen.

Der umgekehrte Schluß gilt jedoch nicht: Nicht alle äußerlich stabilen Beziehungen beruhen auf einer einvernehmlichen Definition. Auch solche scheinbar stabilen Beziehungen können für einen oder für beide sehr unangenehm sein (zum Beispiel in einer psychisch belasteten Familie), so daß stets die Gefahr von langfristiger Instabilität besteht. Dann wird die Frage interessant, wie die Definition der Beziehung so kontrolliert wird, daß Änderungsversuche gar nicht erst aufkommen können. Um eine Antwort zu geben, will ich mich zuerst der umgekehrten

Frage zuwenden. Wie sieht eigentlich die Struktur einer «guten» Beziehung aus?

Gute menschliche Beziehungen zeichnen sich dadurch aus, daß die Definitionen zwar in großem Rahmen stabil sind, im einzelnen aber flexibel und wandelbar bleiben. Abstrakt ausgedrückt bedeutet dies, daß die Partner die «Manöver» der anderen Seite akzeptieren und auch akzeptieren können, so daß die Definitionen sich ständig ändern. In einer guten Ehe bleibt zum Beispiel die Definition der Beziehung als Paarbeziehung mit bestimmten Regeln auf Dauer bestehen, aber die Rollen in der täglichen Interaktion sind sehr wandelbar. Die Interaktionen können symmetrisch sein, zum Beispiel in einer heftigen Diskussion über die richtige Verwendung von Ersparnissen. Sie können auch hochgradig komplementär sein, wie im Fall der täglichen Betreuung der Kinder.

Wesentlich ist, daß beide Partner sich in einem weiten Rahmen zugestehen, eigene Definitionen einzubringen, und daß sie danach streben, sich über diese Definitionen einig zu werden. Es hätte wenig Sinn, in diesem Fall zu fragen, wer die Definition der Beziehung als Ehe kontrolliert, solange beide Seiten sich in diesem Punkt einig sind. Es hat sogar wenig Sinn zu fragen, wer zum Beispiel die Kontrolle über die symmetrische Diskussionsbeziehung hat, obwohl diese Diskussion wahrscheinlich von einem Partner eingeleitet wurde, der sie formal auch «kontrolliert». Aber solange die andere Seite sich aus vollem Herzen an der Diskussion beteiligt, hat diese formale Zuordnung keine theoretische und praktische Bedeutung.

Ganz anders ist die Lage, wenn die Beziehung für einen oder für beide Partner unbefriedigend ist, wenn sie zum Beispiel durch Angst oder Frustration belastet wird. Dann kommt es über die Frage, wer einen bestimmten Ausschnitt der Beziehung kontrollieren kann, sehr leicht zu offenen oder versteckten Auseinandersetzungen. Allerdings bleibt auch die problematische Beziehung nur dann stabil, wenn eine unangefochtene Definition erreicht wird, und diese Definition kommt häufig durch eine einseitige Kontrolle einer Partei zustande. Der Arbeitgeber, der seinen Angestellten ungerecht behandelt, übt zum Beispiel seine Kontrolle dahingehend aus, daß eine offene Kritik seines Verhaltens von seiten des Angestellten nicht möglich ist. Offene Kritik bildet keine Interaktionsform, die der Chef in der Beziehung duldet, und er kontrolliert diesen Punkt der Beziehung vollkommen. Daß die Beziehung für die andere Seite (und in einem weiteren Sinn auch für ihn selbst) unbefriedigend ist, macht diese einseitige Kontrolle notwendig und gefährdet sie gleichzeitig. Dasselbe gilt auch für problematische Beziehungen, die nicht auf äußeren Machtverhältnissen aufgebaut sind.

Allerdings darf der Begriff der Kontrolle, der die Struktur der Beziehung beschreibt, nicht als eine Beschreibung der Funktion mißverstanden werden. Kontrolle in diesem Sinn ist nicht immer gleich Machtausübung im funktionellen Sinn, bedeutet keineswegs automatisch Kontrolle über das Tun eines anderen Menschen. Zum Beispiel übt ein Beamter, der einem Antragsteller Sozialhilfe gewähren oder verweigern kann, über den Antragsteller Macht aus. Die Beziehung zwischen beiden wird aber keineswegs von ihm allein definiert, eher im Gegenteil. Der Antragsteller hat durch seinen Wunsch nach Hilfe die Beziehung als komplementär definiert, und der Beamte muß dem im großen ganzen folgen, da ihm seine Rolle keine andere Wahl läßt. Er nimmt zwar an der Kontrolle der Beziehung teil, aber große Ausschnitte werden eher vom Antragsteller kontrolliert. Diese Tatsache ändert nichts daran, daß der Beamte die Macht ausübt und der Antragsteller dieser Macht unterliegt.

Im nächsten Abschnitt soll die nun eingeführte Terminologie an einem alltäglichen Beispiel erprobt werden.

Das Beispiel Fahrgemeinschaft

Wenn zwei Familien sich zusammentun, um ihre Kinder abwechselnd in eine weit entfernte Schule zu fahren, gehen sie, was diesen Bereich der Interaktionen betrifft, eine symmetrische Beziehung ein. Sie wechseln sich mit den Fahrten ab, und damit nehmen beide Seiten dieselben Rollen wahr. An jedem einzelnen Tag ist die Beziehung zwar komplementär, da eine Seite Hilfe erhält und die andere hilft, aber in diesem Fall kommt es mehr auf die symmetrische Struktur der Gesamtbeziehung an. Die Frage der Kontrolle der Beziehung stellt sich nicht, da die Definition von beiden Seiten gleich gegeben wird und sich nicht verändern soll.

Allerdings wird in einer Fahrgemeinschaft, die auch insgesamt auf einer angenehmen menschlichen Beziehung beruht, noch ein weiterer Aspekt eine Rolle spielen. Es ist zum Beispiel möglich, daß die beiden Familien sich auf besondere Vorkommnisse leicht und gerne einstellen: Ist bei der einen Familie die Mutter erkältet, übernimmt die andere ohne Murren alle Fahrten in dem Wissen, daß auch sie gegebenenfalls auf Hilfe rechnen kann. Das heißt, daß beide Seiten die Möglichkeit haben, die symmetrische Beziehung der Fahrgemeinschaft in eine komplementäre Beziehung (Hilfsbedürftige und Helfer) umzudefinieren, wenn sie das wollen. Die symmetrische Beziehung ist nicht starr, sondern flexibel und unter wechselseitiger Kontrolle veränderbar.

Nun nehmen wir an, daß sich eine dritte Familie dieser Fahrgemeinschaft anschließt und ebenfalls einen Teil der Fahrten übernimmt. Allerdings geht die Sache nur in der ersten Woche gut, in der zweiten Woche zieht sich die Mutter aus der neuen Familie eine Erkältung zu und kann nicht aus dem Haus. Die anderen beiden Familien holen das Kind zunächst noch ohne Murren ab, aber in der dritten Woche stellt sich heraus, daß die Verteilung wieder umgestoßen werden muß. Die neue Teilnehmerin an der Fahrgemeinschaft muß drei Tage in der Woche gerade dann zum Arzt, wenn sie eigentlich die Kinder von der Schule abholen sollte. Die anderen Teilnehmer sind etwas verärgert, besonders weil sie die Verschiebung erst morgens beim Frühstück per Telefon erfahren und in aller Hast ihre Pläne umstellen müssen. Sie erklären sich trotzdem zu der Änderung bereit, weil ihnen am Telefon sehr eindringlich dargelegt wird, wie schlecht der Gesundheitszustand der Frau sei und wie sehr sie sich über die Hilfe der guten Nachbarn freue – aber ohne Murren fügen sie sich nun nicht mehr. Und in der folgenden Woche stellt sich nach und nach heraus, daß die Frau, die eigentlich fahren müßte, unter häufigen Depressionen leidet, die es ihr immer wieder unmöglich machen, aus dem Haus zu gehen. Die anderen beiden Familien müssen, wie sie nun bemerken, immer damit rechnen, morgens per Telefon eine Absage zu erhalten. Damit sind die Teilnehmer an der früher gut funktionierenden Fahrgemeinschaft vor die Wahl gestellt, entweder den Transport der Kinder für die belastete Familie ganz nach deren Wunsch mit zu übernehmen oder die Fahrgemeinschaft wieder auf die zwei vorigen Familien zu beschränken und sich damit dem Vorwurf auszusetzen, eine kranke Frau im Stich zu lassen. Keine der beiden Handlungsweisen dürfte ihnen leichtfallen.

Benutzt man die bisher eingeführten Begriffe, so stellt sich der geschilderte Vorgang folgendermaßen dar: Die dritte Familie versucht, die vereinbarte symmetrische Beziehung der beteiligten Familien in eine komplementäre Beziehung umzudeuten, in der die eine Seite hilft und der anderen Seite geholfen wird. Im Bereich kurzfristiger Interaktionen hat sich dies, wie oben geschildert, in der Fahrgemeinschaft schon oft ereignet, Der Unterschied besteht darin, daß die dritte Familie die Definition als komplementäre Beziehung zwischen Helfern und Hilfsbedürftigen auf Dauer festlegen will. Da die anderen Familien damit nicht einverstanden sein können, muß die dritte Familie die Kontrolle über die Beziehung gewinnen, um ihre Definition durchzusetzen.

Von besonderem Interesse ist es, durch welche Manöver (im obigen Sinn) die «belastete» Familie es erreichen kann, daß die Kontrolle an sie übergeht. Vor allem muß sie die Umdeutung so vermitteln, daß die Ablehnung schwerfällt, zum Beispiel indem sie die Hilfe immer als nur vorläufig hinstellt, dann aber doch ständig in Anspruch nimmt. Diese Doppeldeutigkeit ist, wie ich noch zeigen werde, dafür verantwortlich, daß es der anderen Seite sehr schwerfällt, die Neudefinition der Beziehung zurückzuweisen. Die «belastete» Familie versucht, die Definition der Fahrgemeinschaft zu ändern, ohne dies offen zuzugeben. Sie übt Kontrolle aus und leugnet gleichzeitig, daß sie dies tut. Obwohl sie die anderen Familien eigentlich nicht zwingen kann, ihrer Definition zu folgen, entsteht durch dieses Manöver eine Lage, die direktem Zwang sehr nahe kommt. In der Kommunikationsforschung würde man ein solches Verhalten als ein «paradoxes Manöver» bezeichnen. Das Verständnis paradoxer Manöver ist die Voraussetzung dafür, die Struktur von Beziehungen zu verstehen, die ohne direkte Machtanwendung gegen die Interessen oder Absichten einer Seite von der anderen kontrolliert werden. Deshalb will ich im nächsten Kapitel die Natur von Paradoxien näher erläutern.

Kontrolle durch Doppelsinn

Was sind Paradoxien?

Unter Paradoxien verstehe ich für den Zweck dieses Buches in sich widersprüchliche Anweisungen, Botschaften oder Darstellungen, die Menschen in der Kommunikation benutzen. Allerdings erfordert diese Definition eine nähere Erläuterung: Man kann die Übermittlung einer jeden Information zwischen Partnern in einer Kommunikationsbeziehung formal so betrachten, daß man einen «Sender», einen «Kanal» der Übermittlung und einen «Empfänger» unterscheidet. Der «Sender» drückt die Information, die er übermitteln will, in irgendeiner Sprache im weitesten Sinn (in einem Code) aus und leitet die kodierte Information dann über einen «Kanal» dem Empfänger zu. Der Empfänger wiederum muß imstande sein, die Information aufzunehmen und sie zu dekodieren, das heißt, er muß den Code verstehen. Erst wenn diese Stationen alle durchlaufen sind, kann die Information, die der «Sender» übermitteln will, beim Empfänger auch als Information wirksam werden.

Dabei will ich nicht näher darauf eingehen, was man in der Informationstheorie unter dem Begriff der Information eigentlich versteht. Für unseren Gedankengang genügen der umgangssprachliche Begriff und seine Bedeutung vollständig. Entscheidend ist, daß der Sender beim Empfänger durch die übermittelte Information auf irgendeine Art eine Wirkung ausübt, auch wenn er lediglich dessen Wissen über die Umwelt verändert. Es ist prinzipiell unmöglich, in einer Kommunikationsbeziehung keine Wirkung auf den Partner auszuüben, denn selbst die Ablehnung einer Information verändert natürlich die Sicht und die Einstellung beider Seiten – wenn nicht die Sicht der Umwelt, so zumindest die Sicht ihrer Beziehung. In der Praxis werden, wie gesagt, laufend eine Fülle von Informationen über mehrere verschiedene Kanäle und in verschiedenen Codes ausgetauscht. Und hier setzt nun die Möglichkeit der Paradoxie ein.

Um in sich widersprüchlich zu sein, muß die durch die Information übermittelte Botschaft oder Sehweise beim Empfänger mindestens zwei verschiedene Wirkungen auslösen, die nicht vereinbar sind. Und außerdem müssen die unvereinbaren Informationsteile begrifflich so miteinander verknüpft sein, daß es sich nicht um einen offensichtlichen Widerspruch handelt.

Wenn ich meinem Freund mitteile, daß mein Haus elf Meter hoch ist, daß es aber eigentlich dreizehn Meter hoch sei, so handelt es sich nicht um eine Paradoxie, sondern um einen klar erkennbaren Widerspruch. Umgangssprachlich ausgedrückt handelt es sich um Unsinn. Wenn man aber über den berühmten Satz nachdenkt, daß alle Kreter der Aussage eines Kreters zufolge Lügner seien, so verwickelt man sich in eine echte Paradoxie. Dieser Satz enthält genauso wie der obige zwei Informationsanteile, die beim Empfänger Wirkungen hervorrufen, die für ihn nicht zu vereinbaren sind, aber die beiden unvereinbaren Teile sind begrifflich verknüpft, und zwar über die sogenannte Rückbezüglichkeit des Satzes. Damit ist gemeint, daß der Vorgang der Kommunikation nicht nur über eine dritte Sache, sondern auch über sich selbst (in diesem Fall über den Sender) Information liefert, und diese beiden Informationen sind unvereinbar. Denn einerseits wird gesagt, alle Kreter lügen – eine Information über eine dritte Sache, die wahr oder falsch sein kann. Andererseits ist aber der «Sender» selbst ein Kreter, das heißt die Information bezieht sich auf ihn ebenfalls, so daß es nicht wahr sein kann, daß alle Kreter Lügner sind. Die Verwirrung kommt dadurch zustande, daß nur entweder der Sender ein Lügner sein kann – dann ist aber die Information über die dritte Sache (über die Kreter allgemein) falsch. Oder diese Information ist richtig, dann ist aber der Sender kein Kreter. Eine der beiden miteinander verbundenen Teilinformationen muß als irreführend verworfen werden.

Man kann das Phänomen der Rückbezüglichkeit einer Aussage auch auf andere Weise darstellen, indem man sagt, daß die Verwirrung, die eine paradoxe Information anrichtet, durch eine Vermengung verschiedener Begriffsebenen zustande kommt. Durch den Satz über die immer lügenden Kreter wird sowohl eine Information über alle Aussagen vermittelt, die Kreter machen, als auch über die Einzelaussage, die ein Kreter (der «Sender») gerade macht. Abstrakter ausgedrückt bezieht sich die Information sowohl auf eine ganze Klasse von Aussagen (alles, was Kreter sagen) als auch auf ein einzelnes Element dieser Klasse (die gerade vorliegende Aussage über die Kreter). Und die Paradoxie entsteht dadurch, daß die Aussage auf der höheren Ebene der Klasse mit der Aussage auf der niedrigeren Ebene des Einzelsatzes unvereinbar ist.

Man kann paradoxe Aussagen oder – um wieder zu den menschlichen Beziehungen zurückzukehren – paradoxe Botschaften immer in der angegebenen Weise analysieren. Man kann stets die unvereinbaren «Wirkungen» aufdecken, die die Teilinformationen hervorrufen, und man kann stets nachweisen, daß die unvereinbaren Teilinformationen dadurch miteinander verbunden werden, daß die paradoxe Botschaft auf verschiedenen Ebenen verschiedene Informationen übermittelt. Dabei kann es sich (wie im obigen Beispiel) um verschiedene Klassifizierungsebenen von Phänomenen handeln, es kann sich um verschiedene Begriffsebenen und Begriffsbedeutungen handeln, mit denen jongliert wird, es kann aber auch schlicht und einfach sein, daß verschiedene Kanäle für verschiedene Teilinformationen benutzt werden, daß also zum Beispiel der Wortlaut dem Tonfall einer Aussage widerspricht. Man braucht nicht lange zu suchen, um entsprechende Beispiele in großer Zahl aufzufinden.[41]

Die vorher geschilderte «Hilf dem Helfer»-Paradoxie kommt zum Beispiel dadurch zustande, daß ein und dieselbe Verhaltensänderung als Einzelelement anders definiert wird als die Klasse von Änderungen, der sie eigentlich angehört. Auch diese Paradoxie beruht also auf einer Rückbezüglichkeit der verwendeten Begriffe, die nicht sofort sichtbar wird: Der Therapeut verspricht dem Patienten eine durch die Therapie bewirkte Veränderung (Heilung der Neurose) unter der Bedingung, daß er weniger neurotisch «agiert» oder «realer sei» und so weiter. Tatsächlich bildet die als Bedingung verlangte Verhaltensänderung aber ein Element der größeren Klasse therapeutisch angestrebter Veränderungen. Die Bedingung und die Folge des Wenn-dann-Satzes, der die Paradoxie ausmacht, sind gar nicht so unabhängig voneinander, wie der Satz vorgibt. Die Unvereinbarkeit der Teilinformationen entsteht nun dadurch, daß die ganze Klasse von Veränderungen als unwillkürlich und nur therapeutisch erreichbar betrachtet wird. Ein Einzelelement daraus wird aber gleichzeitig als willentlich erreichbar und als Voraussetzung der Therapie angesehen – ein eindeutiger, aber durch die Vermengung der Klassifizierungsebenen und durch die scheinbare Unabhängigkeit von Bedingung und Folge (die der Wenn-dann-Satz suggeriert) nur sehr schwer klar formulierbarer Widerspruch. Es ist nicht verwunderlich, daß die Patienten, deren Sorge oder Kritik mit einer solchen Botschaft abgeblockt wird, zwar die Manipulation spüren und sich ärgern, den Mechanismus der Manipulation aber nicht durchschauen können.

Die paradoxe Botschaft

Ich will nun wieder zu der Ausgangsfrage zurückkehren, wie es sich auf eine Beziehung auswirkt, wenn eine oder beide Seiten versuchen, sie durch paradoxe Botschaften zu definieren oder umzudefinieren. Am leichtesten sind diese Wirkungen zu durchschauen, wenn man als Beispiel nicht eine der begrifflich verwickelten Paradoxien von der Art der «Hilf dem Helfer»-Paradoxie wählt, sondern eine von der relativ einfachen Sorte, in der lediglich verschiedene Kanäle unvereinbare Teilinformationen tragen. Diese Art unkomplizierter Paradoxien wird in menschlichen Beziehungen überaus häufig benutzt. Es gibt zum Beispiel eine Art zu sagen, daß «mir das gar nichts ausmacht», die von höchstem Ärger zeugt. In diesem Fall widersprechen die nonverbalen Signale den verbalen, und beide rufen beim Empfänger unterschiedliche Wirkungen hervor. Die emotionale Ambivalenz der Aussage wird vom Empfänger zu Recht dahingehend interpretiert, daß der Sprecher «gar nicht wirklich meint, was er sagt». Aber was er eigentlich meint, ist nicht leicht herauszufinden, obwohl man den Gegensatz (wie gehabt) formal natürlich immer auflösen kann, indem man eine Teilinformation – in diesem Fall die verbale – als unzutreffend verwirft und sie (in unserer Terminologie) nicht «wirken» läßt. Damit hat man zwar die Paradoxie aufgehoben, aber die Botschaft des «Senders» und die Motive hinter ihr noch nicht verstanden.

Man erinnere sich, daß jede ausgetauschte Information auch irgend etwas über die Beziehung aussagt, in der sie benutzt wird. Dies gilt ganz besonders, wenn es sich um ein gezieltes «Manöver» handelt. Die Information legt die möglichen Interaktionen fest und «definiert» die Beziehung in diesem Sinn.

Eine paradoxe Botschaft definiert nun die Beziehung in widersprüchlicher Weise: In unserem Beispiel drückt der eine Partner aus, daß ihm das Verhalten des anderen nicht paßt, aber er gibt die Ablehnung nicht offen zu. Damit sagt er verbal, daß das anstößige Verhalten vorkommen könne (erkennt also die Definition des Partners an), auf nonverbaler Ebene schließt er das Verhalten aber aus der Beziehung aus und gibt damit die gegenteilige Definition. Im Grund übermittelt die paradoxe Botschaft die Aussage, daß der «Sender» die Beziehung gleichzeitig definieren und nicht definieren will; er bietet eine Definition an und nimmt sie zur selben Zeit zurück. Es erscheint auf den ersten Blick merkwürdig, läßt sich aber in der Praxis und bei näherer Überlegung leicht verstehen, daß gerade ein solches paradoxes Manöver es der anderen Seite unmöglich macht, die Definition zurückzuweisen oder zu ändern.

Mit anderen Worten: Eine paradoxe Botschaft kann als ein Manöver benutzt werden, um die Kontrolle über eine Beziehung zu gewinnen, denn die Kontrolle liegt ja darin, eine Beziehung definieren zu dürfen.

Bei jedem Versuch, seine Definition zurückzuweisen, kann sich der «Sender» der paradoxen Botschaft auf eine der gegensätzlichen Teilinformationen zurückziehen, so daß es zu einer Auseinandersetzung über die «richtige» Definition und damit zu einer einvernehmlichen Klärung gar nicht kommt. Wenn der Empfänger auf den Ärger des Partners (der sich nonverbal äußert) zum Beispiel selbst verärgert reagiert und damit ausdrückt, daß sein Verhalten in der Beziehung zulässig sei, wird er abgeblockt, indem der Sprecher «erstaunt» zur Kenntnis nimmt, daß man seiner Versicherung, es mache ihm gar nichts aus, nicht glaubt. Wenn der Empfänger umgekehrt zufrieden ist, daß «es ihm gar nichts ausgemacht hat» und mit dem für den andern ärgerlichen Verhalten fortfährt, dann tut er ja ebenfalls, was sein Partner gesagt hat, und dieser behält die Kontrolle. Auf lange Sicht kann er ihm deutlich zu verstehen geben, daß diese Interpretation auch nicht wirklich erwünscht ist. «Du hast sehr gut gemerkt, daß mir die Sache irgendwie naheging!» wäre eine übliche Konsequenz einer unbekümmerten Reaktion beim anderen. Damit bleibt die Definition, daß das Verhalten unerwünscht sei und der Partner sich ärgern dürfe, weiter bestehen. Was der Empfänger auch als seine Antwort anbietet, er kann die paradoxe Definition der Beziehung nicht kritisieren, verändern oder überhaupt zum Gegenstand einer Auseinandersetzung machen, solange er nicht die in ihr enthaltene Paradoxie selbst aufgreift. Manchmal geschieht das natürlich: Die Antwort «Jetzt mußt du dich schon entscheiden, ob dir die Sache paßt oder nicht» liegt in einer solchen Situation nicht allzu fern und wird auch häufig gegeben – ob mit guten Resultaten, sei dahingestellt.

Paradoxe Interaktionen

Aus einem paradoxen «Manöver» kann sich eine Form der Interaktion entwickeln, die wesentlich durch den Austausch paradoxer Botschaften oder sogar paradoxer Verhaltensweisen zwischen den Partnern bestimmt ist. Was letztlich geschieht, hängt vom Adressaten eines paradoxen Manövers ab. Grundsätzlich hat er drei verschiedene Reaktionsmöglichkeiten:

- Er kann die Beziehung abbrechen oder zumindest die paradoxe Botschaft ignorieren, was darauf hinausläuft, den betreffenden Teil der Beziehung einzustellen. Diese Möglichkeit fällt dann aus, wenn die reagierende Partei die Beziehung nicht beenden kann oder nicht beenden will, wofür häufig gute Gründe existieren.
- Zum zweiten hat der Adressat die Möglichkeit, die Paradoxie aufzugreifen, was auf verschiedene Weise geschehen kann. Das direkte, offene Aufgreifen der Paradoxie würde bedeuten, die unvereinbaren Teilinformationen aus der paradoxen Botschaft herauszulösen und die Paradoxie so in einen Widerspruch zu verwandeln. Dieser Ausweg zwingt den «Sender» der paradoxen Botschaft dazu, entweder die Definition der Beziehung, die umstritten ist, direkt und offen zu klären oder aber auf eine andere Reaktion auszuweichen. Der direkte Angriff auf die Paradoxie blockiert also das paradoxe Manöver und wirkt auf den Partner als Angebot, die richtige Definition

der Beziehung offen auszuhandeln. Diese Reaktion bildet, wenn sie in der Form verbindlich erfolgt, häufig die beste Möglichkeit, eine paradoxe Interaktion zu vermeiden und zu einer Verbesserung der Beziehung zu kommen.

Es gibt aber noch eine andere Möglichkeit, eine Paradoxie aufzugreifen: Man kann jedes paradoxe Manöver durch eine Gegenparadoxie blockieren, die dieselbe Struktur hat, aber die Wertungen vertauscht. In unserem Beispiel könnte der Partner, dessen Verhalten verbal als erwünscht und nonverbal als unerwünscht definiert wird, etwa so reagieren: «Es wundert mich, daß dir das nichts ausmacht. Wenn dir etwas an mir läge, würde dich so ein Verhalten ärgern.» Mit dieser Reaktion sagt auch er auf paradoxe Weise, daß er sein Verhalten schlecht findet und es trotzdem durchführen will. Weil er aber nun die Zustimmung als falsch und die Ablehnung als richtig definiert hat, blockiert er das Manöver des Partners vollständig, der nun keine seiner beiden unvereinbaren Definitionen mehr benutzen kann. Wer ein paradoxes Manöver auf paradoxe Weise aufgreift, blockiert also ebenso wie beim direkten Aufgreifen das Manöver des Partners, aber er fordert nicht in gleicher Weise zur Klärung auf. Daher hat eine solche Reaktion selten einen guten Sinn, außer man will die Beziehung gar nicht verbessern, sondern lediglich dem Partner auf die Nerven fallen. In der Literatur haben paradoxe Gegenangriffe (vor allem unter der Bezeichnung Anti-Spiele) viel Beachtung erfahren. [42] Für das Verständnis der therapeutischen Beziehung sind sie wichtig, so daß ich sie trotz ihrer Bedeutungslosigkeit im Alltag erwähnen mußte.

Leider ist ein direktes Aufgreifen nicht bei jeder Paradoxie so leicht möglich wie im Fall der «Es macht mir gar nichts aus»-Paradoxie. Je verwickelter und undurchschaubarer die Beziehungen zwischen den verschiedenen Begriffen und Begriffsklassen sind, desto schwerer wird es, die verwirrenden Teilinformationen einzeln darzustellen. Trotzdem werden relativ viele Paradoxien auf diese Weise aus einer Beziehung entfernt, da man die Widersprüche oft intuitiv aufspüren kann, ohne sich über den paradoxen Zusammenhang im einzelnen im klaren zu sein.

Aber auch diese Reaktionsform setzt eine wichtige Bedingung voraus: Sie ist nur möglich, wenn der Empfänger der paradoxen Botschaft zu einer direkten Auseinandersetzung bereit ist, denn die Blockade eines paradoxen Manövers macht die Frage, wie eine Beziehung definiert werden soll und wer sie definieren darf, oft zum Gegenstand einer offenen Konfrontation. Zumindest versetzt sie den Partner unmittelbar in die Situation, daß er zwischen einer Klärung der Beziehung und weiteren versteckten Kontrollversuchen wählen muß, und diesen Zwang zur Wahl nimmt er häufig nicht gnädig auf. Auch die Reaktion, die paradoxe Botschaft anzugreifen, setzt also eine gewisse Unabhängigkeit und Freiheit der beiden Seiten voraus – eine Bedingung, die oft nicht gegeben ist.

- Die dritte und für die Psychopathologie wichtigste Möglichkeit, auf ein paradoxes Manöver zu reagieren, besteht darin, mit einer paradoxen Zustimmung zu antworten, das heißt, die Kontrolle des anderen anzuerkennen. In diesem Fall entwickelt sich eine paradoxe Interaktion, die im Prinzip stabil sein und sehr lange fortgesetzt werden kann. Während das ursprüngliche paradoxe Manöver die grundsätzliche Form hat, daß der «Sender» die Beziehung definieren, aber auch nicht defineren will, hat die paradoxe Zustimmung die grundsätzliche Form, daß der Empfänger der Definition zustimmen, aber auch nicht zustimmen möchte. In dem obigen einfachen Fall sähe die paradoxe Zustimmung auf die Botschaft «Das macht mir gar nichts» so aus, daß der Empfänger erklärt, er beende das (für den anderen ärgerliche) Verhalten, weil es ihm selbst keinen Spaß mehr mache. «Auch wenn es dir recht ist, ich habe keine Lust mehr» konstituiert die paradoxe Interaktion, indem der zweite die Definition des ersten anerkennt, ohne sie wirklich anzuerkennen. Damit hat das pardoxe Manöver in der Tat zur Kontrolle

> über den strittigen Aspekt der Beziehung geführt, ohne daß es zu einer echten Einigung gekommen wäre. Die einseitige Kontrolle der Beziehung muß daher ständig weiter aufrechterhalten werden – der Initiator kann zwar die Kontrolle, nicht aber die wirkliche Zustimmung erzwingen. Paradoxe Interaktionen sind stets und immer problematische Interaktionen, die eine wünschenswerte Form der Beziehung verhindern.

Ein paradoxes Manöver führt immer zur Kontrolle über die Beziehung, wenn es nicht durch einen Beziehungsabbruch oder durch ein Aufgreifen der Paradoxie selbst beantwortet wird. Es führt jedoch nicht nur nicht zu einer Einigung über die inhaltliche Definition der Beziehung, sondern es verhindert sie geradezu. Daher erhält auch der «erfolgreiche» Teil einer solchen Interaktion nicht das, was er wirklich wünscht: Eine Beziehung wird, wie gesagt, in der Regel dann als gut erlebt, wenn jeder Partner auf die Absichten und Ansichten des anderen eingeht und für seine Gründe offen ist, wenn (kommunikationstheoretisch gesprochen) jeder dem anderen von Fall zu Fall die Kontrolle über die Beziehung überläßt. Auch der Partner, der durch ein paradoxes Manöver die Kontrolle gewinnt, wünscht sich im Grund ja, daß der andere aus Rücksicht auf seine Wünsche nachgibt und nicht, weil er gar keine Wahl hat. Aber wenn der eine seine Absichten nicht offen äußert, kann der andere nicht offen zustimmen und seine Zuneigung nicht beweisen. Die einseitige Kommunikationskontrolle durch paradoxe Manöver macht daher eine intensive, befriedigende Beziehung unmöglich; wo sie in einer engen Gemeinschaft auftritt, bildet sie stets eine Quelle der Unzufriedenheit für alle Beteiligten. Der Manipulierende erhält die echte Zuwendung nicht, die er gerne hätte, und der Manipulierte ärgert sich darüber, daß er manipuliert wird. Leider bleiben solche paradoxen Interaktionen trotzdem häufig bestehen, weil keiner der Partner imstande ist, seine Reaktionen zu verändern.

Die paradoxe Interaktion als Anpassung

Das Motiv, aus dem heraus ein oder beide Partner bereit sind, ihre Beziehung paradox zu definieren, liegt auf der Hand: Immer dann, wenn Kritik abgewehrt oder Gegenangriffe vermieden werden sollen, scheint ein paradoxes Manöver eine Lösung darzustellen. Die Wahl eines paradoxen Manövers in der Kommunikation kann daher in dem bekannten Sinn als eine Anpassungsreaktion auf eine mehr oder weniger unangenehme Situation gedeutet werden.

Mit anderen Worten: Das Verhalten, das auf der Ebene der Beziehung paradox erscheint, ist, von der individuellen Ebene aus betrachtet, in der die Motive und Denkweisen der Partner einbezogen werden, durchaus verständlich. Die Frau, die Angst hat, ihrem Mann ihre Kritik zu sagen, verfällt vielleicht auf den Ausweg, die Kritik paradox zu äußern. Damit wird eine Ablehnung, aber leider auch eine Zustimmung unmöglich, so daß ihre Angst vor offener Kritik nie durch gute Erfahrungen abnehmen kann. Wenn die Umstände schlecht sind, führt dies zu noch mehr paradoxen Manövern und zu noch mehr Ängsten, die sich bis hin zu einer «neurotischen» Beziehung steigern. Es handelt sich also wiederum um eine Anpassungsweise, die die Probleme kurzfristig und subjektiv vermindert, sie aber langfristig und objektiv nur noch vermehrt. Gerade aus der scheinbar schwächeren Position heraus kann man durch paradoxe Manöver einen erheblichen Druck auf den Partner ausüben. Allerdings ist dazu notwendig, daß dieser in irgendeiner Form an die Beziehung gebunden ist (daß er die Kommunikation nicht einfach aufgibt) und daß er die Paradoxien nicht angreift, sondern auf paradoxe Weise zustimmt.

Auch die paradoxe Zustimmung zu einem paradoxen Manöver bildet in diesem Sinn eine Anpassungsreaktion des Partners, mit der er versucht, sein «Problem» zu lösen, nämlich die Beziehung zum anderen günstig zu gestalten. Wenn sich daraus eine paradoxe Interaktion als Regelfall ergibt, kann man sogar davon sprechen, daß damit eine überindividuelle Form der Anpassung entstanden ist. Das Beziehungssystem hat sich durch die Ausbildung eines paradoxen Interaktionsmusters an die Probleme der Beziehung angepaßt. Daß es sich dabei um eine «Anpassung» handelt, unter der alle Beteiligten leiden, habe ich bereits genügend betont.

Die abstrakte und ungewohnte Darstellung paradoxer Manöver, die ich hier gegeben habe, darf auch nicht darüber hinwegtäuschen, daß es sich dabei um allgemein bekannte und vielbenutzte Verhaltensweisen handelt. In der Regel werden diese Verhaltensweisen aber «funktional» beschrieben, nämlich als Ausweichen, Verwirrung, Verstellung, Unaufrichtigkeit, Notlüge, Lüge oder Heuchelei. Bei allen diesen Begriffen geht es um die Funktion des Verhaltens, nicht um die Struktur der Beziehung, die durch sie erzeugt oder «definiert» wird. Die abstrakte Sprache war notwendig, um von dieser funktionalen, am Individuum orientierten Begriffsebene auf die Beziehungsebene übergehen zu können.

Mit diesem Übergang werden natürlich auch die ethischen Wertungen hinfällig, die mit den funktionalen Begriffen verbunden sind. Es sei hier nur festgehalten, daß paradoxe Manöver offenbar ganz verschiedene Funktionen für den einzelnen und damit auch ganz verschiedene ethische Bedeutungen haben können. Verstellung kann Notwehr und damit sehr berechtigt sein, sie kann aber auch einem häßlichen Betrug dienen. Und Heuchelei kann außerordentlich zerstörerisch sein, als gesellschaftliche Konvention ist sie aber harmlos oder sogar gelegentlich notwendig. Sobald man zur strukturellen Ebene der Betrachtung übergeht, geraten alle diese Wertungen automatisch aus dem Blickfeld, ohne daß ihre Bedeutung für den Einzelfall jedoch übersehen werden dürfte.

Die «therapeutische» Beziehung

Eine viel speziellere Fragestellung ergibt sich, wenn paradoxe Manöver in einer Beziehung eingesetzt werden, die von vornherein eine eng begrenzte Funktion hat, zum Beispiel in einer therapeutischen Beziehung. Der Therapeut stellt sich ja (explizit oder implizit) die Aufgabe, den Patienten durch einen Veränderungsprozeß zu führen, den er selbst – nicht aber der Patient – kontrolliert. Eine symmetrische oder gar eine komplementäre Beziehung ohne einseitige Kontrolle wird nicht gewünscht und wäre im Rahmen des angestrebten Therapieprozesses auch unmöglich. Dies gilt selbst dann, wenn der Therapeut etwas anderes behauptet und viel über die Mitbestimmung der Patienten redet oder gar die Ansicht verbreitet, die Patienten würden den Weg zur Heilung selbst bestimmen. Solche Versuche, die therapeutische Beziehung verbal als symmetrisch zu definieren, während der Kontext sie anders definiert, stellen lediglich eine paradoxe Botschaft dar, die es den Patienten unmöglich macht, die wirkliche Beziehung zu beeinflussen.

Damit ist nicht gesagt, daß die Therapeuten ihre partnerschaftlichen Bekundungen nicht ernst meinen. Ich möchte lediglich darauf hinweisen, daß sie trotz dieser Bekundungen gar nicht partnerschaftlich (also innerhalb einer symmetrischen oder beidseitig kontrollierten komplementären Beziehung) handeln können. Durch diesen inneren Widerspruch – nicht durch ein bewußtes Planen – wird die «Partnerschaftsparadoxie» geschaffen, die ebenfalls der Kommunikationskontrolle dient. Wenn etwas in der Therapie schiefgeht und der Patient sich beklagt, kann man ihm sagen, daß er selbst dafür verantwortlich sei, denn «wir sind nur deine Partner, und das hier ist deine eigene Therapie». Wenn der Patient aber etwas an dem Therapieprozeß ändern will, dann ist er krank, irreal oder neurotisch, und der Therapeut ist der Fachmann, so daß eine Änderung nicht in Frage kommt. Wie es sich für eine richtige paradoxe Beziehungsdefinition gehört, will der Therapeut gleichzeitig bestimmen und nicht bestimmen, so daß der Patient sich weder als Behandelter über einen Mißerfolg beklagen noch als Partner an der Behandlung mitwirken kann. Der nächste Bericht Vera Beckers wird wieder ein anschauliches Beispiel für die Wirkungsweise der «Partnerschaftsparadoxie» liefern.

In jedem Fall wird der Kommunikationsrahmen der Therapie so gewählt, daß die Kontrolle über die Beziehung beim Therapeuten liegt. Das geschieht häufig dadurch, daß die Theorie der Behandlung Begriffe bereitstellt, die paradoxe Manöver des Therapeuten begünstigen. Daher erlebt der Therapeut – der an die Theorie glaubt und seine Aufgabe akzeptiert – die einseitige Kommunikationskontrolle nicht als unbefriedigend. Auch der Patient muß nicht unbefriedigt sein, solange er die einseitige Kontrolle akzeptiert. Problematisch wird seine Situation erst dann, wenn er die Beziehung verändern (anders definieren) will, zum Beispiel wenn er Kritik anbringen oder Sorgen äußern will. Dann wirkt sich die Kontrolle der Beziehung durch den Therapeuten so aus, daß dieser jeden Veränderungsversuch blockieren kann, wie die Beispiele der «Hilf dem Helfer»-Paradoxie und der «Partnerschaftsparadoxie» zeigten.

Ein weiteres Beispiel der Kommunikationskontrolle in der Therapie – ich habe es in einem anderen Zusammenhang bereits erwähnt – möchte ich seiner besonderen Bedeutung wegen im nächsten Abschnitt ausführlich darstellen.

Die «Sei spontan»-Paradoxie

Eine der wichtigsten Paradoxien in der therapeutischen Beziehung bezeichnet Paul Watzlawick als die «Sei spontan»-Paradoxie.[17] Zum Beispiel wurde Vera Becker von ihrem Analytiker aufgefordert, gegen ihre Anfälle von Heißhunger nicht mehr anzukämpfen, sondern sie zu «akzeptieren». Diese Anweisung führt direkt in eine paradoxe Verstrickung, denn wie soll die

Patientin Eßanfälle gleichgültig durchleben, unter denen sie leidet und die sie gar nicht haben will? Allgemein bilden Anweisungen, die sich einer Vokabel wie «akzeptieren», «annehmen» oder «zulassen» bedienen, die wesentlichen Vehikel zur Einführung von Paradoxien in die Psychotherapie. Wie macht man es zum Beispiel, ein «Gefühl zuzulassen»? Diese Aufgabe wird Patienten in Primärtherapien andauernd gestellt. Aber Gefühle lassen sich nicht direkt willentlich beeinflussen, und man kann sie nicht durch eine Tür in das Bewußtsein eintreten lassen wie einen Gast, der draußen wartet. Daher entsteht für den Patienten eine in sich widersprüchliche Anweisung: Einerseits sind Gefühle und Affekte Wahrnehmungen (oder Zustände), die sich spontan aus der Umwelt und aus inneren Bedingungen heraus ergeben müssen. Der Wille hat auf sie nur einen indirekten Einfluß, indem die Umweltbedingungen, körperlichen Zustände oder Denkweisen, von denen die Affekte abhängen, durch willentliches Handeln verändert werden können. Andererseits hat die Anweisung «Lasse das Gefühl zu» oder «Geh in dieses Gefühl rein» grammatikalisch die Befehlsform, das heißt, es handelt sich um eine Anweisung, die zur Ausführung willentliches Handeln erfordert. Dieser Gegensatz, daß ein spontanes Ereignis durch absichtliches Handeln herbeigeführt werden soll, liegt jeder der unzähligen Formen der «Sei spontan»-Paradoxie zugrunde.

Es fragt sich, was für eine Wirkung eine solche Anweisung auf Adressaten ausübt oder ausüben kann. Im Prinzip fühlt sich der Patient wie jeder Empfänger einer Anweisung natürlich veranlaßt, auf sie entweder mit der gewünschten Handlung zu antworten oder die Bitte zurückzuweisen. Im Fall einer paradoxen Anweisung sind beide Möglichkeiten aber gar nicht leicht zu verwirklichen: Das Zurückweisen der Anweisung wird durch ihre paradoxe Form sehr schwierig gemacht, da sich der Therapeut wie gewohnt jeweils auf die gerade nicht attackierte Teilinformation zurückziehen kann. Sagt der Patient, daß es ihm nicht gelinge, «das Gefühl zuzulassen», so antwortet ihm der Therapeut, daß es mit Willenskraft natürlich nicht gehe und daß er aufhören solle, sich bewußt zu bemühen, dann werde das Gefühl schon kommen. Sagt der Patient aber umgekehrt, daß bei ihm kein Gefühl vorhanden sei, dann wird er aufgefordert, konzentrierter zu «arbeiten», genau in sich hineinzuhorchen und so weiter. Beklagt er sich über vergebliches Bemühen, wird das Bemühen als falsch hingestellt, beklagt er sich aber über das Ausbleiben spontaner Gefühle, wird ihm ein stärkeres Bemühen empfohlen. Die Anweisung selbst bleibt dabei außerhalb jeder Kritikmöglichkeit.

Aber auch die Ausführung der paradoxen Anweisung stößt auf Probleme, da sie dem vollen Sinn nach von vornherein unmöglich ist. Paradoxe Anweisungen können grundsätzlich nicht ausgeführt werden. Wenn der «Empfänger» nicht die Kommunikation abbricht (oder die Paradoxie aufgreift), dann bleibt ihm nur die geschilderte paradoxe Möglichkeit, den ausführbaren Teil auszuführen und dabei so zu tun, als führe er die Anweisung gar nicht aus. Er wird also zu der paradoxen Zustimmung gezwungen, die Definition des Therapeuten anzunehmen, ohne sie offen anzunehmen. Im Fall der «Sei spontan»-Paradoxie führt dies zu der «Lösung», ein spontanes Eintreten des geforderten Zustands entweder sich selbst oder nur dem Therapeuten vorzutäuschen. Erhält der Patient die Anweisung, «Gefühle zu haben», täuscht er nicht nur den Therapeuten, sondern auch sich selbst, weil er an die Existenz der unbewußten «alten» Gefühle glaubt und es darum plausibel findet, daß man sie bewußt machen kann. Er tut alles, um die Gefühle, die eigentlich spontan auftreten sollten, durch die verschiedensten Manipulationen zu erzeugen. Die Methoden, mit denen der Therapeut beim Patienten oder der Patient bei sich selbst intensive Affekte hervorruft, werden dabei ganz von selbst in Techniken umgedeutet, die darauf zielen, Kindheitsemotionen «herauszuholen». Und die «Sei spontan»-Paradoxie sorgt dafür, daß der Patient es nicht (oder nur sehr unklar) wahrnimmt, daß er die scheinbar spontanen Affekte durch entsprechende Phantasien hervorbringt und durch ganz bestimmte Methoden verstärkt.

Der entscheidende Punkt bei diesem Vorgang ist, daß der Patient lernt, Primärerlebnisse zu haben, ohne daß er den Lernvorgang überhaupt bemerkt. Durch die paradoxe Form der Anweisung wird verhindert, daß die Abläufe je Gegenstand kritischer Reflexion oder eigener Entscheidung werden. Würde man von einem «Primärpatienten» offen verlangen, eine Emotion durch intensive Phantasien und durch ein möglichst starkes Ausdrucksverhalten hervorzubringen und zu verstärken und sich dann als Reaktion auf den erzeugten Zustand wie ein Kind zu benehmen, würde wohl mancher Patient stutzig werden und am Sinn einer solchen Maßnahme zweifeln. Er wird aber gar nicht in dieser Weise aufgefordert, sondern soll ein Gefühl «fühlen» oder «in es hineingehen», und wenn er genug Hoffnung auf die Therapie setzt, genug Nachgiebigkeit hat und an die Theorie der Therapie glaubt, so können seine Anstrengungen nur in einem Lernprozeß enden, den er gar nicht als solchen erkennt.

Aus diesem Beispiel lassen sich wichtige allgemeine Schlüsse ziehen: Eine sogenannte therapeutische Beziehung kommt in aller Regel nur zustande, wenn ganz bestimmte Bedingungen erfüllt sind. Vor allem muß sichergestellt werden, daß der Patient hinreichend durch Hoffnung oder Angst an den Therapeuten oder mindestens an die therapeutische Institution gebunden und daß er bereit ist, auf Anweisungen zu reagieren. Dabei ist es gleichgültig, ob er zu Anfang rebelliert oder sich fügt, aber er muß sich in irgendeiner Form durch die Anweisungen beeinflussen lassen. Weder Patienten, die keine hinreichend starke Bindung eingehen, noch Patienten, die sich nicht um die Anweisungen des Therapeuten kümmern, können so manipuliert werden, daß der therapeutische Prozeß eintritt. Aber ein Patient, der seine Hoffnung auf die Therapie setzt und der davon überzeugt würde, daß es zu seinem eigenen Besten sei, dem Rat des Fachmanns zu folgen, ist den paradoxen Manövern des Therapeuten nahezu ohne eigene Kontrollmöglichkeit ausgeliefert.

Er wird in ein paradoxes Interaktionsmuster verwickelt, über das der Therapeut (oder die Therapie) Veränderungen bei ihm bewirkt, die er weder verstehen noch kontrollieren kann.

Aber auch der Therapeut ist in gewissem Sinn in dem paradoxen Interaktionsmuster gefangen, da er ebenfalls an die im Hintergrund stehende Theorie glaubt (aus der die paradox interpretierten Begriffe stammen). Seine Rolle ist lediglich so vorgegeben, daß nicht er, sondern der Patient sich verändern muß. Allerdings gilt dies nur, solange er die einseitige (direktive) Kontrolle über die Beziehung behält. Gelegentlich führen die Manöver des Patienten dazu, daß sich der Therapeut in Konflikte verwickelt, die er nicht vorgesehen hat und die im Sinn der Kommunikationstheorie vom Patienten kontrolliert werden. Jeder offene Konflikt hat symmetrische Züge und entspricht nicht mehr der einseitig kontrollierten komplementären Beziehung, die der Therapeut anstrebt. Im nächsten Teil wird Vera Becker von einer solchen Erfahrung berichten. Hier sei lediglich vorweggenommen, daß die Therapie in einem solchen Fall auch aus der Sicht derjenigen Therapeuten gescheitert ist, die den Therapieprozeß auf alle Fälle aufrechterhalten wollen. (Aus einer übergeordneten Sicht ist eine Therapie natürlich bereits dann gescheitert, wenn sie nicht innerhalb eines überschaubaren Zeitraums zu einer deutlichen Verbesserung führt.)

Bevor ich jedoch den Therapieprozeß als Ganzes weiter betrachte, will ich ein zweites Beispiel für ein paradoxes Manöver anführen, das in einer «therapeutischen» Beziehung ebenso wie im Alltag häufig vorkommt.

Scheinwahlen in der Kommunikation

Die Paradoxie, die ich in diesem Abschnitt darstellen möchte, wurde von Paul Watzlawick die «Illusion der Alternativen» genannt.[17] Einer typischen Illusion der Alternativen bedient sich der Primärtherapeut Vera Beckers, als sie ihn wegen ihrer Zweifel anspricht, ob es für sie nicht zu gefährlich sei, Primärgefühle zu erleben. Sie geht bei ihrer Frage von der Alternative aus, daß die Primärtherapie für sie entweder gut oder schlecht sein könnte, und sie will diese Alternative mit ihrem Therapeuten diskutieren. Damit macht sie, kommunikationstheoretisch betrachtet, den Versuch, die komplementäre und einseitig kontrollierte Beziehung zum Therapeuten umzudefinieren. Sie will zumindest an einem Punkt eine symmetrische Beziehung haben, die eine Diskussion unter gleichgestellten Partnern ermöglicht, und sie will auch eine gleichberechtigte Kontrolle über die inhaltliche Definition (sie will nämlich das Diskussionsthema mitbestimmen). Für ihren Umdefinierungsversuch hat sie sehr gute Gründe, denn schließlich geht es in der Therapie um ihr Geld und um ihre Gesundheit. Es wird den Leser, der mit der Art der Beziehung zwischen Patient und Therapeut in einer solchen Behandlung inzwischen vertraut geworden ist, nicht überraschen, daß es Vera Becker trotzdem nicht gelingt, ihre eigentliche Frage überhaupt zu diskutieren. Der Therapeut antwortet ihr, daß sie selbstverständlich die Wahl habe, entweder ihren «Schmerz» zu fühlen oder ihre «alten Spiele weiterzuspielen».

Von den Alternativen, die Vera Becker im Auge hatte, bleibt nur eine einzige übrig: Selbstverständlich sind Primärerlebnisse gut für sie. Die Möglichkeit, Primärtherapie könnte irgend jemandem nicht helfen, kommt im Weltbild des Therapeuten gar nicht vor. Daß ihre Frage damit im Sinn des Therapeuten entschieden ist, gibt dieser aber nicht offen zu, denn daraus hätte sich ja ein Disput über das primärtherapeutische Weltbild entwickeln können. Der Therapeut verhindert eine solche symmetrische Definition, indem er innerhalb der einen Seite der ursprünglichen Alternative eine neue, scheinbare Alternative konstruiert: Daß die Patientin entweder Primärgefühle haben oder auf sie verzichten kann, bildet unbestreitbar eine Alternative für sie, nur nicht diejenige, um die es ihr geht. Die Frage, ob sie «alte Spiele spielen» oder Primärerlebnisse haben will, ist ihr gegenüber so sinnvoll wie die Frage an einen Magenkranken, ob er seine Wurst mit oder ohne Zwiebeln wolle, nachdem der gefragt hat, ob ihm überhaupt eine Wurst zuträglich sei. Die Frage des Magenkranken wird dadurch ebenso auf paradoxe Weise umgangen wie diejenige der Patientin, die wissen will, ob ihr die Primärtherapie überhaupt hilft, nicht, ob dieses oder jenes Verhalten in der Therapie besser wäre. Aber der Therapeut fährt penetrant und unaufhaltsam fort, ihr zu Wurst ohne Zwiebeln zu raten und vor den Gefahren der Zwiebeln zu warnen, während sie nach den Gefahren der Wurst fragt.

Im Fall der «Illusion der Alternativen» liegt der innere Widerspruch der Gesamtinformation nicht im Inhalt der Aussage, die als solche klar und sinnvoll ist. Aus der Sicht des Therapeuten bildet es keine Scheinalternative, entweder Primärerlebnisse zu haben oder «neurotisch» zu agieren. Der innere Widerspruch tritt auf, weil diese Aussage ihrer Form und ihrem Kontext nach eine Antwort auf die Frage Vera Beckers bildet, aber gleichzeitig die Frage in eine andere umdeutet. Auf der Ebene des Kontexts der Information wird die Aussage als Antwort auf die Frage Vera Beckers erklärt, während der Inhalt der Aussage zeigt, daß sie eben keine Antwort bildet. Wie im Fall der «Hilf dem Helfer»-Paradoxie beruht die Verwirrung auf einer unzulässigen Klassenbildung: Nach dem Kontext zu urteilen, gehört die Aussage in die Klasse «Antworten auf die Frage Vera Beckers». Ihr Inhalt zeigt jedoch, daß sie in eine andere Klasse gehört, und damit ist die Paradoxie perfekt. Solange die Patientin diese Paradoxie nicht angreift, kann sie die Kontrolle des Therapeuten über die Beziehung nicht verhindern. Fährt sie mit Fragen fort, spielt sie nach seiner Deutung alte Spiele, und hat sie Primärerlebnisse, tut sie ebenfalls, was er sagt. Die Patientin hat nur zwei Möglichkeiten zur Auswahl, die beide die Interpretation des Therapeuten stützen. Die wirkliche Alternative, nämlich daß die Zweifel an der Therapie eine reale Grundlage haben könnten, ist aus der Kommunikation ausgeschlossen.

So verzwickt sich diese theoretische Analyse ausnimmt, so einfach ist es, die Illusion der Alternativen in der Praxis aufzugreifen und die Beziehung damit symmetrisch zu machen. Man braucht nur ausdauernd genug zu erklären, daß man beide Alternativen nicht will oder (wenn es um Interpretationen geht) daß beide falsch sind. Wenn es Vera Becker in unserem Beispiel gelungen wäre, den Standpunkt zu behaupten, daß ihr eigentliches Ziel nicht im Erleben von Primärgefühlen und auch nicht im «Spielen alter Spiele» bestehe, sondern in Heilung, dann hätte sie damit die Illusion der Alternativen zerstört. Allerdings hätte dies natürlich noch lange nicht eine Klärung ihrer Frage zur Folge gehabt, denn der Therapeut wäre sicherlich in eine andere Paradoxie oder in den Abbruch des Gesprächs geflüchtet.

Ich erinnere an die Regel: Es ist immer möglich, einen Versuch, die Kommunikation durch paradoxe Botschaften zu kontrollieren, durch entsprechende Reaktionen zu vereiteln. Dadurch läßt sich eine symmetrische Beziehung herstellen, auch wenn diese im schlimmsten Fall nur in einem symmetrischen Konflikt besteht. Es ist jedoch nicht möglich, eine offene Klärung der Beziehungsprobleme und damit eine echte Verbesserung zu erzwingen. Verständnis und gegenseitiger guter Wille können weder über die paradoxe Kontrolle der Kommunikation noch durch offenen Konflikt erreicht werden.

Aber selbst die Blockade eines paradoxen Manövers ist für eine Patientin in ihrer abhängigen Lage sehr schwer, wenn nicht unmöglich. Es bleibt ihr fast nur eines: dem Therapeuten die Kontrolle zu überlassen und auf ihre Frage zu verzichten. Der Therapeut setzt sich durch, solange die Therapie überhaupt weitergeht, und damit läuft ein Veränderungsprozeß ab, den die Patientin nicht überblicken kann und nicht überprüfen darf.

Das Konfusionsprinzip

Die Gesetzmäßigkeit, daß der Partner, der die Beziehung kontrolliert, beim anderen über eine paradoxe Interaktion Veränderungsprozesse in Gang setzen kann, die dieser nicht klar zu erkennen und bewußt zu prüfen vermag, hat einen viel weiteren Hintergrund in den Verhaltenswissenschaften, als ich hier geschildert habe. Eine paradoxe Anweisung versetzt den Empfänger in einen inneren Konflikt, da man sie grundsätzlich weder ausführen noch ablehnen kann. Der Konflikt ist um so intensiver, je mehr der Empfänger wünscht, auf die Anweisung zu reagieren – zum Beispiel, weil er glaubt, davon hinge der Erfolg seiner Therapie ab. Die Reaktion muß dann selbst eine paradoxe Form haben, das heißt, der Konflikt erzwingt eine Zustimmung, die als Ablehnung bezeichnet wird, oder eine Ablehnung, die gleichzeitig Zustimmung ist. In jedem Fall muß die bewußte Erkenntnis der dabei entstehenden Widersprüche (oder das unbehagliche Gefühl, das jeder Widerspruch hervorruft) so gut wie möglich mißachtet werden. Das bedeutet, daß jede paradoxe Anweisung (wird sie nicht ignoriert oder als Paradoxie aufgegriffen) eine Art von willentlicher Konfusion erzeugt, eine Trennung des eigentlichen Fühlens und Denkens von dem tatsächlich gezeigten Verhalten. Während die Paradoxie also auf der Ebene der Beziehungsstruktur zum Verlust der Kontrolle über die Beziehung führt, hat sie, betrachtet man ihre Wirkung auf das Individuum (ihre Funktion), Konfusion und eine gestörte Wahrnehmung der eigenen Gefühle, Ziele und Handlungsgründe zur Folge. Dieselbe Konfusion entsteht im übrigen auch beim kontrollierenden Partner, es sei denn, dieser durchschaut das paradoxe Manöver und setzt es bewußt ein, obwohl er sich über seine Widersprüchlichkeit im klaren ist. Ein solches Manöver dürfte aber außerhalb von Psychotherapien kaum vorkommen.

In jedem anderen Fall geht der sonst bestehende Zusammenhang zwischen den eigenen Motiven und dem gezeigten Verhalten mehr oder weniger stark verloren, so daß auch die Kritik- und Entscheidungsfähigkeit abnimmt. Im Prinzip handelt es sich bei der von der Paradoxie induzierten Konfusion um eine «Anpassungsreaktion». Das Problem, in einer Situation der Willigkeit und Abhängigkeit einer paradoxen Anweisung folgen zu müssen, wird durch eine ebenso paradoxe Selbstsuggestion kurzfristig gelöst. Auch der kontrollierende Partner löst das Problem, eine Anweisung zugleich geben und nicht geben zu wollen, durch eine Art von Selbsttäuschung. Langfristig erweisen sich diese Lösungen wie so oft als Quelle neuer und noch viel schwererer Probleme. Allerdings muß folgendes beachtet werden: Zwar läßt sich die Funktion der Beziehungskontrolle durch paradoxe Interaktionen auf eine allgemeine Art so formulieren, aber die Folgen im Einzelfall hängen weitgehend von den Veränderungen ab, die in der Beziehung im einzelnen durchgesetzt werden. Im Fall des «Erlernens» von Primärerlebnissen ergibt sich langfristig eine starke Umorientierung der Gefühls- und Gedankenwelt des Patienten, die das kurzfristige Ergebnis (Primärerlebnisse zu haben) verstärkt fortsetzt und zu immer mehr Primärerlebnissen führt. Aber auch dieses Ergebnis hängt davon ab, wie stark der einzelne Patient sich weltanschaulich an Janov orientiert.

Wenn sich dagegen zwei Leute damit beschäftigen, im Rahmen ihrer Beziehung konventionelle «Es macht mir gar nichts»-Paradoxien zu benutzen, besteht die langfristige Wirkung nur darin, daß ihre Beziehung auf einem oberflächlichen, angespannten Niveau festgehalten wird. Nahezu jeder Mensch nimmt wohl zumindest an einigen Beziehungen teil, die er aus irgendeinem Grund nicht echter und tiefer gestalten kann oder will. Nur derjenige, der gar keine andere Ebene der Interaktionen mehr wählen kann, erleidet auch durch solche «einfachen» sozialen Manöver einen echten Verlust. In aller Regel lassen sich die komplexen geschichtlichen Entwicklungen einer Beziehung nicht vorhersagen. Die unmittelbaren Auswirkungen paradoxer Anweisungen in der Kommunikation sind dagegen trotz ihrer verwirrenden Natur noch relativ leicht zu überschauen.

Es sei hier nur erwähnt, daß es eine ganze Reihe von psychologischen Methoden gibt, den eigenen Willen und die bewußte Entscheidung eines Menschen in einer Beziehung zu umgehen, die alle auf dem genannten Konfusionsprinzip beruhen.[43] Auch die Hypnose funktioniert in einer ähnlichen Weise, und die hypnotische Trance kann als ein Zustand der besonders weitgehenden «Konfusion» in diesem Sinn verstanden werden. In tiefenpsychologischen Behandlungen kommt es zwar nicht gerade zur Trance (zumindest nicht im üblichen Sinn), aber trotzdem lebt die therapeutische Beziehung weitgehend von den paradoxen Anweisungen des Therapeuten, die das Verhalten des Patienten lenken. Dabei nimmt zwar die «Sei spontan»-Paradoxie einen besonderen Raum ein, bildet aber keineswegs die einzige Form paradoxer Anweisungen. Die «Hilf dem Helfer»-Paradoxie habe ich ebenso wie die «Illusion der Alternativen» und die «Partnerschaftsparadoxie» erwähnt (erstere kann übrigens auch als eine Sonderform der «Sei spontan»-Paradoxie verstanden werden).

Bei der Darstellung all dieser Kommunikationsformen und der durch sie geprägten verwirrenden Beziehungen könnte manch ein Leser zu dem Urteil gekommen sein, die sogenannten therapeutischen Beziehungen seien im Vergleich zum sozialen Alltag ein wahrer Irrgarten von Täuschung und Doppeldeutigkeit. Dieses Urteil wäre jedoch nur zum Teil richtig, denn wie erwähnt spielen paradoxe Manöver im Alltag eine erhebliche Rolle. Sie wirken sich jedoch so lange nicht ernsthaft aus, wie die Beziehungen flüchtig und konventionell sind, so daß die Kontrollversuche durch einen Beziehungsabbruch beendet werden können. Langdauernde und intensive persönliche Beziehungen, die auf paradoxen Interaktionen beruhen, haben immer pathologischen Charakter. Auch hierzu will ich zum Abschluß dieses Kapitels, bevor ich im nächsten Kapitel die «therapeutische» Beziehung wieder aufgreife, ein Beispiel geben.

Die Alltäglichkeit der Paradoxien

Die «Sei spontan»-Paradoxie, die in psychotherapeutischen Interaktionen eine große Rolle spielt, steht auch hinter zahlreichen Verhaltens- und Beziehungsstörungen, hinter Erziehungsproblemen und Konflikten im Alltag. In Liebesbeziehungen, etwa in einer Ehe, kann diese Paradoxie zum Beispiel die folgende Form annehmen: Die Ehefrau fragt ihren Mann, ob er mit ihr einkaufen gehen wolle. Der Mann hat nur wenig Lust, ist aber aus Gutmütigkeit dazu bereit. Das genügt der Frau aber nicht. Sie stellt eine weitere Bedingung: «Du mußt aber wirklich wollen, sonst gehe ich lieber alleine.» (Man beachte, daß «wollen» hier nicht für eine Willensentscheidung, sondern für ein Gefühl des Wohlgefallens steht, das nicht einfach erzeugt werden kann.) Nun ist der Mann in einer paradoxen Anweisung gefangen, auf die er (innerhalb der Paradoxie) nur dadurch reagieren kann, daß er seiner Frau wahrheitswidrig versichert, er ginge sehr gerne mit ihr einkaufen. Er täuscht den spontan auftretenden Zustand, der gefordert wird, seiner Frau gegenüber vor, und er glaubt möglicherweise selbst halbwegs an seine Aussage. Für die Frau hat diese Interaktion die Funktion, daß sie ihre Angst vor dem Unwillen des Mannes beschwichtigt, da er in dieser Situation Unwillen nicht als «passend» definieren kann. Für den Mann ergibt sich die Wirkung, daß er einen offenen Konflikt vermeidet. Beide Seiten erleben dazuhin die oben genannte (in diesem Fall eher milde) Selbsttäuschung über die eigenen Motive und Absichten. Zwar geht ihre Selbstsuggestion in diesem Fall sicher nicht so weit wie die eines Patienten in Primärtherapie, aber gewisse Auswirkungen hat das «Konfusionsprinzip» auch in einem solchen Fall.

Die ganze Interaktion hat prinzipiell eine pathogene Struktur, auch wenn man (ist die Beziehung sonst anders gestaltet) sicherlich nicht von einer Pathologie im eigentlichen Sinn sprechen kann. Ein ähnliches Resultat ist immer zu erwarten, wenn die Paradoxie nicht selbst aufgegriffen oder wenn die Kommunikation ganz abgebrochen wird. Zum Beispiel hätte der Mann die Paradoxie mit der Erklärung aufgreifen können, daß er mitgehe, um seiner Frau einen Gefallen zu erweisen, obwohl ihm Einkaufen nicht viel bedeute. Er hätte fragen können, ob ihr das nicht ausreiche, da er mehr nicht zu bieten habe. Er hätte (bei einigem Geschick und Einfühlungsvermögen) sogar mit Recht darauf hinweisen können, daß es ein größerer Beweis seiner Zuneigung sei, wenn er seiner Frau zuliebe mitgehe, als wenn er selbst den Wunsch hätte, sie zu begleiten. Aber solange die Paradoxie nicht auf eine solche Weise behandelt wird, gibt es keine Möglichkeit einer echten Auseinandersetzung mehr.

Es sei dem Leser überlassen, auch für die «Partnerschaftsparadoxie» und für die «Illusion der Alternativen» Beispiele im Alltag aufzufinden. Beides dürfte nicht allzu schwer fallen. Auch die «Hilf dem Helfer»-Paradoxie kommt im Alltag vor, ist aber weniger leicht zu identifizieren. Ich empfehle die Klassenzimmer und Sprechzimmer von Schulen als ein erfolgversprechendes Jagdrevier. Für die Analyse der Therapieprozesse, die Vera Becker miterlebte, sind diese alltäglichen paradoxen Manöver weniger interessant. Ich habe sie hier vor allem geschildert, um die Besonderheiten der «therapeutischen» Beziehungen in der richtigen Weise herauszuarbeiten.

Therapeutische Beziehungen stehen unter anderen Gesetzen als alltägliche Beziehungen. Für sie gelten andere Normen, und es werden andere Ziele angestrebt. Das dritte und letzte Kapitel dieses Teils wird sich auf der Grundlage der nun erarbeiteten Vorstellungen ausschließlich mit den therapeutischen Beziehungen befassen.

Die therapeutische Beziehung

Kontrolle ist unvermeidlich

Die Beziehung zwischen Patient und Therapeut ist wie jede Beziehung zwischen Hilfsbedürftigem und Helfer eine komplementäre Beziehung, in der der Therapeut die überlegene und der Patient die unterlegene Rolle einnimmt. Diese Art der Beziehung wird von beiden Seiten bereits dadurch akzeptiert oder «definiert», daß der Patient um Hilfe oder Rat bittet und der Therapeut bereit ist, zu helfen oder Rat zu geben. Wenn man will, kann man dieser beiderseitigen Übereinstimmung wegen von einer «Meta-Komplementarität» der Beziehung sprechen, da die Definition als Helferbeziehung in gewissem Sinn vom Patienten kontrolliert wird, der den Therapeuten aufsucht.

Eine selbstverständliche Folge des komplementären Rahmens der Beziehung besteht darin, daß der Therapeut eine Reihe von Einzelinteraktionen innerhalb der Beziehung gestalten oder «definieren» kann und soll. Alle Interaktionen, durch die er den Patienten hilfreich beeinflussen will, müssen unter seiner Kontrolle und nicht unter der des Patienten stehen. Auch diese Bedingung gesteht der Patient ihm grundsätzlich zu, da er sonst kaum hoffen könnte, daß die Behandlung etwas an seinen Problemen ändert. Die Schwierigkeit des Therapeuten besteht darin, daß der Patient gerade dort, wo seine Probleme in der Beziehung deutlich werden, die Definitionen des Therapeuten nicht anerkennt und ihm die Kontrolle doch nicht zugesteht. Diese Weigerung kann offen oder auf doppeldeutige Weise erfolgen. Eine offene Weigerung liegt zum Beispiel dann vor, wenn der Patient wesentliche Informationen zurückhält, das eigentliche Problem gar nicht nennt und so weiter. Man beachte, daß die Weigerung nicht offen im funktionellen Sinn ist; der Therapeut wird nicht unbedingt über sie informiert. Sie ist offen im Sinne einer direkten Beziehungskontrolle von seiten des Patienten. Der Patient will über eine bestimmte Sache nicht sprechen und spricht nicht über sie. Er kann sich aber auch «paradox» weigern, indem er zum Beispiel andeutet, daß die Sache wichtig sei, er aber darüber nicht sprechen könne. Dann weigert er sich und weigert sich doch nicht, denn eine solche Aussage im Kontext einer Psychotherapie zu machen bedeutet natürlich, die betreffende Frage aufzuwerfen. Wie immer führt dieses paradoxe Manöver dazu, daß die Kontrolle über die Beziehungsdefinition an diesem Punkt beim Patienten bleibt, solange der Therapeut die Paradoxie nicht irgendwie aufgreift (was er in diesem Fall ohne weiteres tun kann).

Die doppeldeutige (nämlich durch den Kontext verneinte) Weigerung, in der Therapie über ein wichtiges Problem zu sprechen, bildet nur ein Beispiel dafür, wie sich der Patient oft in der Lage befindet, daß er Hilfe sucht und gleichzeitig verhindert. Ein solches Verhalten hat auch nichts Verwerfliches an sich, sondern ist aus der Situation des Patienten heraus ohne weiteres verständlich: Der Patient will Verhaltensweisen und Situationen verändern, unter denen er leidet, aber er will sich nicht unbedingt selbst in der nötigen Weise verändern, er glaubt, dies nicht zu können, oder er kann es tatsächlich nicht. Man beachte, daß es auch zu einer paradoxen Kommunikation führen würde, wenn der Patient eines organischen Symptoms wegen zum Psychotherapeuten ginge, das weder er noch der Therapeut verändern können. In diesem Fall muß der Therapeut die Lage erkennen und die Paradoxie auflösen, indem er den Patienten zu einem Internisten oder Chirurgen schickt. Bei «echten» psychologischen Symptomen, die der Patient als unwillkürlich erlebt, kann er subjektiv ebenfalls nichts ändern, und damit ist die paradoxe Beziehung vorgegeben. Die Kunst des Psychotherapeuten besteht dann darin, mit dem Instrument der Beziehungskontrolle einen psychischen Zustand zu erreichen, in dem der Patient das unwillkürliche Symptom direkt oder indirekt doch beeinflußt – oft, ohne es zu bemerken.

Wenn der Patient zum Beispiel zwanghaft Körperkontakt vermeiden muß oder wenn er an einer Spinnenphobie leidet und deshalb zum Therapeuten kommt, dann hat der Therapeut über diese Symptome keine Kontrolle, obwohl er ja gerade auf sie einwirken will. Mit anderen Worten: Er kann die Beziehung nicht so definieren, daß Körperkontakt mit ihm (zum Beispiel ein kräftiger Händedruck beim Abschied) vorkommen kann oder daß Angst vor Spinnen ausgeschlossen ist. Die Kontrolle liegt hier völlig beim Patienten oder – wenn man es als unwillkürlich betrachtet – eigentlich bei seinem Symptom. Dieser Zustand läßt sich durch einen direkten Kontrollanspruch auch nicht ändern, denn der Patient empfindet seine Symptome ja als unwillkürlich und von ihm nicht steuerbar. Gerade dadurch gibt er ja, formal betrachtet, eine paradoxe Definition der Beziehung. Zum Beispiel vermeidet der Patient den Körperkontakt auch dem Therapeuten gegenüber. Aber gleichzeitig macht er deutlich, daß er dies nicht selbst tut, sondern daß es ihm irgendwie «geschieht». Obwohl er seine Vermeidungshandlungen unzweifelhaft selbst durchführt und sogar beim Partner durchsetzt, kann er irgendwie nicht anders handeln. Die Beziehung zwischen Patient und Therapeut wird an diesem Punkt von dem Symptom gestaltet, obwohl Patient und Therapeut eigentlich eine andere Form anstreben. Daher liegt die Kontrolle der Beziehung am entscheidenden Punkt beim Symptom, das abstrakt betrachtet natürlich Teil des Patienten ist, das dieser aber im Fall einer Neurose (nicht im Fall einer Psychose) meist als persönlichkeitsfremd erlebt.

Symptome als Paradoxien

In allen Fällen symptomatischen oder sonstwie unwillkürlichen Verhaltens kann der Therapeut die Definition einer hilfreichen Interaktion also nicht direkt geben. Er kann nur dann über eine direkte «Definition» auf das Problem des Patienten einwirken, wenn dieser zugesteht, daß er sein Problem willentlich beeinflussen könne und nur über die Richtung der Änderung unsicher sei. In dieser Situation kann der Therapeut einen Rat im engsten Sinn dieses Wortes geben: Er kann nämlich einen Vorschlag für eine Änderung machen und es dem Patienten anheimstellen, den Vorschlag auszuführen. Wenn dieser den Vorschlag befolgt, erkennt er damit die Kontrolle des Therapeuten über diesen Aspekt ihrer Beziehung an. Erstaunlicherweise ist diese Situation gar nicht so selten, wie die Therapeuten der tiefenpsychologischen, nondirektiven Schulen anzunehmen scheinen. Die Konstellation des «Ratgebens» entgeht lediglich ihrer Aufmerksamkeit, da sie sich in aller Regel nicht darum bemühen, das Leiden des Patienten auf einzelne, konkrete Probleme seines Alltags zurückzuführen und diese Probleme dann zum Gegenstand von Lösungsversuchen zu machen. Wenn man davon ausgeht, daß alle «eigentlichen» Probleme in der unbewußten psychischen Struktur des Patienten liegen und daß es notwendig ist, dort anzusetzen, geraten mögliche willentliche Änderungen von seiten des Patienten von vornherein aus dem Blickfeld.

Der Therapeut steht aber, wie gesagt, häufig vor der Schwierigkeit, daß der Patient von ihm eine Veränderung seiner Situation erwartet, aber Interaktionen unterbindet, die eine Veränderung bewirken könnten. Auch dann muß der Therapeut eine Definition hilfreicher Interaktionen geben und durchsetzen, aber er muß Definitionen wählen, die der Patient nicht verhindert oder verhindern kann. Im Fall der Spinnenphobie wird die «Unwillkürlichkeit» der Angstreaktion beim Anblick von Spinnen zum Beispiel dadurch ihrer Kontrollwirkung beraubt, daß ein Verhaltenstherapeut dem Patienten eine Desensibilisierung vorschlägt. Das heißt, er definiert die therapeutische Sitzung so, daß sie gewisse Übungen umfaßt, die der Patient unter seiner Anleitung machen muß. Diese Übungen haben nicht direkt die Form der Anweisung, vor Spinnen keine Angst mehr zu haben, und so kann sich der Patient auch schlecht weigern, daran mitzuwirken. Dadurch kann der Therapeut einen Veränderungsprozeß in Gang setzen, der ohne seine Kontrolle über die Beziehung nicht hätte stattfinden können. Auf der Ebene der Beziehungsstruktur erreicht der Therapeut dies einfach dadurch, daß er die therapeutische Beziehung nicht als eine solche definiert, in der er Rat gibt und der Patient den Rat befolgt, sondern als eine solche, in der gewisse Übungen stattfinden. Indem die Willkürlichkeit oder Unwillkürlichkeit der Angst ganz außer acht gelassen wird, wird die Kontrolle des Symptoms über die Beziehung unterlaufen.

Aber in jedem Fall beansprucht der Therapeut, die Definition irgendeiner Art von Interaktion geben zu können, und er teilt dies offen mit. Der Patient wiederum hat die Wahl, ihm diese Kontrolle zuzugestehen oder sie abzulehnen. Wenn er sie ablehnt, riskiert er allerdings, daß der Therapeut die Beziehung abbricht, da er die (durch die Ablehnung vom Patienten gegebene) symmetrische Definition der Beziehung für unvereinbar mit seiner Helferrolle hält. Beide Seiten wissen stets, woran sie miteinander sind, da alle Definitionen offen gegeben und auch offen bestritten werden können.

Klarheit bedeutet nicht Erklären

Die Unzweideutigkeit der Interaktion hat übrigens nichts damit zu tun, daß der Therapeut seine Maßnahmen erklären müßte. Die beiderseitige Klarheit wird dadurch geschaffen, daß der Therapeut gewisse Verhaltensweisen oder Veränderungen verlangt und zusichert, sie könnten hilfreich sein. Klarheit besteht also über die Definition der Beziehung, über ihre Struktur, nicht über ihre momentane Funktion oder Auswirkung auf den Patienten. Auch ein Arzt, der eine Grippe behandelt, erklärt dem Patienten die Wirkungsweise des Medikaments nicht (sofern er sie überhaupt kennt), sondern er verlangt Vertrauen in seine Fachkenntnisse. Der Patient weiß trotzdem genau, woran er ist, und macht den Arzt folglich auch verantwortlich, wenn sich das Medikament als schädlich erweist.

Auch der Psychotherapeut muß nicht erklären, warum er bestimmte Dinge vorschlägt oder fordert. Manchmal sind funktionelle Erklärungen angebracht, aber manchmal würde eine Erklärung auch den Zweck der Intervention zunichte machen, zum Beispiel, wenn es darauf ankommt, eine unerwartete Erfahrung zu ermöglichen. Aber der Therapeut muß, solange die Beziehungsdefinition offen und klar ausgehandelt werden soll, auch klar sagen, daß er etwas vorschlägt oder fordert und daß er die Verantwortung für die Folgen übernimmt. Er kann den Patienten manipulieren, aber er muß deutlich machen, daß er manipulieren will, und er muß in verständlicher Form versichern, daß er die Manipulation für nötig und hilfreich hält. Wenn die Kontrolle auf diese Weise ausgeübt wird, unterscheidet sich die therapeutische Beziehung in keiner Weise von anderen Beziehungen, in der eine Seite lehrt und die andere lernt oder eine Seite hilft und der anderen geholfen wird. Ich vertrete die Ansicht, daß nur eine solche therapeutische Beziehung nützlich und gerechtfertigt ist. Die Gründe hierfür werden, wie ich hoffe, in diesem Buch noch deutlich werden. Die therapeutische Beziehung in einer Psychoanalyse oder in der Primärtherapie ist aber von einer anderen Art, die im Alltag selten oder gar nicht vorkommen kann.

Die Grundparadoxie

Psychoanalyse und Primärtherapie und mit ihnen praktisch alle anderen tiefenpsychologischen Therapien, die traumatheoretisch orientiert sind, gehen von einer nichtdirektiven oder «nondirektiven» Definition der therapeutischen Beziehung aus. Die oben noch als selbstverständlich dargestellte Tatsache, daß die Rollen in dieser Beziehung komplementär sein müssen und daß der Therapeut die Definition der hilfreichen Maßnahmen zu geben hat, wird von ihnen bestritten. Auch die humanistischen Therapien, voran die ausdrücklich «nichtdirektiv» genannte Gesprächstherapie nach Carl Rogers, teilen die «nondirektive» Beziehungsdefinition mit der Tiefenpsychologie. In diesen Schulen weigert sich der Therapeut, konkrete Anweisungen oder Ratschläge zu geben oder auf entsprechende Fragen des Patienten zu antworten. Statt dessen beschäftigen sich beide Seiten mit den «Übertragungen» oder den «alten Gefühlen» des Patienten, also mit Phänomenen, die erst in der Therapie hervorgerufen werden. Generell wird in allen Fällen darauf bestanden, daß innerhalb des von der Theorie vorgegebenen Rahmens die Initiative beim Patienten liegt und er Art und Inhalt der Interaktionen definiert. Er soll in der Psychoanalyse in der freien Assoziation spontane, nur von seinem eigenen Zustand bestimmte Äußerungen machen, oder er soll (in der Primärtherapie) seine eigenen Gefühle fühlen. Es liegt nach dieser Definition ganz an ihm, was in der Therapie im einzelnen geschieht. Trotzdem sorgt der Therapeut (und der Rahmen der Therapie) dafür, daß genau das geschieht, was die Theorie vorsieht. Wie kommt dieses Ergebnis zustande?

Wenn es zutrifft, daß die Beziehung zwischen Patient und Therapeut notwendig im selben Sinn komplementär sein muß, wie jede Beziehung zwischen Hilfesuchendem und Helfer komplementär ist, dann führt die «nichtdirektive» Definition der therapeutischen Beziehung zu einer Paradoxie: Der Therapeut übernimmt ausdrücklich die Aufgabe, dem Patienten zu helfen, leugnet aber ab, daß er ihn beeinflussen wolle. Milder formuliert: Der Therapeut geht davon aus, daß der Rahmen der Therapie dafür sorgt, daß die hilfreichen Interaktionen oder Erfahrungen zur richtigen Zeit spontan vorkommen werden. Er selbst braucht das Verhalten des Patienten über den Therapierahmen hinaus nicht zu beeinflussen.

Diese mildere Formulierung der paradoxen Therapiedefinition ist jedoch nicht weniger paradox als die schärfere Form. Die Paradoxie entsteht deshalb, weil es (wie im letzten Kapitel geschildert) unmöglich ist, eine Beziehung nicht zu kontrollieren und den Partner nicht zu beeinflussen, ganz besonders dann nicht, wenn die Beziehung von vornherein als komplementär definiert wird und man selbst die überlegene Rolle einnimmt. Der Analytiker kann gar nicht «abstinent» bleiben, und der Gesprächstherapeut kann gar nicht nur einen Spiegel für die Äußerungen seiner Patienten bilden, ebensowenig wie der Primärtherapeut «alte Gefühle» hervorrufen kann, die mit ihm nichts zu tun haben. Da diese Therapeuten aber darauf bestehen, die Beziehung zum Patienten als «nichtdirektiv» zu definieren, konfrontieren sie ihn mit einer Paradoxie oder, genauer gesagt, mit einem paradoxen Manöver, das die ganze therapeutische Beziehung bestimmt. Die notwendigerweise komplementäre Natur dieser Beziehung bleibt nur in bezug auf äußere Regeln erhalten, da die Theorie der Psychoanalyse, die Primärtherapie oder die Gesprächstherapie die Regeln des Umgangs festlegt. Aber bei jeder einzelnen Interaktion besteht der Therapeut darauf, daß sie unter der Kontrolle des Patienten stehe.

Therapie als Gegenparadoxie

Der Leser wird bemerken, daß die nondirektive Definition der therapeutischen Beziehung formal ein Aufgreifen der Paradoxie bildet, die der Patient mit seinem Symptomen anbietet: Der Patient gibt zu verstehen, daß seine Symptome unwillkürlich sind, so daß nichts ihm helfen könne. Und der Therapeut antwortet darauf, indem er definiert, daß auch die hilfreichen Interaktionen unwillkürlich sind und sein werden. Daher kann er alles als hilfreich definieren. Der Patient kann nicht mehr behaupten, man könne ihm nicht helfen, sobald der Therapeut darauf besteht, daß der Patient sich selbst helfe – ob er wolle oder nicht.

Wie im letzten Kapitel geschildert, blockiert die Gegenparadoxie das paradoxe Manöver des Partners. Der Patient wird durch die nondirektive Definition der Beziehung dazu gezwungen, eine andere Definition zu suchen, die der Therapeut anerkennt, und damit kommt ein Veränderungsprozeß in Gang. Die Grundparadoxie der nondirektiven Therapien hat also sehr wohl eine Funktion, eine Veränderungswirkung auf den Patienten. Wie diese Wirkung im einzelnen aussieht, hängt aber von der Richtung ab, die der Veränderungsprozeß nimmt, den der Therapeut durch seine Anschauungen und Ideen indirekt, aber entscheidend lenkt.

Wie sieht die paradoxe Rahmendefinition der nondirektiven Therapien im Einzelfall aus? Für einen Analysanden lautet die paradoxe Definition der Analyse zum Beispiel etwa folgendermaßen: «Die Regeln der Analyse verlangen, daß Sie sich mir gegenübersetzen und alles sagen, was Ihnen in den Sinn kommt, ohne sich um den Zusammenhang oder um die Bedeutung oder um die Wirkung Ihrer Aussagen zu kümmern. Diese Regel müssen Sie befolgen, aber was Sie innerhalb dieses Rahmens äußern, liegt vollkommen an Ihnen. Durch Ihre Äußerungen bestimmen Sie Thema und Richtung der Sitzungen.»

Und um diese Beziehungsdefinition weiter auszugestalten, weigert sich der Therapeut zusätzlich, irgendeine Aussage des Patienten zu werten oder mit einer persönlichen Reaktion zu beantworten. Er gibt weder konkrete Ratschläge, noch beantwortet er konkrete Fragen. Damit findet sich der Patient in der Tat in einer paradoxen Situation wieder: Obwohl er einen Therapeuten aufsuchte, um Hilfe zu erhalten, soll die Interaktion mit dem Therapeuten von ihm allein bestimmt werden. Er soll festlegen, was ihm hilft, und der Therapeut versichert ihm, daß er sich damit selbst helfen werde. Dadurch wird der Patient (der ja ein sehr starkes Motiv dafür hat, daß etwas geschieht) einem großen Druck ausgesetzt, seinerseits alle möglichen Definitionen für die Interaktion anzubieten, und zwar vor allem solche, von denen er glaubt, daß sie der Therapeut richtig finden wird. Allerdings kann er gar nicht direkt herausfinden, was der Therapeut richtig findet oder sonst erwartet, da dieser sich ja weigert, irgendeine Wertung zu geben oder eine Anweisung zu erteilen.

Der Patient bemüht sich daher außerordentlich, dem Therapeuten irgendeine Reaktion zu entlocken, durch die der Inhalt der Interaktionen definiert wird. Er versucht dabei alles mögliche, auch Provokationen verschiedener Art und natürlich all die Manöver, die auch sonst sein problematisches Verhalten ausmachen. Daher ist es verständlich, daß die Analytiker an eine «Übertragung» glauben, denn der Patient macht den Therapeuten in der Tat zum Ziel seiner Symptome – aber auch vieler sonstiger Bemühungen, die Interaktionen einvernehmlich mit dem Therapeuten zu definieren. Und die Aufgabe des Therapeuten besteht nach seiner Auffassung nun darin, die Rahmenparadoxie aufrechtzuerhalten, das heißt, seine Hinweise, Anweisungen und Wertungen in einer Form zu geben, die der Patient nicht als direktiv oder wertend erkennen kann oder die er nicht so interpretiert. Dies geschieht, indem er alle Versuche des Patienten abwehrt, irgendeine Interaktion zu definieren, und sich die Definition stets in paradoxer Form selbst vorbehält. Dadurch wird sichergestellt, daß der Patient aufnimmt und lernt, was er aufnehmen soll, ohne daß er behaupten könne, der Therapeut habe ihn angeleitet oder etwas gelehrt. Diese Konstellation macht dem Patienten Kritik unmöglich.

Wenn sich der Patient zum Beispiel beklagt, daß ihm die Therapie nicht hilft (was in dem Bericht Vera Beckers oft genug vorkommt), muß der Therapeut die Kritik abwehren, um den

Therapieprozeß aufrechtzuerhalten. Das heißt, er muß gegen die Absicht des Patienten die Therapie als erfolgreich definieren und in diesem Sinn eine einseitige Kontrolle ausüben. Er sagt aber nicht direkt: «Sie täuschen sich, der Fachmann hier bin ich. Die Therapie läuft gut und hat ihren Sinn.» Ein solches offenes Manöver würde zu einer Auseinandersetzung über die Arbeit des Therapeuten ja geradezu einladen und die Definition, daß die Therapie nondirektiv sei, zunichte machen. Er sagt vielmehr: «Sie empfinden Enttäuschung. Erinnert Sie das nicht an frühere Erfahrungen?» Damit ist die Enttäuschung als ein «neurotisches», also unbewußt verursachtes Phänomen definiert, mit dem der Therapeut nichts zu schaffen hat, und die Grundparadoxie der nondirektiven Therapiedefinition wurde erfolgreich auf den Einzelfall angewandt. Der Therapeut definiert nämlich die Enttäuschung als in der Beziehung zulässig, er ist nicht direktiv. Aber gleichzeitig deutet er die Enttäuschung als etwas, was nichts mit der Beziehung zu tun hat, das heißt, in der Beziehung ist sie doch nicht zulässig. Der Therapeut behält damit die Kontrolle, denn der Patient kann enttäuscht sein, solange und soviel er will; daß er vom Therapeuten enttäuscht ist, kann er nicht formulieren. Immer, wenn er seine Meinung äußert, sagt ihm der Therapeut, was er wirklich meint – und das stellt sich als etwas ganz anderes heraus.

Damit entspricht die tiefenpsychologische oder gesprächstherapeutische Vorstellung von einer nondirektiven Therapie genau dem Grundmuster paradoxer Beziehungskontrolle, wie ich es im letzten Kapitel dargestellt habe: Es wird der Anspruch auf Kontrolle erhoben und gleichzeitig geleugnet. Dadurch kann der Therapeut bestimmen, was in der Therapie geschieht, ohne daß es dem Patienten möglich ist, seine Definitionen zu ändern oder auch nur offen zu diskutieren.

Eine Zusammenfassung

Es lohnt sich, an dieser Stelle die Zusammenfassung aus dem Buch *‹Gemeinsamer Nenner Interaktion›*, dem klassischen Werk Jay Haleys über die «Strategien der Psychotherapie», zu zitieren (die Betrachtung des Autors gilt der Psychoanalyse):

«Der Patient kommt zu dem nondirektiven Therapeuten, also zu einer Autorität, die ihm den Weg zur Lösung seiner Probleme zeigen soll, und dann wird er angewiesen, alles selbst zu bewirken, was in der Beziehung geschieht. Er wird angewiesen, sich anders als üblich zu benehmen, indem er seine Symptome außer acht läßt und statt dessen freie Assoziationen und Träume berichtet. Er muß seine Beziehungsmanöver ‹freiwillig› ändern, wobei ihm nur minimale Hinweise des Therapeuten als Grundlage dienen. Und die Manöver des Therapeuten kann er nicht selbst benutzen, da ihn die Struktur der Situation daran hindert. Seine Versuche, die Beziehung zu kontrollieren, werden üblicherweise in einer Form vorhergesehen, die es dem Therapeuten möglich macht, sie als Widerstand gegen die Behandlung zu interpretieren ...

Da alles, was der Therapeut tut, einen Hinweis für den Patienten bildet, wie er sich zu benehmen hat, und da der Therapeut gleichzeitig leugnet, irgendwelche Hinweise zu geben, wird der Patient mit einer therapeutischen Paradoxie konfrontiert ... Der Patient kann den Therapeuten nicht mit seinen üblichen Verhaltensweisen kontrollieren. Wenn er darauf besteht zu bestimmen, was in der Beziehung geschieht, wird sein Bemühen anerkannt, und er bemüht sich darüber hinaus auf die ausdrückliche Aufforderung des Therapeuten hin. Wenn er aber darauf besteht, daß der Therapeut bestimmen solle, was in der Beziehung geschieht, wird diese vom Patienten aufgestellte Struktur vom Therapeuten zurückgewiesen. Er sagt, daß es nicht seine Aufgabe sei, dem Patienten Anweisungen zu geben. Auf welchem Weg der Patient auch immer versucht, die Beziehung zu kontrollieren, wird er scheitern ... Wenn der Patient sein Verhalten in der Therapie ändert, wird die Änderung vom Therapeuten immer als eine spontane Änderung definiert, die durch innere Vorgänge verursacht wurde.»[44]

Nondirektive Kontrolle

Wie jede paradoxe Beziehungsdefinition hat auch die paradoxe Definition einer nondirektiven Therapie den Erfolg, daß die Kontrolle über die Beziehung einseitig bei dem Partner liegt, der das paradoxe Manöver benutzt. Man erinnere sich, daß dieses Ergebnis nur durch Abbruch der Beziehung oder durch das Aufgreifen der Paradoxie selbst verhindert werden kann. Und während ein Abbruch zwar möglich ist, aber dem Patienten naturgemäß schwerfällt, würde ein Aufgreifen der Paradoxie einem Angriff auf das ganze Selbstverständnis der Therapeuten gleichkommen und mit Sicherheit nicht toleriert werden. Im äußersten Fall würde der Therapeut die Beziehung abbrechen. Dem Patienten bleibt in der Regel nichts anderes übrig, als der paradoxen Definition des Therapeuten zuzustimmen, und diese Zustimmung muß wiederum eine paradoxe Form haben. Das heißt, der Patient läßt die Beziehung vom Therapeuten kontrollieren und leugnet dies gleichzeitig. Ein Beispiel für diesen Vorgang habe ich im letzten Kapitel bereits ausgeführt, nämlich die Erzeugung von Primärerlebnissen in der Primärtherapie.

Um ein Primärerlebnis zu erzeugen, gibt der Therapeut dem Patienten genaue Instruktionen, wie dieser bestimmte Affekte hervorrufen und verstärken könne, behauptet aber gleichzeitig, die produzierten starken Affekte würden aus dem Patienten selbst kommen. Damit verlangt er ein bestimmtes Ergebnis seiner Anweisungen und leugnet gleichzeitig, etwas zu verlangen. Das Ergebnis ist, daß der Patient dem Verlangen nachkommt und dabei meint, einen spontanen Vorgang zu erleben. Ich habe die Induktion von Primärerlebnissen im letzten Kapitel als ein

Beispiel für die «Sei spontan»-Paradoxie bezeichnet. Diese Einordnung ist auch zutreffend, aber ich möchte gleichzeitig deutlich machen, daß die ganze nondirektive Beziehungsdefinition der Therapie formal ebenfalls die Struktur einer «Sei spontan»-Paradoxie aufweist. Jede sogenannte nondirektive Therapie ist so definiert, daß sie Ergebnisse hervorbringt, von denen gesagt wird, sie träten in verschiedener Hinsicht «spontan» ein. Fast alle im letzten Kapitel genannten Paradoxien sind im Grund Abwandlungen der therapeutischen Rahmenparadoxie, die jeweils für eine bestimmte Situation besonders gut passen. Die «Hilf dem Helfer»-Paradoxie ebenso wie die «Partnerschaftsparadoxie» sind geeignet, Kritik abzuwehren. Bei ihnen ist die paradoxe Botschaft besonders deutlich ausgeprägt. Beide beruhen darauf, daß die Probleme des Patienten einmal als unwillkürlich und behandlungsbedürftig (und damit als unter der Kontrolle des Therapeuten stehend) betrachtet, zum anderen aber als willentliche Voraussetzung der Therapie (unter der Kontrolle des Patienten) definiert werden. Will der Patient Kritik üben, wird ihm gesagt, daß die Kontrolle bei ihm liegt. Will er aber tatsächlich in die therapeutischen Interaktionen eingreifen und eine Maßnahme vorschlagen, erfährt er, daß seine Wünsche «neurotisch» sind und nicht berücksichtigt werden können.

Beide Paradoxien führen also wie jedes paradoxe Manöver dazu, daß der Therapeut die Kontrolle über die Beziehung dem Patienten zuspricht und sie gleichzeitig selbst ausübt. (Lediglich die «Illusion der Alternativen» fällt aus dem Rahmen, da sie eine andere, wenn auch ebenfalls paradoxe Struktur hat. Sie gehört eher zum «ideologischen» Typ einer Beziehungsdefinition, durch die bestimmte Denkmöglichkeiten und Ideen stillschweigend aus der Beziehung ausgeschlossen werden.)

Aber die Wirkung der grundlegenden Paradoxie der nondirektiven Therapiedefinition zeigt sich auch in viel unauffälligerer Form: Jedes Manöver des Patienten, die Beziehung zu verändern oder eine Interaktion anders zu definieren, wird durch irgendeine Anwendung dieser Paradoxie vereitelt. Und da ein großer Teil der Interaktionen in einer Analyse oder Primärtherapie aus solchen Manövern besteht, wird die gesamte Kommunikation zwischen Patient und Therapeut von solchen Manövern und Kontermanövern geprägt. Dabei muß die Kontrolle stets einseitig beim Therapeuten verbleiben, wenn der Therapieprozeß weiterlaufen soll.

Die Kunst des Bestimmens

Zum Beispiel kann ein Patient dem Therapeuten sagen oder sonstwie zu verstehen geben, daß er ihn persönlich für einen unangenehmen Typen hält – was in vielen Behandlungen immer wieder vorkommt. Der Therapeut wird, wenn er Analytiker ist, darauf vielleicht mit Schweigen oder mit dem berühmten «Hm» des klassischen Freudianers reagieren. Damit bringt er zum Ausdruck, daß die Aussage ihn nicht persönlich betrifft, sondern eine therapeutische Bedeutung hat. Die Interpretation (und damit die Kontrolle über die Definition dieser Interaktion) behält er sich vor. Genau dasselbe Ziel erreicht der Analytiker aber auch, wenn er die Äußerung «analytisch» kommentiert. Er könnte etwa behaupten, in dem Mißfallen an seiner Person zeige sich ein Widerstand, oder er könnte sich auf die vielstrapazierte Ursachensuche begeben und fragen, ob dieses Unbehagen nicht doch etwas mit den Eltern zu tun habe. In jedem Fall wird die Äußerung des Patienten als etwas definiert, was nichts mit der Person des Analytikers zu tun hat, dessen unbewußte Ursachen vielmehr in ihm selbst liegen. Der Analytiker behält die Kontrolle und stellt klar, daß die Definition des Patienten nicht gilt, obwohl er jede Definition zuläßt. Er ist in den Augen des Patienten gar kein unangenehmer Typ, sondern der Patient will in Wirklichkeit etwas ganz anderes sagen. Und was das ist, kann natürlich nur der Fachmann wissen, so daß sich der Kreis schließt:

Was auch immer der Patient sagt und wie auch immer er die Beziehung zum Analytiker definieren will, der Analytiker sagt ihm entweder gar nichts, oder er sagt ihm, worüber er «wirklich» (nämlich aus der Sicht des Analytikers) spricht. Alles, was in der Interaktion geschieht, hat mit den Problemen des Analysanden zu tun, die der Analytiker deutet, ohne sich jemals darauf festzulegen, daß er sie deutet. Aber auch in einer Primärtherapie würde dasselbe Ergebnis auf Grund derselben paradoxen Beziehungsdefinition eintreten, lediglich der Veränderungsprozeß beim Patienten wäre ein anderer. Der Primärtherapeut würde auf die Bekundung des Mißfallens so reagieren, daß er den Patienten auffordert, «seine Gefühle zu fühlen». Wiederum würde er dem Patienten dadurch sagen, was «wirklich» mit ihm los ist, nämlich daß seine Einstellung zum Therapeuten durch unbewußten Urschmerz bestimmt wird. Der Therapeut kann jede Äußerung des Patienten umdefinieren, eben weil er darauf besteht, daß jede beliebige Äußerung Ausdruck der innerseelischen Struktur sein kann und damit nicht als Ausdruck einer Meinung über die Beziehung selbst anerkannt zu werden braucht.

Der ständige Austausch von paradoxen Manövern und Antworten, der sich zwischen Patient und Therapeut abspielt, drückt der ganzen «nondirektiven» Beziehung ihren Stempel auf. Den Beteiligten ist auch klar, daß ihre Beziehung irgendwie merkwürdig ist und ganz anderen Gesetzen folgt als die sonstige menschliche Kommunikation. Im Gegensatz dazu wird die Beziehung zwischen Therapeut und Patient in einer direktiven Therapie (oder Beratung) als «normal» empfunden, so ungewöhnlich die Anweisungen auch erscheinen mögen, die der Therapeut gibt. Trotzdem – oder gerade deswegen – bestimmt der nondirektive Therapeut ganz genau, was der Patient tun und wie er seine Probleme oder Äußerungen deuten soll. Mit anderen Worten: Die nondirektive Beziehungsstruktur hat die Funktion oder Wirkung, daß der Therapeut den Therapieprozeß durchsetzen kann, den er für richtig oder angebracht hält. Zum

Anlaß, seine Vorstellungen durchzusetzen und die Sehweise sowie das Verhalten des Patienten zu ändern, kann ihm jede Art der Interaktion werden.

Wenn der Patient zum Beispiel ausdrückt, daß er sich über den Therapeuten geärgert habe, könnte er je nach Schule folgende «therapeutische» Reaktionen erleben: Eine typische Antwort des Analytikers würde lauten: «Ich frage mich, warum Sie das gerade jetzt sagen.» Damit erhält er die paradoxe Definition der Beziehungsstruktur aufrecht (der Ärger hat «unbewußte» Ursachen), aber gleichzeitig gibt er auch eine versteckte Anweisung, und diese Anweisung stellt die Funktion der Aussage dar, das heißt, sie trägt zur Veränderung des Patienten bei. Im Klartext lautet die Anweisung nämlich: «Gehe auf die analytische Ursachensuche.» Und der wohlerzogene Analysand wird dieser Anweisung folgen, wie er es schon viele Male zuvor getan hat, ohne dabei zu merken, daß er einer Anweisung nachkommt.

Die typische Antwort des Primärtherapeuten lautet dagegen: «Fühle den Ärger, geh ganz hinein. Fühle, was dahinter ist.» Wiederum wird die paradoxe Struktur der Beziehung aufrechterhalten, und die Kontrolle bleibt beim Therapeuten. Genau wie in der Analyse wird festgestellt, daß der Ärger über den Therapeuten in Wirklichkeit etwas andres ist (dadurch wird die Kontrolle des Therapeuten gesichert), und es wird eine Anweisung gegeben. Der Inhalt dieser Anweisung allerdings ist ein anderer, und damit ändert sich auch die Wirkung auf den Patienten. Er folgt der Anweisung, hat ein Primärerlebnis und verändert sich in einer anderen Weise als der Analysand.

Die Antwort eines «nichtdirektiven» Gesprächstherapeuten lautet dagegen: «Sie ärgern sich also über mich …», wobei die leicht fragende Hebung der Stimme am Schluß des Satzes von großer Bedeutung ist. In Vera Beckers Bericht kommt die Gesprächstherapie nicht vor, aber insgesamt sind von ihr wohl am meisten Psychotherapiepatienten betroffen. Auch ihre Regel, die Äußerung des Patienten einfach zu wiederholen, definiert die Beziehung in derselben Weise wie in einer Analyse oder

Primärtherapie. Der Ärger ist keine Aussage über die Beziehung zum Therapeuten, sondern über die Psyche des Patienten, und damit bleibt die Beziehungskontrolle beim Therapeuten. Und gleichzeitig wird versteckt, aber eindeutig die Anweisung gegeben: «Erklären Sie mir das bitte näher.» Die Wirkung dieser Anweisung besteht natürlich darin, daß der Patient weiterredet und damit den Therapieprozeß aufrechterhält. Über dieses relativ bescheidene Ziel geht die Gesprächstherapie auch nicht hinaus, so daß ihre Funktion für den Patienten viel harmloser ist als im Fall der Analyse oder gar der Primärtherapie. Trotzdem führt ihre nondirektive Beziehungsdefinition zu derselben Beziehungsstruktur wie in den tiefenpsychologischen Schulen.

Nur der direktive Therapeut antwortet auf den Ärger des Patienten mit einem «normalen» (nämlich nicht paradoxen) Manöver. Er wird anerkennen, daß der Patient damit eine Definition der Beziehung geben will, und er wird offen zu klären versuchen, wie sich dadurch die Beziehung verändern soll. Zum Beispiel wird er verlangen: «Erklären Sie mir das näher», wenn er meint, der Ärger habe eine Bedeutung für die Probleme des Patienten. Damit beansprucht er die Kontrolle über diesen Punkt der Beziehung, und der Patient muß seinen Anspruch anerkennen oder sich weigern, womit die «direktive» Struktur der therapeutischen Beziehung wie üblich hergestellt wäre. Oder der Therapeut meint, der Ärger sei nicht relevant oder im Moment nicht zu behandeln. Dann kann er auch diese Ansicht offen äußern: «Sind Sie trotz Ihres Ärgers bereit, weiter mit mir zusammenzuarbeiten?» wäre eine entsprechende Reaktion. Wiederum beansprucht der Therapeut die Kontrolle über die Beziehung, denn der Ärger soll in ihr ignoriert werden, und wieder kann der Patient zustimmen oder ablehnen.

Die Beziehung wird für beide Seiten eindeutig erkennbar vom Therapeuten kontrolliert, und der Patient hat die Wahl, dies zuzulassen oder nicht. Die Möglichkeit, die Beziehung abzubrechen, bleibt dem Patienten stets bewußt, und ebenso bewußt ist ihm, daß nur der Erfolg der Anweisungen, die der

Therapeut gibt, es rechtfertigt, die Beziehung bestehenzulassen. Er weiß, daß die Verantwortung für die einzelnen Maßnahmen beim Therapeuten liegt, daß er aber selbst darauf achten muß, ob und wie sich positive Resultate ergeben. In diesem Sinn ist die Beziehung «normal», nämlich von derselben Struktur wie sonstige Helfer- oder Lehrbeziehungen. Es wird dagegen als merkwürdig empfunden, daß ein Therapeut den Therapieprozeß nicht bestimmen will und ihn doch bestimmt, auch wenn die Inhalte der Anweisungen selbst gar nicht merkwürdig sind. Auf diesem Gefühl, in einer undurchschaubar seltsamen Beziehung eingebunden zu sein, beruht das weit verbreitete Unbehagen an der «nichtdirektiven» Therapiedefinition. Es war ein wesentliches Ziel des vorliegenden Kapitels, dieses Unbehagen durchschaubar und verständlich zu machen.

Die Mißbrauchsgefahr

Leider kann die absolute Beziehungskontrolle, die durch eine nondirektive Definition erreichbar ist, nicht nur zur Aufrechterhaltung des Therapieprozesses, sondern zur Durchsetzung jeder Definition gegen die Interessen der Patienten genutzt werden. Da diese Art der Kontrolle von keiner Prüfung der therapeutischen Wirkungen beschränkt wird (es ist ja die «eigene Therapie» des Patienten), werden auch Definitionen möglich, die lediglich dem Therapeuten einen Vorteil verschaffen. Der Therapeut kann eine Patientin dazu bringen, mit ihm ein Verhältnis anzufangen, indem er behauptet, daß sich in der Affäre lediglich die Bedürfnisse der Patienten zeigen. Falls der Leser meint, daß dieses Beispiel aus der Luft gegriffen ist, würde er sich sehr im Irrtum befinden, wie Vera Beckers Bericht im sechsten Teil zeigen wird.

Über ein entsprechendes – wenn auch ethisch weniger verwerfliches und psychisch weniger gefährliches – Beispiel berichtet Vera Becker bereits aus der Primärtherapie (S. 190f): In der «post group» (der Nachgruppe) spricht sie über ihre Gefühle, und daraufhin gibt ihr der Therapeut auf grobe Weise zu verstehen, daß sie ein «falsches» Gefühl vorschiebt und daß er überhaupt genug von ihr hat. Die Wirkung dieser merkwürdigen Intervention kann natürlich nur Zorn und Enttäuschung sein, das heißt eine Verschärfung der Probleme, die eigentlich behandelt werden sollten. Dabei ist die Reaktion des Therapeuten durchaus nachvollziehbar: Er hat einfach die Nase voll von seiner aggressiven und schwierigen Patientin und reagiert sich an ihr ab. Er tut dies aber nicht direkt, sondern wieder auf eine paradoxe Weise: Die Beleidigung und die unverblümte Aufforderung, sich gefälligst anders zu benehmen, wird als eine therapeutische Reaktion getarnt, die nichts mit den Schwierigkeiten der Therapie zu tun hat. Im besten paradoxen Stil versucht der Therapeut, mit dem Holzhammer zu erzwingen, daß sich seine Patientin «von selbst» anders benimmt.

Der Unterschied zum Verhalten eines Analytikers liegt vor allem darin, daß der Primärtherapeut (wie die meisten Therapeuten der sogenannten «progressiven» Schulen) keine Hemmungen hat, seinen eigenen Ärger und seine Wut zu zeigen und abzureagieren. Damit wird aber, wie das Beispiel zeigt, beileibe nicht eine offene Beziehungsdiskussion eröffnet, sondern lediglich die Paradoxie vom Therpeuten verdoppelt. Denn auf eine Kritik hin würde der Primärtherapeut antworten: «Der Ärger ist mein Gefühl. Ich habe ein Recht darauf, meine Gefühle auch zu fühlen. Es hilft den Patienten, wenn sie reale, echte Reaktionen erleben. Die Zurückhaltung wäre nicht echt und festigt nur die Neurose des Patienten.»

Diese Antwort lautet im Klartext: «Mein Ärger hat nichts mit der Beziehung zur Patientin zu tun, sondern ist ‹spontan› (hat seine Ursachen in meiner Psyche). Falls ihr der Ärger trotzdem etwas ausmacht, liegen die Ursachen nur in ihrer Psyche. Keine

Seite sagt mit ihrem Verhalten etwas über die Beziehung aus, die Beziehung bleibt nichtdirektiv, und die Äußerungen sind nach wie vor ‹spontan›. Allerdings bestehe ich darauf, daß mein Ärger als echt und ‹real› und ihr Ärger als neurotisch definiert wird, denn sonst kämen unsere Rollen durcheinander.» Allgemeiner gesagt: «Ich definiere die Interaktionen mit der Patientin, wie ich will, aber es handelt sich nicht um Definitionen. Die Patientin kann auch jede Definition geben, die sie will, aber es handelt sich ebenfalls nicht um Definitionen unserer Interaktionen.»

Gegen diese doppelte Paradoxie ist kein Kraut gewachsen, wenn man nicht die Möglichkeit hat, den Therapeuten zum Teufel zu schicken oder ihn selbst in einer ähnlichen Form zu «therapieren». Mit einer entsprechenden Begründung kann der Therapeut mit dem Patienten anfangen, was er will, und dabei jede Verantwortung ableugnen.

Glücklicherweise verbieten die Regeln der Psychoanalyse solche Verhaltensweisen, da die Analytiker sich über die Gefahren der «Gegenübertragung» im klaren sind. Auch wenn man die theoretische Vorstellung einer Gegenübertragung für irrig hält, so muß man der Einschätzung durchaus zustimmen, daß es äußerst gefährlich ist, wenn die Therapeuten ihren eigenen Reaktionen auf die Patienten freien Lauf lassen. Dies gilt für aggressive Reaktionen ebenso wie für das Gegenteil, zum Beispiel für amouröse Tendenzen. Daß die «progressiven» Therapien hier die Hemmungen zunehmend über Bord werfen, macht den Gang zum Psychotherapeuten für den hilfesuchenden Patienten zu einem noch größeren Risiko, als dies früher schon der Fall war.

Gespielter Ernst

Bei allen Betrachtungen über das Wesen der therapeutischen Beziehung habe ich einen äußerst wichtigen Aspekt bisher außer acht gelassen. In alltäglichen Beziehungen, die keine therapeutische Funktion haben, sondern deren Inhalte anders sind, würde niemand bereit sein, eine so einseitige Kontrolle freiwillig zu erdulden, wie die nondirektive Therapie sie herstellt. Dies gilt mit gewissen Ausnahmen in der Sekten- und Politszene, wo es Gurus und Funktionäre gibt, die eine ähnlich umfassende Kontrolle über die Definition ihrer Beziehungen ausüben können, ohne daß die Mitglieder die Beziehung abbrechen. Aber außerhalb solcher Sondererscheinungen (auch in hochgradig «neurotischen» Familienstrukturen) herrscht keine so einseitige Komplementarität wie in einer Psychoanalyse oder in einer Primärtherapie.

Die Bereitschaft, ohne äußeren Zwang auf eine so merkwürdige Beziehung einzugehen, wird natürlich zum Teil vom Leidensdruck des Patienten hervorgerufen. Es gibt auch andere triftige Gründe, wie der Wunsch eines Lehranalysanden, in die Analytikerzunft aufgenommen zu werden, und anderes mehr. Aber alle diese Beweggründe wirken nur darum so nachhaltig, weil ihnen keine anderen, existentiell wesentlichen Beweggründe entgegenstehen, weil die Beziehung zum Therapeuten außerhalb ihrer Therapiefunktion kein weiteres Gewicht und keine Bedeutung für beide Seiten hat.

Bekanntermaßen ist es fast unmöglich, eine nondirektive therapeutische Beziehung zu Menschen aufzubauen, zu denen auch Beziehungen anderer Art bestehen. Man kann seine Frau und seine Kinder nicht in der üblichen Form analysieren, und ebensowenig kann man eine Primärtherapie bei seinem Vater einleiten. Es gibt natürlich Versuche dieser Art, aber die Ergebnisse sind meist katastrophal. Man stelle sich nur vor, man müsse mit seiner Ehefrau eine Gesprächstherapie machen und ihr dabei jede Äußerung «warm, echt und wertungsfrei» zurückspiegeln. Es erscheint selbstverständlich, daß eine solche Beziehungsdefinition nicht neben der Beziehung der Ehepartner zusätzlich existieren könnte. Direktive Maßnahmen sind dagegen durchaus auch im Rahmen alltäglicher Beziehungen möglich, da sie prinzipiell dieselbe Struktur wie andere Beziehungen voraussetzen. Zwar ist auch dabei Vorsicht geboten, um die in einer guten menschlichen Beziehung wesentliche Flexibilität nicht einzuschränken, aber eine grundsätzliche Unvereinbarkeit zwischen alltäglicher und therapeutischer Beziehung besteht in diesem Fall nicht.

Die Besonderheit der therapeutischen Beziehung liegt darin, daß sie vom sonstigen Leben des Patienten und vom komplexen Geflecht seiner menschlichen Beziehungen in hohem Maß isoliert bleibt. Die Beziehung hat nur eine einzige Funktion, und die Rollen der Partner sind sehr eng definiert. Außerdem ist von vornherein klar, daß sie nur eine begrenzte Zeit existieren wird. Dadurch gewinnen die Interaktionen in dieser Beziehung einen vorläufigen, spielerischen oder leichtgewichtigen Charakter. Man vergibt sich nichts oder nicht viel, wenn man sich manipulieren läßt oder manipuliert, wenn man neue Manöver ausprobiert oder sich in eine ungewöhnliche Richtung beeinflussen läßt. Der Patient gesteht dem Therapeuten die Kontrolle über die Beziehung deshalb so leicht zu, weil er nur wenig Grund hat, die Kontrolle selbst zu beanspruchen. Dies wirkt sich bis in das symptomatische Verhalten hinein aus: Ein unselbständiger Jugendlicher wird sich von seinem Therapeuten viel leichter dazu bringen lassen, in irgendeiner Sache Verantwortung zu übernehmen, als von seinen eigenen Eltern. Dem Therapeuten gegenüber vergibt er sich nur wenig, und er wird (wenn die Behandlung gutgeht) voller Überraschung feststellen, daß das Übernehmen von Verantwortung auch seine angenehmen Seiten hat. Den Eltern gegenüber benutzt er seine Unselbständigkeit als Waffe, um ein für ihn entscheidend wichtiges Ziel zu erreichen (zum Beispiel nicht außer Haus arbeiten zu müssen), und er wird kaum bereit sein, auf dieses Ziel direkt und sofort zu verzichten.

Die Ideologisierung der Therapie

Der leichtgewichtige Charakter der therapeutischen Beziehung stellt grundsätzlich einen Vorteil dar, den jeder gute Berater oder Therapeut auch weidlich nutzt. Dieser Vorteil verkehrt sich jedoch ins Gegenteil, wenn man die «unwesentliche» Natur der Interaktionen in der Therapie verkennt und sie unzulässig hoch bewertet. Zum Beispiel kommt es in vielen gefühlsorientierten «Therapien» wie in Encounter-Gruppen oder in der Primärtherapie vor, daß die Patienten mit dem Therapeuten oder Mitpatienten sehr affektgeladene Interaktionen erleben. Es wimmelt in solchen Gruppen von Umarmungen und Zärtlichkeiten, aber auch von wilden Zornausbrüchen und heftigen Anklagen. Diese Interaktionen haben aber nur geringes Gewicht für die Beteiligten, denn die Umarmungen führen nicht zu einer längeren Partnerschaft oder gar zu echter Solidarität in Lebensproblemen, und auch ein Streit hat kaum Bedeutung, da man mit dem Gegner ja in keiner anderen Funktion zurechtkommen muß. In aller Regel wird die Beziehung auch so empfunden, und die Beteiligten hüten sich, den «therapeutischen» Interaktionen im Alltag irgendeine besondere Bedeutung beizumessen. Trotzdem ist es nicht selten, daß gerade diese leichtgewichtigen, schauspielerhaften Interaktionen für besonders echt und tief erklärt werden, wobei diese Definition in einem offenen Widerspruch zum tatsächlichen Leben der Patienten und Therapeuten steht. Man kann diesen Vorgang als eine «Ideologisierung» der Therapie bezeichnen.

Unter den ideologisierten Therapien nimmt die Primärtherapie eine Führungsstellung ein, wie auch aus dem Bericht Vera Beckers über das «Primärtreffen» (S. 77) deutlich hervorgeht. Die Primärpatienten glauben nicht nur, daß die Therapie ihnen helfen werde, sie glauben darüber hinaus, daß ihre Beziehungen im therapeutischen Rahmen die einzigen echten menschlichen Beziehungen sind, die es in unserer Gesellschaft gibt. Daß sie damit der Ideologie Arthur Janovs folgen, habe ich bereits im ersten Kapitel des vierten Teils erläutert. Aber auch in der Psychoanalyse gibt es (wenn auch in weit geringerem Maß) solche ideologischen Tendenzen. Es kann vorkommen, daß ein Analytiker die Ansicht vertritt, die analytische Beziehung sei eine Art Musterbeispiel menschlicher Fürsorge und Hilfe, eine Modellbeziehung utopischen Charakters. Damit würde auch er übersehen, daß es keine Kunst ist, geduldig die belastenden Äußerungen eines Menschen anzuhören, der sehr gut für diese Leistung bezahlt und mit dem man sonst nichts zu tun hat. Dasselbe Verhalten bei einem Angehörigen des Patienten wäre nicht nur bewundernswert, sondern so gut wie unmöglich. Und der Grund liegt natürlich genau darin, daß die Beziehung des Patienten zum Angehörigen wesentlicher und tiefer ist als die zum Therapeuten.

Die Wirkung von Interaktionen in einer Beziehung wird nicht nur von ihrer beobachtbaren Form bestimmt, sondern auch vom Kontext, also von der Art der Situation und der Beziehung, in der die Interaktion auftritt. Hundert wilde Zornausbrüche eines Mitpatienten mögen einen Menschen unbeeindruckt lassen, aber ein böses Wort von dem geliebten Lehrer, dem er immer vertraut hat, kann eine Wunde schlagen, die kaum wieder zu heilen ist. Ebenso können hundert Umarmungen in einer Encounter-Gruppe einem unsicheren jungen Mann nicht das Gefühl geben, er könne eine gute Beziehung zu einer Frau aufbauen. Eine kleine Ermutigung von einer Kollegin, die er schon lange bewundert, kann dies aber bewirken, denn er geht (ganz richtig) davon aus, daß diese Ermutigung für seine Beziehung zur Umwelt mehr Gewicht hat als noch so viele «therapeutische» Umarmungen.

Die Gipsbein-Paradoxie

Die Interaktionen in einer Therapie haben Übungscharakter, sie stellen die Verabreichung eines Therapeutikums dar. Wer sie für echter als andere Beziehungen hält, könnte geradesogut behaupten, ein Gipsbein sei besser als ein Bein ohne Gips. Wenn man sich ein Bein gebrochen hat, kann ein Gipsbein sehr nötig und hilfreich werden, aber seine Funktion besteht darin, sich selbst überflüssig zu machen. Ebenso kann das Installieren einer therapeutischen Beziehung oder einer Beratungsbeziehung notwendig sein. Aber auch diese Beziehung muß dazu dienen, sich selbst überflüssig zu machen oder sich in eine alltägliche Beziehung anderer Art aufzulösen. Nur weil die Interaktionen in der Therapie intensiver und lauter sind, sind sie noch lange nicht echter und wichtiger. Wer sie so deutet, ideologisiert die Therapie (wenn man ihre Wirkung oder Funktion betrachtet), und er führt, unter dem Aspekt der Beziehungsstruktur betrachtet, eine weitere Paradoxie in die Definition der Beziehung ein.

Ebenso wie die Paradoxie der «nondirektiven» Beziehungsdefinition kann auch die «ideologische» Definition dazu dienen, die Beziehung einseitig zu kontrollieren. Denn wenn der Patient sich beschwert oder etwas am Therapieprozeß ändern will, dann sind die Äußerungen des Therapeuten oder «der Gruppe» echt, unumstößlich und viel gewichtiger als die Äußerungen von anderer Seite. Beispiele hierfür hat Vera Becker zur Genüge genannt, und ihr nächster Bericht im sechsten Teil wird hierzu noch mehr beitragen. Will sich der Patient aber in einer ernsten Notlage oder aus anderen gewichtigen Gründen auf die Beziehung zum Therapeuten (oder zur Gruppe) berufen, dann wird sehr schnell klar, daß sie als flüchtig und unverbindlich definiert ist. Der Therapeut behält sich vor, aus dieser Beziehung jederzeit auszusteigen, und sowohl er als auch die Mitpatienten können in keiner Weise zu einer Hilfe herangezogen werden, die über den Therapierahmen hinausgeht. Im sechsten Teil berichtet Vera Becker über eine Klinik, in der die Äußerungen der

Therapeuten und Mitpatienten vor «Echtheit» und Mitgefühl triefen, in der es ihr aber nur schwer möglich ist, überhaupt jemanden zu finden, der sich ihre Klage anhört, da der Dienstplan dies verhindert (S. 284–287).

Es ist zwar durchaus erlaubt und in vielen Fällen sogar therapeutisch richtig, daß das Klinikpersonal sich an seine Dienstpläne hält und seine Beziehungen zu Patienten im therapeutischen Rahmen beläßt. Die Paradoxie kommt erst zustande, wenn dieselben, in Wirklichkeit professionellen und eng begrenzten Beziehungen als besonders echt und tief definiert werden oder gar den «unechten» Beziehungen draußen in der Welt vorgezogen werden. Dann wird das Gipsbein zum besseren Bein erklärt, mit dem Vorteil, daß man auch den unwilligsten Patienten zu einem Gipsbein überreden kann. Erst wenn der Therapeut diesen Vorgang leid ist, wird das Gipsbein wieder als überflüssig behandelt, und der Patient muß die harte Aufgabe des Gehens mit seinem unzulänglichen eigenen Bein auf sich nehmen. Es ist kein Wunder, daß die Patienten (und die Therapeuten) mancher ideologisierter Therapieschulen auf die Idee kommen, sich ihr Gipsbein auf Dauer zu sichern.

Es hat eine Reihe von Fällen gegeben, in denen solche Therapeuten und Expatienten Wohngemeinschaften, Gruppen oder gar Siedlungen gründeten, um mit Nichttherapierten keinen Umgang mehr haben zu müssen.[45] Solche Gründungen pflegen meist in ziemlich chaotischer und katastrophaler Form zu enden, da sich sehr schnell herausstellt, daß die «therapeutischen» Beziehungen völlig untauglich als Basis für den Versuch sind, irgendeine alltägliche Aufgabe gemeinsam zu erfüllen. Im besten Fall gehen die Beteiligten still und heimlich auseinander, im schlimmsten Fall kommt es zu gut bekannten Beziehungsformen, nämlich zu Abhängigkeit und Unterdrückung. Die Paradoxie, daß die therapeutischen Beziehungen die menschlich besten Beziehungen seien, kann nur aufrechterhalten werden, solange sie niemand in die Praxis umsetzt.

Die meisten Primärtherapeuten, auch Arthur Janov, sehen daher die Kolonie- und Gemeinschaftsgründungen von Patienten gar nicht so gerne, da sie die entlarvende Wirkung des Scheiterns fürchten. Das unvermeidliche Fiasko würde ihrer Ideologie den Boden entziehen, so daß es ihnen lieber ist, der Patient klagt über die «Irrealität» seiner Umwelt, bleibt aber dort, wo er ist. Dann können sie ihm den Ort bieten, wo er gegen gute Bezahlung klagen kann, und stellen gleichzeitig sicher, daß er auch genug verdient, um ihre Dienste bezahlen zu können. Im Vergleich zu diesem befriedigenden Arrangement hätte es große Nachteile, wenn die Patienten die Ideologie, die sie sich im Verlauf der Therapie zu eigen gemacht haben, allzu ernst nehmen würden.

Die Abhängigkeit des Patienten

Die Möglichkeit, daß die therapeutische Beziehung auch durch ihre Ideologisierung entarten und schädlich werden kann, spielt in der «Psychoszene» eine große Rolle und muß im Auge behalten werden. Die Abhängigkeit des Patienten vom Therapeuten beruht jedoch, wie in diesem Kapitel deutlich wurde, nicht primär auf dem Ideologisierungsprozeß. Er kann zwar zusätzlich eine Rolle spielen, aber vor allem wird die Abhängigkeit durch die «nondirektive» Beziehungsdefinition hergestellt, die es dem Patienten auferlegt, «von selbst» diejenigen Änderungen einzuleiten, die der Therapeut hervorrufen will.

Man kann sich diesen Punkt nochmals deutlich machen, indem man sich auch die Grenzen vor Augen führt, die dieser Art Beziehung gesetzt sind: Die nondirektive Therapie wirkt nicht bei solchen Patienten, die auf die paradoxe Definition nicht mit paradoxer Zustimmung reagieren, die also weder versuchen, «das Richtige» zu tun, noch gegen den Therapeuten rebellieren. Ein Patient, der nicht versucht, die Beziehung zu definieren, kann auf «nondirektive» Weise nicht gelenkt werden. Wenn der Patient zum Beispiel gar nichts tut, also in der Analyse schweigt oder in der Primärtherapie auf nichts reagiert, kann es keine Analyse und keine Primärtherapie geben. Auch wenn der Patient sich gar nicht um die Definition des Therapeuten kümmert, sondern tut, was er will, wird der Therapieprozeß hinfällig. Zum Beispiel kann man einen Patienten nicht analysieren, der in der Analysestunde einen Kriminalroman liest und sich davon nicht abbringen läßt. Durch ein solches Verhalten würde der Patient zeigen, daß er bereits die Rahmendefinition der Beziehung als Helferbeziehung nicht anerkennt und daß er darum auch keinen Sinn darin sieht, sich um therapeutisch wirksame Interaktionen zu bemühen. Aus diesem Grund scheitern im allgemeinen alle Versuche, delinquente oder verwahrloste Patienten tiefenpsychologisch zu behandeln. Diese Patienten reagieren grundsätzlich nur auf direktive Beziehungsdefinitionen – von der nondirektiven Definition «Das ist *deine* Therapie» lassen sie sich nicht fangen (vgl. das Beispiel Klaus im nächsten Bericht).

Allerdings bedeutet diese Überlegung nicht, daß eine «nondirektive» Form der Therapie überall dort berechtigt wäre, wo sie sich anwenden läßt. Will man die Frage nach der Berechtigung des therapeutischen Vorgehens diskutieren, ist es wesentlich, die im letzten Kapitel getroffene Unterscheidung von Struktur und Funktion einer Beziehung im Auge zu behalten. Die Struktur der Beziehung, in der der Therapeut die Kontrolle durchsetzt, unterscheidet sich zum Beispiel für die Psychoanalyse und die Primärtherapie nur relativ wenig. Auch dieselben paradoxen Manöver werden von Therapeuten beider Schulen benutzt. Die Funktion der Beziehung für den Patienten, also die Wirkung auf seine Person und sein Verhalten, ist trotzdem recht unterschiedlich. In der Primärtherapie erwirbt der Patient eine Reaktionsweise, nämlich das Primärerlebnis, von dem in der Psychoanalyse nicht die Rede ist. Letztlich muß also die therapeutische Beziehung, wie jede Beziehung, an Hand ihrer Wirkung auf den einzelnen bewertet werden. Diese Wirkung kann – aber sie muß keineswegs immer – schlecht oder sogar schrecklich sein.

Obwohl also grundsätzlich eine differenzierte Betrachtungsweise notwendig ist, halte ich die nondirektiven Therapieformen beim gegenwärtigen Zustand unserer Psychoszene insgesamt für fragwürdig. Auf die Gründe habe ich hinreichend aufmerksam gemacht: Die nondirektiven Therapien führen durch ihre paradoxe Rahmendefinition zu einer umfassenden Kontrolle der Beziehung durch den Therapeuten, die in keiner Weise vom Patienten verändert werden kann. Dadurch entzieht sich auch der Erfolg des Therapieprozesses der gegenseitigen Kontrolle. Die Therapieergebnisse müssen nicht schlecht sein, aber wenn sie es sind, dann hat der Patient kaum eine Möglichkeit, diese Tatsache in die Therapie einzubringen. Er hat sogar sehr eingeschränkte Möglichkeiten, die Therapie einfach aufzugeben. In dieser Hinsicht sind die nondirektiven Therapien viel direktiver als die direktiven Schulen, in denen der Therapeut die Kontrolle über gewisse Beziehungsbereiche offen beansprucht. Der nondirektive Therapeut braucht sich bei seiner Definition der Beziehung nicht festzulegen, und er braucht nicht einmal anzugeben, welches Ziel er erreichen will, da er ja vorgibt, die Kontrolle liege beim Patienten. Die Definition «Dies ist *deine* Therapie» einem Patienten gegenüber zu gebrauchen, der sich unter starkem Leidensdruck um Hilfe an den Fachmann wendet, heißt die Kontrolle über die Beziehung nicht an gewissen Punkten, sondern in jeder Hinsicht beanspruchen.

Eine solche Möglichkeit der Immunisierung gegen Kritik und Überprüfung erscheint mir immer gefährlich und beim gegenwärtigen unsicheren Status aller psychologischen Behandlungsweisen geradezu unverantwortlich. Angesichts einer verbreiteten Ideologisierung der Psychotherapie, angesichts extremen Quacksalbertums und blinder Sektiererei kann man die Gefahren der Psychoszene für den Patienten wohl nicht so leicht überschätzen. Von dieser Kritik kann man auch große und etablierte Schulen nicht ausnehmen: Zwar trifft man in ihnen weniger Sektiererei und ideologische Gruppenbildung an, aber der Einschränkung des allgemein verbreiteten Nichtwissens entgehen auch sie nicht. Wie es sich auswirkt, wenn Nichtwissen (in diesem Fall über die Ursachen und Erscheinungsformen der Angstsymptome) durch Beziehungskontrolle kompensiert wird, mußte Vera Becker ja gerade in etablierten Institutionen erfahren.

Düstere Aussichten

In einem so unsicheren Umfeld, wie es die Psychotherapie auch für den Fachmann darstellt, empfinde ich eine Beziehung, in der lediglich eine Seite Kontrolle ausübt, als grundsätzlich unberechtigt und gefährlich, auch wenn dies (vorübergehend) von der unterlegenen Seite nicht so empfunden wird. In einer solchen Beziehung trägt der Therapeut Verantwortung, ohne sich verantworten zu müssen, er verändert, ohne Veränderungen zu planen, und er läßt sich als Fachmann bezahlen, ohne die Rolle eines Fachmanns zu übernehmen. Die damit verbundene Gefahr kann man nur in folgender Weise vermeiden: Beide Seiten müssen sich darüber einigen, was für eine Art von Beziehung sie sich wünschen. Wenn der Therapeut auf die Rolle des Helfers eingeht, muß er sich mit dem Patienten zusätzlich darüber einigen, welches Problem gelöst oder welche Änderung angestrebt werden soll. Das Ziel der Behandlung muß klar definiert, konkret und sein Erreichen oder Verfehlen damit nachprüfbar sein.

Erst wenn dies geklärt ist, kann der Therapeut Anweisungen geben oder Maßnahmen vorschlagen, die er als hilfreich definiert. Wenn der Patient wirklich Hilfe will, muß er diese Anweisungen befolgen oder die Maßnahmen durchführen. Es hängt dabei vom Geschick des Therapeuten ab, inwieweit es ihm gelingt, Anweisungen zu geben, die die Manöver des Patienten umgehen oder unwirksam machen, so daß die von beiden Seiten gewünschte Wirkung tatsächlich eintritt. Dabei kann sich der Therapeut durchaus paradoxer Manöver bedienen, insbesondere wenn er paradoxen Strategien des Patienten, mit denen dieser sein Problem am Leben erhält, entgegenarbeiten will. Aber es muß klar sein, auf welche Probleme sich die Behandlung insgesamt richtet, und es muß ebenso klar sein, daß der Therapeut für das Ergebnis seiner Manöver die Verantwortung trägt. Will er diese Verantwortung nicht, muß er die Rolle des Helfers ablehnen.

Soweit die Behandlungsform, die ich für den gegenwärtigen Zustand der Psychotherapie vorschlage. Aber sicherlich ist darüber hinaus die Frage von Bedeutung, wie sich die Psychotherapie weiter entwickeln wird. Befindet sie sich in einem Zustand wie die Medizin zur Zeit der Aufklärung vor zweihundert Jahren, als auch die seriösen Ärzte nur ein sehr fragmentarisches Wissen hatten und viele Irrtümer vertraten? Damals besaßen die Ärzte nur ein sehr begrenztes Instrumentarium, um bei einer ernsten Krankheit zu helfen, und die Lücken des Wissens und Könnens wurden von Quacksalbern ausgenutzt. Relativ geringen Hilfsmöglichkeiten stand ein erheblicher Schaden gegenüber, den die Quacksalber (aber auch die gebildeten Ärzte) anrichteten, und es blieb den Betroffenen nur übrig, den Trost zu suchen, den sie finden konnten.

Ich bin davon überzeugt, daß die moderne Psychoszene die Folge einer ähnlichen Mischung aus Nichtwissen und Quacksalbertum darstellt, wie sie auch in der körperlichen Medizin lange Zeit vorherrschte. Insofern kann man erwarten, daß sich die Lage der Psychotherapie mit dem Fortschritt unseres Wissens bessern wird. Allerdings muß offen bleiben, ob es darüber hinaus nicht eine Andersartigkeit psychischen Leidens gegenüber körperlichem Leiden gibt, die es der menschlichen Verfügung in noch höherem Maß entzieht, als dies bei körperlichen Gebrechen der Fall ist. Auch diese lassen sich ja keineswegs vollständig durch ärztliche Verfügungstechniken beherrschen, so groß auch unser Wissen über die Physiologie und Pathologie des Körpers inzwischen geworden ist. Ich vermute, daß sich die Gesundheit der menschlichen Psyche dem technischen Zugriff in noch höherem Maß entzieht, aber die Gründe seien hier einmal beiseite gelassen. Wesentlich ist, daß die Verfügung menschlicher Helfer über das psychische Leid der Hilfesuchenden zur Zeit auf jeden Fall gering ist und nicht überschätzt werden darf, wenn die Schäden der Psychotherapie gegenüber ihrem Nutzen nicht sehr schnell überwiegen sollen.

Paradoxien heilen nicht

Die Kritik an der Abhängigkeit des Patienten in der Psychotherapie wird im Prinzip von vielen Fachleuten geteilt, aber ich habe sie anders und kompromißloser formuliert, als es zum Beispiel Jay Haley[44] tut. Da dieser ebenso wie Paul Watzlawick[17] der Ansicht ist, die Veränderungswirkung auf den Patienten in einer Psychotherapie gehe von den therapeutischen Paradoxien aus, kommen sie folgerichtig zu dem Ergebnis, auch die «nichtdirektive» Definition einer Therapie könne zu einer erfolgreichen Behandlung führen. Ihre Kritik richtet sich lediglich auf die unnötige Dauer und auf die hohen Kosten der nondirektiven Therapie, die durch die endlose analytische «Ursachensuche» zustande kommt.

Dagegen habe ich versucht, deutlich zu machen, daß die paradoxen Manöver eines Therapeuten nicht selbst problemlösend wirken, sondern vor allem die früheren, problematischen Reaktionen des Patienten blockieren. Die dadurch möglich gemachten neuen Erfahrungen oder Denkweisen wirken sich dann problemlösend aus, indem sich der innere Zustand des Patienten und auch seine Situation verändern können. Allerdings ist der Unterschied zwischen dieser Auffassung und der Jay Haleys nicht so groß, wie er auf den ersten Blick wirkt. Denn Jay Haley geht von der methodischen Prämisse aus, daß man innere Vorgänge in der Psyche des Patienten, über die man nur indirekt etwas wisse, nicht in die Betrachtung einbeziehen solle. Diese «behavioristische» Prämisse habe ich nicht benutzt, sondern habe von Änderungen im Patienten, zum Beispiel von Änderungen seiner Weltsicht oder seiner Anpassungsreaktionen gesprochen. Wenn man lediglich über die beobachtbare Beziehungsstruktur redet, sieht es tatsächlich so aus, als müsse man die paradoxen Manöver des Therapeuten als Therapeutikum definieren. Wenn man jedoch auch die Veränderung von Eigenschaften des Patienten mit betrachtet, wird deutlich, daß man therapeutisch bewirkte Veränderungen differenzierter und genauer (aber auch spekulativer) angeben kann.

Der Therapieprozeß verändert den Patienten als Individuum, und dabei ist es alles andere als gleichgültig, ob er lernt, Primärerlebnisse zu haben, oder ob er in einer Gesprächstherapie darauf eingeschworen wird, Probleme zu lösen, indem er über sie spricht. Ich wiederhole es: Die Bewertung einer Psychotherapieschule muß letztlich von den Ergebnissen abhängen, die sie hervorbringt. Die Betrachtung der Beziehungen in der Therapie dient vor allem dazu, die Art und Weise deutlich zu machen, in der der Therapieprozeß eingeleitet und aufrechterhalten wird. Struktur und Funktion, Art der Beziehung und Wirkung auf das Individuum sind zwar nicht unabhängig voneinander und können nie unabhängig sein. Trotzdem müssen wir beide Aspekte getrennt betrachten, wenn uns die Vorgänge in einer Psychotherapie (und in jeder anderen Beziehung) verständlich werden sollen.

Eine neue Orientierung

Aus den bisherigen Überlegungen ergibt sich der für mich zwingende Schluß, daß eine legitime Psychotherapie zumindest zur Zeit direktiv im Sinn einer klaren Beziehungsdefinition sein muß und daß sie sich zusätzlich nur auf eindeutig vorgegebene, eng begrenzte Ziele richten kann. Der Therapeut muß die Verantwortung, die er unweigerlich trägt, auch offen wahrnehmen, und er muß dem Patienten die Möglichkeit geben, den Erfolg seiner Maßnahmen zu prüfen. Mit dieser Zielsetzung ist weder eine ideologisierte Definition der Psychotherapie vereinbar, noch lassen sich vage Versuche rechtfertigen, die Persönlichkeit des Patienten in irgendeiner unklaren Weise umzuformen. Ziele wie die berühmte psychoanalytische «genital organisierte Persönlichkeit» oder gar das Janovsche «abwehrfreie Leben» würden einer sektiererischen Glaubensgemeinschaft gut anstehen, können aber nicht Ergebnis einer nüchtern betriebenen und empirisch prüfbaren Psychotherapie sein.

Damit wird auch die Psychotherapie als Sinnsuche ebenso wie die Psychotherapie als allgemeine Anpassungsreaktion an alle Schwierigkeiten des Lebens als legitime Möglichkeit ausgeschlossen. Man darf dies nicht mißverstehen: Es steht jedem frei, Sekten und Kulte zu gründen, die ein abwehrfreies Leben oder ähnliche Ziele anstreben. Mit gezielter, vernünftig nachprüfbarer Hilfe bei psychischen Problemen haben solche Versuche jedoch nichts zu tun, und sie können nicht auf der Ebene der Wissenschaft betrachtet werden. Es dürfte dann allerdings auch keine Therapiegemeinschaften geben, die ihre Beziehungen für realer als die anderer Menschen halten, noch dürfte es den Analysanden geben, der glaubt, auch nach fünf Jahren ohne seine Analyse nicht auskommen zu können. Allerdings lassen sich diese Ziele einfacher formulieren, als sie plausibel zu machen sind, denn die gängige Meinung geht dahin, daß gerade die unbestimmt ausgerichteten, langandauernden Therapien besonders tiefgehend und wissenschaftlich fundiert seien. Der Grund für diese Fehleinschätzung liegt sicherlich darin, daß diese Schulen sich auf die tiefenpsychologische Traumatheorie berufen, eine Theorie, die auf eine weitverbreitete Anerkennung rechnen kann. Theorie und Praxis der nondirektiven Therapien ergeben sich (mit Ausnahme der Gesprächstherapie) auf eine sehr plausible Weise aus den Voraussetzungen der Traumatheorie, und diesen Zusammenhang will ich zum Schluß nochmals deutlich machen.

Die tiefenpsychologische Traumatheorie stützt in der Therapie die Vorstellung, die Verhaltensweisen des Patienten würden durch unbewußte Vorgänge bestimmt, die mit der gegenwärtigen Beziehung zwischen Patient und Therapeut nichts zu tun haben. Solange man in der therapeutischen Beziehung das Spiegelbild frühkindlicher Beziehungen, Phantasien oder Bedürfnisse sehen will, kann sich jederzeit eine paradoxe Form der Interaktion unter der Kontrolle des Therapeuten entwickeln (vor allem dann, wenn etwas in der Therapie schiefläuft).

Erst wenn man diese Vorstellung aufgibt, kann man die therapeutische Beziehung dazu benutzen, einzelne aktuelle Lebensprobleme anzugehen. Erst dann wird es auch möglich, auf umfassende, wirklich «spontane» Veränderungen zu hoffen, wenn es gelingt, gezielt einzelne positive Wirkungen zu erzielen. Die tiefenpsychologische Ursachensuche erweist sich dabei nicht nur als überflüssig, sondern sogar als unmöglich. Man kann nicht gleichzeitig die «eigentlichen» Ursachen eines Problems im Unbewußten suchen und ein Problem über bewußte Handlungen oder Erfahrungen lösen.

Der Begriff des Unbewußten könnte allerdings zu Mißverständnissen Anlaß geben: Selbstverständlich gibt es unbewußte Elemente der Verhaltenssteuerung eines Menschen in dem Sinn, daß auf sie Ursachen einwirken, die nicht bewußt werden. Es gibt sogar Faktoren dieser Art, die nicht bewußt werden können und die sich der Introspektion auf Dauer entziehen. Aber auf die schwierige Frage, wie das menschliche Bewußtsein und seine Grenzen zu erklären seien, muß ich hier gar nicht eingehen. Für die therapeutische Praxis genügt die Feststellung, daß die unbewußten Einflußfaktoren der Verhaltenssteuerung (wie immer man sie deuten mag) nicht unmittelbar Konstellationen der früheren Kindheit widerspiegeln, sondern ganzheitlich mit der Situation und der Persönlichkeit des Patienten zusammenhängen. Was immer die geschichtlichen «Ursachen» unbewußter Vorgänge sein mögen, in der Gegenwart haben sie eine Funktion und eine Bedeutung für die Gegenwart, und sie nehmen an den Veränderungen der Gegenwart teil. Auch eine Hysterie bildet in diesem Sinn eine Reaktion auf die gegenwärtige Umwelt oder sogar ein Manöver in einer gegenwärtigen Beziehung. Wer menschliche Probleme lösen will, muß das gegenwärtige Verhalten oder Denken des Menschen verändern, und es ist dabei relativ unerheblich, ob ein einzelner Veränderungsschritt bewußt oder unbewußt geschieht – wenn er nur überhaupt in die angestrebte Richtung führt. Aber um solche Veränderungen zu bewirken, muß der Therapeut davon ausgehen, daß Denken und Verhalten des Patienten nicht nur, aber auch von der gegenwärtigen Beziehung zum Therapeuten abhängig sind und daß daher in dieser Beziehung der Schlüssel zur Veränderung liegt.

Die typisch tiefenpsychologische Deutung, daß das Verhalten des Patienten auch in der Therapie von inneren Zuständen geprägt sei, die von der Beziehung unabhängig (weil frühkindlich festgelegt) sind, führt auf direktem Weg zu der paradoxen, nichtdirektiven Definition der Therapie. Wenn Veränderungen in der Gegenwart diese unbewußten Strukturen nicht ändern können, dann sind auch Anweisungen oder Maßnahmen des Therapeuten, die auf die Gegenwart zielen, wirkungslos und beeinflussen nur äußere Symptome. Dann bleibt wirklich nur noch der Weg in das magische Dreieck der Tiefenpsychologie: Die unbewußte Struktur muß bewußt gemacht, aktiviert und dann erst verändert werden. Und um dieses Ziel zu erreichen, muß der störende Einfluß gegenwärtiger Bezüge möglichst gering sein. Das heißt, daß die Therapie in irgendeinem Sinn nichtdirektiv sein darf, und weil dies faktisch unmöglich ist, kommt es zur Paradoxie: Die nichtdirektive Therapie erzwingt es, daß die erwarteten Phänomene der Bewußtwerdung, des Wiedererlebens und des Verarbeitens «spontan» eintreten.

Eine direktive Therapie oder aktive Beratung beruht dagegen auf der Anerkennung der Tatsache, daß jede Helferbeziehung den Hilfesuchenden verändert und verändern muß. Die Beziehung wird nicht zum Rahmen «spontaner» Veränderungen, sondern zum Instrument des Veränderns selbst. Daß dieses Instrument ebenso wie alle anderen Mittel, Menschen zu beeinflussen und zu lenken, nur mit großer Vorsicht und dem Bewußtsein hoher Verantwortung eingesetzt werden darf, versteht sich von selbst. Aber es ist besser, Menschen zu beeinflussen und sich und ihnen darüber offen Rechenschaft zu geben, als Menschen zu beeinflussen, indem man vorgibt, sie nicht zu beeinflussen.

Zum Abschluß

Der vierte und fünfte Teil dieses Buches hatte den Zweck, einen wissenschaftlichen Hintergrund für die unmittelbaren Berichte aus der Therapieerfahrung Vera Beckers zu geben. Es erwies sich als außerordentlich schwierig, die wissenschaftlichen Informationen über ein so vielfältiges und umstrittenes Gebiet in einer Form darzustellen, die auch dem Nichtfachmann zugänglich ist. Dafür habe ich, wie im vorigen Kapitel erwähnt, Begriffe und Ideen herangezogen, die Vertreter der sogenannten Kommunikationstherapie oder «systemischen» Therapie entwickelt haben. Neben den (hier nicht eingeführten) sozialpsychologischen Konzepten bieten die kommunikationstheoretischen Ideen die einzige Möglichkeit, die therapeutische Beziehung außerhalb des Begriffsrahmens einer Einzelschule zu betrachten. Zwar hat jede etablierte Therapieschule auch eine Theorie der therapeutischen Beziehung entwickelt (allen voran die Psychoanalyse). Aber für eine kritische Betrachtung sind solche Theorien unbrauchbar, da sie die Richtigkeit der jeweiligen Schulmeinungen bereits voraussetzen. Zum Beispiel läßt sich das Konzept der Übertragung nicht mit psychoanalytischen Begriffen untersuchen, denn diese setzen die Übertragung als Grundlage voraus. In der Psychoanalyse (und ebenso in fast allen anderen Schulen) fehlt eine theoretische «Meta-Sprache», in der man Beziehungen darstellen kann, ohne gleich auf bestimmte inhaltliche Vorstellungen Bezug zu nehmen. Unter den wenigen vorhandenen «Meta-Sprachen» habe ich diejenige ausgewählt, die mir die geeignetste schien.

Wer hierzu weiterführende Literatur sucht, kann im deutschen Sprachraum nicht auf eine große Auswahl hoffen. Ein (und fast der einzige) Ausgangspunkt bildet die Arbeit von Karl Herbert Mandel und seinen Kollegen.[46] Allerdings gibt es seit neuestem wenigstens ein umfassendes (wenn auch knapp gehaltenes) Sammelwerk über die Natur der therapeutischen Beziehung, das von Dirk Zimmer herausgegeben wurde.[47] Dieses Werk enthält auch einen geradezu enzyklopädisch umfangreichen Zitatenteil, auf den ich der Einfachkeit halber hier pauschal verweise.

Ich bitte gerade die Leser, die nicht beruflich mit der Psychotherapie zu tun haben, sich von der möglicherweise mühsamen Lektüre dieses fünften Teils nicht vom weiteren Nachlesen abhalten zu lassen. Der Wert der hier in abstrakter Form vorgestellten Gedanken muß sich ja dadurch erweisen, daß die Erfahrungen verständlicher werden, von denen Vera Becker im weiteren Text berichten wird. Ich bitte den Leser, besonders in dem nun folgenden Bericht aus der Psychologischen Klinik Mennigrode darauf zu achten, wie sich die Beziehung zwischen Patientin und Therapeuten entwickelt. Es wird sichtbar werden, wie die Therapeuten mit den Problemen der Patientin nicht fertig werden, dies jedoch nicht wahrhaben wollen und sich in Paradoxien flüchten. Der Leser wird verfolgen können, wie weitgehend die Ideologisierung des Therapiebetriebs in der Klinik bereits vorangeschritten ist, so daß die rebellische Patientin weniger wie eine leidende Kranke, sondern eher wie eine abgefallene Glaubensgenossin behandelt wird. Es wird auch deutlich werden, daß durch die Ideologisierung der Therapie Menschen in dieser Klinik «behandelt» werden, die auf die angebotene Form der Beeinflussung nach fachlichem Ermessen gar nicht ansprechen können. Schließlich möchte ich dem Leser vorschlagen, darauf zu achten, wie die paradoxe Definition der Therapie als «Partnerschaft» stets bereitgehalten wird, um jede Kritik und jedes Abweichen zu unterbinden. Es wird, wie ich hoffe, klarwerden, daß alle Beteiligten unter einer solchen Situation leiden und leiden müssen, sobald es nicht zu einer völligen Unterwerfung der Patienten unter die Regeln der Therapie und der Therapeuten kommt.

Insgesamt wird der folgende Bericht (und der dritte Bericht im achten Teil) wohl zeigen, daß die wissenschaftlichen Diskussionen dieses fünften Teils nicht unwichtig waren. Sie können, wie ich hoffe, dabei helfen, wesentliche Phänomene der gegenwärtigen «Psychoszene» einzuordnen und zu verstehen.

Daß die Psychoszene schlimme Auswüchse und fragwürdige Institutionen birgt, dürfte durch die bisherige Darstellung bereits zur Genüge klargeworden sein. Daß die Fragwürdigkeit nicht vor den Türen und Praxen der Vertreter «etablierter» Schulen haltmacht, muß leider ebenfalls zur Kenntnis genommen werden. Man sollte jedoch nicht den Schluß ziehen, daß dies überall und immer so sei und daß es keine legitime Psychotherapie geben könne. Es gibt durchaus empirisch fundiertes und verantwortliches psychotherapeutisches Handeln (auch in den Schulen, deren Theoriegebäude fragwürdig und teilweise irrig ist). Die Gefahr von Fehlentwicklungen und Fehlverhalten wird um so geringer, je klarer und nüchterner die Therapieziele formuliert werden und je klarer und offener die Beziehung zwischen Patient und Therapeut gestaltet wird. Auch dafür wird Vera Becker in ihrem dritten Bericht noch Beispiele geben, Beispiele von Therapien, die keinen Schaden anrichteten und an die sie nicht mit Groll zurückdenkt, obwohl sie ihr auch nicht helfen konnten.

Trotz dieser positiven Beispiele sollte unzweideutig ausgesprochen werden, daß die Fachwelt von einer überschaubaren, gut fundierten und erfolgreichen Methode der Psychotherapie noch weit entfernt ist. Selbst die besten und erfolgreichsten Methoden sind heute noch fragmentarisch und lassen eine gründliche theoretische Absicherung vermissen.

Auf den restlichen Seiten dieses Buches werden die Erfahrungsberichte überwiegen, und der wissenschaftliche Kommentar wird sich auf das Nötigste beschränken. Einige Erläuterungen und Anmerkungen sollen im siebten Teil noch folgen, aber im wesentlichen ist die Arbeit des Wissenschaftlers hiermit getan. Es ist nun an der Zeit, daß die betroffene Patientin fortfährt, über ihre Erfahrungen und ihre Einsichten zu berichten.

Sechs

Der zweite Teil des Berichts: Die psychologische Klinik

Keiner kann gerechterweise einen anderen beurteilen oder verurteilen, da keiner den anderen wahrhaftig kennt.

Sir Thomas Browne, ‹*Religio medici*›
Zweites Buch, § 4

Wie erzeugt man «Therapieresistenz»?

Die Klinik Mennigrode

Die Landschaft ist schön, aber auch bedrückend – weite Kiefernwälder mit eingestreuten, einsam gelegenen Weilern, endlose gerade Straßen und viel grünes Weideland. Je mehr wir uns der Klinik nähern, um so größer wird meine Angst vor dem, was da auf mich zukommt. Am liebsten möchte ich meinen Mann bitten, mich wieder mit zurückzunehmen. Ich weiß, daß ich keine Wahl habe. Die Klinik hat einen guten Ruf, das beruhigt mich. Das Haus wirkt freundlich: eine breite Veranda vor dem hohen Giebel, ringsherum Blumen, es wirkt eher wie ein Hotel.

An der Rezeption begrüßt mich Sabine, ein männlicher Typ mit Hemd und Krawatte, etwas rauh – aber sympathisch. Sie gibt mir Instruktionen: «Du kannst jetzt erst mal auspacken. Um sechs gibt's Abendessen. Die ersten zwei Wochen ist Kontaktsperre, da darfst du zu keinem außerhalb der Klinik Kontakt haben. Rauchen ist verboten, sämtliche Tabletten mußt du bei der Schwester abgeben, um zehn abends mußt du im Bett sein, morgens ist um sieben Frühsport. Alles Weitere sagt dir dein Therapeut.»

Ich fühle mich auf Anhieb wohl hier, die Atmosphäre ist lokker, die Leute stehen an der Rezeption herum, schlürfen Kaffee, reden, manche umarmen sich, lachen – alles gleicht eher einem Ferienhotel und nicht einer Klinik für psychisch Kranke. Mein

Mann ist auch beruhigt. Zum Abschied drückt er mir eine kleine Münze in die Hand. «Das bringt Glück», sagt er. «Halt die Ohren steif.»

Ich bin froh über mein Einzelzimmer, auch wenn es sehr eng ist. Da fällt mir noch etwas ein, was Sabine sagte: Nicht auf das Zimmer zurückziehen! Plötzlich ist die Panik wieder da, Zittern, Schweißausbruch, ich fühle mich bedroht, habe Angst vor den fremden Menschen, möchte mich am liebsten verkriechen. Auf dem Weg nach unten halte ich mich am Geländer fest, mit zitternden Knien betrete ich den Speisesaal. Es kommt mir so vor, als ob mich alle ansehen, ich möchte weglaufen, das Tablett mit Würstchen und Sauerkraut schwankt, mir wird übel von dem Geruch – endlich ein freier Platz.

Die Stimme meiner Tischnachbarin dringt zu mir durch: «Ich bin Erika. Du bist neu, was? Gerade angekommen, was? Die ersten drei Tage sind immer die schwersten, danach hat man sich meistens eingelebt. Weshalb bist du hier?» Ein Stein fällt mir vom Herzen. Es tut gut, mit ihr zu reden. Sie ist sehr weich in ihrer Art. Ich spreche mich aus, nach einer Stunde kennt sie mein halbes Leben.

Rolf, der Therapeut

Wir sitzen in einem winzigen Raum zu viert um einen großen Tisch, an den Wänden Regale mit Psychiatriebüchern, Bilder, Urkunden. Schweigen. Wir kennen uns nicht.

Nach einer Weile kommt der Therapeut, ein lustiger Typ, fast glatzköpfig, mit einer auffälligen Zahnlücke im Oberkiefer. Mit seinen Jeans und handgestricktem Pullover wirkt er eher wie ein Student im höheren Semester. Er grinst uns an und reckt sich dabei. «Ihr seid also die Neuen, ich werde euch jetzt mal so ungefähr sagen, worum es hier geht.» Er gähnt nochmals, laut und unüberhörbar. «Wir sind hier so eine Art Volkshochschule für

Leute, die mit dem Leben nicht umgehen können. Ihr seid nicht krank, sondern ihr habt nur das Leben nicht gelernt. Hier könnt ihr lernen, euch das Leben zu nehmen – damit meine ich, das Leben anzupacken und nicht weiter in der Scheiße zu wühlen. Wir verstehen uns nicht als Therapeuten, die euch eure Schwierigkeiten beseitigen, wir müssen selbst noch lernen und können euch nur Anregungen geben. Es geht hier darum, neue Erfahrungen zu machen, aus dem Alten rauszuspringen. Die meisten Therapien wühlen dauernd im Alten, in der Kindheit, deshalb kann da auch nichts bei rauskommen, das bringt keine Änderung. Ihr könnt nur was ändern, wenn ihr das alte Verhalten sein laßt und was völlig Neues ausprobiert. Wenn ihr dazu bereit seid, habt ihr hier gute Möglichkeiten. Jeder kann sich hier nehmen, was er braucht. Ich zum Beispiel hole gerade meine Pubertät nach. Anfangs hatte ich ziemliche Hemmungen, mit Patientinnen zu schmusen oder sogar Männer zu umarmen. Jetzt genieße ich es richtig, habe auch meiner Frau gegenüber keine Schuldgefühle mehr. Irgendwann werde ich diese Phase überwunden haben, bis dahin werde ich es voll auskosten.» Sein Mund verzieht sich zu einem breiten Grinsen. Ich schwanke zwischen Ablehnung und Bewunderung. Er fährt fort: «Der Körperkontakt ist hier ein wichtiger Teil. Wir haben alle verlernt, diese Bedürfnisse zu äußern, das können nur noch die Kinder, und selbst die nicht mehr alle. Wir haben alle ein biologisches Bedürfnis nach Zärtlichkeit, wenn ihr das spürt, schnappt euch den nächsten und nehmt ihn euch. Und wenn der nicht will, dann geht zum nächsten. Ihr habt ein Recht auf eure Bedürfnisse.»

Innerlich stimme ich ihm oft zu. Was er sagt, ist einleuchtend für mich. Nur der Punkt mit dem Verhalten irritiert mich. «Was meinst du mit neuem Verhalten? Es geht doch meistens um Gefühle. Ich kann zum Beispiel trotz meiner Angstzustände Situationen meistern, die schwierig sind, und mir dann auf die Schultern klopfen. Davon geht die Angst aber nicht weg, und solange ich von morgens bis abends Panik habe, kann ich auch an keinem neuen Verhalten Freude finden. Es ist völlig egal, was ich tue. Entscheidend ist, wie ich mich dabei fühle.» Rolf zeigt Verständnis, der dicke Mann neben mir nickt zustimmend mit dem Kopf. Rolf holt tief Luft und kratzt dabei seinen Kopf: «Du hast nicht gelernt, mit deiner Angst richtig umzugehen. Du gibst ihr zuviel Raum. Hier kannst du etwas Neues dazulernen, dann verliert die Angst ihre Bedeutung. Wir können euch die Symptome nicht nehmen. Ihr könnt nur lernen, anders damit umzugehen.»

Ich spüre eine Welle von Hoffnungslosigkeit, wenn ich mir vorstelle, nie von diesen grauenhaften Zuständen loszukommen, mein ganzes Leben damit verbringen zu müssen. Wie soll ich Todesangst, Zittern, Schweißausbrüche, Atemnot, Schwindel, Zwangsideen – wie soll ich das alles ignorieren lernen? Rolf scheint meine Gedanken zu erraten. «Nimm dir Zeit», sagt er. «Hier kannst du einiges für dich rausholen.»

Versuchte Vergewaltigung

Einmal in der Woche ist Plenum. Patienten, Therapeuten und alle Angestellten der Klinik versammeln sich im Aufenthaltsraum, um gemeinsam Probleme zu diskutieren. Der Stil der Klinik gefällt mir. Bisher spüre ich nichts vom Arzt-Patienten-Gefälle, alle duzen sich, es ist eher wie eine große Familie. Ich habe das Gefühl, daß hier alle im selben Boot sitzen. Zuneigung wird offen gezeigt, man umarmt sich, streichelt sich, hört einander zu.

Der Raum ist brechend voll. Lautes Stimmengewirr schlägt mir entgegen. Ich versuche herauszufinden, wo die Therapeuten sitzen – es gelingt mir nicht. Langsam wird es ruhiger. Jemand liest die Tagesordnung vor. An erster Stelle steht: Vorstellung der neuen Gäste, damit sind neue Patienten gemeint. Dazu gehöre auch ich. Mir wird mulmig bei dem Gedanken, mich vor so vielen Menschen vorzustellen. Wir werden aufgerufen. Ein dicker Mann, zwei Stühle neben mir, kommt zuerst dran. Er steht auf und sagt: «Ich heiße Gerd. Ich bin ein Alkoholiker.» Klatschen – das ist also alles, ich bin beruhigt. Jetzt bin ich an der Reihe, meine Knie zittern wieder. «Ich bin Vera. Ich bin Neurotikerin.» Als ich mich wieder setzen will, brüllt jemand von ganz hinten: «Was heißt denn hier Neurotikerin? Weshalb bist du hier?» Ich fühle mich provoziert und ergänze: «Ich habe Depressionen und Angstzustände.» Klatschen – Gott sei Dank, ich habe es überstanden! Wieder meldet sich hinten jemand zu Wort, ein markanter Typ, ganz in Dunkelblau gekleidet, sehr lässig. Er steht auf, wendet sich mir zu. «Vera, ich bin dein Therapeut. Steh noch mal auf! Wieviel wiegst du?» – «Neunundvierzig Kilo.» – «Wie groß bist du?» – «Einsfünfundsechzig.» – «Du hast nicht nur Depressionen, du hast auch eine Magersucht. Unter, na sagen wir, achtundfünfzig Kilo fangen wir gar nicht erst an mit der Therapie. Bis dahin kommst du auf Isolierstation zum Zunehmen.» Er macht eine bestimmende Handbewegung. «Schwester Hilde», ruft er, «regle das bitte.» Sie nickt.

Ich bin fassungslos und setze mich zur Wehr: «Nein, dazu bin ich nicht bereit. Eines meiner Probleme war, daß ich immer zuviel gefressen habe. Jetzt bin ich davon los und soll hier wieder damit anfangen. Wenn ihr mich allein auf ein Zimmer sperrt, dreh ich durch!» Ich kann nicht mehr kontrollieren, was ich sage, es kommt automatisch aus mir heraus. Ich begreife nichts mehr.

Der Typ in Blau macht ein bedenkliches Gesicht. «Okay», sagt er. «Du kannst dich entscheiden: Entweder du tust, was wir dir vorschlagen, oder du kannst sofort gehen.» Ich bin wie vom Schlag getroffen. Ohnmächtige Wut steigt in mir hoch. Ich befürchte, daß ich anfange, laut zu schreien.

Währenddessen läuft das Programm weiter. Alle sind plötzlich weit weg, ich fühle mich verlassen, ausgestoßen. Jemand greift nach meiner Hand, die gleiche Frau, mit der ich schon einmal gut reden konnte. Sie neigt ihren Kopf zur Seite und flüstert mir zu: «Bravo. Du bist echt stark! Ich geb dir den Tip:

Tue, was Reiner sagt. Das ist wahrscheinlich die Eintrittskarte für dich. Die wollen sehen, ob du echt motiviert bist und dich hier wirklich einlassen willst. Gib nach, es ist zwar hart, aber letzten Endes zu deinem Nutzen. Heute mittag ist Visitengruppe, da hast du Gelegenheit, mit Reiner zu reden.» Ich bin dankbar für die Zuwendung, drücke ihre Hand ganz fest und nicke mit dem Kopf. In mir ist ein Vulkan von Auflehnung. Eine Stimme in mir schreit: «Ich tue nichts mehr, was gegen mein Gefühl ist, nichts, nichts, nichts!»

Im Anschluß an das Plenum klopft man mir auf die Schultern, lobt meine Auflehnung und gibt mir gleichzeitig den Rat, klein beizugeben. Was für eine Schizophrenie! Ich begreife nichts mehr.

Der Kompromiß

Wir sitzen in Reiners Raum zusammen. Ich fühle mich wie auf einem Pulverfaß. Jeder berichtet von seinen Gefühlen, Reiner gibt seine Kommentare und Anstöße oder hört einfach nur zu. Ich habe mir vorgenommen, zu mir selbst und zu meinen Gefühlen zu stehen. Ich höre nicht richtig zu, was die anderen sagen, ich bin zu sehr mit mir selbst beschäftigt, habe zuviel Angst vor der Reaktion, wenn ich sage, was wirklich in mir vorgeht. Nach einer endlosen Zeit bin ich an der Reihe. Meine Stimme ist belegt, als ich anfange zu reden: «Ich habe mir geschworen, nichts mehr zu tun, was gegen mein Gefühl ist und meine eigene Überzeugung. Zu lange habe ich mich auf die Ratschläge von Therapeuten verlassen. Ich weiß, daß es falsch wäre, mich in einem Zimmer einzusperren, damit ich zunehme. Das ist mein Gefühl, und das ist für mich richtig. Wenn du aber unbedingt willst, Reiner, daß ich zunehme, bin ich bereit, mehr zu essen, auch wenn ich es nicht einsehen kann.»

Er sieht nervös auf seine Uhr. Ich denke, daß ich zu weit gegangen bin. Er antwortet mir in einem zynischen Tonfall: «Wir haben unsere Erfahrungen mit Frauen wie dir. Es wird dir nicht gelingen, ohne Isolation zuzunehmen, da haben wir jahrelange Erfahrungen. Wenn du dich auf deine Gefühle verlassen könntest, wärst du wohl nicht hier.» Er macht eine Pause. «Du bist ein Therapeutenkiller! Normalerweise lasse ich mich auf keinen Kuhhandel ein. – Okay, jetzt ist Freitagnachmittag, bis Montagmorgen sechs Uhr hast du vier Pfund zugenommen, sonst gehst du auf die Isolierstation.» Ich bin einverstanden und gleichzeitig davon überzeugt, daß ich es nicht schaffen kann.

Das ganze Wochenende verbringe ich damit, pausenlos Süßigkeiten und Sahnekuchen in mich hineinzustopfen, in ständigem Kampf gegen Brechreiz und gegen das Gefühl, mich selbst zu vergewaltigen. Von den Mitpatienten bekomme ich viel Unterstützung. Die Gespräche machen mir wieder Mut und etwas Hoffnung, daß die Härte irgendeinen Sinn hat. Sonntagabend stehe ich kurz vor dem psychischen Zusammenbruch. Ich habe das Gefühl, gleich durchzudrehen, befürchte, das Gewicht nicht erreicht zu haben, unterdrücke mein Bedürfnis, zur Toilette zu gehen, weil ich dann wieder an Gewicht verliere, kann nicht mehr schlafen, kämpfe weiter mit dem Brechreiz. Um zwei Uhr nachts gehe ich zur Nachtschwester, schütte heulend mein Herz aus und flehe sie an, mich auf die Waage zu stellen. Ich falle ihr schluchzend und lachend zugleich um den Hals: Ich habe zweihundert Gramm mehr zugenommen, als Reiner von mir verlangt hat. Ich bin gerettet.

Eine Frau mit Erfahrung

Sie sieht eher aus wie eine Rockerbraut mit ihrer abgewetzten Jeansjacke, den zerzausten Haaren und den dreckigen Fingernägeln. Ich schätze sie auf Anfang Zwanzig, wenn ich sie so ansehe, wie sie lässig auf der Treppe sitzt und lauthals verkündet: «Ein

Königreich für eine Zigarette. Ein Sauladen ist das hier – nichts zu rauchen, kein Schnaps, noch nicht mal 'n Joint.» Anfangs bewundere ich sie wegen ihrer rotzigen Dreistigkeit. Später sehe ich, welche Schutzmaske dieses Verhalten ist, welche Verletzbarkeit sich dahinter verbirgt. Wir kommen ins Gespräch. Sie ist schon zum drittenmal hier, zweimal hat man sie rausgeworfen, trotzdem kommt sie wieder. Sie weiß nicht, wohin sie sonst gehen soll, in anderen Kliniken ist sie auch schon gewesen.

Ich frage sie aus über die Klinik. Stundenlang erzählt sie mir von ihren Erfahrungen. «Glaub mir, das hier ist das kleinere Übel, in anderen Kliniken wirst du erst mal mit Tabletten vollgepumpt, dann machen sie dich total zur Sau. Sie sagen dir, daß du an allem selbst schuld bist, daß du nur nicht genug Willen hast, um mit der Sucht aufzuhören, und anschließend wirst du noch von den Ärzten gefickt und kannst nichts machen. Da ist das hier sehr human dagegen. Du mußt dich nur voll einbringen und dich, das heißt deine alte Person, total aufgeben, tun, was die Therapeuten dir sagen. Du mußt kapitulieren – dann hast du eine Chance, daß sie dich wieder hinkriegen.» Theoretisch ist mir klar, was sie meint, aber ich weiß nicht, woher ich nach meinen bisherigen Therapieerfahrungen dieses blinde Vertrauen nehmen soll. Ihre Antworten kommen mir wie gelernt vor: «Dann bist du eben noch nicht an deinem Tiefpunkt angelangt – wenn dir alles egal ist und du keinerlei Ansprüche mehr hast und nur noch das tust, was man dir sagt. Du bist viel zu kritisch für die Therapeuten hier. Das provoziert die nur.»

Alles, was sie sagt, kommt mir vor wie ein Gebet – als wolle sie sich selbst beruhigen, sich zwingen, daran zu glauben, daß alles gut wird. Unter dieser Attitüde spüre ich ihr eigenes tiefes Mißtrauen. Wenn sie mit entschlossener Stimme von ihren Therapieerfahrungen berichtet, von ihren Entzügen (sie ist drogen-, alkohol- und tablettenabhängig, freßsüchtig und depressiv), von all den Demütigungen durch Ärzte und Angehörige, wenn ich spüre, daß sie trotzdem nicht aufgibt, bereit ist, neu zu vertrauen – dann fühle ich mich sehr mit ihr verbunden und auch nicht mehr so einsam wie vorher.

«Heile Welt»

Trotz des schweren Anfangs fühle ich mich wohl in der Gemeinschaft. Meine Angstzustände kommen immer seltener. Ich fühle mich geborgen, kann wieder lachen, erlebe Menschen nicht mehr als Gefahr. Hier bin ich an einem sicheren Ort. Das Aufeinanderzugehen und Umarmen tut mir gut. Ich genieße es, daß so viele Menschen auf mich zukommen, mir sagen, daß sie mich mögen, mir zuhören. Es ist wie ein Wunder – meine Panik ist fast verschwunden, genauso die Zwangsideen, ich spüre nur noch Verspannungen und innere Unruhe. Das Chaos, in dem ich zu versinken glaubte, die Hölle, aus der ich keinen Ausweg mehr fand – sie haben sich einfach in Luft aufgelöst. Ich beginne zu leben, entdecke meinen Körper wieder, meine Gefühle für die Natur, meine Stimme, den Wert, den ich für andere habe. In mir sind Kräfte, die ich vorher nur ahnen konnte, Energie, die ich jetzt umsetzen kann in Bewegung und Liebe.

In den ersten zwei Wochen werde ich öfters auf den Grund meines Hierseins angesprochen. Die anderen erleben mich allgemein als lebenslustig und unkompliziert, nicht als krank. Genauso fühle ich mich auch, es ist mir egal, wie es zu dieser Änderung gekommen ist. Ich möchte diesen Zustand nur festhalten und wünsche mir nichts mehr, als daß es immer so bleibt, daß ich für immer von diesen Zuständen befreit bin, daß ich endlich anfangen kann zu leben. Abends bade ich mit Lisa in einem Meer von Schaumtürmen. Wir kichern, kitzeln uns, machen Witze. Sie erzählt mir von ihren beiden Kindern, und wir malen uns aus, was wir alles anstellen, wenn wir die Klinik verlassen haben und uns wiedersehen. Die winzigsten Dinge bekommen plötzlich Sinn und Wert: die geputzten Bestecke beim Abendessen, Regen, der gegen die Scheiben klatscht, das breite Lachen der Putzfrau, wenn ich ihr im Flur begegne, das satte Grün des Waldes, das ich von meinem Zimmer aus sehen kann.

Für mich hat die eigentliche Therapie noch nicht begonnen, die Voruntersuchungen sind noch nicht abgeschlossen. Die Voruntersuchung besteht aus der internistischen Untersuchung, einem EKG und einer einstündigen Erhebung der Anamnese. Nach zwei Wochen bekomme ich einen Behandlungsplan: dreimal wöchentlich Gestaltgruppe, täglich Sport, Teilnahme an allen gemeinsamen Veranstaltungen und Selbsthilfegruppen.

Gestaltgruppe

Wir sitzen auf Matratzen, zwanzig bis dreißig Leute. Mittendrin der Therapeut. Schweigen. Der Therapeut fragt: «Wer will anfangen?» Nach einer Weile beginnt eine Frau heftig zu schluchzen. Ihr Gesicht wirkt alt, vergrämt, obwohl sie sicher nicht älter als dreißig ist. Ihr ganzer Körper zuckt, sie schlägt die Hände vors Gesicht. Reiner wendet sich ihr zu: «Was möchtest du sagen?» Sie schüttelt den Kopf und stammelt mit erstickter Stimme: «Er ist immer da, er beobachtet mich immer, ich kann ihm nicht entrinnen, er beherrscht mich.» – «Wen meinst du?» Man merkt ihr an, daß es ihr sehr schwerfällt, den Namen auszusprechen. «Es ist Jesus, ich sehe ihn immer vor mir, ich muß für ihn leben, ich darf nicht an *mich* denken!» Wieder fängt sie an zu weinen. Ich spüre ein großes Unbehagen und den Wunsch, rauszugehen oder diese Frau so lange zu schütteln, bis sie wieder klar wird. Reiner bleibt ruhig. «Sprich ihn an. Sag ihm: Leck mich am Arsch, du Schwein, ich tue, was ich will!» Sie schüttelt den Kopf: «Nein, das kann ich nicht.» Reiner drängt: «Du wirst es jetzt sagen, du wirst dich jetzt von ihm befreien!» Er kniet jetzt neben ihr und hält sie beschützend fest. Seine Stimme wird sanfter: «Fang an, Marion, ich weiß, es ist schwer für dich.» Mit bebender Stimme beginnt sie den Satz zu sagen und wird bei jeder Wiederholung lauter. Reiner spornt sie an: «Ja, gib's ihm, wehr dich, lauter, jetzt nur noch schreien!» Ihr Gesicht wird krebsrot, ihr Körper ist völlig verkrampft, ihr Schrei geht mir durch Mark und Bein. Ich wünsche mir, daß sie endlich aufhört und sich beruhigt. Ihr Gesichtsausdruck hat sich nicht verändert. «Ich krieg ihn einfach nicht raus, ich schrei ins Leere, er ist immer noch da!» Jetzt weint sie leise vor sich hin, mutlos wie ein Kind, das seine Eltern verloren hat. In Reiners Augen bemerke ich Tränen, etwas, was ich nicht erwartet hätte. Das also steckt hinter seiner Härte! Er versucht, ihr Mut zu machen. «Dreißig Jahre hat er dich beherrscht, du kannst ihn nicht von heute auf morgen loswerden, das dauert Zeit. Du mußt Geduld haben.»

Einige Gruppenteilnehmer haben ebenfalls angefangen zu weinen. Eigene Erfahrungen werden aktiviert, Schmerzen, die man bisher immer verbergen konnte. Wir werden aufgefordert, alles rauszulassen. Der ältere Mann, der neben mir sitzt, bekommt einen Wutanfall. Zwei Frauen schreien nach ihren Müttern. Auch in mir tauchen Erinnerungen auf: das Bild meiner Mutter, die mir dunkel und bedrohend wie eine Krähe im Nacken sitzt, dann die Sehnsucht nach der Frau, die ich nie hatte, die ich immer gebraucht hätte.

Ich merke, daß ich nicht wieder in diesen Schmerz tauchen möchte, nicht schon wieder, das ist zuviel! Lange genug habe ich nur Schmerz und Entbehrung gespürt. Das kann ich nicht mehr aushalten. Es ist ein Kampf, die alten Gefühle ziehen mich runter, der Schmerz der anderen ist ansteckend. Ich fühle mich wie tot, möchte rauslaufen, traue mich aber nicht.

Nach der Sitzung bin ich deprimiert. Ich möchte nicht noch einmal durch die Hölle gehen, spüre aber, daß ich unweigerlich wieder reinkomme, wenn ich weiter an der Gruppe teilnehme. Zweifel über Zweifel schwirren durch meinen Kopf. Mir fällt ein, was die Neurologin zu mir sagte: «Sie sind übertherapiert.» Ich denke, daß sie recht hatte, daß meine Abwehrkräfte schon genug geschwächt sind, daß ich eine Stabilisierung brauche, daß diese Therapieform für mich schädlich sein könnte ... Bei der nächsten Gelegenheit werde ich mit Reiner sprechen.

Das Gespräch

Reiner sagt: «Es ist nicht üblich, daß Einzelgespräche stattfinden. Dazu gibt es die Visitengruppe. Eigentlich habe ich auch keine Zeit.» Ich versichere ihm, daß ich mich kurz fasse, gebe zu bedenken, daß ich vermute, die Therapie könne mir schaden. Ich hätte das Gefühl, es ist für mich nach der Primärtherapie nicht gut, noch weiter im Alten rumzuwühlen. Eigentlich habe ich erwartet, daß er sich erkundigt, was bei mir denn vorher in der Therapie lief, aber alles, was er von sich gibt, ist: «Laß dich erst mal ein. Du willst immer, daß andere entscheiden, was für dich gut ist. Wir können morgen alle verrückt sein, da gibt es keine Garantie. Du kannst es nur ausprobieren, dann wirst du ja merken, ob es dir hilft oder nicht. Im übrigen kann man aus jeder Therapie was rausholen, wenn man will. Vergiß deine alten Erfahrungen, und sei offen für das Neue, das du hier erlebst. Uns interessiert nicht, was vorher war, sondern wie du jetzt mit deinem Leben umgehst.» Ich fühle mich mißverstanden, abgeschoben, überfordert mit dem Ausprobieren. Wie kann ich beurteilen, was für mich richtig ist, welcher Weg zu meiner Gesundung führt? Falls es den überhaupt gibt.

Es folgen Gespräche mit Lisa. Sie gibt mir den Tip, nochmals mit dem Therapeuten zu reden, der Nachtdienst hat. Sie kennt ihn von früher und meint, der sei etwas aufgeschlossener.

Mein Herz klopft bis zum Hals, als ich eintrete. «Herein!» Das ist also Bernd, sehr lässig, in abgewetzten Jeans, Turnschuhen und gekonnt durchwühltem Haar. Er läßt sich auf sein Bett sinken, weist mir einen Platz zu und sieht mich neugierig durch seine runden Brillengläser an: «Was ist los?»

Ich: «Ich habe das Gefühl, daß die Therapie mir schadet. Ich komme immer mehr in schlimme alte Gefühle rein, und ich glaube, daß es für mich im Moment nicht gut ist, da noch mal reinzukommen. Seitdem ich an den Gruppen teilnehme, haben sich meine Symptome auch wieder sehr verstärkt. Die gleiche Erfahrung habe ich auch in der Primärtherapie gemacht, und seitdem komme ich aus der Scheiße nicht mehr raus. Ich möchte jetzt verhindern, wieder etwas Falsches zu machen, und deswegen bin ich hier.»

Bernd: «Das hier ist keine Primärtherapie. Es geht nur darum, daß du die Gefühle, die du die ganze Zeit verdrängt hast, ausdrückst. Wie war das denn in der Primärtherapie? Hast du dich da voll einbringen können? Oder hast du dich da mehr rausgehalten?»

Ich: «Anfangs ja, anfangs habe ich mich voll eingebracht, ungefähr bis zu dem Punkt, wo nur noch schreckliche Gefühle kamen, wo nur noch Schmerzerlebnisse da waren. Meiner Meinung nach hat mein alter Therapeut zu wenig abgeblockt. Ich konnte das alles nicht mehr verkraften, und es wurde immer schlimmer. Dann habe ich die Therapie nur noch als Gefahr erlebt und auch nur noch abgeblockt.»

Bernd: «Wie gesagt, das ist keine Primärtherapie. Du mußt nicht in alte Gefühle reingehen. Ich erlebe dich als sehr kritisch und mißtrauisch. Ich kann verstehen, daß du Angst hast, in so einen Schmerzprozeß reinzukommen. Es kann auch niemand sagen, wie lange das dauern wird. Ich habe schon Leute erlebt, die bis zu einem halben Jahr drin waren. Und das ist verdammt hart, aber irgendwann ist die alte Wunde verheilt, und es kann sich etwas Neues entwickeln. Kann sein, daß du da einfach durchmußt. Du brauchst dich hier nicht zusammenzureißen, laß ruhig alles hochkommen, dafür ist hier der richtige Ort. Solange du dich nicht voll einbringst, kannst du auch keine Fortschritte machen.»

Ich: «Ich kann mich erst dann einbringen, wenn ich sicher bin, daß es mich unterstützt, daß es mir nützt, wenn ich in den Schmerzprozeß reinkomme. Bisher habe ich leider nur den Eindruck, daß es mir schadet, daß es mir nichts bringt. Auch brauchte ich eine wirkliche Beziehung zu einem Therapeuten, um mich noch mal in diese Hölle zu begeben. Das ist hier nicht gegeben. Reiner war nicht einmal bereit, mich anzuhören, ich brauchte dann wirklich jemand, der zu mir steht, wenn ich drinhänge.»

Bernd: «Das ist doch eine Frage der Abmachung. Geh zu Reiner hin und mache mit ihm aus, daß er dir in der Zeit, wo du in dem Prozeß drin bist, zur Verfügung steht, wenn du ihn dringend brauchst.»

Ich: «Das läßt sich doch praktisch gar nicht realisieren. Du weißt genauso wie ich, daß Reiner der Therapeut ist, der sich am seltensten in der Klinik aufhält. Er wäre also gar nicht anwesend, wenn ich ihn vielleicht brauchte. Und ich glaube auch nicht, daß Reiner dazu bereit wäre. Er läßt ja erst gar nicht mit sich reden. Das ist für mich keine Basis. Mir fehlt einfach das Vertrauen, was auch kein Wunder ist bei meinen bisherigen Erfahrungen. Vielleicht behindere ich mich dadurch selbst, vielleicht ist es aber auch wirklich notwendig.»

Bernd: «Du hast ständig neue Bedenken. Kapituliere doch endlich! Was kannst du noch verlieren? Du hast Angst, kann ich verstehen, aber laß dich doch erst mal ein, dann wirst du sehen, ob deine Angst wirklich berechtigt ist.»

Ich: «Was ich verlieren kann? – Mein Leben kann ich verlieren! Irgendwann komme ich an den Punkt, wo ich das alles nicht mehr aushalte, wo ich mich nur noch umbringen möchte. Vor diesem Punkt habe ich Angst, und ich möchte verhindern, daß es soweit kommt. Da ist es mir lieber, ich blocke ab, als daß ich an diesen Punkt komme, wo ich mich nicht mehr kontrollieren kann.»

Bernd: «Siehst du nicht, daß das deine Angst, deine Interpretation ist? Es ist doch deine Entscheidung, ob du dich umbringst oder ob du darauf vertraust, daß du es schaffst. Suizid ist Flucht. Du kannst endlich hinschauen, was bei dir da ist, auch wenn es schmerzlich und unangenehm ist.»

Ich sehe ein, daß es keinen Sinn hat weiterzureden, bin aber doch froh, daß er mir seine Zeit und Aufmerksamkeit geschenkt hat. Seine Grundeinstellung ist die gleiche wie bei allen anderen Therapeuten. Er fragt nicht danach, ob die Therapie für mich falsch sein könnte, sondern befaßt sich nur mit meinen Befürchtungen. Ich bin um keinen Schritt weitergekommen.

Lisa wartet im Flur auf mich. Auf der Terrasse gehen wir Arm in Arm auf und ab und diskutieren. Sie hat das gleiche Problem wie ich. Immer, wenn sie glaubt, es nicht mehr aushalten zu können, rennt sie aus der Gruppe raus in den Wald, raucht eine Zigarette nach der anderen, bis sie sich wieder beruhigt hat. Einmal ist sie durchgedreht, hat einen Therapeuten angegriffen, wurde dann mit Spritzen ruhiggestellt, tagelang eingeschlossen und anschließend wieder ermutigt, in die Gruppe zu gehen. Obwohl sie diese Erfahrung gemacht hat, glaubt sie immer noch, es sei schlecht, nicht durchzuhalten, die Gefühle zu unterdrücken und wegzulaufen. Sie macht sich wegen ihres Fluchtverhaltens Vorwürfe, verurteilt es, hofft, es irgendwann doch noch zu schaffen, sich fallenlassen zu können, durch den Schmerz zu gehen und dann aus ihrer Depression herauszukommen.

Die Großgruppe

Wir hocken auf Matten in einem umgebauten Lagerraum, etwa siebzig Leute, dicht gedrängt nebeneinander. Wir warten auf Edgar, der die Einführung machen wird. Die Stimmung ist gelöst und erwartungsvoll. Edgar, eine Mischung aus Cary Grant und John Wayne, ist heute ganz in Weiß ohne seinen üblichen Cowboydress. Lisa stößt mich leicht in die Seite: «Hör genau hin.

Alles, was er sagt, ist wichtig. Du mußt so weit kommen, daß es fest in deinem Hirn drin ist und du dich auch danach verhältst.» Ihr Gesichtsausdruck ist voller Ernst und Überzeugung.

Edgar blickt grüßend in die Runde. Dann malt er ein Neurosenmodell an die Tafel. Es erscheint sehr einleuchtend: Neurose ist Rückzug, Flucht durch Depression, Alkohol, Tabletten. Es gilt, aus diesem Teufelskreis herauszukommen. Es folgt eine Erklärung, weshalb die herkömmlichen Therapien nichts taugen: «Die Analytiker wühlen dauernd in der Scheiße. Deshalb kommt auch niemand aus der Scheiße und den alten Erfahrungen raus.» Edgar erinnert sich an seinen eigenen Analytiker: «Die einzige Situation, in der der mir die Hand gab, war, wenn er die letzte Sitzung vor seinem Urlaub hatte. Ansonsten war der selbst nicht fähig, Gefühle zu zeigen – und bloß kein Körperkontakt, das ist bei denen ja sowieso tabu.» Er steht vor uns wie ein Guru, sein Blick wird energischer: «Laßt doch endlich das zu, was ihr euer ganzes Leben lang verdrängt habt. Dreht durch, geht aus euch raus! Ihr könnt hier loslassen und aus der Neurose rausspringen. Ihr sitzt alle in einem alten, verfallenen Haus mit einem winzigen, umzäunten Garten davor. Ihr wißt gar nicht, daß es noch etwas anderes gibt als dieses Gefängnis, in dem ihr seid. Ihr habt noch nicht gemerkt, daß ihr das Haus verlassen könnt, in die Weite reiten könnt, daß ihr frei seid für neue Erfahrungen, daß das Alte nicht mehr zutrifft. Hört endlich auf, euren alten Erfahrungen zu trauen! Jetzt gleich könnt ihr eine neue Erfahrung mit einem neuen Partner machen! Vielleicht stinkt er oder ist euch unsympathisch. Laßt euch trotzdem drauf ein, glaubt nicht an eure Vorurteile!»

Es beeindruckt mich, und ich gebe ihm in vielen Dingen recht – aber wie soll ich rausspringen? Wo ist der Weg? Es meldet sich jemand, stellt genau die Frage, die mir eben in den Sinn kam. Mein Körper spannt sich in Erwartung der Antwort an. «Ich danke dir, daß du diese Frage gestellt hast», sagt Edgar. «Es gibt kein Patentrezept, das sieht für jeden anders aus, das mußt du selbst rausfinden.» Ich bin enttäuscht, denke, daß er sich das sehr leicht macht, habe den Eindruck, daß er große Sprüche klopft und nichts dahinter ist. Wie soll ich neue Erfahrungen machen mit ständiger Panik, Zwangsideen, starken Körpersymptomen? Ich weiß, es geht nicht darum, meine Symptome zu beseitigen, niemand kann sie mir nehmen, aber so bin ich nicht offen für neue Erfahrungen. Die Symptome sind da, sie hindern mich. Ich erinnere mich an Münchhausen, an die Geschichte, in der er sich an seinen eigenen Haaren aus dem Sumpf zieht. Aber wie soll ich das machen?

Edgar fordert uns mit lauter Stimme auf, aufzustehen, uns an den Händen zu fassen und gemeinsam zu schreien. Ein ohrenbetäubender Lärm setzt ein, siebzig Leute schreien. Nach dreimaligem gemeinsamem Schreien gibt Edgar ein Zeichen: «Sucht euch jemanden, mit dem ihr arbeiten wollt. Schnappt ihn euch und laßt alles raus, was ihr bisher zurückgehalten habt!» – Plötzlich faßt mich jemand am Handgelenk. Vor mir steht ein blonder, sympathischer junger Mann. Er fragt mich, ob ich mit ihm arbeiten will. Ich bin erleichtert, weil ich ihn mag. Wir legen uns aufeinander, machen aus, daß er anfängt. Er klammert sich an mir fest, sein Haar fällt auf mein Gesicht, ein warmer Körper, angenehm. Mehrmals schnappt er nach Luft, gibt Töne von sich, beginnt zu schreien. Ich spüre sein wildes, unregelmäßiges Atmen. Er schreit wie am Spieß. Ich denke, daß es wohl wichtig für ihn ist, seine Gefühle auszudrücken. Mit seinen Fingernägeln krallt er sich an meinem Rücken fest, es tut weh. Unsere Körper kleben aneinander, ich fühle mich bedrängt – Atemnot – möchte mich losmachen. Er hält mich fest, als ginge es um Leben und Tod, brüllt: «Ich will dich haben. Du gehörst mir. Ich mach dich kaputt. Ich liebe dich, ich liebe dich doch!» Seine Mutter, schießt es mir durch den Kopf, diese Gefühle gelten seiner Mutter. Ich weiß das, aber ich reagiere trotzdem so, als wenn er mich meint: Panik. Ich spüre Todesangst, dann Wut und Haß. Er ist stärker als ich. Ich schreie: «Loslassen, sofort loslassen! Laß mich endlich los! Ich kann das nicht ertragen, ich kann nicht mehr. Du kotzt mich an!» Er beginnt zu schluchzen, ich habe ihn verletzt, bekomme Schuldgefühle, eine Mischung aus Wut und Schuldgefühlen. Sein Körper liegt auf mir wie ein schwerer, nasser Sack. Er wird von Weinkrämpfen geschüttelt. Ich streichle ihn, möchte ihn beruhigen.

Es ist wie in einem Hexenkessel hier, von allen Seiten Schreien, Heulen, Lachen, Wimmern. Auf der Treppe renne ich fast jemanden um. Nichts wie weg hier! Draußen regnet es in Strömen. In meinen dünnen Kleidern laufe ich in Richtung Wald. Alles dreht sich – ich fühle mich wie auf einem schwankenden Boot – die Straße, die Bäume sind wie im Nebel verschwommen – etwas schnürt mir die Kehle zu – Angst, zu ersticken. Das Blut schießt mir in den Kopf, der pochende Schmerz hinter der Schläfe wird stärker. Ich versuche, langsam zu atmen, gebe mir Mühe, die Umrisse der Bäume zu erkennen, die Orientierung wiederzufinden. Die frische Luft tut mir gut, Gedanken lodern wie Feuer in mir – das ist ein Irrenhaus – wer ist hier verrückt, die oder ich?

Die Nacht danach

Der dritte Weltkrieg ist ausgebrochen, über mir brennende Flugzeuge, vor mir brennende Häuser, entsetzte Menschen, die in Panik durch die Straße hasten. Jemand sagt: «Das ist das Ende, wir sind verloren, es gibt keine Rettung, wir werden alle sterben.»

Die ersten Bomben fallen. Die Erde bebt ... ––– Ich schrecke hoch, klitschnaß, bin völlig irritiert, mein Körper fühlt sich starr an, gleichzeitig ein Kribbeln, als wenn ich unter Strom stünde. Ich bin erschöpft und gleichzeitig erregt vor Angst, unfähig, dem Erschöpfungsgefühl nachzugeben, weil die Angst da ist, dieser furchtbare Traum könnte weitergehen – ich kann nicht mehr – ich kann das alles nicht mehr aushalten – selbst nachts habe ich keine Ruhe. Ich stehe auf, laufe im Zimmer hin und her, bete wie ein Kind: «Mein Gott, warum muß ich das alles aushalten? Wenn es dich gibt, warum hilfst du mir nicht? Einmal nur möchte ich ein ganz normales Leben, und wenn es nur für eine Woche ist, ich möchte es einmal erleben.

Das Team

Zum Team gehören alle Therapeuten und Angestellte des Hauses. Sie treffen sich jeden Morgen, um anfallende Probleme zu diskutieren und Patienten die Möglichkeit zur Aussprache zu geben. Aus der Erkenntnis heraus, daß die emotionelle Arbeit mir mehr schadet als nutzt, habe ich mich entschlossen, mein Problem im Team vorzutragen. Seit einer halben Stunde sitze ich draußen, warte, daß ich hereingeholt werde. Ich habe Angst.

Nach einer weiteren halben Stunde ist es soweit. Sie sitzen dicht gedrängt um einen Tisch und starren mich an. Stockend berichte ich von meinen Bedenken, ob ich hier am richtigen Ort bin, von meinem Eindruck, daß eine weitere Schwächung meiner Abwehrmechanismen nicht gut sei, erzähle, daß ich seit meiner Teilnahme an der Gruppe wieder Suizidideen habe und nicht mehr weiter weiß. Während ich spreche, sehe ich alles verschwommen, fühle mich schrecklich einsam und ausgeliefert. Schließlich antwortet einer der Therapeuten: «Na gut, wenn du das selbst rausgefunden hast, mache ich dir einen anderen Vorschlag. Ab heute machst du z. b. V. [zur besonderen Verfügung]. Du wirst einer Putzfrau zugeteilt und putzt so lange, bis du wieder in der Realität bist. Und übrigens, wenn es dir so beschissen geht, wie du meinst, warum läufst du dann noch in diesem schicken Fummel rum –» er deutet auf meine Flanellbluse – «und lackierst dir die Fingernägel? So kann dir das doch wirklich keiner abnehmen!» Am liebsten möchte ich in ein Mauseloch kriechen. Ich komme mir vor wie ein Affe im Zoo, der von den Menschen angegafft wird. Ein anderer Therapeut sagt: «Du läufst hier rum wie ein Wickelbaby in deinem Spielhöschen. Steh endlich dazu, daß du eine erwachsene Frau bist! Hast du keine Röcke? Es fehlt dir nur noch der Schnuller.» Ich weiß nicht mehr, woran ich bin. Der eine sagt, ich solle mich lässig kleiden, der andere meint, ich müsse fraulicher wirken. Ich fühle mich gedemütigt, willige in den Vorschlag ein, zu putzen. Schlimmer kann es sowieso nicht werden.

Noch am selben Tage werde ich einer Putzfrau zugeteilt. Sie ist mißtrauisch, kontrolliert und schikaniert mich, wo immer sie kann. Ich versuche, es ihr recht zu machen, weil ich weiß, daß sie einmal wöchentlich im Team über meine Arbeit berichten muß. In mir verfestigt sich ein Stau von Aggressionen. Ich frage mich, warum ich noch hier bin. Putzen kann ich zu Hause, mir fehlt der Glaube an diese Arbeitstherapie. Jeder Handgriff fällt mir schwer. Ich bin in einem dauernden Erschöpfungszustand, nehme heimlich Kreislaufmittel, fühle mich einsam, verzweifelt, ohne jede Hoffnung. Das einzige, was mich noch aufrechthält, ist der Kontakt zu Mitpatienten. Einige machen mir Mut, berichten von positiven Erfahrungen mit dem Putzen. Diese Mitteilungen sauge ich in mich auf. Es ist ein ewiges Durchhalten, Durchhalten, Durchhalten. Am Abend telefoniere ich mit Helmut. Er ist entsetzt, will mich nach Hause holen, sieht dann aber ein, daß das auch keinen Sinn hat, weil ich nicht allein sein kann. Jedes Wort von ihm ist ein kleiner Rettungsanker. Da ist ein Mensch am anderen Ende der Leitung, der zu mir hält, egal, was kommt.

Narrenfreiheit

Nachdem sich die Putzfrau mehrmals über meine mangelhafte Arbeit beschwert hatte und ich tatsächlich kaum noch in der Lage war, irgendeine Arbeit auszuführen, wurde ich wieder vor das Team zitiert. Man machte mir Vorwürfe, ich lasse mich hängen, sei ein verwöhntes Kind, habe wohl noch nie richtig arbeiten müssen. Man sei am Ende mit mir. Jetzt läge es an mir, ob ich aus der Scheiße rauskäme oder nicht. Ich erhielt «Narrenfreiheit», das heißt, es wurde mir überlassen, wie ich meinen Tag gestaltete, ob ich an Gruppen teilnehmen wollte oder nicht. Ich sollte mir meine Therapie selbst aus dem bestehenden Angebot zusammenbasteln. In dieser Situation, am absoluten Tiefpunkt, wo ich dringend Beistand gebraucht hätte, reagierten die Therapeuten mir gegenüber zunehmend aggressiv nach dem Motto: «Du willst ja gar nicht gesund werden. Reiß dich mal zusammen und sei nicht so wehleidig!»

In der folgenden Zeit versuchte ich, vor den Therapeuten meinen wahren Zustand zu vertuschen, nur um nicht weiter abgelehnt zu werden. Ich ging wieder in die Gruppen, stopfte mir vorher Watte in die Ohren und versuchte abzuschalten, mich von den Zusammenbrüchen der anderen nicht anstecken zu lassen. Innerlich fühlte ich mich leer – wie tot. Der Gedanke an meinen Mann hielt mich immer wieder davon ab, Schlaftabletten zu kaufen. Die Menschen erlebte ich wie durch eine Glaswand. Der Gedanke an den Tod beruhigte mich – er war eine Möglichkeit, die mir niemand nehmen konnte.

«Sexgruppe»

Wir sitzen dicht aneinandergedrängt, einige liegen schon fast aufeinander. So entsteht eine Art Nestwärme. Edgar, der heute die Gruppe leitet, legt seinen Arm um mich, blickt in die Runde und beginnt mit einem Vortrag über den Unterschied von Sexualität und Sensitivität. Zwischendurch fordert er uns immer wieder auf, Fragen zu stellen und etwas zum Thema beizutragen – alle lauschen den Anekdoten aus seinem Leben. Nach einer Stunde wissen wir, warum er früher nur auf schwarzhaarige

Frauen scharf war, wie er einmal einer Frau in seiner Zeit als Gynäkologe einen Tannenzapfen aus der Vagina holte und daß er in der Hochzeitsnacht drei Schlaftabletten nahm, aus Angst vor Impotenz.

Manche Geschichten sind lustig, andere eher peinlich. Anfangs imponierte mir seine Ehrlichkeit. Jetzt sehe ich nur noch seinen Hang zur Selbstdarstellung, seine Gier nach Anerkennung und Erfolg beim Publikum, der auch prompt eintritt. Die meisten amüsieren sich, genießen die Vorstellung. Ab und zu greift Edgar nach meiner rechten Brust, betatscht sie, als sei sie sein Eigentum. Ich traue mich nicht, ihn vor allen zurückzuweisen. Gleichzeitig weiß ich, daß es alle sehen. Ich versuche mir einzureden, daß es ein Privileg ist, von Edgar gestreichelt zu werden, aber innerlich fühle ich mich überrannt, der ganze Körperkontakt ist mir zuviel. Jeder hergelaufene Typ nimmt sich hier das Recht heraus, mich zu betasten und abzuknutschen, nur weil es auf dem Therapieprogramm steht!

Lisa meldet sich zu Wort: «Ich komm einfach mit Sex nicht klar. Entweder ich will dauernd Körperkontakt haben, dann bin ich richtig süchtig danach, oder ich spüre überhaupt nichts mehr. Wie kann ich denn da ein Mittelmaß finden?» Es folgt Edgars Standardsatz: «Üben, üben und nochmals üben!» – Weiß er eigentlich, wie er das meint? Wie und was soll sie üben? Immer, wenn es wirklich konkret wird, schmeißt Edgar mit Floskeln um sich, die keinen praktischen Nutzen haben. An Lisas Gesicht kann ich ablesen, wie wenig sie mit diesem Rezept anfangen kann. Jemand meldet sich, berichtet von seiner Angst, schwul zu sein. Auch zu diesem Thema weiß Edgar einen Schwank aus seinem Leben zu erzählen. Mit Begeisterung gibt er jetzt die Story von dem Analytiker zum besten, der allen von Edgars Homosexualität erzählte, nachdem er Zeuge eines Gesprächs geworden war, bei dem Edgar seinem Oberarzt die Hand auf den Oberschenkel gelegt hatte: «Da könnt ihr mal sehen, wie hirnverbrannt blöd die Analytiker sind!» Er macht ein zufriedenes Gesicht.

Wie erzeugt man «Therapieresistenz»?

Ich werde immer wütender. Was hat das noch mit Therapie zu tun? Da zieht ein Superneurotiker eine Show ab und verkauft das auch noch als Therapie! Mir wird übel, wenn ich ihn beobachte. Jeder dritte Satz lautet: «Spring raus aus der Neurose, mach eine neue Erfahrung» – und ich denke: er selbst ist mittendrin in seinem eigenen neurotischen Verhalten, ein Paradebeispiel für einen Narzißten. Welch ein Hohn!

Verwirrung und Panik

Die Gemeinschaft

Das einzige, was mich noch in der Klinik hielt, war die Gewißheit, nicht allein zu sein, Gesprächspartner zu haben, die mich zumindest teilweise verstehen konnten. Das Ziel der Gemeinschaft war, sich gegenseitig zu unterstützen, was auch Kritik und eine gegenseitige Kontrolle beinhaltete. Rückfälle jeder Art mußten laut Hausordnung sofort gemeldet werden. Dazu gehörte Alkohol, Tabletten, Nikotin, übermäßiges Essen und vieles andere mehr. Diese Meldepflicht war besonders bei Suchtproblemen und Alkoholismus sicherlich gut und richtig – doch einige benutzten sie, um sich bei den Therapeuten beliebt zu machen. Die erwünschte Offenheit war oft Anlaß, Aggressionen auszuagieren, und bekam damit einen ganz anderen Wert. Die Hilfe zur Selbsthilfe ist ein guter Gedanke. Allerdings wurde es oft für einzelne gefährlich, wenn sich Mitpatienten zutrauten, Diagnosen zu stellen, wenn etwa eine schwere Depression als Hängenlassen oder ein Hilferuf als Babyverhalten kritisiert wurden. In vielen Fällen war die Reaktion aus der Gemeinschaft ausgesprochen unterstützend und positiv, genausooft aber auch destruktiv und therapeutisch falsch. Immerhin ist es lobenswert, daß der Versuch gemacht wurde, die Patienten einzubeziehen und zur Aktivität anzuregen und damit von vornherein zu starke Fixierungen an die Therapeuten zu verhindern.

Der Sprung

Siglinde, eine schmale, depressive, tablettenabhängige Ärztin, meldet sich im Plenum zu Wort. Sie gesteht einen Rückfall. Trotz Kontaktsperre hat sie versucht, ihren Mann anzurufen. Sie wollte ihm mitteilen, daß sie doch dableibt, daß sie versuchen will, den Entzug durchzustehen. Es ist nicht leicht mit Siglinde. Immer wieder wollte sie die Klinik verlassen, resignierte, hatte zuviel Angst vor den Entzugserscheinungen, nahm heimlich weiter Tabletten.

Ich denke: «Gott sei Dank, sie hat sich durchgerungen!» Einer der Therapeuten, blond, herb, männlich, ein ostfriesischer Typ mit Felljacke und Bart, steht auf. «Langsam ist meine Geduld mit dir am Ende», sagt er. «Was glaubst du eigentlich, wie viele Extrawürste wir dir noch braten?» Siglinde wendet ein: «Aber ich wollte ihn doch nur beruhigen, weil ...» – «Hör auf mit dem Scheiß! Du hast dich genauso an die Hausordnung zu halten wie die anderen auch. Das ist doch wirklich zum Kotzen mit dir!» Edgar stimmt ihm zu: «Siglinde, du bist eine erwachsene Frau und benimmst dich hier wie ein Säugling. Wir schenken dir noch ein Spieltelefon, dann kannst du deinen Mann Tag und Nacht anrufen.» In dem Moment läuft Fred, der Sportlehrer, raus. Nach einer Minute kommt er mit einem abgerissenem Telefonhörer wieder, hängt ihn Siglinde mitsamt der Schnur um den Hals. Sie gibt ein Bild des Jammers und der Erniedrigung ab. Einige Patienten brechen in lautes Gelächter aus. Siglinde bleibt regungslos sitzen. Plötzlich springt sie auf und läuft aus dem Raum. Neben mir sagt jemand fassungslos: «Das kann doch nicht wahr sein, das kann doch nicht wahr sein! So eine Gemeinheit!» – Man geht zur Tagesordnung über.

Abends begegnet mir Siglinde vor der Klinik. Sie läuft auf und ab wie ein Tier im Käfig. Das schwarze Haar fällt ihr ins bleiche Gesicht. Sie ist sichtlich erregt. Ich nehme sie in den Arm, zeige ihr meine Anteilnahme und ermutige sie, sich zu wehren, Fred die Meinung zu sagen. Ihr Gesicht ist starr. Mehrmals stammelt sie: «Das brauche ich mir nicht bieten zu lassen. Diese Gemeinheiten kann ich nicht mehr ertragen, ich kann es nicht mehr ertragen.» – Sie ist weit weg, meine Worte dringen nicht zu ihr durch.

Am gleichen Abend springt sie aus dem Fenster ihres Zimmers im dritten Stock, holt sich aber nur leichte Prellungen, weil sie auf weichen Rasen fällt. Unter einem Dachziegel findet man ein Tablettenversteck. Siglinde wird als nicht mehr therapierbar in ein Landeskrankenhaus eingeliefert.

Kaum jemand will den Zusammenhang zwischen dem Vorfall am Vormittag und dem Suizidversuch wahrhaben. Die Therapeuten haben sofort eine Erklärung parat: «Die wäre sowieso gesprungen. Da war ihr dieses Erlebnis nur gerade recht, um einen Grund zu haben.»

Selbstkritik

Lisa kommt mir auf dem Waldweg entgegen. Sie keucht, ihr Mund ist zusammengekniffen. In ihrer gelben Regenjacke wirkt sie auf mich wie ein fünfzehnjähriges Schulmädchen. Sie umarmt mich heftig. «Wie schön, dich hier zu treffen.» Unvermittelt brüllt sie: «Ich halte das in dem Scheißladen nicht mehr aus! Hast du die neuen Therapeuten schon erlebt? Ich bin gerade aus der Gruppe raus mit dem Neuen. Also, was die uns jetzt zumuten, ist wirklich nur noch Kacke, einfach zum Kotzen! Weißt du, was der Neue macht? Er fordert uns auf, mit einem Partner auf die Matten zu gehen, läuft dann ein bißchen rum, gibt den Leuten Anstöße, und anschließend hat er eine volle Stunde nur noch mit Frauen rumgelegen und geknutscht – und das ist dann Therapie, dafür werden die bezahlt. Das hältst du doch im Kopf nicht aus!» Lisa tritt vor Wut mit voller Wucht gegen einen Baumstamm.

Ich denke laut: «Na ja, der ist eben selbst noch unsicher, und wir haben das Pech, seine ersten Versuchskaninchen zu sein. Irgendwer muß es ja sein, aber schlimm ist es schon.»

In Lisas Stimme wird jetzt Verzweiflung spürbar. «Wir müssen versuchen, nicht nur immer das Negative zu sehen», sagt sie. «Wir müssen versuchen, aus dem Laden noch was rauszuholen. Was machen wir nur falsch? Warum hilft es manchen, nur uns nicht? Ich glaube, uns geht es noch nicht schlecht genug, sonst hätten wir nicht solche Ansprüche.»

Es fällt mir schwer, das zu glauben. «Lisa, ich war noch nie, wirklich noch nie in meinem Leben so tief unten wie hier, und ich war auch bereit zu vertrauen, als ich kam, aber bisher mache ich dauernd die Erfahrung, fertiggemacht zu werden. Hier geht niemand wirklich auf dich ein. Wie soll ich mich da fallenlassen können? Selbst, wenn ich es will, gelingt es mir nicht. Vielleicht hast du recht – vielleicht steigern wir uns da wirklich gegenseitig rein. Wir können ja versuchen, wieder mehr in der Gemeinschaft zu sein.»

Lisa kramt nach ihren Zigaretten und gibt mir auch eine. «Du und die Zigaretten, das ist das einzige, was mich hier noch hochhält», sagt sie mit einem bitteren Lächeln. «Ich weiß einfach nicht, was werden soll, wenn ich wieder zu Hause bin. Das hier ist meine letzte Chance. Alle erwarten, daß ich endlich gesund werde, daß ich mich wieder um meine Kinder kümmern kann. Wenn ich nur wüßte, wie ich es schaffen könnte, aus der Gruppe nicht mehr herauszulaufen. Das ist bestimmt *mein* Fehler. Ich kann das nicht zulassen, was da hochkommt, es ist zu schlimm, lieber bin ich wieder wie tot.» Hastig saugt sie an ihrer Zigarette und fährt fort: «Vielleicht ist das die Lösung. Wir müssen uns auf diese furchtbaren Gefühle einlassen und sie durchleben. Irgendwann sind wir dann durch und können auch das Positive fühlen. Das ist die Lösung!» Arme Lisa! Sie glaubt immer noch, man käme irgendwie durch, als wenn man durch einen langen dunklen Tunnel kriecht, und am anderen Ende ist das Leben ohne Depression und Angst. «Lisa, ich hab Leute erlebt, die sind schon über drei Jahre drinnen gewesen, und es geht ihnen immer beschissener. Das sind Primärleute, die wühlen heute noch in ihrer Kindheit und werden es wohl die nächsten zehn Jahre auch noch tun, wenn sie sich bis dahin nicht umgebracht haben, glaub mir das. Wir beide haben genug durchgemacht. Ich habe die Nase voll von meiner Kindheit. Ich möchte endlich mal zum Leben kommen – aber wie?»

Lisa hat sich nicht überzeugen lassen. «Rolf sagt: Das ist wie eine Wunde, die aufbricht, aber irgendwann wieder vernarbt. Ich muß lernen, das zuzulassen. Es kann doch nicht schlimmer sein als bei meinen Entzügen. Ich muß es schaffen!»

Stundenlang laufen wir durch den Wald. Unsere Gedanken drehen sich im Kreis. Immer wieder kommen wir in den Gesprächen an einen Punkt der Ratlosigkeit. Abwechselnd geben wir dem Therapeuten und uns selbst die Schuld für die Tatsache, daß wir keine Fortschritte machen. Wir fühlen uns wie zwei Kinder, die sich im Wald verirrt haben und sich aneinanderklammern, um die Angst nicht zu spüren.

Der Neue

Die Gruppe schweigt. Der neue Therapeut läßt sich nicht aus der Ruhe bringen. Ich habe erfahren, daß er sich den Namen Mike selbst gegeben hat, früher hieß er Michael. Er soll schon viel hinter sich haben, Heroinentzüge und anderes. Ich bin mir nicht sicher, ob sein Verhalten Ausdruck von Gleichgültigkeit oder Sicherheit ist. Er sitzt da wie ein Yogi, lächelnd, immer mit der gleichen Miene, nichts scheint ihn aus der Ruhe bringen zu können. Auf mich wirkt er ein bißchen unterernährt und schmuddelig – wahrscheinlich gelten für ihn andere Werte. Vielleicht hat er sich von diesen äußeren Dingen unabhängig gemacht.

Meine Überlegungen werden durch das Erscheinen von Gaby unterbrochen. Sie entschuldigt sich für ihr Zuspätkommen, bricht in Tränen aus. Ich weiß, daß sie krank war, sich drei Tage auf ihr Zimmer zurückgezogen hat. Sie leidet unter starken Depressionen. Sie sieht erbärmlich aus, abgemagert, zerbrechlich, hilfebedürftig. Mike fragt: «Was ist los?» Gaby bricht in Schluchzen aus, sagt kein Wort. Ihre beiden Nachbarn streicheln sie. Das löst einen weiteren Schmerzausbruch aus. Ihre Stimme ist dünn und kläglich. «Ich bin so einsam, ich bin so einsam, ich brauche Liebe, ich brauche soviel Liebe.» Diese Sätze wiederholt sie mehrmals mit monotoner Stimme, ihr Gesichtsausdruck ist starr wie bei einer Puppe.

Mike lächelt immer noch: «Was willst du hier, Gaby? Wer soll dir Liebe geben? Such dir jemanden aus!» Sie hört auf zu weinen, hält inne, deutet auf eine Frau. Die Frau geht auf sie zu, nimmt sie in den Arm. Ich atme auf. Für eine Weile scheint Gaby sich zu beruhigen. Ich beobachte, wie sie bei der Umarmung und Zärtlichkeit der Frau gelöster wird. Dann bricht das Schluchzen wieder durch, ihre Schultern zucken, Verzweiflung ist in ihrer Stimme. «Ich kann es nicht aushalten, es tut so weh, ich spüre, daß ich das nie hatte, nie!»

Mike lächelt gelassen: «Das ist okay. Laß es zu. Du kannst dir hier die Liebe holen, die du brauchst. Mach weiter!» Seine Stimme ist geduldig, aber bestimmend.

«Nein, ich kann es nicht ertragen, ich will es nicht mehr spüren, ich will es nicht mehr spüren.» Ich verstehe sehr gut, was sie meint. Sie braucht Verständnis, kann aber die viele Nähe nicht ertragen.

Mike, lächelnd und ruhig: «Dein Spiel habe ich mir jetzt lange genug mit angesehen, das reicht jetzt. Hör auf, dich selbst zu bemitleiden. Du bist nicht mehr das kleine Mädchen, das nicht für sich selbst sorgen kann.» Sein Ton wird unerwartet scharf: «Such dir jemand, der dir das gibt, was du jetzt brauchst. Du brauchst hier nicht die heilige Johanna zu spielen, um beachtet zu werden. Das kannst du auch anders haben.» Er lacht sie an. «Kommst du dir nicht selbst ein bißchen lächerlich dabei vor?»

Ich erschrecke, möchte sie beschützen, weil ich spüre, was in ihr vor sich geht, bin aber wie gelähmt. Gaby hat aufgehört zu weinen, sieht mit leerem Blick auf den Boden. Alle warten darauf, daß sie sich einen Partner aus der Gruppe sucht, aber sie bleibt weiter regungslos sitzen. Nach einer Weile meint Mike: «Okay – wenn du nichts für dich tun willst, läßt du es eben.»

Am nächsten Morgen findet man Gaby in ihrem Zimmer in einer Blutlache. An sechs Stellen hat sie sich mit einer Rasierklinge die Pulsadern aufgeschnitten. Es herrscht allgemeine Bestürzung. Wieso hat niemand gemerkt, in welchem Zustand sie ist? Ich mache mir Vorwürfe, weil ich nach dieser Gruppensitzung nicht auf sie zugegangen bin. Was hat mich davon abgehalten? Ich glaube, ich hatte nicht die Kraft. Es kostet mich soviel Mühe, meine eigenen Suizidideen zu verdrängen. Ich war ihr zu nahe, um ihr helfen zu können.

Zwei Tage dauert es, dann erfahren wir, daß sie über den Berg ist – allgemeines Aufatmen in der Klinik.

Gedanken über die «Gesunden»

Manchmal wünsche ich mir, in einem ganz normalen Krankenhaus zu liegen, mit einer ganz normalen Krankheit. Dann würden Besucher kommen, Anrufe und sicher auch Blumen. Ich liebe Blumen. Morgen bin ich sieben Wochen hier. Bisher hat niemand geschrieben, niemand angerufen (mit Ausnahme von Mutti) und niemand Blumen geschickt. Ich fühle mich wie verdammt. Wo sind alle meine Freunde? Meine Enttäuschung und Verbitterung ist größer, als ich mir zugestehen möchte. Als ich noch funktionierte, da war ich ihnen gut genug. Sie kamen mit ihren Problemen zu mir. Da war ich ihnen wichtig. Jetzt, wo ich sie brauchte, wo ich jede Geste der Anteilnahme wie eine seltene Blume aufbewahren würde, jetzt ist niemand da. Ich entschuldige ihr Schweigen, indem ich mir sage, daß sie unsicher sind, wie sie sich verhalten sollen, aber wenn ich ehrlich bin, kann ich das als Entschuldigung nicht annehmen. Die

Enttäuschung und das Gefühl der Isolation bleiben. Ich gehöre zu einer Minderheit wie ein Neger oder ein Aussätziger. Von der Gesellschaft ausgestoßen, nicht angenommen, nicht akzeptiert.

Verständnis

Ich stochere in meinem Essen. Durch das Würgegefühl bekomme ich kaum einen Bissen herunter. Eigentlich esse ich nur aus Angst vor der Isolierstation.

Ralf, ein angehender Therapeut, der hier Praktikum macht, sieht mir zu. Er spricht mich an: «Schmeckt dir wohl nicht, was?» – «Mein Symptom steht mir im Weg. Ich muß aufpassen, daß ich es drin behalte. Außerdem schmeckt es wie Pappe.» Er macht einen «therapeutischen Ansatz»: «Dein Symptom, dein Symptom, ich höre dauernd dein Symptom. Laß dir doch von deinen Symptomen nicht alles wegnehmen. Wenn du dauernd nur auf dein Symptom achtest, kann dir das Essen auch keinen Spaß machen.»

Es reicht, ich stütze beide Ellenbogen mitsamt Besteck auf den Tisch, meine Knie zittern vor Wut. «Hast du schon mal von morgens bis abends Panik und Zwangsideen gehabt?» Er schaut mich erstaunt an. «Nein.» – «Okay. Hast du schon mal Suizid-ideen gehabt?» – «Nein.» – «Hast du schon mal nach jedem Essen kotzen müssen? Dir wochenlang das Essen reinwürgen müssen?» – «Nein.» – «Dann nimm dir gefälligst nicht das Recht raus, zu urteilen, ob ich mich anstelle oder nicht, du Supertherapeut. Du kannst mich schon lange am Arsch lecken, weißt du, du bist nämlich einer von denen mit einem Einfühlungsvermögen wie eine Kuh!» Ich bin überrascht über mich selbst, aber auch über Ralfs Reaktion. Er nimmt meine Hand und sagt: «Du hast recht, ich habe wirklich keine Ahnung, ich habe dir unrecht getan. Ich glaube, ich habe gerade etwas gelernt. Danke.» – Von da an mögen wir uns.

Einsame Gewalt

Es kommen jede Woche neue Patienten an, aber dieser Mann fällt sofort auf: die kräftige, muskulöse Gestalt, das breite Gesicht, die Mimik, die verrät, daß er allzeit in Spannung ist, bereit, gegen imaginäre Feinde zu kämpfen, die schnellen Augenbewegungen, die zusammengekniffenen Lippen, am linken Ohr ein breiter Silberohrring, der Fuchsschwanz, den er am Gürtel trägt. Ich sitze auf der Treppe, kann ihn von dort aus gut beobachten. Wie ein gehetztes Tier jagt er die Treppe hoch, die Treppe hinunter, kommt mit einer Cola-Flasche zurück, schreit laut: «Wo ist der Arsch von Rolf?» (er meint den Therapeuten), bekommt keine Antwort, läuft auf die Terrasse, kommt zurück, knallt die Cola-Flasche so heftig auf den Empfangstresen, daß sie überschwappt, raunzt die Schwester an, die gerade vorbeiläuft: «Na, wo haben sie dich denn rausgelassen. Du siehst ja aus wie ein verdorrter Hering!» Sie reagiert nicht. Ich denke: Er hat Angst – aber ich habe auch Angst vor ihm. Niemand traut sich an ihn ran, er wird beobachtet wie ein Zirkustier, abgelehnt oder als interessant befunden. Die Bedrohung, die von ihm ausgeht, schafft eine Kluft zwischen ihm und uns.

Abendessen – ich sitze allein, die meisten sind schon fertig. Das Essen ist jedesmal eine Tortur. Plötzlich steht er neben mir – der Neue, spricht mich an. «Ich möchte mit dir sprechen. Geht das?» Ich nicke, bin überrascht. Was will er ausgerechnet von mir? Wir gehen auf die Terrasse. Meine Angst vor ihm ist weg. Sein Gesicht erscheint mir jetzt nicht mehr so brutal – eher ratlos. «Wie heißt du?» – «Vera – und du?» – «Klaus.» Er erklärt, weshalb er auf mich zugekommen ist. «Du bist die einzige, die mich offen angeguckt hat. Alle anderen haben weggesehen, die verdammten Feiglinge!» Es folgt eine Schimpfkanonade auf die Klinik, auf die Patienten. «Die reden immer von Gemeinschaft. Alles Heuchelei. Hier wird man doch von Anfang an ausgestoßen, besonders, wenn man aus dem Knast kommt. Das nennen die dann Chance. Da war es ja im Knast besser, da hat wenigstens jemand mit mir reden wollen. Ich haue morgen wieder ab. Weißt du, wo sie mich untergebracht haben? Auf dem Flur in einem Notbett. Mit mir können Sie's ja machen, die Ärsche!»

Ich versuche, ihm verständlich zu machen, weshalb niemand mit ihm redet, daß alle Angst vor ihm haben, daß sie Zeit brauchen, um ihre Angst zu überwinden, daß er Geduld haben muß mit ihnen. Er braust auf, seine Nasenflügel beben. «Geduld, Geduld, immer muß ich mit anderen Geduld haben. Kann mich nicht erinnern, daß mit mir mal jemand Geduld hatte.» Blitzschnell nimmt er einen Stuhl, hebt ihn hoch, und setzt ihn wieder runter. «Im Knast wußte ich wenigstens, woran ich war. Hier sind doch wirklich nur bekloppte Spießer, Hosenscheißer. Die sollten erst mal ein Jahr zur Fremdenlegion, dann haben die ihre Depressionen ganz von selbst vergessen.»

Eine Sekunde lang will ich ihm widersprechen, dann lasse ich es doch bleiben, ihn davon überzeugen zu wollen, wie nett die Leute hier sind. Was mir spontan an ihm gefällt, ist die Ehrlichkeit, mit der er sich äußert. Da gibt es nichts zu enträtseln, keine Suche nach einem verborgenen Sinn. Seine Sprache ist hart, aber klar. Angst macht mir seine Feindseligkeit, sein Mißtrauen, seine hohen Erwartungen. Ich denke: Er ist ein Typ, bei dem es kaum einen Unterschied gibt zwischen Liebe und Haß.

Die Beziehung zu diesem Mann, mit dem ich normalerweise nie Kontakt aufgenommen hätte, war für mich eine wirklich neue Erfahrung. Ich sah durch ein Fenster in eine andere Welt, die ich vorher nicht gekannt hatte. In den langen Gesprächen mit ihm wurde mir bewußt, wie er auf Grund seiner frühen Erlebnisse förmlich zur Gewalttätigkeit gezwungen wurde. Für ihn gab es in der Familie nur diese eine Möglichkeit, um sich selbst zu retten. Später übertrug er die Erfahrung aus der Familie auf alle Beziehungen. Typisch für ihn war, daß er sich prinzipiell mit Opfern identifizierte und dann aus der Identifikation heraus gewalttätig wurde. Im Knast hatte er gesessen, weil er einen Schwulen, der über einen minderjährigen Jungen hergefallen war, halbtot geschlagen hatte. Meine Gefühle für ihn waren von

Anfang an zwiespältig. Auf der einen Seite bewunderte ich seinen Gerechtigkeitssinn, sein Engagement, das Fehlen von Gleichgültigkeit – auf der anderen Seite lehnte ich die Gewalt ab.

Dennoch kam ich nicht selten selbst an einen Punkt, an dem Klaus mich fast davon überzeugt hätte, daß Gewalt eine Sprache ist, die jeder versteht, und daß der Zweck die Mittel heiligt. Von Anfang an beneidete ich ihn um die Fähigkeit, Aggressionen zulassen und zeigen zu können, etwas, was mir oft fehlte. Ich war ihm eine geduldige Zuhörerin, vielleicht zu geduldig. Er zeigte seine Weichheit, wenn ich glaubte, nicht mehr weiterleben zu können, wenn ich keine Hoffnung auf Besserung mehr hatte. Meine Kapitulation gab ihm die Möglichkeit, auch seine Rüstung abzulegen, sich zu offenbaren. Er war eine Art großer Bruder für mich, was die Kehrseite hatte, daß ich mich oft von seinem Beschützerverhalten dominiert fühlte und daß die Angst, ihn abzuweisen, größer war als der Wunsch, mich abzugrenzen. Wenn ich morgens noch halb schlafend die Treppe herunterkam, stand er schon wartend da, umschlang mich mit seinen Riesenarmen, hob mich hoch, drückte mir ein volles Tablett in die Hand, das er bereits für mich organisiert hatte. Jeden Wunsch las er mir von den Augen ab, er lächelte, wenn es mir schmeckte, und klopfte sich vor Freude auf die Oberschenkel, wenn er mich mit seinen Witzen zum Lachen gebracht hatte. Ich mochte ihn, aber mehr und mehr fühlte ich mich überfordert von seiner permanenten Zuwendung.

Liebe kann tödlich sein.

Die Abweisung

Klaus betritt den Aufenthaltsraum. Sein Blick schweift umher und bleibt schließlich an mir haften. Sein Gesicht hellt sich auf. «Da bist du ja», sagt er. «Ich habe dich schon im ganzen Haus gesucht!» Er läßt sich neben mich fallen und gibt mir einen seiner nassen Küsse, sieht mich mit treuen Bernhardineraugen an. Bei mir läuft etwas über. «Klaus, sei mir nicht böse, ich möchte im Moment meine Ruhe haben. Ich fühle mich von dir überfordert.» Wie von der Tarantel gestochen springt er hoch, puterrot im Gesicht, greift nach dem Glas, das vor mir steht, wirft es auf den Boden, schreit: «Schon gut, schon gut, Gnädigste, ich habe verstanden.» Im Nu ist er weg. Ich habe keine Möglichkeit, weiter mit ihm zu sprechen. Verdammt! Was für eine Mimose! Es wird mir zuviel. Er ist wie eine Glucke – Vera hier und Vera dort – es reicht.

Klaus durchbricht die Hausordnung, wo immer es möglich ist. Obwohl er noch Kontaktsperre hat, verläßt er die Klinik, trinkt im Café vor den Augen anderer Patienten Alkohol, raucht, tyrannisiert im Haus die Patienten, droht dem Küchenpersonal mit Prügeln und schreibt mir in Schönschrift folgenden Brief:

> «Liebe Vera,
> mit mir kannst Du das nicht machen. Einmal bin ich Dir gut genug, und dann jagst Du mich zum Teufel. Wenn Du es nicht gewesen wärst, ich hätte Dich zusammengeschlagen, das schwöre ich Dir. Ich mag Dich trotzdem.
> Dein Klaus

Beim Lesen läuft es mir kalt den Rücken runter. In was für eine Situation bin ich da geraten? Es klopft. Lisa steht vor der Tür. Sie ist sehr ernst. «Was hast du mit Klaus gemacht? Er dreht völlig durch.» Wut steigt in mir hoch und staut sich in der Magengegend. «Wie bitte? Was ich mit ihm gemacht habe? Warum fragst du nicht, was er seit zwei Wochen mit *mir* macht? Ich habe mir erlaubt, ihm zu sagen, daß ich mal meine Ruhe haben möchte – und daß ich keinen Aufpasser brauche. Ist das so unmöglich?» Ich heule. Lisa legt den Arm um meine Schultern, schließt die Tür ab, holt ihre Zigarette aus der Tasche und beginnt, mir in ruhigem Ton die Meinung zu sagen: «Du verpaßt immer den

Moment, wo du sagen müßtest: Stop! Bis hierhin und nicht weiter. Du läßt dich von anderen regelrecht in Besitz nehmen und gibst auch keinen Anhaltspunkt dafür, daß es dir nicht recht sein könnte. Erst dann, wenn du es nicht mehr aushalten kannst, sagst du es, und der andere ist überrascht. Für Klaus bist du einmalig. Die Frauen, die er bisher hatte, konnten ihm nicht die Rückkopplung geben, die er gebraucht hätte, die waren ihm geistig unterlegen. Frauen wie du haben sich draußen gar nicht mit ihm eingelassen, aus Angst oder aus Vorurteilen. Jetzt hat er in dir jemanden, der wirklich auf ihn eingeht, und das will er festhalten. Daß er dich damit überfordert, merkt er gar nicht. Er sieht nur seine Angst, die Zuwendung wieder zu verlieren, und reagiert wie ein Wilder. Du hast ihm den kleinen Finger gegeben, und er hat die ganze Hand genommen – und du hast sie nehmen lassen.»

Sie hat recht. Ich verpasse immer einen bestimmten Punkt, an dem ich mich von Erwartungen überfordert fühle. «Weißt du, ich hatte Angst vor seinen Reaktionen», versuche ich zu erklären, «und du siehst ja, daß diese Angst berechtigt war. Klaus ist nicht irgendein Typ, sondern ein Mensch, der wirklich schon oft gewalttätig war, verstehst du? Ich habe Angst vor der Gewalt, die in ihm ist, gleichzeitig will ich ihn aber in seine Schranken weisen.» Lisa zuckt mit den Schultern. «Das mußt du eben in Kauf nehmen, diese Gefahr. Hier im Haus kann dir doch praktisch nicht viel passieren, es ist doch immer jemand in der Nähe. Bei aller Sympathie für Klaus – du bist nicht hier, um dich von dem auch noch tyrannisieren zu lassen. Der spekuliert doch auf die Angst der Leute. Das ist ein Trick.» Ich denke, daß diese reale Angst nicht halb so schlimm ist wie meine sinnlosen Angstzustände, weil ich die Möglichkeit habe, mich ihr aktiv zu stellen.

Noch am selben Abend rede ich mit Klaus offen über die Probleme, die ich mit ihm habe. Er zeigt sich einsichtig, und wir machen aus, daß wir in der nächsten Zeit mehr Distanz halten, was ihm auch die Chance gibt, sich mehr in die Gemeinschaft einzubringen.

Horrortrip

Meine Phantasie ist grausam. Das Messer, das neben mir liegt, wird zu einem Mordinstrument, macht mir höllische Angst. Ich sehe förmlich, wie es mich durchbohrt, sich in meine Eingeweide schiebt. Hinter meiner Schädeldecke tauchen die Folterszenen wie laufende Bilder aus einem Kintoppfilm auf: Ich stelle mir vor, wie ich erwürgt, erschossen, zerschnitten werde – die Geräusche werden immer lauter – manchmal meine ich, daß das Haus einstürzt – der Boden unter den Füßen scheint nachzugeben – die Wände krümmen sich – da ein Bild, wie ich von einem Auto überfahren werde – es überrollt meinen Körper – die Knochen zerbersten. Ich kann mich nicht dagegen wehren, daß dieser Film abläuft, werde beherrscht von diesen Gedanken und Vorstellungen. Wie oft bin ich schon gestorben. Ich kenne alle Tode. Mein Tod kann nur noch Ruhe und Erlösung sein. Ich versuche, mich abzulenken, mir angenehme Gedanken zu machen, es gelingt mir nicht. Immer wieder bricht das Schreckliche durch, jede Minute, jede Sekunde, zuviel. Immer wieder sage ich mir: Es ist nur meine Phantasie, ich nehme es nicht ernst, es sind Aggressionen, die ich gegen mich selbst richte, es geht vorbei. Im Spiegel sehe ich ein bleiches Mädchen, meine Haare fallen aus, ich erschrecke vor mir selbst. Die Erschöpfung ist eine Erleichterung – nichts mehr wahrnehmen, abschalten, Ruhe. Alles, was ich will, ist Ruhe. In meiner Verzweiflung fange ich an zu beten. Ich weiß, daß es sinnlos ist, aber ich tue es trotzdem: Vater unser, der du bist im Himmel ... Es ist wie eine Gegenbeschwörung. Vielleicht gibt es ihn wirklich. Vielleicht hat es doch einen Sinn. Ich denke: So weit ist es schon mit mir gekommen. Es kann kein Gott existieren, sonst würde es nicht all die Qual geben. Warum muß mein Leben so qualvoll sein? Warum bin ich nicht bei meiner Geburt gestorben? Warum fehlt mir der Mut, mich umzubringen?

Klaus in Aktion

Seit zwei Tagen liege ich mit Darmgrippe im Bett. Körperliche Krankheiten werden hier nicht besonders ernst genommen. Um Medikamente oder Diät muß ich mich selbst kümmern. In der Küche frage ich nach heißem Wasser für den Tee. Der Koch sagt: «Das kannst du nur morgens um acht kriegen, weil da der Boiler an ist.» Auch meine Erklärung, daß ich nichts anderes trinken darf, weil ich krank bin, beeindruckt ihn nicht. Ich gehe zur Schwester. Sie ist verärgert, weil ich sie in der Mittagspause störe, geht aber trotzdem zum Koch und besorgt für mich heißes Wasser. Fast traue ich mich nicht, auch noch nach Zwieback zu fragen, dann überwinde ich mich doch. Mit schnellen, wütenden Bewegungen greift der Koch in eine Schublade, gibt mir zwei einzelne Zwiebäcke.

So geht es die nächsten beiden Tage weiter. Für jede Kanne heißes Wasser muß ich betteln, werde weggeschickt, wieder vertröstet. Ich nehme mir vor, mich zu beschweren, wenn ich draußen bin. Als Privatpatientin zahle ich eine stattliche Summe pro Tag für Verpflegung. Dafür muß ich mich hier noch schikanieren lassen und für mich selbst sorgen, obwohl ich hohes Fieber habe. Nach vier Tagen habe ich acht Pfund abgenommen. Ich bitte meinen Therapeuten, mir Kraftbrühe mit Ei zu verordnen, damit ich wieder auf die Beine komme. Mein Therapeut ist einverstanden. In der Küche werde ich mit einem lakonischen Kommentar abgewiesen: «Tut mir leid, Kraftbrühe haben wir nicht. Eier sind auch keine da.» Zuerst spüre ich einen heftigen Impuls, den Koch anzuschreien, dann nur noch Gleichgültigkeit, fast Mitleid mit ihm.

Auf dem Weg in mein Zimmer kommt mir Klaus auf der Treppe entgegen. «Mein Gott, wie siehst du denn aus!» sagt er. «Du mußt mal was Vernünftiges essen.» Er greift demonstrativ mit Daumen und Zeigefinger um meine dünnen Arme. Ich kann die Wut nicht mehr zurückhalten und erzähle ihm meine Erlebnisse in der Küche. Er reißt seine Augen weit auf, ich kann an seiner Mimik beobachten, wie seine Gedanken rotieren. Dann sehe ich ihn um die Ecke flitzen in Richtung Küche. Ein ohrenbetäubendes Gebrüll – dann Stille – wieder Klaus' laute Stimme. Ich kann nicht verstehen, was er sagt. Endlich taucht er wieder auf, mit einem Tablett in der rechten und einer großen Packung Zwieback in der linken Hand. Er strahlt mich an: «Einmal Kraftbrühe mit Ei, Gnädigste. Der Tee wird gleich von der Küche geliefert. Wünschen Sie ihn mit Milch oder Zitrone?» Ich kann es einfach nicht fassen: «Wie – wie hast du das bekommen? Er hat doch gesagt, er hätte es nicht.» Klaus strahlt über das ganze Gesicht und verrät mir das Geheimnis: «Ich habe ihm gesagt, er kann sich entscheiden: Entweder er gibt mir sofort die Sachen, oder ich poliere ihm so die Fresse, daß er in zwei Jahren noch seine Freude dran hat. Und da er ein kluges Kind ist, hat er mir schnell ein Süppchen gemacht.» – Von da an hatte ich nie mehr Ärger mit dem Küchenpersonal.

Der Streik

Seitdem die neuen Therapeuten da sind, ist der Therapieplan drastisch gekürzt worden. An die Stelle der früheren Kleingruppen sind Großgruppen getreten. Innerhalb der Gemeinschaft breitet sich zunehmende Unzufriedenheit und auch Ratlosigkeit aus. Wie soll man seine persönlichen Probleme bearbeiten, wenn die Möglichkeit dazu fehlt? Es wurde der Versuch unternommen, die Wünsche der Patienten dem Team vorzutragen, leider ohne Erfolg. Ich habe nie wirklich an diese Scheindemokratie für Patienten geglaubt, die Edgar so oft propagiert hat. Mir ist klar, daß letzten Endes das gemacht wird, was Edgar bestimmt. Ich beteilige mich nicht an den Initiativen, die laufen, um einen Kompromiß mit den Therapeuten auszuhandeln. Der Großteil der Patienten fühlt sich betrogen von einem Therapieprogramm, das aus dreimaligem gemeinsamem Schreien pro

Woche besteht. Es wird beschlossen zu streiken, die Gruppe, die Edgar leitet, zu boykottieren, bis er zu einem Gespräch bereit ist.

Die Patienten sitzen scharenweise auf der Treppe und diskutieren. Man wartet auf Edgar und die anderen Therapeuten. Etwas verunsichert steht er dann plötzlich mitten unter den Patienten, seine Cowboystiefel glänzen wie nie – ein Westernheld, dem nur noch das Pferd fehlt. Der Vertreter der Patienten steht auf und informiert ihn über die Situation. Edgar läuft vor Wut rot an, erwidert etwas, was ich nicht verstehen kann, und begibt sich in sein Arbeitszimmer. Die anderen Therapeuten versuchen uns zu beruhigen. Sie fordern uns auf, in den großen Raum zu gehen. Alles werde geregelt, das sei doch kein Weg, um Probleme zu lösen, sagt man uns.

Nach einer Stunde geben auch die härtesten Kämpfer nach. Brav sitzen wir da, warten auf die Erklärung, die Edgar abgeben will. Er kommt herein und stellt sich vor uns auf. Man spürt die Erregung in seiner Stimme, seine Worte sind aggressiv und zynisch: «Ihr seid ein Haufen von Babies, die erwarten, daß man ihnen fertige Sachen vorsetzt, die sie dann nur noch essen müssen. Hört endlich auf, von uns zu erwarten, daß wir euch eure Probleme abnehmen. Das ist hier kein Kindergarten. Es liegt nur an euch, wenn ihr hier nichts rausholt. Das Angebot ist reichhaltig. Ihr braucht nur zuzugreifen und euch das zu nehmen, was ihr braucht. Aber das habt ihr ja nicht gelernt. Anstatt zu sehen, was euch hier geboten wird, wollt ihr immer mehr. Ihr seid verwöhnte Kinder. Niemand ist gezwungen hierzubleiben. Das ist hier wie in einem Hotel – man kann kommen und gehen, wann man will. Wenn mir ein Hotel nicht gefällt, dann gehe ich eben und suche mir ein anderes, so einfach ist das. Geht doch zu meinem lieben Kollegen, da könnt ihr monatelang jammern und analysieren und euch betutteln lassen. Ich bin der letzte, der euch davon zurückhält. Also, wem es hier nicht paßt, der kann gehen, und zwar sofort!» Während Edgar spricht, melden sich Patienten, aber er geht nicht darauf ein. Statt dessen fährt er fort:

«Hier wird ein bißchen mehr erwartet, als um seine Kindheit zu jammern, hier müßt ihr schon selbst etwas tun. Ich bin sogar der Meinung, daß die meisten schon viel zu lange hier sind. In Amerika hat jeder genau drei Wochen Zeit, dann wird er an die Front geschickt, das müßt ihr euch mal vorstellen. Die Deutschen wollen es immer bequem, alles soll bequem sein, nur ja keine Anstrengung. Wo muß man denn heute noch selbst etwas tun? Das fängt bei der Waschmaschine an und hört beim Fertigkuchen auf. Ihr bekommt alles vorgesetzt.»

Es folgt eine hinreißende Beschreibung von Kindheitserinnerungen – wie schön es doch war, als man den Kaffee noch selbst mahlen mußte, als richtige Mütter noch richtige Kuchen backten und abends die Gaslaternen noch angezündet wurden. Edgar wäre besser Schauspieler oder noch besser Politiker geworden. Er ist so überzeugend, daß ich manchmal anfange, ihm zu glauben, obwohl ich weiß, daß der ganze Schmus, den er da erzählt, mit dem Problem hier und jetzt nicht das geringste zu tun hat.

Am anderen Ende des Raumes hat Dirk, ein Alkoholiker, den Mut gefunden, dazwischenzubrüllen: «Du bist ja der reinste Diktator. Du läßt uns ja nicht mal zu Wort kommen! Und das nennst du dann Patientenmitbestimmung!»

Edgar steht wie immer über den Dingen. «Aber mein lieber Dirk, hier hat jeder das Recht, seine Meinung vorzubringen. Ich bin der letzte, der euch daran hindern würde. Nur eines mußt du mir zugestehen: daß ich ein bißchen mehr Erfahrung habe als ihr.»

Karl, sonst ein eher schüchterner Junge, zeigt sich in dieser Situation von einer uns bisher unbekannten Seite. Er vertritt offensiv die Forderungen der Patienten: «Merkst du nicht, wie autoritär du bist? Indem du alle Gäste hier von vornherein als Babies betitelst, nimmst du uns doch die Basis für eine vernünftige Kommunikation. Ich gebe dir ja recht, daß viele einfach zu hohe Ansprüche haben, aber das ist ein ganz anderes Problem. Wir wollen erst mal wissen, warum das Therapieangebot so drastisch gekürzt worden ist. Mit dem alten Programm hatte der einzelne eine echte Chance, konkret zu arbeiten. Jetzt ist das kaum mehr gegeben, bei einer Gruppe einmal die Woche mit einer Teilnehmerzahl von dreißig Mann. Wenn man in der ganzen Zeit, die man hier ist, einmal drankommt, hat man Glück gehabt. Dafür muß es doch eine Erklärung geben.»

Edgar antwortet ohne Zögern: «Mein lieber Karl, ich danke dir. Deine Haltung haben hier die meisten. Ihr glaubt, was in den Gruppen läuft, sei die Therapie. Therapie ist die Gemeinschaft, da könnt ihr üben und euch anders verhalten. Was die Therapeuten machen, ist lediglich ein Zusatz, eigentlich könnte es ganz wegfallen. Es gibt keine Erklärung. Ich habe schon mal gesagt: Wem es nicht paßt, der kann gehen.»

Die ganze Zeit habe ich mich zurückgehalten, aber jetzt fühle ich mich so provoziert, daß ich reden muß. «Edgar, mir würde es an deiner Stelle zu denken geben, wenn drei Viertel meiner Patienten mit meiner Therapie nicht zufrieden wären. Da würde ich mir schon überlegen, woran es liegt. Mich erschreckt deine Unverfrorenheit, mit der du behauptest, es könne nur an den Patienten selbst liegen – so völlig ohne Ansatz von Selbstkritik oder Bereitschaft zu echtem Gespräch. Das erschreckt mich sehr.»

Er schnappt nach Luft. Ich habe ihn getroffen. «Wer sagt dir, daß es drei Viertel der Leute sind?» ruft er. «Hast du sie gezählt? Und selbst wenn es alle wären – ich kann nicht mit jedem über das reden, was ich für richtig halte. Und damit ist die Diskussion beendet. Ihr habt jetzt Gelegenheit, eure unerledigten Gefühle in der Therapie loszuwerden. Schreit eure Wut raus, haltet nichts zurück.»

So einfach ist das also. Er erlaubt uns unsere Wut, die ja sowieso nicht ernst zu nehmen ist. Wir werden einfach nicht für voll genommen. Eine Reihe von Leuten verläßt unter Protest den Raum. Ich schließe mich ihnen an. Wir gehen ins Café nebenan und haben eine Gemeinsamkeit: Wir denken noch.

Das Fest

Es ist zehnjähriges Klinikjubiläum. Im Haus herrscht ein emsiges Treiben. Einige haben Sketche einstudiert und halten ihre letzte Probe ab, andere sind dabei, den großen Raum mit Girlanden zu schmücken. Aus einigen Räumen dringt Musik. Mir ist nicht nach Feiern zumute, ich bin weit weg, wieder in meiner persönlichen Hölle. Nirgends halte ich es lange aus. Wenn ich in meinem Zimmer bin, werden die Wände immer enger. Ich habe das Gefühl, daß das gesamte Haus mit mir einstürzt. Obwohl ich weiß, daß sich alles nur in meinem Kopf abspielt, kann ich es kaum noch aushalten, fühle mich wie ein Tier, das auf der Flucht ist, auf der Flucht vor sich selbst. Ich wechsle ständig den Ort, laufe in den Wald in der Hoffnung, damit meine Symptome abschütteln zu können. Im Freien fühle ich mich ein bißchen besser, das Laufen lenkt etwas ab. Den ganzen Weg über singe ich Lieder, die mir in den Sinn kommen. Wenn ich wenigstens die Hoffnung hätte, daß es ein Leben nach dem Tod gibt! Das kann doch nicht mein Leben sein, das ist eine Qual, ein Irrtum, eine Strafe ... Ich habe Angst, daß mir nur diese eine Entscheidung bleibt, mir dieses Leben, das keines mehr ist, zu nehmen. Auf die Resignation folgt eine Art Verbissenheit, verbunden mit dem Gedanken: Es muß etwas geben, es muß etwas geben, was mir hilft. Ich muß durchhalten, es darf nicht alles umsonst gewesen sein. Es dauert schon zu lange, ich halte es schon zu lange durch, es muß einen Sinn haben.

In der Klinik gibt es schon Kuchen, das Mittagessen habe ich verpaßt. Die Stimmung ist gelöst und erwartungsvoll. Lisa hat mich gesucht, erzählt man mir. Rolf umarmt mich, sieht mich an: «Na, daß in so einem hübschen Kopf so dumme Gedanken sind!» Seine Einfühlung überrascht mich. Einige Sekunden lang versinke ich in seinen Armen, lasse mich fallen. Eine Männerstimme schreit: «Alle reinkommen, bitte die Plätze einnehmen!» Der Raum mit den vielen Menschen steigert meine Angst noch. Jede Bewegung fällt mir schwer, mein Körper ist wie gelähmt.

Auch die Leute um mich herum nehme ich nicht mehr richtig wahr. Sie verschwimmen vor meinen Augen, ich bin wieder hinter der Glaswand. Rolf führt mich wie eine Blinde, setzt mich neben Lisa ab. Sie streicht über meinen Kopf und hält meine Hand. «Es wird bestimmt ein schönes Fest. Laß mal alles auf dich wirken, dann geht's dir auch gleich besser.» Sie ist wie eine Mutter.

Das Fest beginnt. Patienten führen etwas vor, was sie einstudiert haben. Großer Beifall, allgemeine Begeisterung. Plötzlich taucht auf der linken Seite hinter den Stuhlreihen eine fremde Frau auf, unscheinbar und einfach gekleidet. Sie meldet sich entschlossen zu Wort. Sie beschwert sich über Klaus. Er habe sie mehrmals beleidigt mit Worten, die sie nicht wiedergeben könne. Eine Scheibe habe er auch zertrümmert. So ginge das nicht weiter. Sie sei nicht die einzige hier, die Probleme mit ihm habe. Klaus sitzt wie ein Tiger kurz vor dem Sprung auf der vordersten Kante seines Stuhles, die Augen zu einem Spalt zusammengekniffen. Bevor er etwas sagen kann, fällt ihm Edgar ins Wort, versucht die Frau zu beruhigen. Er spricht davon, daß einige hier Probleme hätten, sich mitzuteilen, und daß man dafür Verständnis haben müsse. Da springt Klaus auf, greift nach einer vollen Kaffeekanne, brüllt die Frau an: «Du Ziege, kehr doch vor deiner eigenen Tür!» Dann wendet er sich Edgar zu: «Du mit deinem Gefasel, du spielst dich doch nur auf mit deiner Verständnistuerei. Ich habe ja nicht mal das Recht, mich zu verteidigen in dem Affenstall hier!» Mit Wucht wirft er die volle Kaffeekanne gegen die Wand und verschwindet. Ein paar Frauen kreischen laut, dann herrscht Grabesstille. Edgar bewahrt die Fassung, lädt die Frau zu Kaffee und Kuchen ein. Das Programm läuft weiter.

Der Zwischenfall mit Klaus hat mich für kurze Zeit etwas wachgerüttelt. Ich mache mir Sorgen um ihn, bin gleichzeitig entsetzt und erschrocken über sein Verhalten. Nach dem offiziellen Teil verlasse ich den Raum, um auf der Terrasse Luft zu schnappen. Draußen steht Hans. Er macht einen niedergeschlagenen Eindruck, berichtet von seinen Problemen mit Klaus, daß auch er dauernd von Klaus beschimpft wird, daß ihn das deprimiert, weil er sich aus Angst vor Klaus' Reaktionen nicht traut, sich zu wehren. Ich stimme ihm zu. «So kann es nicht weitergehen. Klaus muß lernen, sich anzupassen. Du bist nicht der einzige, der sich tagtäglich alles mögliche von ihm bieten lassen muß, ohne sich wehren zu können.» Lisa kommt hinzu, ist genauso schockiert wie wir. «Irgendwo ist die Grenze, es kann schließlich nicht die ganze Gemeinschaft leiden, nur weil einer die Sau rausläßt.» Sie macht eine Pause. «Ich frag mich die ganze Zeit, warum Edgar mit Klaus so nachsichtig ist. Ich wäre an seiner Stelle längst geflogen. Mich hat er vor drei Jahren wegen viel banalerer Dinge rausgeworfen. Ich glaube, Edgar zieht sich da ein Showstück groß. Wenn er den hinkriegt, hat er wieder mal einen lebendigen Beweis, was für eine tolle Therapie er macht. Das ist es! Bei anderen hätte er nie eine solche Geduld. Klaus darf sich doch hier alles erlauben, für den gelten ganz andere Regeln als für uns. Edgar hat ein persönliches Interesse an dem, glaubt mir das.»

Während unserer Unterhaltung sehe ich Klaus am Waldrand auftauchen. Wir reden weiter, können aber die aufkommende Spannung kaum verbergen. Klaus nimmt mehrere Stufen auf einmal, schleicht an uns vorbei, dreht sich kurz vor der Tür nochmals um, spricht mich an: «Und von dir habe ich auch die Schnauze voll. Du bist mir eine schöne Freundin. Du steckst doch mit denen unter einer Decke, du Arschkriecher!» Bevor ich etwas erwidern kann, ist er verschwunden. Anscheinend hat er erwartet, daß ich ihn verteidige.

Die Konfrontation

Hans und ich stehen am Aufzug. Hans hat den Arm um meine Schultern gelegt. Wir diskutieren über das Problem mit Klaus. Hans spricht darüber, daß er sich Klaus körperlich unterlegen fühlt. Wenn es drauf ankomme, sagt er, sei er ihm ausgeliefert und könne sich nicht verteidigen. Ich bin der gleichen Ansicht. Niemand kann abschätzen, was geschieht, wenn er sich gegen Klaus wehrt. Niemand kann dafür garantieren, daß Klaus nicht wie schon öfters völlig die Kontrolle über sein Verhalten verliert.

Plötzlich steht Klaus hinter Hans. Wir haben ihn beide nicht bemerkt. Er scheint mitbekommen zu haben, daß wir über ihn sprechen. Ich stupse Hans leicht an, aber er kapiert nicht, weshalb. Mir wird schwindlig vor Angst. Klaus dreht durch: «Du Hure, du Drecksau!» schreit er mich an. «Du hörst dir den Scheiß auch noch an, den der Hosenscheißer dir erzählt.» Mit einer raschen Handbewegung packt er Hans vorn am Hemd, zieht ihn zu sich heran. «Eines sage ich dir, du Schwein: Wenn du noch einmal ein Wort über mich sagst, wenn ich dich noch einmal mit Vera zusammen sehe, dann schlag ich dich tot!» Hans sagt nichts, nickt ergeben mit dem Kopf, ist kreidebleich. Klaus stößt ihn mit einem kurzen Ruck zu Boden, dreht sich um in Richtung Treppe, bleibt dann wieder stehen, starrt mich an und brüllt: «Und du werd erst mal mit deiner beschissenen Kindheit fertig.» Ich fange an zu schreien, habe mich nicht mehr unter Kontrolle: «Das hast du lange genug mit mir gemacht, Klaus. Mir reicht's. Ich höre mir deine Beschimpfungen nicht mehr länger an. Ich habe die Schnauze voll von dir.» Er droht mir: «Wenn du nicht sofort dein Maul hältst, dann passiert was!» Ich bin an dem Punkt, wo mir alles gleichgültig ist, schreie, höre mich schreien und kann nichts dagegen tun. «Es ist mir egal, womit du mir drohst. Dann bringst du mich eben um. Aber ich lasse mich nicht mehr von dir unterdrücken. Einer von uns geht, entweder du oder ich. Ich mache das Theater nicht mehr mit, verstehst du das? Mit mir nicht mehr, Klaus!» Erstarrt lehnt er am Treppengeländer. «Okay», sagt er schließlich, «ich habe verstanden, ich habe kapiert.»

Er ist nach oben verschwunden. Die Spannung löst sich. Ich heule, ohne einen einzigen Ton von mir zu geben. Hans ist inzwischen aufgestanden. Er hat keine ernsthaften Verletzungen. Die Mitpatienten, die die ganze Zeit über stumm dabeistanden. versuchen jetzt, beruhigend auf uns einzuwirken. Wir stehen beide unter einem Schock. Zitternd und sprachlos halten wir uns aneinander fest. Jemand sagt: «Wir müssen einen diensthabenden Arzt rufen. Wer weiß, was Klaus noch anstellt? Bringt ihr euch erst mal in Sicherheit. Geht runter in den Keller, da läuft gerade eine Gruppe, da seid ihr sicher.» Ich glaube nicht an diese Sicherheit, bin davon überzeugt, daß niemand eingreifen würde, weil sie alle Angst haben, was immer Klaus auch tut.

Im Keller leitet einer der jungen Therapeuten gerade eine Massagegruppe. Hans hat sich wieder gefaßt und berichtet, was geschehen ist. Der Therapeut spricht ein paar beruhigende Worte. Ich spüre seine Angst hautnah. Es ist seine Pflicht, etwas zu unternehmen. Eine Weile überlegt er, dann geht er hoch, in der Absicht, mit Klaus zu reden. Nach wenigen Minuten kommt er zurück. Klaus ist nicht ansprechbar, hat sich in seinem Zimmer verbarrikadiert. Ich frage, was jetzt werden soll. Der Therapeut zuckt mit den Schultern. «Wir können nur abwarten. Ihr bleibt jetzt erst mal hier unten, hierher wird er nicht kommen. Ich werde dann immer mal hochschauen.»

Dieser Arzt hat ja noch mehr Angst als ich! Er versucht, sein Therapieprogramm durchzuziehen, als sei nichts geschehen. Hans beruhigt sich selbst: «Wir dürfen uns da jetzt nicht reinsteigern, schließlich ist uns ja nichts passiert.» Nach einiger Zeit unternimmt der Therapeut einen zweiten Versuch – wieder ohne Erfolg. Er erfährt aber, daß Klaus die Nachtschwester gezwungen hat, ihm Geld und Zigaretten zu geben. Anscheinend hat er etwas vor. Ich fühle mich wie in einer Falle. Wie lange sollen wir hier noch warten – und worauf? Von diesem Therapeuten können wir wirklich nichts erwarten, hier ist keine Sicherheit. Die einzige Möglichkeit, die mir in den Sinn kommt, ist, daß ich selbst zu Klaus gehe und versuche, mit ihm zu reden, um den Bann zu brechen. Dieses Warten voller Ungewißheit halte ich nicht mehr aus. Ich flüstere Hans zu, was ich vorhabe. Er will mich festhalten. Schon bin ich draußen.

Mein Herz klopft bis zum Hals. Klaus steht am Empfang, neben ihm ein Koffer und zwei Plastiktüten. Er sieht verzweifelt aus. Die Nachtschwester redet auf ihn ein. An seinem linken Ohrläppchen hängt eine Rasierklinge an einer Sicherheitsnadel. Er ist selbst in Gefahr, denke ich, er ist krank. Er bemerkt mich. «Du brauchst keine Angst mehr zu haben. Ich gehe, ich gehe schon», sagt er. Meinen Vorschlag, noch einmal mit ihm über alles zu sprechen, nimmt er dankbar an. Wir gehen in die nächste Kneipe. Nach drei Stunden habe ich ihn dazu überredet, zu bleiben und mit Edgar über alles in Ruhe zu sprechen.

Das große Schweigen

Nach dem Vorfall mit Klaus kommt es unter den Patienten zu heftigen Diskussionen. Mit Hans und einigen anderen Patienten verabrede ich, daß ich mich vor der Gruppe melden und das Thema Klaus zur Sprache bringen werde. Alle sind sich einig: Es muß etwas geschehen. So geht es nicht weiter. Ich informiere Klaus darüber, was in der Gruppe auf ihn zukommt.

Edgar ist nicht überrascht, als ich das Thema anschneide. Er läßt mich reden. Sicher ist er von dem gestrigen Vorfall unterrichtet worden. An seinem Gesicht kann ich ablesen, daß er schon eine fertige Antwort parat hat. Ich fordere Auflagen für Klaus, spreche von der realen Gefahr, die er darstellt, weise darauf hin, daß die Situation für viele unerträglich ist, wiederhole, was ich schon den Abend zuvor gesagt habe: «Entweder er ändert sein Verhalten, oder ich gehe.»

Edgar redet gegen an: «Hört auf, eure Feindbilder aufzubauen! Meine liebe Vera, irgendwie scheinst du Klaus zu provozieren. Mir hat er noch nie etwas getan, ich kenne ihn nur als sehr hilfsbereit und liebenswürdig. Du redest dauernd von Gefahr – die Gefahr ist in deinem Kopf, das sind deine Bilder, du bist ja nicht umsonst hier wegen Angstzuständen. Fang mal bei dir selber an. Du suchst doch die Gefahr, sonst wärst du nicht gestern mit Klaus weggegangen.»

Ich bin entrüstet, falle ihm ins Wort. «Das ist ein psychologischer Trick, ich weiß genau, warum ich hier bin, und ich weiß auch, daß die Gefahr, die von Klaus ausgeht, real ist. Das kann ich mittlerweile unterscheiden. Ich lasse mir von dir nicht unterschieben, daß diese Angst paranoid ist und daß ich diejenige bin, die sich was einbildet. Es geht schließlich nicht nur um mich!» Jetzt brauche ich die Unterstützung der anderen. Niemand meldet sich, alle starren mich nur an.

Edgar ist sehr selbstsicher. «Mein liebes Kind, was soll denn das? Entweder Klaus ändert sich, oder du gehst? Du kannst doch nicht erwarten, daß ein anderer sein Verhalten ändert, nur weil du mit ihm nicht umgehen kannst. Wer mit Klaus Probleme hat, soll sich an die eigene Nase fassen. Ich habe keine mit ihm. Überall seht ihr nur Gefahr, dabei seid ihr diejenigen, die die Gefahr produzieren, in euren alten Vorstellungen und Bildern. Schaut euch diesen Jungen an –» er deutet auf Klaus, der heute wirklich eher verschüchtert wirkt – «sieht der vielleicht aus, als wäre er gefährlich? Letzte Woche hat er mir geholfen, mein Videogerät aufzubauen. Er ist rührend besorgt, wenn es jemandem schlechtgeht – und diesen Menschen wollt ihr zum Feindbild aufbauen!»

Edgar kommt mir vor wie Klaus' Anwalt. Im Moment macht er Therapie für Klaus auf unsere Kosten, denke ich. Da meldet sich Hans: «Es tut mir leid, Edgar, aber ich empfinde genauso wie Vera. Gestern abend hatte ich richtige Todesangst, und das nicht zum erstenmal ...»

Er wird sofort unterbrochen: «Mein lieber Hans, dann lerne,

mit dieser Angst umzugehen. Dazu bist du ja hier. Und damit ist das Thema Klaus beendet.»

Ich spüre, wie mir die Tränen in die Augen schießen. Ich fühle mich benutzt und ungerecht behandelt, von der Gruppe im Stich gelassen. Eine alte Wunde ist aufgerissen – zu oft bin ich im Stich gelassen worden, wenn ich Hilfe gebraucht hätte. Da ist nur noch ein Gedanke in meinem Kopf: Nichts wie weg hier!

Oben in meinem Zimmer fange ich an, meine Koffer zu pakken. Und wenn ich mit dem Taxi fahren muß – ich halte es keine Stunde mehr hier aus! Lisa stürmt herein, überfällt mich mit einem Wortschwall. «Du brauchst gar nichts zu sagen, ich verstehe dich, du hast recht, es ist eine Sauerei von Edgar – aber bitte nimm Vernunft an, dreh jetzt nicht durch, laß uns reden. Es hat keinen Sinn, jetzt abzuhauen.»

Die ganze Wut und Enttäuschung bricht aus mir heraus. «Was soll ich noch hier? Ich kann niemandem mehr vertrauen, verstehst du das? Zumindest den Therapeuten nicht. Diese Reaktion ist für mich so verrückt, daß ich nicht mehr weiß, wer denn nun gestört ist, Edgar oder ich. Es kommt mir alles so verrückt vor. Sobald ein Problem da ist, wird behauptet, das sei nur ein Resultat deiner eigenen Krankheit. Verstehst du?»

Lisa versteht, zieht mich auf mein Bett und ordnet meine Gedanken: «Du hast kein Vertrauen mehr – verständlich. Du kannst für dich nichts mehr rausholen, das ist klar. Du hast vollkommen recht mit dem, was du über Klaus gesagt hast. Aber was ist die Alternative? Zu Hause kommst du auch nicht klar. Hier hast du zumindest einige Leute, die dich verstehen, mit denen du reden kannst. Hier bist du nicht allein. Das ist alles, was ich dir im Moment raten kann.»

«Ich muß hier raus. Ich habe Angst vor mir selbst, ich weiß nicht, ob ich mich beherrschen kann, wenn mir Edgar über den Weg läuft. Er widert mich dermaßen an ...» Ich nehme meine Jacke und verlasse den Raum.

Lisa läuft mir hinterher. «Warte, ich komme mit. Ich weiß doch, was in dir abläuft. Gehen wir irgendwo Kaffee trinken. Es hat doch keinen Sinn, jetzt zu fliehen.» Wir laufen durch die Gegend, bergauf, bergab, reden ununterbrochen über das Geschehene mit dem Ziel, zu verstehen und Distanz zu gewinnen.

Das Verstehen ist mir bekannt. Ich habe immer alles verstanden, konnte mir immer alles erklären, habe mich selten zur Wehr gesetzt vor lauter Verständnis!

Kapitulation

Ich kapituliere, gebe zu, daß ich dauernd an Tabletten denke, daß ich so nicht mehr leben kann. Mein Leben ist nur noch ein Ertragen von Symptomen, die sich ins Unendliche multiplizieren. Ich kann mich davon nicht befreien, habe hier keinen Weg gefunden, der hinausführt, nicht einmal eine Ahnung eines Weges – im Gegenteil: Je länger ich hier bin, um so verworrener wird es. Ich suche nach einem Weg aus der Neurose wie nach einer verlorenen Stecknadel. Ich bin bereit, nach jedem Strohhalm zu greifen, versuche, in allem, was ich höre, einen Sinn für mich zu finden. Aber die Teile lassen sich nicht zusammensetzen, und niemand kennt den Bauplan. Die Einsamkeit frißt in mir weiter – damit meine ich nicht etwa das Fehlen von Kontakten, sondern die Wand, die zwischen mir und dem Leben ist. Kein Lachen dringt zu mir durch. Mein Körper ist wie aus Holz, ohne Empfindung. Die Starre ist das Alltägliche und die Panik das Gewohnte. Zumindest kenne ich mich im Schrecklichen aus, wenn ich auch nicht leben kann. Zumindest habe ich etwas erfahren, wenn auch nichts Positives. Immerhin hatte ich überhaupt Gefühle, wenn auch keine angenehmen, und das Denken ist mir bis zuletzt geblieben. Jetzt kommt es mir fast so vor, als wäre ich schon tot, als gäbe es nur noch diesen einen Weg, als sei alles schon beschlossen. Der Tod schreckt mich nicht mehr, macht mir keine Angst mehr. Ich bin froh, daß ich die Möglichkeit habe, mich umzubringen, wenn der Alptraum kein

Ende findet. Was für eine Beruhigung, daß mir dieser Ausweg bleibt.

Die Therapeuten geben mir unterschiedliche Denkanstöße. Der eine sieht die Lösung darin, daß ich mich von meinem Mann trenne, um endlich auf eigenen Füßen zu stehen. Der andere empfiehlt genau das Gegenteil und fordert mich auf, endlich meine Liebe zuzulassen. Ein dritter meint, ich müsse mein ganzes altes Leben aufgeben, meinen Beruf und meine alten Beziehungen, um keine «alten Spiele» mehr machen zu können... Anfangs nehme ich alle Anstöße dankbar an, bin bereit, alles zu wagen, da ja nichts mehr zu verlieren ist. Dann erkenne ich, in welcher Mühle ich stecke. Jeder dieser Therapeuten nimmt mich aus seiner Sicht wahr, keiner kennt mich wirklich, zu keinem habe ich eine wirkliche Beziehung, jeder hält etwas anderes für das «Richtige», und kein einziger Rat entspricht meinem Gefühl, wird von mir als richtig oder als Lösung empfunden. Dafür fasse ich einen Entschluß, der schon lange fällig ist: Ich werde die Klinik verlassen, egal, was dann kommt.

Die Hoffnung, hier einen Weg zu finden, habe ich schon lange aufgegeben, aber den Mut, das zuzugeben, spüre ich erst jetzt in mir. Ich bin froh über diese Entscheidung, weil es *meine* Entscheidung ist.

Selbsthilfe

Nach dem Klinikaufenthalt versuche ich, mir selbst die «richtige Therapie» zusammenzubasteln, quasi als Überbrückung, bis ich etwas gefunden habe, was mir helfen könnte. Meine eigene Beurteilung meines Zustandes konkretisiert sich langsam: Ich halte mich für übertherapiert, meine Abwehrmechanismen sind stark geschwächt, teilweise zeige ich schon psychotische Reaktionen. Ich verordne mir selbst: Valium nach Bedarf, um mein Leben erträglicher zu machen und die Symptome abzuschwächen, und eine strenge Verhaltenstherapie in dem Sinn, daß ich mich auf konkrete Dinge konzentriere und dieses mir selbst auferlegte Programm durchziehe, egal, wie es mir geht. Außerdem mache ich es mir zur Auflage, Kontakte aufrechtzuerhalten. Ich weiß, daß ich dazu neige, mich zurückzuziehen. Dieses Konzept ist ein Notbehelf, keine wirkliche Lösung. Immer noch bin ich auf der Suche nach einem Weg aus der Krankheit, habe die Hoffnung nicht aufgegeben.

Sieben

Die große Utopie und das alltägliche Scheitern – Praxis der Psychotherapie

Jene aber haben nicht nur einen verdorbenen Geist, sondern kranken dazu am Gemüt, die unfähig sind, eine ungewöhnliche Ansicht ihr eigen zu nennen, ohne gleich eine Häresie daraus zu machen, und eine neue Meinung ohne gleichzeitige Bildung einer neuen Sekte zu begründen.

Sir Thomas Browne, ‹*Religio medici*›
Erstes Buch, § 7

Von der Therapeutenresistenz zur Therapieresistenz

Schreien und Lernen

Der Aufenthalt Vera Beckers in der Psychologischen Klinik Mennigrode endete mit einem völligen Fehlschlag. Ihr anfängliches Zutrauen zu den Therapeuten, ihr Gefühl der Geborgenheit in der Patientengemeinschaft und ihre Zustimmung zum Stil der Klinik wichen immer mehr der Angst, der Ablehnung und der Verzweiflung. Auf die Gründe für das Scheitern der Mennigroder Therapie bin ich bereits im fünften Teil eingegangen, aber es lohnt sich, sie noch genauer zu untersuchen. Allerdings muß ich dazu einige klärende Worte über den methodischen Ansatz der Klinik vorausschicken, der dem Laien aus dem Bericht Vera Beckers nicht ganz verständlich geworden sein dürfte.

Zum einen wurde in der Klinik, wie vorher in der Primärtherapie, viel von «alten Gefühlen» gesprochen, die man loswerden müsse. Damit stand ein Gedanke im Mittelpunkt der Therapie, der in den Bereich der klassischen traumatheoretischen Vorstellungen der Tiefenpsychologie gehört. Zum anderen wurde in der Klinik aber auch viel Wert auf gegenwärtige Bedürfnisse gelegt. Die Patienten sollen «sich nehmen, was sie brauchen». Sie sollen versäumte Lebensphasen nachholen, körperliche Kontaktbedürfnisse ausleben und so weiter. Solche Ideen würden einem Psychoanalytiker als unerträglich simplifiziert erscheinen, und auch ein Primärtherapeut würde einwenden, daß man mit dem «Agieren» in der Gegenwart nur die neurotische Abwehr stärke. Woher kommt dann die in der Klinik praktizierte Mischung aus Tiefenpsychologie und progressiver Bedürfnispädagogik, aus Arthur Janov und Summerhill?

Die Quelle von Theorie und Therapie ist für den Fachmann leicht auszumachen: Der handliche Verschnitt aus den einfachsten tiefenpsychologischen und lerntheoretischen Vorstellungen entstammt der Psychotherapie von Daniel Casriel, einem bekannten amerikanischen Therapeuten der siebziger Jahre. Auch dem deutschen Leser sind seine Ideen durch das Buch ‹*Die Wiederentdeckung des Gefühls*› zugänglich.[48] Casriel ist ebenso wie Arthur Janov davon überzeugt, daß psychische Erkrankungen durch den Druck verdrängter Gefühle zustande kommen, und zwar entweder als eine ich-fremde neurotische Erfahrung (Ängste, hysterische Symptome usw.) oder als ein in einer Charakterneurose in die Persönlichkeit integriertes Fehlverhalten. Anders als der radikale Traumatheoretiker Janov kombiniert er diese Auffassung aber mit einem Bekenntnis zur Möglichkeit, das neurotische Verhalten und Erleben durch Neulernen in der Gegenwart zu verändern. Er schreibt: «Wir müssen die Verantwortung für uns selbst übernehmen, sonst werden wir nicht erwachsen. Das ist für uns alle die Vorbedingung zum Menschsein.»

Ein solcher markiger Satz in der Tradition des amerikanischen Glücksoptimismus wäre Arthur Janov sicherlich nicht über die Lippen gekommen. Und der Weg, auf dem Selbstverantwortung zu erreichen ist, wird von Casriel ebenso klar angegeben: Ausdrücken der verdrängten Gefühle, Befriedigung der frustrierten Bedürfnisse (besonders nach Körperkontakt und menschlicher Wärme), Umprogrammieren pathologischer Gefühlsreaktionen und Einstellungen mit Hilfe der Gruppe, Erlernen neuer Verhaltensmuster in einer helfenden Gemeinschaft.

Mit den letzten beiden Punkten setzt sich Casriel besonders deutlich von der Primärtherapie ab und nähert sich der Verhaltenstherapie an. Die direktive Art, in der er Verhaltensänderungen von den Patienten verlangt, ist mit Sicherheit nicht mehr «tiefenpsychologisch», sondern gehört in den Bereich der «pädagogischen» Therapiemethoden.

Neu werden – aber wie?

Ich habe im fünften Teil genügend darauf hingewiesen, daß «pädagogische» Methoden und sogar die gezielte Verhaltensmanipulation keineswegs ein verwerfliches Mittel der Psychotherapie darstellen. Daher kann man es der Klinik Mennigrode bestimmt nicht als Fehler anrechnen, daß dort – zumindest dem Bericht zufolge – die Idee der Verhaltensänderung durch neue Lernprozesse eher noch mehr im Vordergrund stand als bei Casriel selbst. Die einschlägigen Kernsätze wiederholen sich in dem Bericht auf fast monotone Weise: Der Patient soll «neu anfangen», er soll «raus aus dem alten Spiel», die alte Persönlichkeit soll «kapitulieren» und eine «Neugeburt» erleben. Der Patient soll «aus seinem Muster herausspringen», er soll «sein Leben neu beginnen» und so weiter. Welcher psychisch Kranke oder Suchtkranke, der unter seinen Symptomen leidet, würde diese Ratschläge nicht gerne befolgen?

Das Problem solcher Ratschläge liegt darin – worüber sich alle Psychotherapeuten natürlich klar sind –, daß die Patienten ihre Symptome und damit ihre «alten» Verhaltensweisen nicht willentlich beeinflussen können oder zumindest nicht beeinflussen zu können glauben. Die eigentliche Aufgabe jeder Therapie besteht deshalb nicht darin, Veränderung zu predigen, sondern Veränderung zu ermöglichen. Es hat keinen Sinn, einem Alkoholiker zum Aufgeben seiner Sucht und zu einem Neubeginn zu raten, solange jedes Glas Bier vor seiner Nase ihn der Willenskraft beraubt. Daher muß nicht so sehr beachtet werden, daß die Therapeuten in Mennigrode Wert auf den individuellen Neubeginn legten, sondern es muß geprüft werden, mit welchen Mitteln sie den Neubeginn ermöglichen wollten. Auch diese Frage läßt sich aus dem Bericht Vera Beckers beantworten: Die Therapeuten beabsichtigten offensichtlich, die «alten Muster» im Verhalten der Patienten zu durchkreuzen, und wandten dabei zum Teil rabiate Mittel an. Sie hofften darauf, daß sich in der helfenden Gemeinschaft der Patienten neue Verhaltensmuster aufbauen würden, die die Persönlichkeit verändern. «Du hast jetzt lange genug dieses Spiel gespielt – hör auf damit, bleibe in der Gemeinschaft, und versuche etwas Neues.» So oder ähnlich klangen alle therapeutischen Interventionen, von denen Vera Becker berichtet.

Ich glaube, daß ich nicht ausführlich darauf hinweisen muß, daß diese Art des Vorgehens große Gefahren birgt, obwohl es von grundsätzlich richtigen Prinzipien ausgeht. Das bloße Durchkreuzen, Angreifen, Kritisieren und Bestrafen (auch soziale Angriffe bilden eine Strafe) eines Fehlverhaltens oder gar eines Symptoms stellt noch keineswegs sicher, daß es aufgegeben wird und daß ein Prozeß des Neulernens einsetzt. Auch der Einfluß einer Patientengemeinschaft mag zwar manchmal hilfreich, manchmal aber auch unwirksam oder hinderlich sein.

Es ist zum Beispiel sehr naheliegend, daß man Suchtkranken ihre Suchtmittel entzieht, um eine positive Veränderung möglich zu machen. Auch daß man körperlichen Unzulänglichkeiten durch Sport und physikalische Therapien entgegenwirkt, hat fast immer einen guten Sinn. Mit solchen Maßnahmen wird das «alte Muster» im Leben der Patienten in der Tat so durchkreuzt, daß neue Muster entstehen können. Aber man kann diese Rezepte nicht unkritisch auf jede psychische Problematik übertragen, wie es im Gefolge Daniel Casriels leider leicht zu geschehen scheint. Wenn die Therapeuten zum Beispiel einen Menschen, der an Angstsymptomen leidet, wegen seiner Symptome angreifen und demütigen, so durchkreuzen sie eben nicht das «alte Muster», sondern setzen es in der Klinik weiter fort. Diesen alten Weg nahm die Therapie auch im Fall Vera Beckers, und das Ende war vorhersehbar: Sie litt unter Angst, und die Therapeuten gaben ihr noch mehr Grund zur Angst. Das «alte Muster» einer Angstkrankheit durchkreuzt man nicht durch Angriffe, sondern durch das Gegenteil, durch Aggressionslosigkeit. Dieser für jeden einigermaßen verantwortlichen Therapeuten offensichtliche Zusammenhang scheint dem Personal in Mennigrode völlig aus dem Blick geraten zu sein. Daher hat Vera Becker zumindest für ihren Fall recht, wenn sie berichtet, daß sie auf ihre Frage hin, wie sie sich denn ändern solle, mit Floskeln abgespeist wurde. Antworten wie «Das muß jeder selbst herausfinden» sind eigentlich keine Antworten, sondern Manöver im Rahmen der «Hilf dem Helfer»-Paradoxie, die bei erfolglosen Therapeuten ja so überaus beliebt ist.

Anderssein durch neue Erfahrungen

Aber aus welchen Gründen ändern sich Menschen mit psychischen Problemen denn nun tatsächlich? Wie gelingt es ihnen, ein neues Verhaltensmuster aufzubauen und ihre Umwelt wie sich selbst anders zu erleben? Als sehr allgemeine Regel kann durchaus das gelten, was auch in Mennigrode vertreten wurde: Der Mensch hat Gelegenheit zur Veränderung, wenn er neue Erfahrungen macht. Wenn man Suchtkranken ihr Suchtmittel entzieht, verschafft man ihnen nicht nur eine Möglichkeit zur körperlichen Erholung. Man schafft ihnen auch Raum für die Erfahrung, daß sie Stress und Konflikte bewältigen können, ohne in den Rausch fliehen zu müssen. Dadurch können neue Anpassungsreaktionen entstehen. Warum gelang es in Mennigrode nicht, dieses einleuchtende Konzept auch im Fall Vera Beckers in die Praxis umzusetzen?

Im Prinzip kann man die Idee der Veränderung durch neue Erfahrungen durchaus von der Sucht auf andere psychische Probleme übertragen, also auf Depressionen oder auf eine Angstkrankheit. Nur ist es in diesen Fällen nicht so einfach, in der therapeutischen Beziehung oder im therapeutischen «Setting» neue Erfahrungen zu vermitteln, die die alten Interaktionsmuster durchkreuzen. Im Fall Vera Beckers trat, wie gesagt, sogar eher das Gegenteil ein: Die Therapeuten setzten die für die Angstsymptome typischen Interaktionsmuster weiter fort.

Dieser Punkt verdient eine nähere Erläuterung: Angstkranke leiden – man entschuldige die banale Erinnerung – an einer stark erhöhten Angstbereitschaft. Folglich neigen sie im Umgang mit anderen Menschen zu Mißtrauen und reagieren in Konflikten leicht überaggressiv oder übermäßig angepaßt – beides sind angstmotivierte Verhaltensweisen. Eine therapeutische Intervention, die dieses «alte Muster» durchkreuzen soll, muß also auf eine Verringerung der Angst und auf eine Stärkung des sozialen Vertrauens zielen. Wie frappant die Therapeuten der Klinik Mennigrode gegen diese Tendenz verstießen, zeigt sich bereits bei der ersten therapeutisch bedeutsamen Maßnahme, von der Vera Becker berichtet (S. 276f).

Bei der Vorstellung in der Patientenversammlung wird sie von einem Therapeuten dazu «verurteilt», sich wegen einer angeblichen Magersucht in ihrem Zimmer zu isolieren und zuzunehmen. Da von einer wirklichen Magersucht bei einer Größe von 1,65 und 40 Kilo Gewicht (und bei zartem Körperbau) natürlich keine Rede sein kann, hatte diese Maßnahme wohl die Funktion einer «Eintrittskarte». Vera Becker sollte schon zu Anfang klargemacht werden, daß sie sich allen Anweisungen der Therapeuten zu fügen, daß sie zu kapitulieren habe. Es wurde ihr demonstriert, daß nicht sie, sondern der Therapeut weiß, was gut für sie ist, und bereits die erste Intervention erzwang die entsprechende «komplementäre» Definition der therapeutischen Beziehung.

Unter gewissen Umständen kann man eine solche Gestaltung der therapeutischen Beziehung durchaus vertreten. Zum Beispiel ist es unbedingt notwendig, daß in einer Suchtklinik dem Patienten in bezug auf den Umgang mit dem Suchtmittel zu Anfang keinerlei Selbstverantwortung zugebilligt wird. Im Fall

Vera Beckers lassen aber weder die Form noch der Inhalt der ersten «Verhaltensverschreibung» einen vernünftigen Sinn erkennen. Das Überessen war ihr seit ihren überwundenen Zwangssymptomen sehr zuwider, und die Isolierung in ihrem Zimmer hätte für sie die Auslieferung an panische Ängste bedeutet. Der Therapeut verlangte also etwas von ihr, was ihr exakt die Erfahrung ihrer alten Ängste vermittelt hätte, und er erzeugte damit natürlich auch die alten Reaktionen auf eine solche Zumutung: ein Schwanken zwischen ohnmächtigen Wutausbrüchen und ängstlicher Unterwerfung. Damit legte er die Patientin auf ihr «altes Spiel» fest, noch ehe die Therapie richtig begonnen hatte.

Nichts ist für alles gut

Der Grund für diese bedauerliche Entwicklung war, wie ich glaube, der folgende: Es wurde vergessen, daß jede psychische Störung eine eigene, individuelle therapeutische Reaktion erfordert. Natürlich gibt es Grundsätze und Faustregeln, die immer gelten: Es ist immer notwendig, auf die «Sprache der Symptome» zu hören, um neue Erfahrungen in der Beziehung zum Patienten möglich zu machen. Es ist immer richtig, sich dem Patienten mit ehrlicher Anteilnahme zuzuwenden, ohne dabei die therapeutische Beziehung vom Symptom bestimmen zu lassen. Aber innerhalb dieses Rahmens muß der Therapeut sehr verschiedene Maßnahmen und «Settings» wählen, um der individuellen Problematik wirklich gerecht zu werden. Das bedeutet natürlich nicht, daß man für jedes Symptom oder für jeden Patienten eine eigene Klinik und ein eigenes Team braucht. Viele psychotherapeutische Maßnahmen an vielen Patienten (aber nicht an allen) lassen sich durchaus an einem Ort und von denselben Personen durchführen. Außerdem gibt es, wie gesagt, eine Reihe von allgemein stützenden und das körperliche

Befinden stärkenden Aktivitäten (von der Medikation bis zum Frühsport), die mehr oder weniger pauschal gehandhabt werden können. An der in Mennigrode vertretenen Idee, daß sich die Patienten bei einem genügenden Angebot holen, was sie brauchen, ist durchaus etwas Wahres. Aber die spezifisch psychotherapeutischen Interaktionen in der therapeutischen Beziehung müssen individuell angepaßt sein, indem der Therapeut auf die «Sprache der Krankheit» hört und hilfreich antwortet. Wenn dies nicht geschieht oder geschehen kann, ist es besser, psychotherapeutische Interventionen ganz zu unterlassen und sich auf allgemein stützende Aktivitäten im Rahmen einer normalen Beziehung zu beschränken.

Im Fall Vera Beckers führten die Ablehnung und die Aggressivität, die sich in der therapeutischen Beziehung aufbauten, schnell zu einer völligen Verkehrung der eigentlichen Therapieziele. Die Patientin fiel in ihre problematischsten pathogischen Anpassungsreaktionen zurück und litt zunehmend unter den sich ergebenden Symptomen. Die Therapeuten ihrerseits nahmen kritiklos die dazugehörige feindselige und verletzende Haltung ein. Der Wahlspruch der Klinik Mennigrode, daß der Patient dort erhalten könne, was er brauche, wurde so geradezu lächerlich gemacht. In der Therapeutensprache ausgedrückt, benahm sich das Personal der Patientin gegenüber nicht wie gute, sondern wie schlechte und ablehnende Eltern: Wie Vera Becker es in ihrer Kindheit und Jugend erlebt hatte, waren die Therapeuten gerade dann nicht da (oder zwar da, aber ängstlich und unfähig), wenn sie sie brauchte. Für alle Probleme wurde ihr die Schuld gegeben, und wenn sie sich wehrte, wurde sie schikaniert – nicht nur von den Therapeuten, sondern vom Küchenpersonal und sogar von der Putzfrau. Von einem Nachholen versäumter Entwicklungsschritte (selbst wenn dies so einfach möglich wäre) konnte unter diesen Bedingungen natürlich keine Rede sein. Wenn überhaupt etwas geschah, dann wurden die Defizite an Vertrauen, entspanntem sozialem Umgang und so weiter nicht ausgeglichen, sondern verfestigt.

Es läßt sich ohne eine genaue Kenntnis der Klinik nicht sagen, ob der Therapieverlauf bei Vera Becker typisch oder eine Ausnahme war. Möglicherweise eignet sich das «Setting» der Klinik für Suchtkranke eher als für Angstkranke (oder für Depressive, für dyssoziale Störungen usw.). Die Tatsache, daß trotzdem Menschen mit den verschiedensten Störungen aufgenommen und anscheinend im wesentlichen nach denselben Grundsätzen behandelt wurden, weist allerdings auf eine Überschätzung der eigenen Methodik hin. Die Art, wie in Mennigrode, wenn man dem Bericht Vera Beckers folgt, alle möglichen Probleme über einen methodischen Leisten geschlagen wurden, nimmt den Fachmann schon etwas wunder. Zum Beispiel hatte der Patient Klaus, der seelisch offenbar von einer verwahrlosten Kindheit und Jugend geformt war und einen Gefängnisaufenthalt hinter sich hatte, in dem «Setting» der Klinik Mennigrode nichts zu suchen. Ähnliches gilt für die depressive Patientin, die auf die absurden therapeutischen Bemühungen, ihr «altes Spiel» zu durchkreuzen, schließlich mit einem Suizidversuch reagierte. Daß solche Vorkommnisse nicht zu einer kritischen Prüfung des therapeutischen Selbstverständnisses führen, ist mehr als bedauerlich. Die Gründe dafür, vor allem die Überschätzung der eigenen Methodik, werde ich im nächsten Kapitel noch näher untersuchen.

Der pauschale Glaube an die Richtigkeit der eigenen Therapiemethoden führte im Fall Vera Beckers zu einer zusätzlichen, sehr schwerwiegenden Komplikation. Es wurde nämlich mißachtet, daß ihrem Klinikaufenthalt eine katastrophal verlaufene Primärtherapie vorausgegangen war und daß sie noch akut unter den Folgen des primärtherapeutischen «Fühlens» litt. Die damit zusammenhängende Instabilität und die besondere Empfindlichkeit gegen alle negativen Affekte wurden im therapeutischen Vorgehen in keiner Weise berücksichtigt. Im Gegenteil: Vera Becker begegnete in der Klinik ausgerechnet der naiven Casrielschen Vorstellung, man müsse Gefühle nur «zulassen» und ausdrücken, um sie auch loszuwerden. Die Zumutung, zu schreien und zu agieren, bildete für sie eine konkrete Bedrohung, gegen die sie sich mit Recht zur Wehr setzte. Aber ihre Abwehr stieß nicht auf Verständnis, sondern wurde im Stil therapeutischer paradoxer Manöver als «ihr Spiel» definiert. Die Geisteshaltung, der zufolge unmöglich schädlich sein kann, was die Therapeuten für gut halten, konnte Vera Becker (wenn man von der einen Ausnahme absieht, über die sie berichtet) durch ihre Verstöße nicht erschüttern.

Es läßt sich an dem Bericht unmittelbar verfolgen, wie die positive Wirkung der Aufnahme in die Klinik in dem Moment aufhörte, da Vera Becker an «Schreigruppen» teilnehmen mußte. Die Chance, in der therapeutischen Gemeinschaft eine wirkliche Besserung zu erzielen, wurde vertan, da die Therapeuten nicht auf ihre Bedenken hörten. In diesem Versagen liegt eine gewisse Tragik, denn ich vermute, daß bei etwas mehr persönlicher und methodischer Offenheit ein besserer Therapieverlauf möglich gewesen wäre. Aber Offenheit beruht auf der Fähigkeit zur realistischen Selbsteinschätzung, und daran scheint es in Mennigrode gefehlt zu haben.

Die Kopie ist echter als das Original

Alles ist für alles gut

Eine Überschätzung der eigenen Methoden ist in der Psychotherapie, deren Schulenstreit keine allgemein anerkannten Diagnosen und Indikationen zuläßt, leider sehr weit verbreitet. Mit der Verweigerung der angebotenen Beziehungsformen können vor allem Institutionen, die die von ihnen definierten therapeutischen Beziehungen auch menschlich für besonders echt und tief halten (und die dadurch die Leichtigkeit von begrenzten «Übungsbeziehungen» verfehlen), naturgemäß nur schlecht umgehen. In diesem Fall versperrt die Ideologie den Blick für die Realität des eigenen Handelns und des symptomatischen Verhaltens beim Patienten gleichermaßen.

Zugleich ergeben sich ebenso naturgemäß immer Teilbestätigungen, die die Auffassung der Therapeuten stützen: Es gibt zum Beispiel Patienten, die davon profitieren, wenn sie es einüben, ihre Affekte anderen Menschen gegenüber auszudrücken, anstatt sich zu einem Suchtmittel zu flüchten oder sich ängstlich zu beherrschen. Eine pauschale Anwendung der «Schreitherapie» oder anderer, verwandter Methoden läßt sich aber dadurch nicht rechtfertigen. Zum Beispiel profitiert ein unter Depressionen leidender Mensch vielleicht davon, wenn er Ärger und Ablehnung leichter zeigen kann. Von einem exzessiven Ausdruck von Sorge oder Trauer profitiert er dagegen nicht, ganz im Gegenteil. Und beim Ausdrücken von Freude und Zufriedenheit – deren Einüben dem Depressiven am ehesten helfen würde – hört die Kunst der meisten Therapeuten auf.

Es gibt andere Patienten, denen heftige Gefühlsausbrüche gar nicht helfen, und darunter fallen wohl die meisten Angstsymptome. Ein solcher Patient hat keine Probleme damit, seine Angst zu erleben – im Gegenteil: er erlebt sie viel zu heftig. Was ihm vielleicht schwerfällt, ist die Bitte um Hilfe, und ein solches Verhalten kann man tatsächlich einüben. Aber grundsätzlich ist es nicht typisch, daß sich Angstkranke anderen, vertrauten Menschen gegenüber schlecht äußern können. Die Gründe, warum ausgerechnet einem solchen Patienten Schreien und heftige Gefühlsausbrüche helfen sollen, kennen nur die Götter und die Janovs und Casriels.

Die «Schreitherapie» bildet nur ein Beispiel für die Gefahren, die durch die unkritische Anwendung einer Methode entstehen können. Allgemein gilt die Regel, daß mit dem Hervorrufen heftiger Affekte in einer Psychotherapie sehr vorsichtig umgegangen werden muß. Gerade auch in dieser Hinsicht muß jede Intervention auf das Leiden des einzelnen zugeschnitten sein, wenn der Schaden nicht größer als der Nutzen sein soll. Und einer ehemaligen Primärpatientin mitten in der posttherapeutischen Desintegrationsphase eine Schreitherapie zu verordnen zeugt vom Gegenteil individueller Einwirkung, es zeugt von einer ideologisch verfestigten Einstellung zum eigenen therapeutischen Handeln.

Negative therapeutische Reaktion?

Mancher Leser mag den Eindruck haben, daß ich mich in diesem siebten Teil viel zu ausführlich mit den möglichen oder tatsächlichen Fehlern der Therapeuten in der Klinik Mennigrode befasse. Wäre es nicht ebenso denkbar, so könnte man fragen, von einer ungewöhnlichen Therapieresistenz, von einer negativen therapeutischen Reaktion bei der Patientin zu sprechen? Dieser Punkt muß sicherlich geklärt werden.

Es gibt unzweifelhaft relativ häufig Patienten (meist mit depressiven oder zwanghaften Zügen), die durch ihr Verhalten in der Therapie das Scheitern der Behandlung zu erzwingen suchen. Jede Hoffnung des Therapeuten, jeden Versuch, Fortschritte zu sehen, beantworten sie mit einem «Beweis» dafür, daß die eigenen Probleme zu schwer und für den Therapeuten nicht heilbar sind. Angstkranke gehören in der Regel nicht zu diesen Patienten. Ihre pathogenen Anpassungsmechanismen beruhen eher auf dem Verstecken als auf der Demonstration der eigenen Probleme. Aber selbst wenn dies anders wäre. Wenn sich das Problem eines Patienten (sein Symptom) in der therapeutischen Beziehung als negative therapeutische Reaktion äußert, dann ist es die Aufgabe des Therapeuten, diese aufzugreifen und hilfreich zu benutzen. Wenn ihm dies nicht gelingt und der Patient in der Tat wieder einmal eine Therapie mit dem Gefühl verlassen kann, ihm könne doch kein Therapeut helfen, so hat der Therapeut versagt, nicht der Patient. Es gibt durchaus Möglichkeiten, eine solche Wiederholung immer neuer Fehlschläge zu verhindern. Man kann nicht von jedem Psychotherapeuten verlangen, daß er sie beherrscht. Aber man kann von ihm verlangen, daß er seine Stärken und Schwächen sich selbst und nicht dem Patienten zuschreibt.

Angstkranke neigen, wie gesagt, nicht zu demonstrativer Hoffnungslosigkeit. Aber sie sind mißtrauisch und verfügen nicht über viel Geduld. Auch das kann, wie in der Klinik Mennigrode deutlich wurde, zu einer negativen Entwicklung der Therapie führen, an der aber – im Gegensatz zur typischen negativen therapeutischen Reaktion – beide Seiten gleicherweise beteiligt sind. Der Teufelskreis (die *negative learning spirale*), der dann entsteht, läßt sich etwa folgendermaßen charakterisieren: Angst und Mißtrauen beim Patienten steigen immer mehr an, je weniger Erfolge er sieht. Die Therapeuten fühlen sich in ihrer Identität bedroht und beginnen, ihrerseits Abneigung gegen den Patienten zu empfinden. Sie rationalisieren ihre Abneigung, indem sie Geduld und Vertrauen (die eigentlich Ergebnis der Therapie sein müßten) fordern und ihr Fehlen dem Patienten anlasten. Dadurch fühlt sich der Patient noch mehr bedroht, sein Mißtrauen wird bestärkt, und er reagiert noch aggressiver als zuvor. Darauf reagieren wiederum die Therapeuten mit Ablehnung und so weiter und so weiter.

Kommunikationstheoretisch betrachtet, fangen sich beide Seiten in ihren gegenseitigen paradoxen Beziehungsdefinitionen: Der Patient übt Druck auf die Therapeuten aus, um sie zu einer effektiven Hilfe zu zwingen. Da eine solche effektive Hilfe die Beziehungskontrolle durch die Therapeuten voraussetzt, kann es sie unter Druck (unter seiner Beziehungskontrolle) natürlich nicht geben. Das Patientenverhalten trägt so wenig zur Problemlösung bei wie die Verhaltensstörungen eines Kindes, das seine inkompetente Mutter durch Unartigkeiten zwingen will, sicher und zuverlässig zu werden.

Aber das Verhalten der Therapeuten ist nicht weniger paradox. Es folgt dem bekannten Muster der «Hilf dem Helfer»-Paradoxie. Die Therapeuten sagen dem Patienten nämlich, daß sie ihm helfen könnten, wenn er nur Vertrauen hätte und nicht so aggressiv wäre. Sie fordern also das Verschwinden des Symptoms als Bedingung für ihre Hilfe gegen das Symptom.

In dieser Lage verstricken sich beide Seiten in eine paradoxe Beziehung, für deren Veränderung es keine «innere» Lösung innerhalb derselben Verhaltensmuster (keine «Lösung erster Ordnung» nach Paul Watzlawick) gibt. Nur eine Lösung, die ein ganz anderes Verhaltensmuster einführt, ist in einem solchen Fall wirklich hilfreich. Ein gegensätzliches Beispiel taucht in dem nächsten und letzten Bericht Vera Beckers auf, nämlich ihre Behandlung in einer Suchtklinik. Diese Therapie war die einzige, die sie als hilfreich erlebte, auch wenn ihre Symptome nicht wesentlich beeinflußt werden konnten. Und typischerweise wurde in dieser Klinik nicht versucht, therapeutische Persönlichkeitsveränderungen zu erreichen, sondern es wurden Techniken für die Bewältigung des Alltags vermittelt. Daß Vera Becker gerade davon profitieren konnte, zeigt im übrigen besonders klar, daß sie keineswegs zu den «beruflich unheilbaren» Neurotikern gehört. Denn diese sind konkreten Tips gegenüber besonders unzugänglich und zeichnen sich dadurch aus, daß sie nur große und umfassende Lösungen (die dann ausbleiben) anerkennen wollen. Eine Politik der kleinen Schritte wirkte sich bei Vera Becker also gut aus, nicht aber der Ruf nach einer umfassenden Kapitulation und einer charakterlichen Neugeburt. Im Gegenteil: Dieser überhöhte Anspruch war die Schlinge, in der sich ihre Therapeuten in Mennigrode bei ihren Behandlungsversuchen fingen. Hier wäre offensichtlich, wie so oft in der Psychotherapie, weniger mehr gewesen.

Nochmals: Die Gipsbein-Paradoxie

Ich habe bereits mehrfach erwähnt, daß eine therapeutische Beziehung gefährlich für alle Beteiligten werden kann, wenn die therapeutischen Beziehungen als «echter», «tiefer» oder «ehrlicher» als andere Beziehungen fehlgedeutet werden. Am schlimmsten ist es, wenn man die therapeutische Beziehung zu einem Idealbild, zu einer Utopie für den Alltag hochstilisiert oder sie gar als eine konkrete Möglichkeit zum «Anders leben» vermarktet. Dadurch gewinnt das, was eigentlich eine psychotherapeutische Hilfsmethode sein sollte, sehr schnell sektiererische Züge. Und man kommt nicht umhin, auch bei den Therapeuten der Klinik Mennigrode Anzeichen eines solchen Sektierertums festzustellen.

Darauf weist bereits die Art hin, wie über die Therapieziele geredet wurde. Vokabeln wie «Neugeburt» oder «richtig leben lernen» verraten einen überhöhten Anspruch der Therapeuten an ihre eigene Therapiemethode. In Wirklichkeit steht es nicht in der Macht therapeutischer Maßnahmen, einer menschlichen Psyche zu einer Neugeburt zu verhelfen. Und auch der Versuch, das Leben in seiner Ganzheit neu zu «lernen» oder zu gestalten, kann nur bestenfalls in Illusionen und schlimmstenfalls in Katastrophen enden. Die therapeutische Hybris, die sich in solchen Zielen verrät, muß zu einer Ideologisierung des eigenen Handelns und der Rolle der therapeutischen Gemeinschaft führen.

Folgerichtig benutzten die Therapeuten (und die Patienten) in Mennigrode die im fünften Teil geschilderte Gipsbein-Paradoxie auch sehr ausgiebig. Die Übungsbeziehungen, die lockeren und begrenzten Skizzen menschlicher Beziehungen, die in der therapeutischen Gemeinschaft entstanden, wurden für besser gehalten als die Alltagsbeziehungen. Das therapeutische Gipsbein wurde, wie es sich gehört, zum besseren Bein erklärt. Diese Haltung zeigte sich an vielen Stellen.

Umarmungen vom Oberarzt

Zum Beispiel wurde die therapeutische Gemeinschaft als derjenige Ort betrachtet, an dem die Patienten ihre Bedürfnisse wirklich befriedigen können. Die Außenwelt dagegen war die «Front», wo der einzelne mit den Frustrationen einer neurotischen Gesellschaft leben muß. In Wirklichkeit ist dieses Bild einer therapeutischen Gemeinschaft unrealistisch und verzeichnet auch die Außenwelt. Viele menschliche Bedürfnisse können in kurzdauernden, einer Ausnahmesituation zugehörigen Beziehungen gar nicht befriedigt werden, zum Beispiel das oft entscheidende Bedürfnis nach Sicherheit in einer Bindung zu vertrauten Menschen. Auch Zärtlichkeiten und Umarmungen in einer therapeutischen Atmosphäre und zu therapeutischen Zwecken bedeuten nicht dasselbe wie zärtliche Kontakte zu Menschen, mit denen man tatsächlich den Alltag verbringt. Ein

Satz wie «Du kannst dir hier die Liebe holen, die du brauchst» ist schlimmer als übertrieben, er ist in mehrfacher Hinsicht paradox und damit absurd. Denn erstens kann Liebe nicht «geholt», sondern muß gegeben werden, und zweitens sind die Beziehungen in einer Therapiegruppe so, daß «Liebe» kaum in Frage kommt. Was man sich holen kann, ist Körperkontakt, und das hilft vielleicht. Aber Liebe ist etwas anderes.

All das ist eigentlich selbstverständlich, und ebenso selbstverständlich sollte es sein, daß die therapeutische Gemeinschaft in Wirklichkeit ganz anderen Zwecken dient: Die therapeutische Gemeinschaft und eine Klinik insgesamt bilden einen Ort, wo das Bedürfnis nach Distanz zu den bisherigen Lebensproblemen, nach einem Schutzraum vor zerstörten und belasteten Beziehungen befriedigt wird. Dieser Schutzraum entsteht gerade dadurch, daß die Patienten weniger wichtige und intime Beziehungen bilden, in denen ihnen Veränderungen – und mit ihnen neue Erfahrungen – möglich sind, die sie im Alltag nicht hätten verwirklichen können. Gerade darin liegt ja auch die Chance der Psychotherapie, Änderungen zu erreichen, und zu diesem Zweck muß die Lockerheit, muß der Übungscharakter der therapeutischen Beziehungen betont und genutzt, nicht aber verdreht werden.

Ihre tiefsten und wesentlichen menschlichen Bedürfnisse können die Patienten in der therapeutischen Beziehung nicht befriedigen, und den Sinn ihres Lebens finden sie dort schon gar nicht. Aber sie können Atem schöpfen, sie können etwas Neues ausprobieren oder erlernen, um mit diesem veränderten Instrumentarium auch ihr alltägliches (und einzig wichtiges) Verhalten und Erleben zu verändern. Nur zu diesem Zweck werden die therapeutischen Beziehungen eingegangen und vom Therapeuten, wenn alles gelingt, in eine hilfreiche Richtung gelenkt. Die Wutausbrüche, die Umarmungen, die Streitigkeiten und Lebensbeichten in einer Therapiegruppe oder in einer Einzeltherapie sind nicht echter, ehrlicher oder tiefer als normale Interaktionen, in denen es weniger laut und lebhaft zugeht. Sie sind anders, und jeder Psychotherapeut muß sich ihrer Andersartigkeit mit großer Sorgfalt bewußt bleiben.

Diese Forderung ist vielleicht gar nicht so einfach zu erfüllen, wie man meinen sollte. Man ist relativ leicht versucht, die lauten und gefühlsintensiven Interaktionen in einer Psychotherapie tatsächlich für wichtiger zu halten als Alltagsbeziehungen, wo die Affekte meist gut unter Kontrolle bleiben. In unserer Kultur mit ihrer allgemeinen Ablehnung heftiger Emotionen wird diese Gefahr besonders groß. Bereits im Mittelmeerraum ist die Scheu vor Gefühlsausbrüchen geringer, und es gibt andere Kulturen, die noch wesentlich toleranter sind. Aber gleichzeitig zeigen diese Beispiele, daß eine größere Toleranz gegenüber dem Ausdrücken heftiger Gefühle mit psychischer Gesundheit nicht gleichgesetzt werden kann und daß die Wichtigkeit und Veränderungswirkung einer Interaktion nicht in erster Linie von der Stärke der beteiligten Affekte abhängt. Ein mit großem Gefühlsaufwand, mit Umarmungen und Küssen geführtes Gespräch in einem Mittelmeerland kann relativ belanglos sein, während in derselben Gesellschaft ein kurzer Wortwechsel eine menschliche Beziehung umstrukturieren kann. Auch eine laute und mit viel Zärtlichkeit verbundene Interaktion in einer Psychotherapie kann belanglos sein (sie ist es in aller Regel), während ein falsches Wort eines Therapeuten vielleicht die Therapie scheitern läßt. Damit will ich nicht einen unerträglichen Leistungsdruck auf die Therapeuten heraufbeschwören: Sie sollen ihre Fehler riskieren, und die wünschenswerte Lockerheit der Interaktionen muß auch für sie gelten. Aber sie sollen und müssen lernen, Interaktionen nach ihrer Wirkung auf den Patienten und nicht nach ihrer Therapietheorie oder (schlimmer) Therapieideologie zu beurteilen. Eine solche Haltung würde sehr schnell zu Bescheidenheit und zu dem individuellen Vorgehen jedem einzelnen Patienten gegenüber führen, das ich für wesentlich halte und mit Nachdruck empfehle.

Patientendemokratie

Die Ideologisierung der therapeutischen Gemeinschaft zog in Mennigrode noch eine weitere kuriose Folgeerscheinung nach sich: eine Scheindemokratie für die Patienten. Diese Scheindemokratie bildete ein geradezu klassisches Feld für die Wirksamkeit einer Partnerschaftsparadoxie, die der Verschleierung therapeutischer Fehlschläge diente. Ihr Ursprung ist leicht zu entdecken: Da die therapeutische Gemeinschaft zur «besseren sozialen Umwelt» hochstilisiert wurde, mußte es in ihr auch demokratisch und herrschaftsfrei zugehen. Die Tatsache, daß sich eine ausgedehnte Mitbestimmung der Patienten mit der therapeutischen Arbeit nicht vereinbaren läßt, hielt die Therapeuten nicht davon ab, der Vollversammlung der Patienten zumindest theoretisch die Gestaltung des Klinikalltags zu übertragen. Damit war das Feld für paradoxe Interaktionen aller Art bereitet, denn in Wirklichkeit hatten die Patienten im Konfliktfall nicht das geringste zu sagen. Sie durften *zu*stimmen, aber nicht *be*stimmen, und damit wurde die Demokratie zur Farce, denn wie jedes Verfahren zur Regelung strittiger Fragen hat auch die demokratische Entscheidung nur für den Konfliktfall Bedeutung. Für den Fall allgemeiner Übereinstimmung benötigt man überhaupt keine Regelung.

Nur in einem Fall wurde die Mitbestimmung der Patienten ernstgenommen: wenn ihre Therapie nicht gut verlief. Dann wurden sie an ihre eigene Verantwortung für die Therapie erinnert und ermahnt, endlich etwas zu ändern. Wenn sie selbst Kritik an den Therapeuten oder an der Klinik hatten, waren sie Babies, die keine widrigen Umstände ertragen können, unfähig zu vernünftigen Urteilen und nicht einmal einer Diskussion wert. Was wirklich geschah, bestimmten ausschließlich die Therapeuten.

Man muß sich klarmachen, daß die Partnerschaftsparadoxie und andere paradoxe Interaktionen in Mennigrode unmittelbare Folge der ideologischen Therapieauffassung waren. Einen nicht einlösbaren und nicht vertretbaren Anspruch an eine Beziehung kann man (außer mit nackter Gewalt) nur aufrechterhalten, indem man paradoxe Manöver benutzt, also indem man sich selbst und andere täuscht. Wie stets in solchen Fällen hat die andere Seite nur die Wahl, mitzuspielen oder die Beziehung abzubrechen, also die Klinik zu verlassen. Es ist nicht verwunderlich, daß die Patienten in der Regel mitspielen, solange sie es können. Manche lernen das Spiel gut und werden somit in die therapeutische Gemeinschaft aufgenommen. Andere können oder wollen nicht mitspielen, sie werden (wenn sozialer Druck nicht hilft) aus der Gemeinschaft entfernt. Das Verfahren zur Erhaltung der Gruppenideologie ist immer gleich, ob in Mennigrode, in einer Sekte oder in einer Motorrad-Gang.

Anti-Spiele

Theoretisch ist es auch möglich, die Gegenparadoxien darzustellen, die die paradoxen Manöver der Therapeuten in Mennigrode blockiert hätten. Die Angriffe wegen mangelnder «Selbstverantwortung» (die «Hilf dem Helfer»-Paradoxie) hätten zum Beispiel so beantwortet werden können: Der Patient hätte betonen müssen, wie sehr ihm die Angriffe der Therapeuten helfen, ohne sich von seinen Aussagen und seinem Verhalten abbringen zu lassen. Je heftiger er angegriffen wird, desto nachdrücklicher antwortet er: «Ihr habt ja recht, ich fühle, daß das genau das ist, was mir einmal gesagt werden muß. Ich glaube, daß diese Erfahrungen für mich sehr wichtig sind.» Unter dem Schutzschirm dieser Aussage könnte er die Klinik und den einzelnen Therapeuten beliebig beschimpfen, ohne sich eine Blöße zu geben – ein Privileg, das sonst nur die Therapeuten genießen.

Formal ausgedrückt lautet die Gegenparadoxie folgendermaßen: Der Therapeut benutzt das Manöver, daß er Hilfe zusagt und gleichzeitig die Hilfe verweigert, indem er eine absurde Bedingung stellt. Dieses Manöver blockiert der Patient, indem er betont, daß ihm gerade das Nichthelfen des Therapeuten helfe, während er sich in Wirklichkeit nicht verändert. In dieser Situation können die Therapeuten nur noch ihre eigene Haltung wandeln oder den Patienten hinauswerfen – wobei letzteres wahrscheinlicher wäre.

Natürlich bildet das Spielen solcher «Anti-Spiele» für den leidenden Patienten keine realistische Möglichkeit, und selbst wenn er sie spielen könnte, würden sie ihm wohl nichts helfen. In der Praxis ist der Patient der Beziehungsdefinition des Therapeuten oder der Klinik ausgeliefert. Ich habe diese Gegenparadoxie nur demonstriert, um die Art der Beziehungsdefinition, die Vera Becker erlebte, nochmals klarzumachen.

Das «Anti-Spiel» gegen die Partnerschaftsparadoxie ist übrigens besonders leicht zu finden und wird auch im Alltag sehr häufig benutzt. Es besteht darin, daß der angeblich gefragte und in Wirklichkeit bevormundete Partner immer die Haltung einnimmt: «Ihr seid bestimmt gegen das, was ich jetzt sagen werde.» Wenn er dann entschlossen vorträgt, was er sagen will, befindet sich die andere Seite in einem Dilemma. Ist sie tatsächlich gegen den Vorschlag, gibt sie der Beurteilung recht, immer kritisch zu sein, und ist sie dafür, hat sie nachgegeben, was sie nicht will. Daher kann man das Spielen der Partnerschaftsparadoxie ziemlich schwierig machen, wenn man sie einigermaßen geschickt mit den verschiedenen Varianten von «Ihr seid immer dagegen» beantwortet.

Aber selbst zu dieser relativ einfachen Strategie sind die Patienten natürlich nicht imstande, und sie sollten auch gar nicht in die Lage gebracht werden, paradoxe Interaktionen unter ihre Kontrolle bringen zu müssen. Sie wollen schließlich nicht die Fehler der Therapeuten aufdecken, sondern sie wollen Hilfe erhalten. Es ist Aufgabe der Therapeuten, wirklich hilfreiche Beziehungen aufzubauen und hilfreiche Maßnahmen zu ergreifen. Daß diese Forderung zumindest grundsätzlich erfüllbar ist, klingt in einigen der folgenden Berichte Vera Beckers wenigstens stellenweise an. Sie fand zwar keine befriedigende Hilfe, aber neben groben Verstößen gegen das therapeutische Ethos fand sie immerhin mehr Verständnis und Unterstützung als in den Therapien, von denen bisher zu berichten war. Glücklicherweise war Mennigrode auf ihrer Irrfahrt durch die Therapieszene nicht die letzte Station.

Toleranz in Lila

Allerdings sollte man hier erwähnen, daß die Therapie (oder die Nicht-Therapie) Vera Beckers in Mennigrode mehr als ein Jahrzehnt zurückliegt. Es geht in diesem Buch auch gar nicht um Mennigrode selbst, es geht um eine therapeutische Haltung, die in vielen Institutionen und Therapieschulen nach wie vor anzutreffen ist. Ein untrügliches Zeichen für eine ideologisierte Therapie liegt immer dann vor, wenn die Weigerung (oder die Unfähigkeit) eines Patienten, von dem Therapieangebot zu profitieren, Aggressionen auslöst und als Zeichen besonderer Krankheit (Irrealität, Neurotizität oder ähnliches) diffamiert wird. Realistisch wäre es selbstverständlich, in einem solchen Fall auf eine ungeeignete Therapiemethode (auf eine falsche Indikation) oder auf Fehler der Therapeuten zu schließen.

Interessanterweise berichtet Vera Becker im folgenden Teil davon, daß der Druck, gesund zu werden, in einer eindeutig sektiererischen Institution besonders gering war, nämlich bei den Neo-Sannyasins, den Anhängern von Bhagwan Shree Rajneesh, der sich später Osho nennen ließ und inzwischen verstorben ist. Der Grund dafür liegt auf der Hand: Die Sannyasins bilden zwar eine Sekte, aber nicht eigentlich eine Psychotherapeutensekte. Sie glauben nicht an ihre Psychotherapie, zumindest nicht im ideologischen Sinn. Daher können sie ihre therapeutischen Beziehungen (wenn man sie so nennen will) relativ locker gestalten. Sie erwarten die Erfüllung ihres Lebens nicht von ihnen, sondern von ihrem Guru, und wenn jemand diesen Glauben nicht teilt, wird er (therapeutisch gesprochen) nicht unter Druck gesetzt. Für den psychisch Belasteten, der nur therapeutische Hilfe sucht, sind solche Beziehungsformen nicht gefährlich (die Gefahren der Sannyas-Bewegung liegen anderswo). Gefährlich werden ihm Psychotherapeuten, die Lebenserfüllung, Echtheit und Sinn tatsächlich von der therapeutischen Beziehung erwarten.

Es müßte den Therapeuten, die gesellschaftlich geachteten Schulen und Institutionen angehören, eigentlich bitter ankommen, von einer Patientin hören zu müssen, daß sie bei den Neo-Sannyasins mehr Toleranz und Selbstkritik gefunden habe als bei Fachleuten, die ihre Arbeit für wissenschaftlich fundiert halten. Die «Kunst des Zweifelns» bildet in der Tradition der abendländischen Wissenschaft Ausgangspunkt und Grundlage allen Wissens und aller Erkenntnis. Wer diese Grundlage verläßt, verläßt auch den Boden der Wissenschaft, und wenn er sich mit noch so vielen Diplomen und Titeln schmücken darf.

Acht

Der dritte Teil des Berichts: Von Pontius zu Pilatus

Es ist keineswegs nur ein Stoßseufzer meines persönlichen Mißvergnügens, sondern auch der Wunsch besserer Köpfe, daß eine allgemeine Synode einberufen würde ... allein zum Wohl der Wissenschaft, um sie nämlich wieder auf ihren ursprünglichen Status in Gestalt einiger weniger, aber verläßlicher Autoren zurückzuführen und den Flammen jenen Millionenschwarm von Faseleien zu überantworten, die allein dazu ausgeheckt wurden, schwache Scholarengehirne zu verwirren und hinters Licht zu führen sowie die Kunst und Zunft der Buchdrucker zu erhalten.

Sir Thomas Browne, ‹*Religio medici*›
Erstes Buch, § 24

Die Etablierten: Verhaltenstherapie, Psychiatrie und andere

Die Liebestherapie

Ich sitze im Zug, klitschnaß geschwitzt. Die Landschaft rauscht an mir vorüber, ich kann sie nicht wahrnehmen. In meinem Kopf surrt die Formel: Ich bin ganz ruhig, meine Arme sind ganz schwer ... Warum funktioniert es bei mir nicht?

Wieder einmal nehme ich einen neuen Anlauf, fahre zu einem Gespräch mit einem kognitiven Verhaltenstherapeuten. In meinen Vorstellungen schwanke ich zwischen Hoffnungen und dem Gedanken, daß ich sicherlich ein zu schwerer Fall für ihn bin. Ich bin froh, daß ich allein im Abteil sitze. Bei jeder Station glaube ich, aussteigen zu müssen, aber bis jetzt habe ich diesem Drang nicht nachgegeben. Darauf bin ich stolz. Langsam fährt der Zug in den Bahnhof ein. Mein Herz beginnt stärker zu klopfen. Die Füße wollen nicht so, wie ich will. Mit zitternden Knien steige ich aus. Ich habe das Gefühl, auf Glatteis zu laufen. Die fremde Stadt ängstigt mich, ich spüre meine Unsicherheit in der ungewohnten Umgebung, habe Angst vor dem Gespräch. Ein Taxi! Es stinkt im Wagen nach Zigarrenrauch. Der Fahrer ist mürrisch. Ich öffne ein Fenster. Mir wird übel.

Herr Wajinski öffnet selbst die Tür. Ich kann ihn kaum erkennen, weil es im Flur so dunkel ist. Er führt mich in sein Büro, das ein wenig unordentlich, aber durch die Ledermöbel und die vielen Bilder durchaus gemütlich wirkt. Ich bin angenehm überrascht, lasse mich in einen der Sessel fallen. Ich habe zwei Valium geschluckt – jetzt ist mir alles egal. Wajinski, ein großer, hagerer, unruhig wirkender Mann, redet ununterbrochen auf mich ein, bekundet mir sein Interesse an meinem Fall und zieht dann eine Verbindung zu seiner jetzigen Arbeit und zu Problemen mit seinen wissenschaftlichen Projekten. Ich denke: Eigentlich sympathisch, wenn er etwas über sich preisgibt, wenn nicht diese furchtbare Distanz ist, aus der ich beginnen muß, meine Probleme anzusprechen. Das Reden fällt mir leicht, ich stelle Fragen. Mir fällt auf, daß er nie an einem Platz sitzen bleibt, sondern im Raum hin und her läuft und mich dabei oft ziemlich lange fixiert. Seine Fragen sind sehr gezielt. Das gefällt mir. Ich habe den Eindruck, daß er mitdenkt, sich einfühlt, daß er versucht, Verbindungen herzustellen. Allerdings sind seine Ausführungen für mich nicht immer nachvollziehbar. Sie erscheinen mir oft zu wissenschaftlich, zu wenig konkret.

Er meint, man müsse als erstes eine genaue Verhaltensanalyse machen, ganz gezielt, ganz individuell. Dann ein ebenso gezieltes Programm, und was man dann noch nicht in den Griff kriegt, könne man mit Hypnose wegnehmen. Das erscheint mir alles zu einfach. Ich habe Angst, diesen Optimismus zu teilen – auf der anderen Seite wünsche ich mir, es könnte wirklich so einfach sein.

Nach einer Stunde macht er den Vorschlag, Kaffee zu kochen. Dann merke ich, daß er anfängt, mich zu duzen. Eigentlich ist mir das recht, wenn ich auch ein merkwürdiges Gefühl dabei habe. Ich bin hin und her gerissen. Bisher war das Gespräch sehr positiv, ich habe mich nicht sehr in der Patientenrolle gefühlt, sondern eher als gleichberechtigte Gesprächspartnerin. Seine ungewöhnliche legere Art gefällt mir, beunruhigt mich aber auch. Da ist etwas, was ich nicht fassen kann. Ich fühle mich nicht unwohl, habe sogar den Eindruck, ernstgenommen zu werden, aber ganz geheuer ist mir die Situation nicht. Wir sitzen beide auf einem Sofa. Der Kaffee ist noch zu heiß. Ich überlege, ob er verheiratet ist. Mittlerweile ist es zehn Uhr abends. Seit vier Stunden sitze ich hier. Mir fehlt der Mut, ihn danach zu fragen. Später erzählt er mir, daß seine Ehe nicht mehr funktioniere. Seine Frau sei magersüchtig, habe Liebhaber und er habe seine Arbeit. Mir wird immer mulmiger zumute. Er setzt seine Tasse auf den Fußboden und greift nach meiner Hand. «Weißt du», sagt er mit leiser Stimme, «du hast mir von der ersten Sekunde an gefallen, zuerst nur äußerlich.» Er faßt mich leicht am Kinn, als wolle er mich begutachten. «Du hast ein wunderschönes Profil, und wie du so dasitzt, erinnerst du mich an eine Ballettänzerin – oder an die Frauen im Ostblock. Dann habe ich noch gemerkt, wie intelligent du bist. Diese Mischung ist selten. Ich kenne eigentlich nur Frauen, die entweder schön und blöd sind oder intelligent und nichtssagend. Du faszinierst mich sehr.» Er legt eine Hand auf mein Knie. «Und ich glaube, du magst mich auch, oder?» Ich fühle mich in die Enge getrieben und brauche eine Weile, um die Fassung wiederzugewinnen. «Ja, ich finde Sie sicher auch sympathisch, aber ich kann mir nicht vorstellen, eine persönliche Beziehung mit einer Therapie kombinieren zu können. Das funktioniert nicht.» Er legt seinen Arm um meine Schultern. «Schau, es gibt doch nichts Schöneres, als wenn sich zwei Menschen sympathisch sind. Gerade für die Therapie ist das günstig, wenn ich dich mag, dann kann ich mich auch besser in dich einfühlen. Außerdem kommt es ja bei der Verhaltenstherapie zu keinen Übertragungen wie in einer Analyse. Du bekommst nur ein neues Programm von mir. Da habe ich als Person aber nichts mit dir zu tun. Ich zeige dir nur die Technik, mehr nicht.» Ich schnappe nach Luft, will dem etwas entgegnen, doch er wartet meine Reaktion nicht ab. Blitzschnell wirft er sich auf mich, beginnt, mich wild zu küssen. Ich spüre seine Erregung, wehre mich gegen seine Überrumpelung, was ihm zu gefallen scheint. «Mein kleiner Teufel, ich wußte doch, daß du dynamisch bist. Das ist genau das, was ich liebe.» Ich brülle: «Lassen Sie mich los, verdammt, hören Sie auf», versuche ihn wegzudrücken, aber das scheint ihn nur noch mehr in

Erregung zu versetzen. Während ich mich laut wehre, versucht er mit seinen dünnen kalten Fingern den Pullover aus der Hose zu ziehen und stöhnt dabei: «Ich liebe dich, du kleine Nutte. Ich liebe dich. Ich liebe dich ...» Mein Kopf ist eine Waschmaschine: Wird er mich umbringen wenn ich mich weiter wehre? Ich werde ihn vor Gericht bringen, er ist geisteskrank ... Mir wird übel, ich beiße wahllos zu, erwische seinen Oberarm, dann seinen Hals. Er gibt mir eine Ohrfeige, läßt mich los, springt auf und faßt sich an die Bißstellen. «Bist du verrückt geworden? Was fällt dir ein, du sadistisches Biest?» Sein Gesichtsausdruck zeigt sichtbare Enttäuschung. Bevor er sich wieder zu mir setzen kann, habe ich meine Fassung wiedergefunden: «Ich will nicht», schreie ich ihn an. «Ich will nicht mit Ihnen schlafen, ich will überhaupt keine persönliche Beziehung, und ich bin auch nicht sadistisch. Ich will jetzt gehen.» Ich stehe auf. Er versperrt mir den Weg. «Mein liebes Kind, erst beanspruchst du stundenlang meine Zeit, und dann willst du dich so aus dem Staub machen. Das läuft nicht. Das kannst du doch nicht mit mir machen. Was meinst du, wie viele Frauen was drum geben würden, von mir gevögelt zu werden.» Seine Stimme hat etwas Bedrohliches. Ich habe schreckliche Angst, setzte mich wieder hin. Blitzschnell entwickle ich eine Strategie. «Es tut mir leid, ich kann das nicht, das hat ja nichts mit Ihnen zu tun. Ich nehme keine Pille und muß auch immer dabei kotzen», lüge ich. In meinen Vorstellungen tauchen Bilder von Lustmördern auf. Ich darf ihn nicht zurückweisen – niemand wird mich hören – ich muß ihn beruhigen, denke ich. «Na gut, dann küssen wir uns eben nur. Deine Übelkeit werden wir schon in den Griff kriegen, das ist eine Frage der Zeit. Magst du mich küssen?» Süßsauer lächelt er mich an. Ich nicke, obwohl mir wirklich zum Kotzen ist, lasse mich von ihm küssen. Die nackte Angst sitzt mir im Nacken. Jede Sekunde wird zur Ewigkeit, die Gedanken rasen durch meinen Kopf: Wie komme ich hier raus? Schließlich läßt er mich los, steht auf und geht zum Bücherregal. Er sucht ein Buch. Nach einer Weile hat er es gefunden, zeigt mir den Titel: «Die Sexualwünsche der

Frau» oder so ähnlich, an den genauen Titel kann ich mich nicht erinnern. Seine Reaktion kommt für mich unerwartet. Ich bin erleichtert, höre mir seinen Vortrag an über die unbewußten Vergewaltigungswünsche und all die anderen Wünsche der Frauen, von denen sie selbst nichts wissen und die man ihnen nur beibringen müßte. Äußerlich höre ich zu, nicke ab und zu mit dem Kopf. Ein anderes Verhalten ist mir im Moment nicht möglich. Es scheint für mich nur zwei Möglichkeiten zu geben: Entweder ich gebe meinen Aggressionen nach, oder ich spiele das Spiel mit. «Weißt du, Liebes», fährt er fort, «wenn du erst einmal aus deiner Gefühlsblockade raus bist, werden wir uns blendend verstehen. Im Moment bist du halt noch ein bißchen gehemmt, du kleiner Degenerick!» Lächelnd zieht er mich an sich, schätzt mich von oben bis unten mit Blicken ab wie ein Stück Vieh, das versteigert werden soll. «Ich mag dich so sehr, daß ich dich am liebsten verprügeln würde. Meinst, daß dir das gefallen könnte? – Da bist jetzt noch überfordert, was? Du bist halt noch ein ganz kleines ängstliches Mädchen.» Er streicht mir über den Hinterkopf. Sein Tonfall wird sanft. «Ich bin müd. Jetzt ziehst dich an und fährst nach Haus, und dann schreibst erst mal alles auf, was wir besprochen haben. Ja?»

Wortlos schnappe ich Jacke und Tasche, renne, so schnell ich kann, aus dem Haus. Die Marionette in mir hat gesiegt, war stärker als die Fähigkeit, mich zu wehren, aber tief in meinem Bauch ballt sich ein Rachegefühl mit dem festen Entschluß, nie mehr Opfer zu sein, egal zu welchem Preis.

Der Psychiater

Er ist mir sehr empfohlen worden. Meine Erwartung ist, daß auf Grund meines Krankheitsverlaufs eine gezielte medikamentöse Behandlung eingesetzt wird – wenn nötig, unter klinischer Kontrolle. Mein erster Eindruck ist positiv: eine Praxisführung im alten Stil, freundliche Helferinnen, keine Hektik, im Wartezimmer Möbel aus der Jahrhundertwende, alt, aber sauber.

Ich muß mehrere Stunden warten, aber das nehme ich gern in Kauf. Dann sitze ich im Behandlungsraum. Auch hier altes Mobiliar, vergilbte Bilder, alte Stiche, Urkunden über bestandene Examen, am Seitenrand einer Glasvitrine Kinderbilder aus den fünfziger Jahren mit den damals typischen Korbkinderwagen. Doktor Weigel, ganz in Weiß bis zu den Schuhen und Söckchen, mit silberner Krawatte und dazu passender Krawattennadel, entspricht genau dem Bild, das ich mir von ihm gemacht habe: um die Sechzig, ruhig und väterlich. Ohne Hast nimmt er meine Krankengeschichte auf, erkundigt sich genauestens nach meinen momentanen Lebensbedingungen, hält immer wieder inne, um mir Geschichten von früher zu erzählen, etwas weitschweifend, aber angenehm, weil menschlich. Das ist noch ein Arzt aus wirklicher Berufung, aus Liebe zum Beruf, denke ich, dem es nicht ums Geld geht. Zwischendurch stellt er Fragen wie: «Ja, warum sind Sie denn so ängstlich? Es geht Ihnen doch sonst gut – und mit Ihrem Mann vertragen Sie sich doch auch gut.» Das ernüchtert mich. Ich bin drauf und dran, ihm einen Vortrag über Neurosen zu halten. Anscheinend hat er nicht einmal theoretisch eine Ahnung, worum es geht, sonst könnte er diese Frage nicht stellen. Der heutige Mensch, meint er, habe ja auch viel zu wenig Bewegung, da würden sich die Gefühle stauen. Ich solle doch etwas Sport treiben. Ich schreibe seine Unkenntnis seinem Alter zu und dränge auf eine medikamentöse Therapie. In seiner ruhigen, väterlichen Art zählt er eine Reihe von Psychopharmaka auf, erklärt auch die verschiedenen Wirkungsschwerpunkte und schließt dann mit der Frage, welches ich denn bevorzugen würde. Ich kann meine Enttäuschung nicht verbergen. Wie soll ich wissen, was für mich wirksam ist? Soll ich da auch wieder alles ausprobieren? Ich entscheide mich dann für Valium, weil es das bekannteste ist, weil es angeblich nicht süchtig macht, zumindest nicht körperlich, weil ich es schon öfters genommen habe.

Zum Abschied hält er meine Hand länger als nötig fest und gibt mir den Rat, den Mut nicht sinken zu lassen. Ich bin gerührt, weil diese Anteilnahme so selten ist, und befinde mich doch wieder in der gleichen Lage wie schon unzählige Male zuvor: Ich selbst soll als Patientin entscheiden, was für mich richtig ist.

Analytisch orientierte Verhaltenstherapie – die Ermutigung

«Wir passen uns bei unserer Arbeit immer dem Klienten an und nicht umgekehrt», erklärt er mit wohlwollender Miene, den Blick auf einen Notizblock gerichtet. «Aber wir kommen nicht drum herum, eine genaue Analyse Ihrer Kindheitserfahrungen zu machen, um daraus Schlußfolgerungen auf Ihr jetziges Verhalten ziehen zu können.»

Seit über zwei Stunden sitze ich auf einem gemütlichen Sofa bei einer Tasse Kaffee und beantworte nach bestem Wissen und Gewissen seine Fragen. Dr. Behringer, ein väterlich wirkender Mann, schreibt mit und unterstreicht mit einem roten Stift die negativen Erfahrungen und mit einem grünen Stift die positiven. Es herrscht eine behagliche Atmosphäre. Schwere Eichenmöbel, indische Buddhas und antike Wandteppiche bestimmen den Raum. Ab und zu kommt ein kleiner tibetanischer Hirtenhund und setzt sich neben mich, um gestreichelt zu werden. «Mit Lob und Anerkennung sind Sie nicht gerade überschüttet worden», kommentiert Dr. Behringer seine Notizen. «Wir haben da eine Verbindung von Leistung und Zuwendung. Sie mußten sich ganz schön anstrengen, um überhaupt Beachtung zu bekommen.» Das alles ist nichts Neues für mich. Schließlich ist die Anamnese beendet. Ich möchte mehr wissen: «Sehen Sie überhaupt irgendwelche Chancen für eine Besserung? Die Anamnese ist wichtig, aber wie kann man konkret vorgehen? Ich habe oft den Verdacht, daß sich die Symptomatik bereits verselbständigt hat ...» Er schüttelt den Kopf und nimmt einen Schluck aus seiner Tasse, bevor er mir antwortet. «Das sieht nur für Sie so aus. Es gibt immer Auslöser, nur sind sie Ihnen noch unbewußt. Wir werden von Sitzung zu Sitzung ein Programm machen, das Sie in Ihren Alltag integrieren müssen. Sie werden also viel zu tun haben außerhalb der Sitzungen. Sie sind intelligent und aktiv und vor allem stark motiviert. Sie haben die besten Voraussetzungen für eine erfolgreiche Therapie. Aber ein bißchen Geduld brauchen wir schon ...» – «Daran wird es nicht scheitern», entgegnete ich schnell. Ein Funken von Hoffnung kommt auf: «Womit kann ich anfangen? Haben Sie schon eine Idee?» – «Prinzipiell geht es mir darum, die Sache von verschiedenen Seiten anzugehen. Als erstes werde ich Ihnen Spritzen gegen die Verspannungen im Rücken geben und ein homöopathisches Beruhigungsmittel. In der nächsten Sitzung bekommen Sie dann die Aufgaben für zu Hause. Ich muß mir noch überlegen, an welchem Punkt genau wir beginnen.»

Er steht auf und geht zu einem Medikamentenschrank. «Fangen wir mit den Spritzen an. Wenn Sie so starke Verspannungen haben, ist das keine gute Voraussetzung.» Ich bin einverstanden. Oft kann ich vor Verspannungen kaum noch sitzen, das Atmen fällt schwer, und jede Bewegung tut weh. Es ist ein beruhigendes Gefühl zu wissen, daß er Arzt und Psychotherapeut ist. Die Spritzen sind sehr schmerzhaft. «Ich weiß, es ist unangenehm, aber es hält gute zwei Tage an», beruhigt er mich. Mehrmals sticht er an derselben Stelle am linken Schulterblatt ein. Plötzlich sehe ich nur noch schwarze Flecken – dann starke Übelkeit ... langsam komme ich wieder zu mir, liege inzwischen auf einer Liege. Verschwommen nehme ich Dr. Behringer wahr, der mir etwas zum Riechen vor die Nase hält: «Nehmen Sie das, es wird Ihnen gleich besser gehen. Sie sind wirklich ein Sensibelchen. Hätten Sie mir doch ein Zeichen gegeben, daß ich eine Pause machen soll.»

Vorsichtig nimmt er meine eiskalte Hand: «Sie müssen anfangen, nicht immer alles zu lange auszuhalten. Aber jetzt erholen Sie sich erst mal von dem Schreck.»

Paartherapie

Wieder sitzen wir uns gegenüber, Dr. Behringer mit einem Stoß Notizen über mich, ich mit großer Spannung über das, was er mir heute als Konzept anbieten wird. Ich habe den Eindruck, daß dieser Therapeut eine psychische Störung nicht nur unter dem üblichen Kindheitsaspekt sieht, und er zeigt eine für mich ungewohnte Kreativität. «Gestern abend bin ich noch mal Ihre ganze Situation durchgegangen», sagt er und macht eine kurze bedeutungsvolle Pause, bevor er fortfährt: «Und ehrlich gesagt bin ich der Meinung, daß Ihr Mann in die Therapie miteinbezogen werden muß, sonst sehe ich schwarz.» Sofort möchte ich wissen, ob er meinen Mann für krank hält oder wie ich diesen Vorschlag sonst zu verstehen habe. Sein Gesicht nimmt nachdenkliche Züge an, die Antwort kommt zögernd, wohl durchdacht: «Die Übergänge von Gesundheit zu Krankheit sind fließend. Deshalb würde ich nicht von einer Krankheit sprechen, sondern von Schwierigkeiten. Ihr Mann hat genau wie Sie bestimmte Kindheitserfahrungen gemacht, und sein jetziges Verhalten, besonders Ihnen gegenüber, wird dadurch geprägt. Und dieses Verhalten wiederum hat Auswirkungen auf Sie und Ihr Wohlbefinden ...» Ich stimme ihm zu: «Natürlich beeinflussen wir uns alle gegenseitig, und daß ich mich durch die Reaktionen meines Mannes oder besser: die Nichtreaktionen von ihm oft behindert fühle, ist mir schon klar. Nur habe ich es bisher eher als Ziel angesehen, davon unabhängiger zu werden, mich mehr auf mich zu konzentrieren und nicht darauf zu warten, daß er mich wer weiß wie fördert oder so. Ich kann doch nicht Wünsche an ihn haben, die er nicht erfüllen kann.» – «Das ist im

Moment noch richtig», bestätigt er mich, «aber Sie sind ein nach außen gerichteter Mensch, sie brauchen die Rückkopplung, um sich selbst zu spüren. Und von Ihrem Mann ist da bisher nicht viel gekommen, zumindest nach dem, was Sie von ihm erzählt haben.» Ich stimme ihm zu. «Da haben Sie allerdings recht – emotional ist nicht viel drin. Aber ich kann ihn letztlich nicht ändern, und das, was ich von ihm bekomme, ist mir sehr wichtig, nämlich Verläßlichkeit und Geborgenheit.» – «Damit verdrängen Sie aber Ihre anderen Wünsche nach gefühlsmäßigem Austausch, nach Anteilnahme und Gemeinsamkeit. Verläßlichkeit ist nicht alles, was Sie brauchen. Sie beruhigen sich damit, daß er Ihnen Geborgenheit gibt, und Ihre restlichen Bedürfnisse lassen Sie unter den Tisch fallen.» Er lächelt mich spitzbübisch an, als hätte er mich gerade beim Naschen ertappt.

Ich bin irritiert, stelle mir selbst die Frage, inwieweit er mit seiner These recht haben könnte, möchte es genauer wissen: «Können Sie mir eine kurze Analyse Ihrer Sicht geben? Wie sehen Sie die Dynamik zwischen mir und meinem Mann?»

Dr. Behringer schaut mich nachdenklich an. «Sie sind eine nach außen gerichtete Frau, die auf Rückkopplung der Umwelt angewiesen ist – richtig?» Ich nicke. «Sie leben mit einem Mann zusammen, der Ihnen Geborgenheit gibt, was für Sie nach allem, was wir über Sie wissen, sehr wichtig ist – richtig?» Ich nicke. «Der aber sein ganzes Leben unter rationalen Gesichtspunkten lebt, die Beziehung zu Ihnen inbegriffen – richtig?» Wieder nicke ich. «Nun nehmen wir einmal an, daß Ihr Mann sich Ihnen vielleicht sogar irgendwie unterlegen fühlt und sogar Angst vor Ihnen hat ...»

Jetzt weiß ich, worauf er hinauswill: «Sie meinen, er braucht mich schwach und abhängig, und meine Aktivität und Selbständigkeit würden ihm angst machen, also verstärkt er mit seinem Verhalten meine Krankheit, und solange er nicht eine gesunde Beziehung zu Frauen entwickeln kann, wird er sein Verhalten nicht ändern können und damit auch nicht seinen – für mich – negativen Einfluß. Bevor er dies aber ändern kann, braucht er selbst Therapie.» Diese Gedankengänge sind mir nicht neu.

«Ich wußte, daß Sie es schnell begreifen würden», lacht Dr. Behringer erleichtert. «Und somit komme ich zum Ausgangspunkt zurück. Sie sind trotz Ihrer Erkrankung sehr wach. Sie können sich viel besser ausdrücken als er. Sie finden sofort Kontakt, Sie sind kreativ und spontan, alles Eigenschaften, die er nicht hat. Nun ist es wahrscheinlich auch so, daß er diese Eigenschaften nicht entwickeln kann, weil Sie ihm oft zuvorkommen einfach dadurch, daß Sie schneller sind als er.»

«Das stimmt, aber ich kann doch nicht drei Stunden schweigen, bis er mal einen Ton von sich gibt», werfe ich entrüstet ein.

Einen Moment lang hält er die Luft an: «Genau das ist es, was ich Ihnen vorschlagen möchte als Verhaltensübung für Ihre Beziehung. Ihr Mann kann nur zum Zuge kommen, wenn Sie sich zurückhalten. Das ist nur eine Frage der Zeit und der Ausdauer, ein Experiment.»

Ich bin entrüstet: «Es ist so schon schlimm genug. Wenn ich auch noch schweige, ist es wie im Grab. Und ich wehre mich dagegen, daß ich quasi etwas gegen mich selbst tun muß, damit er aus sich rauskommen kann. Außerdem zweifle ich am Sinn dieser Übung.»

«Sehen Sie es nicht so kurzfristig. Es geht um zwei Tage, wo Sie sich ihm gegenüber einmal defensiver verhalten sollen. Danach können Sie schon sehen, ob sich bei ihm etwas verändert. Außerdem wird es nicht dabei bleiben. Er wird genauso ein Programm bekommen wie Sie, nur mit anderen Hausaufgaben! Sie hatten doch eben den vollen Durchblick, da können Sie das spielend schaffen. Sie kennen doch die Hintergründe ...»

Jetzt appelliert er an meine Intelligenz, schießt es mir durch den Kopf. «Gut, ich habe soviel Zeit in Reden mit meinem Mann investiert, also investiere ich mal Zeit in Schweigen. Darauf soll es mir nicht mehr ankommen. Ich werde es versuchen. Was genau soll ich also tun – oder nicht tun?»

Als wenn er auf diese Antwort nur gewartet hätte, nimmt er zwei leere Zettel, gibt mir einen und diktiert:

«1. Ich gebe keinerlei negative Rückkopplungen wie Ärger, Wut oder Enttäuschung.
2. Ich konzentriere mich bei meinem Partner nur auf die positiven Eigenschaften und gebe dem Ausdruck.
3. Ich halte mich in meinen spontanen, emotionalen Äußerungen zurück. Im Zusammensein warte ich, bis er das Gespräch beginnt, egal wie lange es dauert.»

Während ich schreibe, bin ich schon davon überzeugt, daß es nicht funktionieren kann, möchte es aber dennoch machen, auch, um mir nicht hinterher sagen zu können, ich hätte eine Chance verpaßt. «Das wär's erst mal», beendet er die heutige Sitzung. «Es ist nicht gut, wenn wir uns zuviel auf einmal vornehmen. Der nächste Schritt muß sowieso von Ihrem Mann getan werden. Schreiben Sie sich jeweils abends auf, welche Wirkung Ihr neues Verhalten hervorgerufen hat, damit wir eine Kontrolle haben.»

Auf dem Weg nach unten ziehe ich blitzschnell ein Resümee: «Keine Regressionsgefahr, keine komplizierten Deutungen, kommt mir aber alles etwas zu simpel vor», sagt der Verstand. «Vielleicht liegt der Schlüssel im Einfachen», antwortet eine andere Stimme. «Was kann ich schon verlieren?» entgegnet eine dritte Stimme. Ich trete aus dem Haus. Draußen ist herrlicher Sonnenschein. Ich beschließe, in den Park zu gehen, und rede mir ein, wie gut ich es habe, weil ich nicht arbeiten muß. Aber so richtig gelingt es mir nicht, so etwas wie Urlaubsstimmung herzustellen. Seit drei Jahren ist für mich jeden Tag Urlaub – zwangsweise Urlaub. Wenn ich ehrlich bin, beneide ich all die schweißtriefenden, von der Arbeit gestreßten Menschen. Erschöpft vom vielen Denken sitze ich in der Sonne und stelle mir vor, wie schön es wäre, wieder arbeiten zu können.

Schweigen ist Gold!?

Eine Woche lang versuche ich, mich so gut wie möglich nach dem Verhaltensprogramm zu richten. In meinem Therapietagebuch steht:

«*Erster Tag:* Nach drei Stunden Schweigen fragt mich Helmut, warum ich so schweigsam bin. Nicht mehr verbale Aktivität seinerseits, reagiert mißtrauisch auf meine positiven Verstärker, fragt, ob etwas mit mir nicht stimmt.

Zweiter Tag: Hat heute etwas ausführlicher von seiner Arbeit berichtet, fällt mir schwer, nur positiv zu reagieren, spüre starke Spannung, keine emotionale Äußerung von seiner Seite.

Dritter Tag: Spricht quantitativ etwas mehr, aber nur über formalistische Dinge, hat sich über Essen gefreut, keine wesentliche interaktionelle Änderung, bin frustriert ...»

Die nächsten vier Tage sehen ähnlich aus. Nach einer Woche habe ich die Nase voll, halte es sogar für wichtig, ihm mein Verhalten im nachhinein zu erklären. Er ist nicht einmal erstaunt: «Glaubst du, ich hätte nicht gemerkt, daß da irgendwas im Busch ist!» sagt er wütend. «Du kommst von Behringer zurück, und plötzlich bist du nur noch nett und zurückhaltend. Für wie blöd hältst du mich eigentlich!» – «Es war nur ein Versuch, unsere Interaktionsmuster zu verändern», rechtfertige ich mich. «Ja, ja, und ich bin dein Versuchskaninchen. Das habt ihr euch schön ausgedacht – aber nicht mit mir!» Er steht auf, geht in die Küche und kommt nicht mehr zurück. Er hat recht, denke ich, das kann nicht der richtige Weg sein. Vor allem kam es bei mir nicht von innen heraus, das muß er gespürt haben. Ich fühle mich elend und schuldig. Abends schreibe ich in mein Notizbuch: «Der Mensch ist eben doch kein Kaninchen und mein Mann eben doch nicht so stumpf, wie ich dachte!» Ein Fehlversuch mehr.

Das Programm

«Wie geht es Ihnen?» Lächelnd gibt Dr. Behringer mir die Hand. «Ausgesprochen miserabel», antworte ich und lasse mich in einen der gut gepolsterten Sessel sinken. «Ich weiß nicht warum, aber es funktioniert nicht, obwohl ich mich streng an das Besprochene gehalten habe. Heute vormittag mußte ich dreißig Milligramm Valium schlucken, um mich überhaupt ins Auto setzen und zu Ihnen fahren zu können. Ich wollte mit Ihnen darüber reden, inwieweit die Symptomatik sich verselbständigt haben könnte ...»

Er geht nicht auf meine Verzweiflung ein: «Jetzt erzählen Sie mal von den positiven Erfahrungen seit der letzten Sitzung. Sicherlich haben Sie auch positive Erfahrungen gemacht!»

Er ist wohl auf dem Positivtrip und will sich sein gutes Gefühl nicht nehmen lassen, sagt mir die Stimme im Kopf. Ich gebe mir Mühe, mich zu erinnern: «Es waren nur unwesentliche Situationen», sage ich. Er lächelt mich wohlwollend an. «Das ist genau das, was mich interessiert», ermuntert er mich. «Also», fahre ich fort, «bei der Selbstbeobachtung ist mir aufgefallen, daß Sie mit Ihrer Interpretation richtig liegen. Ich bin tatsächlich sehr streng mit mir – in jeder Beziehung. Und ich denke wirklich dauernd, daß ich es mir nicht leisten kann, mal was falsch zu machen oder nicht perfekt zu sein. Da war zum Beispiel so eine Situation an einer Tankstelle. Es war so eine Tankstelle zum Selbertanken, und ich habe meinen Tankdeckel nicht aufbekommen. Früher hätte ich es auf Biegen und Brechen allein versucht. Da mir aber in der Situation meine eigene Haltung bewußt wurde, habe ich jemanden gebeten, mir zu helfen.» – «Sehr gut», lobt er. «Und es ist nichts passiert», fahre ich fort. «Ich habe mich nicht schlecht gefühlt, im Gegenteil. Durch die Situation hatte ich noch einen netten Kontakt zu dem Mann, der mir geholfen hat.» – «Sehen Sie, und so kommen Sie mehr und mehr aus Ihrer selbstauferlegten Isolation heraus», ergänzt er. «Wenn Sie nach außen hin immer einen so überlegenen Eindruck machen, fällt es der Umwelt schwer, mit Ihnen Kontakt aufzunehmen. Das ist eine wichtige Erfahrung, die Sie da gemacht haben. Das Leben besteht aus einer Aneinanderreihung solcher Minisituationen. Perfekt sein zu wollen ist ein Anspruch, mit dem man sich selbst das Leben unnötig schwer macht.»

Ich hole meine Notizen aus der Handtasche und berichte über die positiven Erfahrungen mit: «Etwas nicht wissen dürfen», «Hilfe holen», «Unfähigkeiten zugeben». Auf meinen Zetteln steht für jeden einzelnen Tag: *Situation, Ist-Wert, Soll-Wert* und darunter die jeweiligen Erfahrungen und Gefühle. Nach kurzer Zeit verschwimmen die Buchstaben vor meinen Augen. Ich kann mich mit seiner positiven Sicht nicht identifizieren. «Diese neuen positiven Erfahrungen kann ich nur als positiv bewerten, wenn es mir sowieso einigermaßen gutgeht. Mit den Horrortrips, die ich letzte Woche wieder hatte, bin ich total im Nebel. In dem Zustand ist kein Raum mehr für die geringste positive Erfahrung, da komme ich nur mit Tranquilizern raus. Und das beunruhigt mich. Ich ändere mein Verhalten, aber mein Grundgefühl und meine Zustände ändern sich nicht im geringsten!»

Dr. Behringer läßt sich von meiner Unzufriedenheit nicht irritieren. «Ich kann ja verstehen, daß Sie ungeduldig sind, besonders nach all den Versuchen, die Sie schon hinter sich haben. Aber wir müssen wieder bei Null anfangen, auch wenn es schwerfällt. Zwei Monate sind noch keine Zeit, das wissen Sie selbst, da können wir noch nicht allzuviel erwarten. Es ist wichtig, daß Sie Ihre Aufmerksamkeit dennoch auf die positiven Ansätze richten, denn da geht es lang.» Bei allem, was er sagt, strahlt er eine große Sicherheit aus. «Was wir aufbauen wollen, sind neue konstante und positive Erfahrungsmuster mit sich selbst und der Umwelt. Wenn wir das gefestigt haben, können Sie sich profilieren ...» – «Wie soll ich das verstehen?» werfe ich ein. Das Wort «profilieren» weckt unangenehme Assoziationen in mir. Etwas umständlich zieht er sein Jackett aus, es ist sehr heiß im Raum. «Sie erlauben?» Er befreit sich auch von seiner Krawatte. «Das Ziel unserer Zusammenarbeit dürfte in etwa klar sein. Sie müssen gesellschaftlich wieder integriert werden. Das heißt: funktionieren im Sinn von Wiederaufnahme der Arbeit, Aufbau von Kontakten, die Sie durch die Krankheit verloren haben, Neustrukturierung der Beziehung zu Ihrem Mann. Das setzt voraus, daß Sie in sich stabiler und belastbarer werden und auch den gesellschaftlichen Verpflichtungen etwas gerecht werden können.»

Das unangenehme Gefühl in mir wird stärker, mein Körper schmerzt, die Haut klebt von den ständigen Schweißausbrüchen – aber mein Verstand ist wach: «Das ist nicht das, was ich will. Ich will nicht nur funktionieren, ich will mein Leben lebenswert finden, egal, was ich tue oder nicht tue, egal, mit wem ich zusammenlebe oder wo ich lebe. Ist das so schwer zu verstehen?»

Dr. Behringer bleibt trotz meines Ausbruchs ruhig: «Es ist heiß, und Sie sind erschöpft von der Fahrt. Machen wir morgen weiter. Gehen Sie jetzt in einem gemütlichen Restaurant schön essen, und schlafen Sie sich aus.» – «Aber das ist es ja gerade!» Am liebsten würde ich mit der Hand auf den Tisch hauen, um endlich verstanden zu werden. «Ich kann in ein Restaurant gehen und üben, mir etwas zu essen zu bestellen, aber ich habe keinen Appetit, und ich fühle mich bedroht, sobald ich mich irgendwo hingesetzt habe. Ich kann alles tun, aber ich fühle mich entsetzlich dabei. Niemand sieht mir etwas an, aber ich bin in der Hölle! Das ist es.» Erschöpft lasse ich mich in meinen Sessel zurücksinken. «Das war nur ein Vorschlag von mir mit dem Essengehen», sagt er. «Vielleicht tut Ihnen ein Spaziergang gut. Sie sollen sich zu nichts zwingen.» Aber da fühle ich mich auch bedroht, immer und überall fühle ich mich bedroht, schießt es mir durch den Kopf, aber ich sage nichts mehr.

Auf dem Weg ins Hotel kaufe ich mir an einem Kiosk zwei Nußriegel und eine Tafel Schokolade, falls ich nachts Hunger bekommen sollte. Im Hotel lege ich mich angezogen aufs Bett und schlafe sofort ein.

Die Differenzierung

In der nächsten Sitzung versucht Dr. Behringer, seine bisher nur am Verhalten orientierte Therapie zu modifizieren. Ziel für die nächste Zeit ist es, «innere Annahme» zu üben. Dies bezieht sich in erster Linie auf das Akzeptieren meiner Symptome und darüber hinaus aller für mich unangenehmen Situationen, an denen ich nichts ändern kann. Das Erlangen dieser inneren Einstellung wird durch ein Atemtraining an einem Biofeedbackgerät unterstützt. Anfangs habe ich den Eindruck, daß ich mit dieser Einstellung des grundsätzlichen Annehmens eine große Hilfe gewonnen habe. In bestimmten Situationen gelingt es mir tatsächlich, meine resignativen Gedanken in eine positive Richtung zu lenken, mir selbst Hoffnung zu machen, mich zu trösten, indem ich versuche, überall positive Anteile zu sehen. Doch nach ungefähr zwei Wochen schlägt das Pendel total um. Ich habe das Gefühl, mit mir selbst ein schlechtes Spiel zu treiben, mir etwas einzureden, das nicht mit meinem tatsächlichen Gefühl und Erleben übereinstimmt. Das positive Denken kommt nicht aus einer inneren Überzeugung heraus, sondern ist aufgezwungen, aufgesetzt, angelernt. In mir protestiert alles. Ich fühle mich schlecht, und ich stehe dazu, daß ich mich schlecht fühle. Ich höre auf, mich selbst mit diesen Illusionen zu quälen, und teile dies Dr. Behringer schriftlich mit. Nachdem ich den Brief abgeschickt habe, fühle ich mich erleichtert.

Das «Todesurteil»

Heute muß ich länger als gewöhnlich warten. Vermutlich ist er noch mit einem schwierigen Patienten beschäftigt. Ich sitze in einem der antiken Sessel, betrachte die indischen Wandbehänge und mache mir Gedanken darüber, ob er meinen Brief bekommen und gelesen hat. Vor einer Stunde habe ich zwei Valium genommen. Es ist mir schon fast zur Gewohnheit geworden, mich mit Valium abzusichern, besonders, wenn ich etwas vorhabe, was klares Denken erfordert, wenn ich nicht das Risiko eingehen will, durch plötzliche Panikanfälle daran gehindert zu werden.

Die Zeit scheint sich endlos zu dehnen. Ich gehe zur Toilette, obwohl ich nicht muß, erneuere mein Make-up, obwohl es nicht nötig ist. Ich hasse diese Warterei in irgendwelchen Arztpraxen.

Endlich geht die Tür auf. Eine Frau geht an mir vorbei zur Garderobe. Wie immer kommt er mir lächelnd entgegen: «Tut mir leid, daß Sie warten mußten», begrüßt er mich, «aber es ließ sich nicht anders einrichten.» Ich warte, bis er die Tür geschlossen hat und mir gegenübersitzt. «Haben Sie meinen Brief bekommen?» frage ich. Er nickt und schlägt die Beine übereinander. Plötzlich wirkt er ungewohnt ernst. «Ich habe Ihren Brief sehr gründlich gelesen, und ich habe sogar Ihren Vorschlag befolgt, Ihren Fall einmal mit Kollegen zu diskutieren.» Die Spannung in mir wächst. Er holt tief Luft. «Wir sind tatsächlich an einem Punkt, wo eine gewisse Stagnation eingesetzt hat. Es sind, fachlich gesagt, Widerstände. Wie Sie es schildern, ist es schon richtig. Ihnen gelingt die gefühlsmäßige Umsetzung der neuen Lernziele nur sehr schlecht. Anscheinend ist es für Sie besonders bedrohlich, neue Erfahrungen zu machen.» – «Das begreife ich nicht», platze ich heraus. «Es ist auch etwas schwer zu erklären», fährt er fort. «Jede Veränderung weckt Ängste. Die alten Erfahrungsmuster sind vertraut, man ist gewissermaßen an sie gewöhnt, kennt sich mit ihnen aus. Und je mehr eine neue Erfahrung von den alten Erfahrungen abweicht, um so stärker sind die Widerstände. Man will unbewußt an dem Alten, Bekannten festhalten.»

Wut steigt in mir hoch. «Was Sie mir da unterschieben, beruht meiner Meinung nach auf einer total verstaubten Abwehrtheorie. Jetzt brauchen Sie mir nur noch zu sagen, daß ich eigentlich krank sein möchte, dann ist die Litanei perfekt!» Er will mir etwas entgegnen, will sich rechtfertigen, aber ich lasse ihn nicht zu Wort kommen. «Sie können mir eines glauben: Sobald es mir ein bißchen besser geht, danke ich dem lieben Gott dafür, obwohl ich nicht an ihn glaube! Mir macht es keine Angst, ohne Panik zu sein. Im Gegenteil: ich genieße jede Sekunde, die ich mich einigermaßen gut fühle, ich weiß nur nicht, wie ich diesen Zustand aufrechterhalten kann, und ich denke, das ist eigentlich Ihr Job, mir dabei zu helfen.» Ich bin über mich selbst erschrokken. Das Konzept, das ich mir vorher zusammengebastelt hatte, hat sich in Luft aufgelöst. Ich wehre mich, als ginge es um mein Leben.

Seine Stimme wird lauter als sonst: «Mißverstehen Sie mich bitte nicht. Natürlich freuen Sie sich, wenn es Ihnen besser geht, aber wir können doch nicht das Vorhandensein unbewußter Mechanismen leugnen! Es hat keinen Zweck, sich dagegen zu wehren, damit kommen wir nicht weiter. Im Moment geht es wieder um das Akzeptieren von Dingen, die wir jetzt noch nicht ändern können.» Das hat mir mein erster Analytiker vor acht Jahren schon mal gesagt, denke ich resigniert. «Wie gesagt, habe ich Ihren Fall mit Kollegen diskutiert.» Er macht eine Pause, als wolle er abwägen, ob er weitersprechen soll oder nicht. «Es ist unter anderem der Verdacht geäußert worden, daß Sie Ihre Angstzustände gewissermaßen brauchen, um sich überhaupt spüren zu können. Damit hätten wir dann die Erklärung, weshalb die Symptome so hartnäckig sind. Wenn die Symptome eine für Sie wichtige Funktion erfüllen, dann können sie natürlich nicht verschwinden, dann müssen Sie unbewußt an ihnen festhalten.»

Sofort protestiere ich: «Was Sie jetzt sagen, ist wie ein Todesurteil. Ich hoffe, Sie wissen, was Sie sagen! Wenn ich nach Ihrer Hypothese meine Symptome aus irgendwelchen unbewußten Gründen brauche, dann kann mir letzten Endes nichts helfen, dann bin ich Gefangene meiner selbst. Das ist mein therapeutisches Todesurteil.»

Er widerspricht: «Aber nein, so war es nicht gemeint. Es ist lediglich ein Erklärungsansatz, und es bezieht sich nur auf den jetzigen Zeitpunkt. Sie sollten sich da nicht so reinsteigern.» Seine sichere Attitüde ist deutlich geschrumpft. Ich bemerke rote Flecken an seinem sauber rasierten Hals, seine Stimme zittert, die Finger trommeln auf der Armlehne.

Für mich ist der Zug abgefahren. Ich glaube kein Wort von seinen Korrekturversuchen, will mich nur gegen seine hoffnungslose Interpretation wehren: «Wir können stundenlang über alle möglichen unbewußten Prozesse spekulieren. Das ändert aber nichts, absolut nichts. Sie haben keinerlei wirkliche Beweise für Ihre These, und mich machen Ihre Ansichten nur hilflos. Was soll ich dazu sagen? Ich kann Ihnen eine Gegenthese aufstellen, für die sicherlich genauso viele Gründe sprechen – aber was nutzt das? Ich weiß nur eines: ich spüre, daß ich meine Krankheit nicht brauche, und ich verlasse mich auf mein Gefühl.

Das allein ist für mich richtig. Und wenn Sie therapeutisch gesehen keinen wirksamen Ansatz haben, dann sollten Sie zu Ihrer eigenen Unfähigkeit stehen und Ihre Grenzen anerkennen. Statt dessen bekommt der Patient mal wieder den Schwarzen Peter, damit können Sie Ihr Gewissen beruhigen und Ihr therapeutisches Versagen rechtfertigen.» Wieder macht er einen Ansatz zum Sprechen. «Das ist noch nicht alles», würge ich ihn ab. «Wenn Sie wirklich verantwortungsvoll wären – vorausgesetzt, Sie sind von dieser Theorie wirklich überzeugt –, dann wüßten Sie ganz genau, daß ich diesen Kampf um meine psychische Gesundheit brauche, um überhaupt weiter leben zu können, daß ich die Hoffnung auf Besserung brauche, um mich nicht umzubringen ...» Ich kann die aufkommende Verzweiflung nicht mehr aufhalten. Die Tränen schießen mir in die Augen, verschlagen mir die Stimme. Ein dumpfes Gefühl der Leere breitet sich in mir aus.

Die Sitzung endete mit einer Beruhigungsspritze, die mir Dr. Behringer gab, nachdem meine Weinkrämpfe nicht mehr zu bremsen waren. Er bestellte mir ein Taxi, das mich ins Hotel brachte. Außerdem gab er telefonisch an der Rezeption den Auftrag, daß jemand ab und zu an meine Tür klopfen und sich nach meinem Befinden erkundigen solle, was auch geschah. Am nächsten Morgen faßte ich den Entschluß, sofort nach Hause zu fahren. Ich ließ Dr. Behringer vom Hotel aus absagen.

Ashram und Suchtklinik

Ankunft im Ashram

Herrliches Sommerwetter. Seit einer halben Stunde fahre ich durch urige kleine Dörfer, zu beiden Seiten der staubigen Landstraße Hopfenplantagen und wogende Kornfelder. Unterlautingen Nr. 16 lautet die Anschrift. Der Ort entpuppt sich als eines jener winzigen Dörfer, wo jeder jeden kennt und man sonntags selbstverständlich in die Kirche geht. Um so mehr erstaunt mich, daß hier der Ashram sein soll. Nr. 16 ist das erste Haus. Es unterscheidet sich äußerlich nicht von den anderen Bauernhöfen. An der Vorderfront liegt ein kleiner Parkplatz. «Reception» steht in schnörkliger Schrift über der Tür neben dem Eingang zum Innenhof.

Ich bin froh, endlich aus dem Auto rauszukommen, trete in einen kühlen Raum. Hinter einer Glasscheibe sitzen zwei Sannyasins, ganz in Rot gekleidet mit Mala, der Kette mit Bhagwans Bild. Sie lachen beide. Die Ma bemerkt mich und öffnet die Glasscheibe. «Grüß Gott, kommst noch zum Encounter?» fragt sie mich freundlich. Ich erkläre ihr, daß ich beabsichtige, ein paar Tage Urlaub im Ashram zu machen. Daraufhin schiebt sie ein Gästebuch auf meine Seite, in das ich meine Personalien eintragen soll. Gleichbleibend freundlich sagt sie mir, daß ich von Ma Susanne in der Nähstube über alles Weitere informiert werde, und zeigt mir den Weg dorthin. Jetzt bin ich im Innenhof. Ich fühle mich spontan wohl in dieser Umgebung: überall Holz: Holzbänke – Holztreppen, spielende Kinder, dazwischen Katzen, prächtige Blumenbeete, im Hintergrund ein Teich mit exotischen Wasserpflanzen, noch weiter hinten eine Wiese mit alten Obstbäumen, Wäsche, die zum Trocknen aufs Gras gelegt wurde. In mir tauchen Erinnerungen an Illustrationen aus einem alten Bilderbuch auf: Idylle gibt es anscheinend auch in der Wirklichkeit!

Von den Ashramiten ist bisher niemand zu sehen, vielleicht ist gerade Meditationszeit. Ich folge dem Schild «Boutique» und entdecke Ma Susanne hinter einer Nähmaschine. Lächelnd blickt sie auf, nimmt eine Stecknadel aus dem Mund. «Ich wette, du bist Vera», sagt sie, «und wir haben gestern telefoniert.» Spitzbübisch schaut sie mir offen ins Gesicht. «Genauso hab ich mir dich vorgestellt.» Ich bin mehr als erstaunt über so viel Intuition.

Über eine wacklige Holztreppe gehen wir durch den Speisesaal hinauf in den Schlafsaal: Holzfußboden, gediegene restaurierte Dachbalken, dazwischen etwa zwanzig Matratzen. Wohin ich auch blicke: rot in allen Variationen: rubinrote Koffer, rosa Bettwäsche, signalrote Decken, weinrote Kleider ... Die Sachen der Gäste liegen mehr oder weniger verstreut auf dem Boden. Dennoch herrscht eine gewisse Ordnung. Es gibt eine Toilette, die nur durch einen Perlenvorhang optisch vom Schlafraum abgegrenzt ist. Offenheit nach innen und außen, denke ich sarkastisch. «Du kannst dir eine von den leeren Matratzen aussuchen», sagt Ma Susanne. «Hast du dir schon überlegt, ob du arbeiten willst?» Ich verneine. «Also, ich sag dir jetzt mal so das Wichtigste», fährt sie fort. «Wenn du einfach nur hier im ‹space› sein möchtest, kostet es fünfunddreißig Mark pro Tag mit Verpflegung. Die Meditationen sind da mit drin. Wenn du aber hier im Ashram mitarbeitest, kostet es nur fünfundzwanzig Mark. Wir haben nach dem Frühstück immer das Gäste-Meeting, da besprechen wir dann, wer wo hingehen will. Ich kann dir die Arbeit nur empfehlen – Arbeit ist die beste Meditation.» Wie sie so vor mir steht in der Abendsonne, in einem bodenlangen, weiten, golddurchwirkten indischen Rock, erinnert sie mich wiederum an eines jener wundersamen Geschöpfe, die man sonst nur aus den Märchenbüchern seiner Kinderzeit kennt. Ihre Stimme und ihr Blick sind weich, ebenso ihre Bewegungen, das lange Haar glitzert im Licht. Ich entschließe mich für die Arbeit, lasse mich auf meine Matratze fallen. «Es ist ja fast wie im Paradies hier», lache ich sie an. «Warte erst mal ab, das täuscht», sagt sie. «Es ist nur so ruhig, weil gerade Nasabrama ist. Manchmal geht es ganz schön turbulent zu, aber das wirst du schon selbst noch rausfinden.» Plötzlich stürmen zwei kleine, blonde, nackte Mädchen die Treppe hoch, kommen geradewegs auf uns zu: «Bist du neu?» fragt mich die Größere. «Kannst du mir ein Eis kaufen?» Die Kleinere hat es sich blitzschnell auf meinem Schoß bequem gemacht. Wie selbstverständlich lehnt sie ihren Kopf an meinen Bauch: «Ja, ja, Nina auch Eis», strahlt sie. Susanne bekommt wieder ihr spitzbübisches Gesicht. «Ich bring dir gleich noch die Bettwäsche. Jetzt hast du ja erst mal Unterhaltung», sagt sie und dreht sich um. Die Kinder haben mich förmlich überrumpelt, ich bin überrascht über ihre Direktheit und Spontaneität. «Also los, gehen wir Eis essen. Wo gibt es hier Eis?» – «Nur die Treppe runter an der Bar», jubelt die Größere, faßt meine Hand und zieht mich hinter sich her. «Du bist ja so lieb, so unwahrscheinlich lieb.» Ich denke schmunzelnd an meine eigene Kindheit zurück und erinnere mich, mit welcher Glückseligkeit damals das Eisessen verbunden sein konnte.

Hinter der Bar spült gerade ein etwas mürrisch aussehender Sannyasin Gläser. Ich bestelle drei Eisbecher und setze mich mit den Kindern draußen auf eine Bank. Die Kinder sitzen rechts und links neben mir, kuscheln sich an mich und verspeisen mit vernehmlichem Schmatzen ihr Eis. Ich fühle mich überhaupt nicht fremd hier, es ist, als ob ich sofort guten Anschluß an eine große Familie gefunden hätte. Eine Vertrautheit, die ich bisher nur bei sehr guten Freunden entwickeln konnte, durchströmt mich. Auf dem Hof ist es inzwischen lebhafter geworden. Vom Gebäude gegenüber tragen Frauen riesige Schüsseln die steile Holztreppe hoch in den Speisesaal.

Einige Sannyasins sitzen unten friedlich auf den Bänken, andere umarmen sich. Mir fällt auf, wie lange sie sich dabei in die Augen sehen. «Soll ich mal gucken, was es heute gibt?» Nina stürmt in den Speisesaal. «Toller Salat, Hirsekuchen», schreit sie zu uns herüber. «Los, kommt, sonst ist alles weg!»

Beim Abendessen finde ich sofort Kontakt. An meinem Tisch sitzen zwei Mitglieder der laufenden Encounter-Gruppe. Sie berichten mir, die «energy» sei heute etwas «down», der Therapeut habe es wohl gerade mit seinem eigenen «stuff» zu tun. Ansonsten sei die Gruppe aber «wahnsinnig stark». Ich denke, daß ich eine Weile brauche, um die neue Terminologie verstehen zu können.

Küchenphilosophie

Chetana, Therapeutin und momentan Küchenchefin, hat mir für heute morgen die Verantwortung für das Abtrocknen übertragen. Aus dem Speisesaal werden gerade riesige Schüsseln und Kannen in die Küche gebracht. So ähnlich muß es bei meiner Urgroßmutter in der Küche ausgesehen haben, die mir meine Mutter oft beschrieben hat: Steinfußboden, zwei überdimensionale Steingutwaschbecken, in der Mitte ein derber, wuchtiger Holztisch, auf dem sich bereits das Gemüse für das Mittagessen anhäuft. Es wimmelt von Schmeißfliegen. Wir arbeiten zu viert. «Heuer is es wida besonders schlimm mit die Fliang.» Swami Rudi versucht mit einer raschen Handbewegung ein paar Fliegen zu verscheuchen, während er in sich versunken Kartoffeln schält. «Des is a guade Meditation, wann di di Fliang wirkli nimmer störn, dann bist bei dir.» Er läßt eine Kartoffel ins Wasser sinken und fährt mit seinem Selbstgespräch fort: «Des hot scho ols sein Sinn. Fria hob i imma die gonzn Insekten totgschlogn, aso ganz frei bin i no net davon, die Viecher ekeln mi scho noch, aber des is halt nur in mei ‹mind›, sonst nix ...» Ich kann seiner Philosophie nicht folgen: «Weißt du nicht, daß gerade Fliegen Bakterienüberträger sind? Also, ehrlich gesagt, wenn das meine Küche wäre, würde ich überall Fliegenfänger hinhängen. So weit geht meine Tierliebe nicht.» Ich mühe mich mit den Töpfen ab, verbrauche Unmengen Geschirrtücher, die Haut an meinen Händen ist schon leicht runzlig. Die Ma neben mir reagiert auf meinen Einwurf: «Du bist noch stark bei deinen alten Bildern. Weshalb können wir nicht auch die Fliegen lieben? Alles hat seine Berechtigung. Wir sind nicht besser als die Fliegen, wir vergiften uns gegenseitig viel mehr, als die Fliegen es könnten. Das ganze ‹Clean-Sein› hindert dich nur, zu deinem Ursprung zurückzukommen.» Andächtig höre ich ihr zu. Sie ist eine kleine, zierliche Person, macht einen zerbrechlichen Eindruck. «Was meinst du mit dem Ursprung?» frage ich sie. Sie zeigt mir eine Warze auf ihrer rechten Wange: «Weißt du, was das ist? Das ist Krebs. An der Stelle kannst du es sehen, aber das ist nur ein winziger Teil, mein ganzer Körper war von innen verseucht. Dreißig Jahre meines Lebens war ich total ‹clean›. Jeden Tag habe ich brav zweimal geduscht, habe versucht, meine Kinder zu rechtschaffenen, eingeengten Krüppeln zu erziehen, jeden Tag habe ich brav meine Rolle als Hausfrau erfüllt – vor allem habe ich permanent meine Gefühle unterdrückt.» Sie reicht mir eine Schüssel. «In meiner Wohnung hättest du vom Fußboden essen können. Ich war ‹total perfekt› – bis der Krebs kam. Und zum Glück kam der Krebs, sonst wäre es unendlich so weitergegangen.» Ihre Einstellung erschreckt mich: «Siehst du etwa einen Sinn in deiner Krankheit?» Ich sehe sie jetzt bewußter an und bemerke, daß sie abgemagert wirkt. Sie nickt: «Klar, mein Körper ist noch verseucht, aber innerlich werde ich mehr und mehr gereinigt. Der Krebs war ein Geschenk, eine Fügung. Seitdem ich Sannyasin bin, gehe ich zu keinem Arzt mehr, und es geht mir besser. Hier spüre ich, daß Bhagwan bei mir ist. Was ist denn schon mein Körper? Vielleicht bin ich in meinem nächsten Leben eine Eidechse oder sogar eine Fliege. Wer kann das wissen?» Lachend gibt sie mir den nächsten Topf, trocknet sich die Hände ab und zündet sich eine Zigarette an. Ihr Gesichtsausdruck ist gelöst und entspannt. Ich bewundere sie. «Du glaubst also an Wiedergeburt? Wie beneidenswert! Ich wünschte, ich könnte das auch, aber bisher ist es mir noch nie gelungen.» Ich trockne mir auch die Hände ab und nehme eine Zigarette von ihr. Wir stehen uns gegenüber, sie lehnt sich leicht gegen den Küchentisch, betrachtet mich lange und ausgiebig. «Du bist noch nicht soweit», sagt sie schließlich. «Du ‹fightest› noch. Gib dir Zeit. Wenn es soweit ist, wirst du es ganz von alleine spüren. Ich kann es dir nicht erklären, man muß es spüren. Irgendwann weißt du einfach, daß dies nicht dein letztes Leben ist, aber du weißt es dann nicht im Kopf, sondern tiefer. Hab Geduld mit dir selbst.» Sie legt eine Hand auf meine Schulter: «Das Loslassen ist viel schwerer als das Kämpfen, macht ungeheure Ängste ...» In diesem Moment kommt Chetana hereingestürmt. «Ihr könnt alles ‹droppen›, nur nicht das Essen», scherzt sie. Anscheinend hat sie den letzten Satz mitbekommen. Sie ist der Typ «stämmige durchsetzungsfähige Frau mit Herz und Temperament». Ich mag sie auf Anhieb wegen ihrer Herzlichkeit und Direktheit. «Könnt ihr nach dem Essen weiter quatschen?» Ohne die Antwort abzuwarten, drückt sie uns zwei Küchenmesser in die Hand. «Der Kohlrabi muß jetzt unbedingt geputzt werden, sonst reicht die Zeit nicht. Ich möchte, daß ihr ihn so putzt» – sie demonstriert an einem Kohlrabi, wo man mit dem Messer ansetzen muß. Wir machen es ihr nach. «Und paßt auf. Manchmal ist er holzig. Seid wirklich dabei, macht eine Meditation draus, sonst schneidet ihr euch.» Wieder kommen mir Gedanken an meine Urgroßmutter, die sehr streng gewesen sein muß, aber wegen ihrer großen Güte dennoch von den Kindern akzeptiert und geliebt wurde. Ich widerspreche nicht und mache meine Erfahrung mit dem Kohlrabiputzen. Stille – nur das Summen der Fliegen und von draußen entfernte Stimmen. Ich ertappe mich bei Gedanken darüber, ob es nicht mit einer

Küchenmaschine viel leichter wäre. Schon nach kurzer Zeit tut mir die Hand weh. Swami Rudi sitzt mir jetzt gegenüber und bereitet eine Salatsoße zu. «Des is a absoluter Stilbruch», sagt er lächelnd. «So wist rumläufst, könnt mer glatt denken, daßt in die Oper gehn wülst.» Er sieht auf meine Wildlederhose. «Des is net bös gmeint, ober so a Weib wie du in der Küchn ... Wist gestern ankamst, hob i mir denkt: Ob mer die a anfassen derf oder nur anschaun?» Er streicht mir sanft mit seinen Salatfingern übers Haar. «Des ist halt amal wida mei ‹mind› – kumma nix mochn.» – «Ist alles okay!» Ich verstehe und sehe mit Genugtung auf meinen letzten Kohlrabi.

Die Sache mit der Energie

«Arbeit mit Emotionen» steht heute auf dem Programm. Wir haben uns im Yogasitz auf dem Boden des Meditationsraums niedergelassen. Vor uns sitzt Swami Devageet, der im Prospekt als ein «Therapeut mit besonderer Intuition» angespriesen wird. Sein Gesicht strahlt Ruhe aus. Ich höre, wie er tief ein- und ausatmet, während er sich im Kreis umsieht. Er wirkt auf mich sehr wach, sehr konzentriert und dabei gleichzeitig weich. Seine äußere Gestalt: groß und hager. Lange, feingliedrige Hände verstärken diesen Eindruck noch. Ich bin neugierig und angespannt, mehr in der Beobachter- als in der Patientenrolle.

«Die Gefühle wechseln sehr schnell, wenn wir sie zulassen», erklärt Swami Devageet. Seine Stimme klingt warm und klar. «Es ist ein Wechsel, der uns meist nicht bewußt wird, weil wir dauernd damit beschäftigt sind, unsere Gefühle nicht zu spüren.» Er steht auf, stellt sich mit leicht gebeugten Knien in die Mitte des Raumes. «Ich werde nicht viel reden, sondern es euch demonstrieren.» Er hebt beide Arme hoch, sein Körper beginnt leicht zu vibrieren. «Ich weiß selbst nicht, was jetzt kommt. Ich gebe meinem Körper einfach nach.» Seine Hände ballen sich zu

Fäusten. «Es ist Wut!» Die Bewegungen werden heftiger, er stampft mit den Füßen auf den Boden, stößt dabei wütende Schreie aus, sein Gesichtsausdruck verändert sich, wirkt angespannter. Die Bewegungen und das Schreien steigern sich, kommen zu einem Höhepunkt – sein Gesichtsausdruck verändert sich wieder, entspannt sich, die Bewegungen der Arme werden sanfter, ein Lächeln geht über seine Lippen, sein Becken rotiert wie bei einer Bauchtänzerin. «Es ist Freude!» Er beginnt, kleine Sprünge zu machen. Die Augen sind die ganze Zeit geschlossen. Während ich gebannt zusehe, stelle ich mir insgeheim die Frage, ob es «echt» ist, was Swami Devageet dort vollführt. Wieder ändert sich sein Ausdruck deutlich sichtbar: Seine Knie beginnen stärker zu zittern, die Arme hängen kraftlos am Körper herunter, der Mund öffnet sich leicht. Jetzt mußte ja die Trauer kommen, denke ich – und tatsächlich, er beginnt, leise zu schluchzen, die typischen Zwerchfellbewegungen sind sichtbar, das Schluchzen wird lauter, richtige Tränen laufen seine Wangen hinunter ... Mich beeindruckt die Geschwindigkeit der Emotionsäußerungen. Es sind noch keine fünf Minuten vergangen, und er sitzt wieder vor uns.

Trotz meiner Angst stehe ich auf, möchte am eigenen Leib erfahren, ob es sich nur um einen Therapeutentrick handelt oder ob es auch bei mir funktioniert. Ich stelle mich wie Devageet in die Mitte und erwarte seine Instruktionen. Mein Körper ist seit Tagen vom Kopf bis zu den Füßen angespannt. «Mach die Augen noch mal auf.» Konzentriert und tief atmend sieht er mich ruhig an. «Ich spüre soviel Angst bei dir. Bist du sicher, daß du es jetzt schon machen willst? Du mußt dich nicht ‹pushen›.» Seine intuitive Reaktion ermutigt und überrascht mich. «Ja», antworte ich. «Ich will es trotz der Angst.» – «Gut. Schließ deine Augen, nimm die Arme hoch und fang an, tief zu atmen.» Ich tue, was er sagt, spüre ein zunehmendes Kribbeln, das durch meinen ganzen Körper fließt. «Jetzt laß die Atmung schneller werden ...» Ich befolge seine Anweisung, habe plötzlich das Gefühl, unter Strom zu stehen. Es ist, als ob Strom bis in meine

Fingerspitzen fließt. Es wird so stark, daß ich mich wie gelähmt fühle. «Ich kann mich nicht mehr bewegen. Es ist, als ob ich unter Strom stehe. Ich habe Angst!» – «Es ist nur deine Energie – spür mal, was es ist», antwortet Devageet. Ich verharre immer noch in derselben Stellung, wiederhole: «Ich kann mich nicht mehr bewegen!» – «Jetzt mach Schlagbewegungen mit den Armen, los!» Ich schlage mit beiden Armen seitlich am Körper herunter. Wie von selbst fange ich an, mit den Füßen um mich zu treten. «Und laß es noch stärker werden, laß die ganze Wut rauskommen», schreit Devageet. Mein Kopf ist fast abgeschaltet. Je mehr ich schlage, desto geringer wird das Kribbeln. Die Impulse kommen rhythmisch, werden langsam schwächer und schwächer. Ich spüre eine leichte Erschöpfung, mein Körper ist entspannt und warm. Ich öffne die Augen und muß lachen, höre mich plötzlich laut lachen. Eine Frau aus dem Kreis kommt auf mich zu und nimmt mich in den Arm. Ich lasse es geschehen, es geht mir gut.

Swami Devageet atmet ruhig und langsam aus. «Was ihr bei Vera beobachten konntet», kommentiert er, «ist die Stärke der Angst, die uns hindert, unseren Gefühlen freien Lauf zu lassen, und es war sehr schön mitzubekommen, wie sich ihr gesamter Ausdruck verändert hat, nachdem sie durch die Angst durch war.» Er wendet sich mir zu. «Du hast soviel Energie, und du bist so schön, du weißt es nur selbst noch nicht. Was du brauchst, ist Bodenkontakt, du bist nicht ‹gegroundet›. Deshalb machen dir deine Gefühle soviel Angst.» Wieder atmet er tief aus und sieht mir liebevoll in die Augen. «Du bist innerlich sehr reich, Vera. Deine Angst wirst du nie ganz verlieren können, aber du kannst lernen, mit ihr anders umzugehen. Du bist so reich und energievoll, versuche das zu spüren, und deine Angst verliert an Gewicht.» Während er spricht und wir uns ansehen, fühle ich mich von ihm in meinem wahren Sein verstanden und erkannt, komme ihm innerlich näher, fange an, vor Rührung zu weinen. Es ist ein Moment tiefer Ehrlichkeit und Wahrheit, ich muß mich nicht verstecken, ich spüre ihm gegenüber Dankbarkeit und genieße die Friedlichkeit und Harmonie des Augenblicks.

Einige Stunden nach der Gruppensitzung treten Grippesymptome auf: Halsschmerzen, Niesen, leichte Kopfschmerzen, Gliederschmerzen. Nachdem mir die Idee gekommen ist, daß ein Zusammenhang zwischen dem Erlebnis am Vormittag und diesen Anzeichen bestehen könnte, mache ich mich auf die Suche nach Devageet. Er sitzt bei Chetana in der Küche. Ich berichte von meinen Grippesymptomen. Er bestätigt meine Vermutung: «Du bist heute morgen nicht alles losgeworden. Kann sein, daß sich noch Energie in deinem Körper staut. Krankheit ist oft ein Zeichen einer inneren Reinigung, mach dir keine Sorgen. Du trinkst heute abend soviel du kannst, am besten Früchtetee. Dann geh in den Mediraum, und mach die gleichen Schlagbewegungen wie heute morgen, aber nur mit den Armen, ungefähr zehn Minuten lang.» Chetana reicht mir ein Glas mit rotem Tee. «Austrinken – und dann laß die ganze Energie raus», befiehlt sie sanft. Wenn ich ehrlich bin, glaube ich nicht an die Wirkung dieser Medizin, aber ich will es trotzdem machen. Nachdem ich im Meditationsraum stur meine Übungen durchgeführt habe, melde ich mich schweißgebadet in der Küche zurück. «Na, du siehst ja schon ganz anders aus», grinst Devageet. «Tatsächlich», staunt Chetana, «viel klarer!»

Insgeheim halte ich sie beide für Schwätzer, kann an mir selbst keinerlei Veränderung wahrnehmen. Die Halsschmerzen haben sich eher durch das heftige Atmen verstärkt. Mit einer Kanne Tee setze ich mich in den Speisesaal und höre einem amerikanischen Sannyasin beim Gitarrespielen zu. Die beiden Mädchen kommen und wollen, daß ich ihnen etwas vorlese. Der Abend ist ruhig und besinnlich.

Gegen elf Uhr fällt mir auf, daß meine beginnende Grippe plötzlich wie weggeblasen ist. Ich fühle mich frisch und munter wie ein Fisch im Wasser. «Diese Energietheorien sind wohl doch etwas mehr als sektiererisches Geschwätz», schreibe ich anschließend in mein Tagebuch. «Aber wie soll man die ganzen

Übungen in den Alltag einbauen? Was kann ich draußen im Leben mit dem hier Erfahrenen anfangen?» Diese Fragen bleiben offen.

«Peep-Show» im Tantrasaal

Vor einer Stunde haben sie sich meine Schminkutensilien ausgeliehen. Inzwischen gleicht der vordere Teil des Schlafsaals einem Fotostudio: Die Bücherregale sind mit Seidentüchern verdeckt, künstliche Beleuchtung, der Fotograf fummelt an seiner Kamera herum. «He, Vera, komm mal her», ruft die große Ma mit den langen blonden Haaren. «Moment mal», sage ich, «hattest du nicht vor einer Stunde noch dunkelblonde Haare?» Sie grinst. «Stimmt genau. Zeig mir mal, was ich mit der Boa hier machen soll. Wie findest du das, wenn ich sie mir um den Hals lege?» Ich spüre Hemmungen, mich mit neuen Ideen an der Entstehung von Pornographie zu beteiligen.

Als die beiden Mädchen ankamen, waren sie in Rot gekleidet wie alle Sannyasins. Jetzt knien sie in aufreizenden Posen halbnackt auf rosa Kissen, die eine im schwarzen Korsett mit Netzstrümpfen und Pumps, die andere in einem dunkelroten durchsichtigen Negligé. Anstatt ihnen beim «Dekorieren» zu helfen, frage ich nach den Beweggründen dieser Aktion: «Wie könnt ihr so was machen, wenn ihr Sannyasins seid? Das ist doch genau das Gegenteil von Liebe.» Ich ernte Gelächter. «Wer sagt, daß es immer um Liebe gehen muß?» Die Blonde lockert die Verschnürung des Korsetts, damit ihre Brüste besser sichtbar werden. «Wir verkaufen unsere Körper und bekommen gutes Geld dafür. Es ist ein ganz normales Geschäft.» Sie rekelt sich und wirft den Kopf in den Nacken. «Bleib so», befiehlt der Fotograf und schießt sein erstes Foto. Die andere Frau hat erhebliche Schwierigkeiten, eine erotische Pose einzunehmen. Sie wirkt verkrampft und ungelenk, sieht auf die Freundin, um sie nachzuahmen. «Wir haben alle was davon», verkündet die Blonde. «Ich habe nichts anderes zu tun, als mich stundenlang selbst zu streicheln. Das allein macht Spaß, die Männer haben auch, was sie wollen, und schneller können wir nirgends Geld machen.» Mit einer gekonnten Bewegung gibt sie dem Fotografen ein Zeichen. Er soll warten – sie will sich das Gesicht neu pudern. «Auf die Art bekommen wir alle, was wir brauchen.» – «Das kann doch nicht dein Ernst sein», entgegne ich sauer. «Die Männer, die sich solche Peep-Shows ansehen, sind doch meist schwer gestört in ihrer Sexualität. Für mich ist Peep-Show das genaue Gegenteil von dem, was bei euch immer proklamiert wird, nämlich die Fähigkeit, wieder Nähe und menschlichen Kontakt zuzulassen. Peep-Shows sind für Mann und Frau ausgesprochen entwürdigend. Da kannst du doch nicht einfach behaupten, die Männer bekommen, was sie brauchen!» Ich bin empört. Der Fotograf wird wütend: «Mein Gott, kannst du deine Moralpredigt nicht aufschieben. Dein ‹mind fucking› geht mir auf den Geist. Niemand weiß, was richtig und was falsch ist, und die armen Männer, von denen du die ganze Zeit so mitleidvoll sprichst, haben ja schließlich auch die Möglichkeit, Therapie zu machen. Können sie ja selbst entscheiden, ob sie bis ans Ende ihres Lebens onanieren wollen oder nicht. Was haben *wir* damit zu tun?» Beim Sprechen wechselt er die Körperhaltung und drückt viermal hintereinander auf den Auslöser. Er läßt die Kamera sinken und sieht mich gereizt an. «Am besten, du gehst jetzt. Du irritierst die Mädchen nur.» – «Ja, ich kann mich gar nicht auf die Fotos konzentrieren», bestätigt das Mädchen im roten Negligé, offenbar erleichtert, eine Erklärung für ihre Schwierigkeiten gefunden zu haben. «Okay, wenn es um Selbstkritik geht, hört es bei euch meist auf.» Diesen letzten Satz kann ich mir nicht verkneifen. Enttäuscht stehe ich auf und gehe die Treppe runter in Richtung Bar.

«Verantwortung ist eines der Wörter, die hier absolut aus der Mode sind», denke ich, während ich auf mein Eis warte.

Der verlorene Sohn

Acht Uhr morgens. Ich komme gerade vom Duschen. Auf dem Hof ist es noch sehr ruhig. Es riecht angenehm nach Heu. Ein paar kleine Katzen spielen in der Morgensonne. Ich setze mich auf einen dicken Stein und schaue den kleinen putzigen Tieren zu – da schallt von oben laut und sonor Xavers Stimme: «Vera, meine Schöne, ich lade dich zum Kaffee ein.» – «Gut, ich bin schon unterwegs», rufe ich zurück. Ich mag diesen stämmigen, dunkelhaarigen Sannyasin, der aussieht wie ein waschechter Zigeuner und spricht wie ein bayrischer Intellektueller.

An der Bar muß man sich den Kaffee um diese Zeit selbst machen, was eigentlich verboten ist, aber Xaver nimmt es mit Verboten nicht so genau. «Großartig siehst du wieder aus – wie eine Königin», versprüht er seine Komplimente, während er die Kaffeemaschine in Gang bringt. Ich lache über seine Vergleiche. «Mit einem Mann wie dir braucht man als Frau keine Angst um sein Selbstwertgefühl zu haben.» Ich genieße seine Komplimente, auch wenn sie nicht ganz ernst gemeint sind. «Du kommst mir so ein bißchen wie aus der alten Zeit vor. Du hast so was Ritterliches. Das ist heutzutage sehr selten – leider.» – «Du kennst nur die eine Seite», murmelt er mit tiefer Stimme und stellt zwei Tassen auf den Tisch. «Ich war einige Jährchen in der Terroristenszene ziemlich aktiv.» Ich sehe ihn erstaunt an. «Das hättest du nicht gedacht, was? Stimmt aber trotzdem. Es gab für mich keinen Sinn mehr, außer dem, alles zu zerstören. Diese gottverdammte verlogene Gesellschaft sollte zerstört werden, um dann etwas Neues aufbauen zu können. Das war mein Glaubensbekenntnis.» Ich bin schockiert. «Wie bist du dazu gekommen? Man wird doch nicht so einfach von heute auf morgen Terrorist.» Seufzend setzt er sich neben mich und legt seine Hand auf die meine: «Schlechte Erfahrungen, Kleines, seitdem ich denken kann. Kein Vertrauen, zu niemandem, nicht mal zu mir selbst.» Dieser große, stark wirkende Mann wird melancholisch: «Ich red nicht gern drüber, aber du bist so lieb zu mir, du sollst es ruhig wissen. Meine Vergangenheit ist ein einziges Dunkel: Banküberfälle, Entführungen, Gefängnis. Die ganzen Leute, die du jetzt auf Plakaten siehst – sie waren meine Freunde. Kannst du dir das vorstellen?» Ich zucke mit den Schultern. Mit traurigem Blick schiebt er mir sanft meinen Kaffee rüber, stützt den Kopf in die Hände. Seine Stimme wird leiser. «Wir waren blind, weißt du. Wir dachten, Gewalt sei die einzige Lösung. Der Haß und die Angst haben uns zusammengehalten. Wir haben gekämpft für eine bessere Welt, so sollte es nicht weitergehen ...» Plötzlich verfällt er wieder in die Beschützerrolle: «Trink deinen Kaffee, sonst wird er kalt, Kleines.» Ich bin neugierig geworden, will mehr wissen: «Wie hast du dich gefühlt bei diesen Aktionen? Hast du nie Skrupel gehabt?» Er schüttelt den Kopf. «Nie, ich war im Dunkel, verstehst du, im emotionalen Dunkel! Da war kein Raum für Gefühle, für Sentimentalität. Da ging es nur um die Sache. Wir waren besessen von der Sache. Was wir taten, diente nur der Sache. Du wirst es nicht begreifen, es ist etwas, was man selbst erlebt haben muß, um es zu begreifen.» Verlegen sieht er aus dem Fenster. «Laß uns über was Erfreulicheres reden, ich bin so schon melancholisch genug.» Ich spüre, daß es ihn mitnimmt, über seine Vergangenheit zu sprechen, ich lasse nicht locker: «Und wie bist du Sannyasin geworden? War es so eine Art Erleuchtung zum Guten?» Meine Frage löst dröhnendes Gelächter aus. «Von Erleuchtung keine Spur. Es war Zufall. Ich lernte jemanden kennen – damals kam ich gerade aus dem Knast –, der nahm mich dann einfach mit in den Ashram, und ich bin dageblieben. Viel überlegt hab ich dabei nicht, es hat sich so ergeben.» Diese Antwort kommt mir zu naiv vor. «Aber irgendwas hat dich sicherlich angezogen, sonst wärst du nicht schon so lange dabei. Schließlich trägst du auch die Mala!» Er schlürft seinen Kaffee, hält plötzlich inne, lächelt mich an. «Du bist sehr zäh, das gefällt mir, gibst dich nicht mit banalen Antworten zufrieden. Ich kann dir sagen, was es ist: Hier kann ich meine sämtlichen Verrücktheiten ausleben. Ich bin für die normale Gesellschaft nicht mehr zu gebrauchen, ecke überall an. Hier ist Akzeptanz für alles. Du brauchst dich wegen nichts zu schämen. Alles ist okay. Das ist ein Rahmen, in dem ich noch leben kann.» Sein Blick haftet an einer Fliege, die über den Tassenrand läuft. «Ich bin zu kaputt, um mich in der bürgerlichen Gesellschaft einordnen zu können, zu kaputt.» Jetzt macht er einen leidenden Eindruck, ich will ihn nicht weiter mit seiner Vergangenheit quälen. «Komm, wir machen einen Spaziergang», sage ich. «Das ist herrlich.»

Auf der Dorfstraße singt Xaver mit tiefer, trauriger Stimme alte spanische Volksweisen. Er kümmert sich nicht um die Dorfbewohner, die uns nachsehen, stapft in sich versunken singend neben mir her. Ich kann mich noch nicht von unserem Gespräch lösen, habe Probleme, die zwei Gesichter dieses Mannes unter einen Hut zu bekommen. Das ist nur deine Vorstellung von Charakter, sage ich zu mir selbst. Du bist immer noch auf dem Stand einer Vierjährigen, für die es nur gut oder böse gibt. Nachdenklich laufe ich neben ihm durch die Wiesen und zertrete viele kleine Gänseblümchen.

Briefwechsel

Einige Zeit nach meinen Erfahrungen im Ashram schreibe ich Swami Devageet einen Brief.

> Lieber Swami,
>
> besonders nach dem letzten Workshop, den ich mit Dir erlebt habe, sind mir sehr viele Bedenken bezüglich der praktischen Auswirkungen Deiner Arbeit gekommen. Als erstes möchte ich anerkennen, daß ich bei vielen Menschen tatsächlich Veränderungen im positiven Sinn wahrnehmen konnte und daß ich Deiner Arbeit grundsätzlich positiv und mit Achtung gegenüberstehe. Auch weiß ich, daß Du Deine ganze Liebe und Energie einbringst, Deine

Erfahrung und Dein Wissen mit anderen Menschen zu teilen.

Darüber hinaus möchte ich Dich auf Mechanismen aufmerksam machen, die ich persönlich als Therapieresultat für gefährlich oder bedenklich halte.

Während der Therapiezeit ist man praktisch wie unter einer beschützenden Käseglocke. Zusätzlich ist eine starke Gruppensolidarität da und jede Menge Unterstützung von Deiner Seite. In diesem Rahmen fällt es relativ leicht, sich selbst anzunehmen und Mut für Neues zu bekommen. Es gibt wohl kaum einen Menschen, der sich nicht irgendwie eingeschränkt fühlt und nicht irgendwelche geheimen Wünsche hat. Die Frage ist nur, inwieweit der Versuch, diese bisher ungeahnte Kreativität zu entfalten, realistisch gesehen Boden hat, inwieweit es sich in die Tat umsetzen läßt. Mir sind nach dem Workshop (auch bei mir selbst) folgende – meiner Meinung nach typische – Reaktionen aufgefallen:

1. Die Neigung, sich selbst und seine Fähigkeiten zu überschätzen. – Daraus folgt, daß zum Teil Pläne gemacht werden, die keine Aussicht auf Erfolg haben. In der Praxis bedeutet das meist Schulden machen, die man nie zurückzahlen kann.

2. Egozentrismus und Verantwortungslosigkeit. Die eigene Person steht plötzlich total im Vordergrund. Was man sich vorgenommen hat, wird ohne Rücksicht auf Nachteile anderer durchgesetzt. Wenn Vorwürfe kommen, wird gesagt, man sei nicht da, um die Erwartungen anderer zu erfüllen.

Und nun noch einige Gedanken zum Thema Vertrauen, was ja ein Hauptpunkt in der ganzen Woche war. Vertrauen ist die Voraussetzung für vieles, besonders Vertrauen zu uns selbst – aber blindes Vertrauen kann sich in dieser Gesellschaft niemand leisten. Ein gewisses Mißtrauen gehört zum Überleben. Die Welt ist nicht gut, auch wenn uns das nicht gefällt. Aber wenn wir uns vormachen, daß wir nur vertrauen müßten, damit alles ins Lot kommt, dann werden wir um so tiefer fallen, weil wir uns einfach mehr und mehr von der Realität entfernen. Und diesen Realitätsverlust bemerke ich bei vielen Teilnehmern nach Workshops bei Euch. Lieber Swami, vielleicht kannst Du mit diesen Gedanken etwas anfangen, mir lag es am Herzen, Dir dies kurz mitzuteilen. Ich wünsche Dir weiterhin viel Freude bei der Arbeit.

Ich umarme Dich
Vera

Die Antwort auf diesen Brief kommt erst nach drei Monaten:

Beloved Vera –
Love and more love becomes available.
Use more and you have more,
whatever you want more, do the same.
If you want to become an infinitive source of love,
then go on sharing love as much you can.

Love
Swami Devageet

Gleichzeitig trifft eine Karte mit folgendem Text bei mir ein:

Liebe Vera,
von einem vierwöchigen Urlaub zurückgekehrt habe ich Deinen Brief vorgefunden. Sei mir bitte nicht böse, wenn ich per Post auf keine Auseinandersetzung eingehen will. Das, was in meiner Arbeit mit Menschen geschieht, läßt sich nicht mehr analysieren und nicht mehr «objektiv» untersuchen und schon gar nicht vergleichen. Es gab und gibt für mich sehr viel zu tun. Dahinein fließt meine Energie und Liebe. Vera, ich umarme Dich von Herzen. Danke für Deinen Brief und Deine Liebe, die in ihm zum Ausdruck kommt. Ich freue mich auf ein Wiedersehen mit Dir.

Swami Devageet

Die Suchtklinik

Entzug – ich bin freiwillig hier. Dreißig Milligramm Valium mit Sekt für den Kreislauf standen seit zwei Jahren vor dem Morgenkaffee auf dem Programm. Ich fühle mich in der Klinik wie im Gefängnis: verriegelte Fenster überall, Geld und Wertpapiere mußte ich abgeben, dazu meinen Hausschlüssel und sämtliche Medikamente. Seit gestern liege ich flach – Schlafkur mit Valiumentzug. Meine Zimmernachbarin Ilse ist sehr um mich besorgt, redet ununterbrochen, beruhigt mich, wenn ich über meine dröhnenden Kopfschmerzen klage. «Da sind wir alle durch, nach vier Tagen ist das Schlimmste vorbei», berichtet sie aus eigener Erfahrung. Mich beunruhigt, daß ich nicht weiß, was für Medikamente und in welcher Dosierung ich sie bekomme. Zu jeder Mahlzeit kommt eine vietnamesische Schwester und hält mir einen vollen Becher mit vielen bunten Pillen hin. «Schlucken!» lautet ihre stereotype Aufforderung, und sie wartet, bis ich es brav getan habe.

Dr. Köhlers Worte kommen mir wieder in den Sinn: «Ohne Medikamente geht es nicht», hat er bei dem Erstgespräch gesagt. «Das verseuchte Gehirn muß wieder zum Funktionieren gebracht und entgiftet werden ...»

Ich möchte aufstehen und zur Toilette gehen, aber meine Beine versagen, und ich falle ins Bett zurück. Mit der rechten Hand drücke ich die Klingel. Es dauert keine drei Minuten, und die Stationsschwester steht in der Tür. «Aha, der Kreislauf», sagt sie, nachdem sie mich nur kurz angesehen hat. «Der Doktor kommt gleich.» Fünf Minuten später sitzt der Arzt neben meinem Bett, ein drahtiger, hagerer, kleiner Mann, der mich durch seine runden Brillengläser anblinzelt, während er mir den Puls fühlt. «Wie geht es ihr denn? – Ich werde ihr gleich was für den Kreislauf spritzen. Will sie denn versuchen, mal aufzustehen?» – «Ich weiß nicht, der erste Versuch, zum Klo zu kommen, ist gescheitert», erkläre ich. «Dann machen wir gleich den zweiten. Wo hat sie denn den Morgenmantel?» fragt er, nachdem er die

Spritze gesetzt hat. Mühsam bewege ich mich mit seiner Hilfe wie auf einem schwankenden Boot in Richtung Tür. «Die körperliche Aktivität muß sein», belehrt er mich auf dem Gang. «Ab morgen kann die Vera schon das Programm mitmachen. Wir werden zwei starke Männer finden, die sie stützen.» Er bringt mich direkt bis zum Klo und wartet vor der Tür, bis ich fertig bin, um mich wieder ins Zimmer zurückzugeleiten. Trotz meines geschwächten und benebelten Zustands fühle ich mich sicher. Der persönliche Einsatz dieses Arztes gibt mir das Gefühl, in guten Händen zu sein.

«Hat sie Klopapier?» fragt er von außen. «Ja, danke.» Ein Arzt aus Berufung, denke ich und lasse mich dankbar von ihm zurück ins Zimmer bringen.

Dr. Köhler und seine Frau sind die einzigen Mediziner in der ganzen Klinik. Er ist zu jeder Tages- und Nachtzeit für seine Patienten da. Er führt seine erstaunliche Kondition auf das Vitamin B 12 zurück, das er regelmäßig einnimmt. Das therapeutische Konzept setzt sich aus der individuellen medikamentösen Behandlung und der sogenannten Antisucht-Aktion-Therapie zusammen. Wenn man den schlimmsten Entzug hinter sich hat, wird man rund um die Uhr in Aktivitäten eingespannt: Schwimmen, Vortrag, Mittagessen, Spaziergang, Ausflug, Kaffee, Spaziergang, Besichtigungen, Sport und abends meist Kino. Dr. Köhler ist sich nicht zu schade, mit seinen Patienten selbst in einem kleinen Bus von morgens bis spät in die Nacht auf Achse zu sein. «Wir tun alles, aber auch wirklich alles, um den Menschen wieder zu einem gesunden Lebensstil zurückzuführen», ist einer seiner Lieblingssprüche, wobei sich für mich die Frage ergibt, ob pausenlose Aktivität gesund ist …

Die äußerlichen Bedingungen in der Klinik sind miserabel: nur eine Toilette auf der Intensivstation, ein Telefon für etwa vierzig Patienten, uralte, abgenutzte Möbel. Dennoch ist so etwas wie eine private Atmosphäre spürbar – eine Seltenheit in der heutigen Zeit!

Konfrontation

Es sind fünf Tage vergangen. Mein Zustand verschlimmert sich eher. Die innere Unruhe steigert sich zu einem für mich unerträglichem Ausmaß, ich bebe am ganzen Körper, die Gedanken rasen wild durch den Kopf. Ich muß wissen, ob diese Symptome noch zum normalen Entzug gehören, habe die Befürchtung, daß man mir Antidepressiva gibt. Mein Entschluß steht fest: «Ich muß wissen, was er mir gibt, Ilse.» Zitternd und schweißgebadet kauere ich auf meinem Bett. «Du bist verrückt, machst dich nur unbeliebt», warnt sie mich. «Bisher ist das noch keinem gesagt worden. Der Doktor ist doch berühmt wegen seiner eigenen Mischungen. Du kannst ihm höchstens sagen, daß es dir dreckig geht.»

Ich lasse mich nicht beirren, wanke die Treppe hinunter und melde bei der Sekretärin ein Gespräch an. «Der Doktor hat heute morgen Gerichtstermin, aber ich kann versuchen, ob die Frau Doktor Zeit hat.» Ich setze mich. «Egal, ich warte so lange, bis er oder sie Zeit hat.» Ich habe Glück – Frau Dr. Köhler steckt gerade den Kopf durch die Tür. «Kommen Sie mit ins Nebenzimmer», sagt sie mit harter Stimme. Ich folge ihr. Der Raum ist ein Durchgangszimmer für Schwestern und Küchenpersonal, außerdem steht hier das Telefon für die Patienten. Wegen des ständigen Kommens und Gehens fällt es mir schwer, mich zu konzentrieren. Ich sage ihr, daß ich wissen möchte, welche Medikamente ich bekomme, daß ich mich wie ein Versuchskaninchen fühle, daß ich die Diagnose «Depression», die ich auf meiner Karte gelesen habe, für falsch halte, daß ich in meinem Fall strikt gegen Antidepressiva bin und daß ich gehen werde, wenn man mich nicht aufklärt. «Es wäre besser, wenn Sie vernünftig würden», entgegnet sie. «Sie selbst können sicherlich am wenigsten wissen, was Ihnen hilft. Diese innere Unruhe ist geradezu typisch für den Zustand einer Depression ...» – «... oder die Folge überdosierter Medikamente», werfe ich ein. Sie nimmt ein Blatt Papier und malt mit viel Sorgfalt ein Synapsenmodell.

«Sehen Sie sich das an», sagt sie. «Sie haben doch selbst eine medizinische Ausbildung. Das Ganze läßt sich sehr leicht neurologisch erklären ...» Ich bin nicht in der Lage, mir die Zeichnung anzusehen. Alles verschwimmt vor meinen Augen. Sie bemerkt es nicht, fährt statt dessen fort in ihrem Vortrag über die neurophysiologischen Ursachen von Depressionen. Währenddessen sitze ich erschöpft neben ihr und mache Atemübungen. Nach einer endlos langen Zeit geht die Tür auf – Dr. Köhler ist vom Gericht zurück. «Ich habe gehört, es geht ihr nicht gut?» erkundigt er sich und setzt sich an den Tisch, ohne seinen Mantel auszuziehen. «Dann kann ich ja gehen», seufzt seine Frau erleichtert.

Ich wiederhole, was ich ihr gegenüber schon mehrmals gesagt habe, und füge hinzu: «Außerdem will ich einen Teil meines Geldes und auf eine andere Station. Sie wissen, daß ich paranoide Symptome habe, ich fühle mich wie im Gefängnis, das verstärkt meine Symptomatik.» Seine Reaktion überrascht mich: «Sie haben recht», gibt er zu. «Ich habe Ihnen tatsächlich Antidepressiva gegeben. Wir haben bei vielen ähnlichen Fällen gute Erfolge gehabt, aber ich sehe ein, daß wir jetzt umstellen müssen. Wir können die Benzodiazepine nicht sofort absetzen, aber das sehe ich ein ...» Er springt auf und verschwindet in seiner Medikamentenkammer. «Wir machen einen neuen Versuch.» – «Ich will keine Versuche, ich will Tranquilizer», brülle ich ihn an. «Genau das bekommen Sie auch», antwortet er gelassen. Er kommt zurück mit einem Eierbecher voll Tabletten. «Betablocker», verkündet er. Demonstrativ hält er mir eine dicke weiße Pille vor die Nase. «Das Medikament bei Angstneurosen, völlig unschädlich und ungiftig. Wir fangen mit einem Viertel an, sonst schlafen Sie mir ein, dazu Frisium zu jeweils fünf Milligramm, der Rest sind reine Aufbaustoffe. Glauben Sie mir das?» Ich bin erleichtert, habe leichte Schuldgefühle ihm gegenüber. «Ich weiß, daß es kein Patentrezept gibt, aber diesen Zustand halte ich wirklich nicht mehr lange aus.» Er nickt verständnisvoll, holt ein Glas Wasser und wartet, bis ich alle Pillen geschluckt habe. Dann steht er auf und zieht einen Aktenordner aus dem Regal. «Material über Betablocker», erklärt er. «Aber Sie dürfen es nur hier lesen, nicht mit aufs Zimmer nehmen!» Ich bin einverstanden, komme aber an dem Tag nicht mehr zum Lesen – die neue Mischung tut schon ihre Wirkung. Ich bin sehr benommen. Zwei Mitpatienten bringen mich auf mein Zimmer, wo ich sofort in Tiefschlaf falle.

Im Laufe der nächsten Wochen wird der Versuch unternommen, die Tranquilizer-Dosis mehr und mehr zu reduzieren und statt dessen Betablocker einzusetzen. Das neue Medikament macht zwar nicht süchtig, hat bei mir aber erhebliche Nebenwirkungen: ständige Schläfrigkeit, Magen-Darm-Beschwerden, Kreislaufstörungen, Antriebsarmut. Obwohl ich Medikamente gegen die Nebenwirkungen bekomme, ändert sich nur wenig. Dennoch werde ich zuversichtlicher, bin froh, den Valiumentzug geschafft zu haben. In der Gemeinschaft fühle ich mich geborgen. Das Gefühl, daß immer jemand da ist, mit dem ich sprechen kann, der mich aus eigener Erfahrung versteht, gibt mir Kraft, diese ganzen Versuche durchzuhalten und neue Hoffnung zu schöpfen.

Der «rasende Psychiater»

«Tüüüt.» Das ist die Hupe des Klinikbusses! Ich schrecke hoch, weiß, was das bedeutet: Dr. Köhler läßt es sich nicht nehmen, ab und zu Patienten, die sich seinem Urteil nach in ihren Depressionen verkriechen, höchstpersönlich aus dem Bett zu holen. Momentan stehe auch ich auf dieser Liste. Seit drei Tagen habe ich nicht geschlafen, falle abwechselnd in Erregungs- und Erschöpfungszustände.

Widerwillig stehe ich auf – er wird sowieso keine Ruhe geben, bis ich mitfahre. Da klopft es schon an der Tür. Ich höre Michaels Stimme: «Vera, der Doc sagt, du sollst unbedingt mit ins

Kino fahren. Er wartet, bis du fertig bist.» Ich öffne ihm die Tür: «Michael, ich bin fix und fertig, ich kann kaum geradeaus gucken.» – «Du bist doch nicht allein», antwortet er. «Wir passen schon auf dich auf. Dein Rückzug schadet dir nur. Beeil dich, zieh dir was an.» – «Aber nur, wenn er mir was gibt. Wenn ich mir jetzt noch einen von diesen Horrorfilmen reinziehen muß, ist alles zu spät.» – «Gut, ich frag ihn, aber zieh dich schon an ...» Er spurtet die Treppe hinunter und ist in Sekundenschnelle wieder oben. «Okay», sagt er. «Du kriegst was, aber beeil dich».

Im Bus hat man mir den Platz neben dem Doc freigelassen. «Ist sie von den Toten wieder auferstanden?» fragt er. Er nimmt aus einem Döschen eine Pille und reicht sie mir. «Hier, wie versprochen, schlucken bitte! Im Bett liegen und grübeln kann man immer noch, wenn man eine alte Oma ist, aber doch nicht in der Blütezeit einer Frau.» Der Motor heult auf, der Bus rast mit achtzig Stundenkilometern durch die Vororte, in den Kurven quietschen die Reifen. «Festhalten und nicht rauchen!» schreit der Doc gegen die Motorlärm an. Ich komme mir vor wie bei einem Autorennen. Während der Fahrt liebt er es, die Landschaft zu erklären oder auf besondere Gebäude hinzuweisen. Wir müssen an einer Ampel warten, es ist schon dunkel. Der Doc zeigt auf ein älteres Haus. «In diesem Jugendstilhaus dort hat Adenauer im November 63 übernachtet», erklärt er. «Zehn Jahre später erhängte sich einer meiner Patienten in demselben Haus auf dem Dachboden ...» Ruckartig gibt er Gas. «Dieser Mann war völlig vergiftet. Als er bei uns eingeliefert wurde, hatte er vorher zwei Flaschen Whisky getrunken, dazu kam noch seine Vorliebe für Amphetamine und Schlaftabletten.» Hinten im Wagen kichert eine Patientin. Unbeirrt fährt er fort: «Zu allem Übel war der Mann Apotheker. Er war wohl selbst sein bester Kunde, hochintelligent, der Mann, aber absolut uneinsichtig.» Die nächsten Minuten verbringt Köhler mit einer detaillierten Beschreibung des Leidensweges dieses Patienten. Er spricht über Patienten wie ein Botaniker über interessante Pflanzen. Ich habe den Eindruck, daß diese dramatischen Lebensgeschichten für ihn etwas Stimulierendes haben.

Schließlich sind wir in der Innenstadt angelangt und haben einen Parkplatz gefunden. Wie immer wird nicht der kürzeste Weg zum Kino genommen, damit wir vorher noch «aktiviert» werden. Mit schnellem, militärischem Schritt marschiert der Doc vorneweg, hinter ihm die Patienten in geringem Abstand. Beim Laufen weist er auf alle möglichen Gebäude und Geschäfte hin, es folgt ein Abriß über die Historie der Innenstadt ... die Assoziation «Reiseführer» ist gar nicht so weit hergeholt.

Vor dem Kino bewahrheitet sich meine Befürchtung: Es läuft einer der schlimmsten Horrorfilme! «Ich geh da auf keinen Fall rein», protestiere ich. Michael und der Doc versuchen, mich zu überreden. Ich bin wütend, sehr wütend sogar. «Sie wissen genau, daß ich keine Horrorfilme vertrage. Außerdem haben Sie mir eben ein Placebo gegeben.» Ohne nachzudenken, drehe ich mich auf dem Absatz um und renne weg. Mir fehlt die Kraft für solche Auseinandersetzungen. Ich schaue mich um – anscheinend ist mir niemand gefolgt. «Verdammt, wenn ich wenigstens Geld hätte», schießt es mir durch den Kopf. «Ich habe weder Geld noch Papiere – noch Tranquilizer», ergänze ich gedanklich bei meiner Aufzählung. Meine Gedanken sind momentan so wirr, daß ich keinerlei Entscheidung treffen kann, also irre ich ziellos in der Stadt umher. Unter den Sonntagabendspaziergängern komme ich mir so fremd vor wie ein Wesen von einem anderen Stern. Manchmal meine ich, man müßte mir ansehen, daß ich direkt der «Klapsmühle» entlaufen bin. Schließlich bleibe ich sehnsüchtig vor einer Imbißbude stehen und betrachte hungrig die Schnitzel im Schaufenster. Seit gestern morgen habe ich nichts mehr gegessen. Plötzlich ertönt hinter mir das vertraute Hupen. Köhler hat mich gefunden, steigt im Eiltempo aus, der Motor läuft noch, nimmt mich sehr unsanft am Arm und öffnet die Beifahrertür: «Schön einsteigen und drin bleiben», mahnt er mit ironischem Klang in der Stimme. Ich bin froh über diese Wendung. «Will sie mit mir was essen gehen, bis das Kino aus ist?» fragt er freundlich. Ja, ich will.

Im Wienerwald bestellt er mir Schnitzel mit Fritten und für sich ein Glas Milch. «Es gibt keine Milch», entgegnet die Kellnerin pikiert. «Dann einen Tee mit Zitrone.» Papa Köhler, wie er von einigen genannt wird, lächelt sie an wie eines seiner Schäfchen. Dann wendet er sich mir zu. «Ab morgen wechseln wir den Tranquilizer», informiert er mich. «Schau sie sich mal diese Möbel hier an, fast wie in Bayern.» Ich versuche, ihn auf das Thema zurückzulenken: «Irgendwas stimmt nicht, ich habe drei Tage nicht geschlafen.» – «Macht nichts, nur nicht hängen lassen. Morgen früh geht sie mit zum Schwimmen. Der Körper kommt auch mal ohne Schlaf aus. Aber nicht wieder mit Doktor Michael Kaffee trinken und keine Zigaretten!» Er fährt sich mit der Hand leicht über die Glatze. «Es muß eine völlig neue Lebensweise gelernt werden, dann kann sie auch gesund werden.»

Nach der Entlassung

Seit einem Monat bin ich aus der Klinik entlassen. Es ist das erste Mal, daß ich nicht im Zorn an eine Therapie zurückdenke, obwohl ich viele Maßnahmen und Überzeugungen Dr. Köhlers für ausgesprochen dumm, vereinfacht und unwirksam halte. Zwar bin ich vom Valium runter, aber noch nicht von den Benzodiazepinen, und seitdem ich wieder arbeite, muß ich die Dosis leicht erhöhen. Es ist also wieder nur eine Frage der Zeit bis zum nächsten Entzug. Was hat mir der Aufenthalt tatsächlich gebracht?

Es ist wohl das erste Mal, daß ich in einer Therapie etwas gelernt habe, was ich in meinem täglichen Leben anwenden kann: Sobald ich merke, daß sich meine Zustände verschlimmern, kombiniere ich Tranquilizer mit «Action-Therapie», das heißt, ich höre auf, mir Gedanken über meine Symptome zu machen, und handle statt dessen, indem ich versuche, die Symptome mit Arbeit, mit Kontakten, mit Beschäftigung jeglicher Art zu kompensieren. Mir ist klar, daß dies auf eine pausenlose Überkompensation hinausläuft. Dennoch bewerte ich es für mein Selbstwertgefühl und auch bezüglich des Zusammenlebens mit anderen als besser, effektiver und kreativer. Solange ich aktiv bin, kann ich von meinen Symptomen nicht völlig absorbiert werden. Dies wiederum stärkt meine Ich-Funktionen. Mir wird beim Schreiben bewußt, daß es bei dieser «Methode» um eine Hinwendung zu den gesunden Anteilen geht und nicht wie bisher um eine Hinwendung zur Krankheit. Dies ist wohl so banal, daß sich die meisten Therapeuten nicht dafür interessieren. Das Kranke ist doch immer viel schillernder, exotischer und damit auch interessanter! Im Vergleich zur Vielfalt der Methoden der humanistischen Psychologie erscheint Dr. Köhler mit seiner auf den ersten Blick antiquierten, vereinfachten Sicht ausgesprochen lächerlich. Dennoch erlebe ich zum erstenmal seit zehn Jahren Therapieversuchen, daß ich etwas Konkretes, Praktizierbares mitnehmen konnte und daß ich nicht voller Haß und Enttäuschung auf eine Erfahrung zurückblicke.

Fazit

Die Hilflosigkeit des Patienten

Viele Leser werden sich vermutlich die Frage stellen, weshalb ich mich nach den ersten vergeblichen Versuchen noch weiteren Behandlungsmethoden unterzogen habe. Die Antwort liegt in dem starken Leidensdruck, unter dem ich stand und noch stehe. Die Suche nach einer Therapie oder einfach nach etwas, was hilft, war lange Zeit die Motivation für mich, weiterzuleben. Nur der Gedanke, daß sich mein Zustand irgendwann durch eine Hilfe, die ich selbst finden muß, verändert, gab mir die Kraft, mich nicht umzubringen. Die Suche nach Hilfe hatte also gewissermaßen eine lebensrettende Funktion.

Wenn ich mich selbst nach den Erfolgen der Therapien frage, so ist die Antwort bezüglich meiner Krankheit sehr deprimierend: Insgesamt ist eine erhebliche Verschlimmerung eingetreten. Es ist also nicht nur kein Erfolg im Sinne einer Besserung zu verzeichnen, sondern durch die Therapien hat sich die Symptomatik noch verstärkt. Der kritische Leser könnte jetzt die Behauptung aufstellen, daß vielleicht auch ohne Therapie eine Verschlechterung eingetreten wäre, aber dies ist meiner Meinung nach ein Irrtum. Eine solche Argumentation entspricht der Art, wie die meisten Therapeuten ihre eigene Unzulänglichkeit und Verantwortungslosigkeit vor sich selbst und anderen entschuldigen. Darüber hinaus hat aber die Erfahrung mit den Therapien oder vielmehr die Erfahrung mit meinem eigenen Leiden auch positive Auswirkungen gehabt: Durch die vielen negativen Erlebnisse war ich gezwungen, mir Gedanken zu machen, wacher zu werden hinsichtlich der Fragen, die in den meisten Therapien vernachlässigt werden: den Fragen nach dem Sinn, den Fragen nach einer besseren, umfassenderen Sicht des Menschen. Sicherlich habe ich mehr Akzeptanz für meine Grenzen und die Grenzen anderer entwickelt – vielleicht weil ich erfahren habe, wie schwer es ist, zu wirklichen Veränderungen zu kommen, und wie leicht andererseits, sich selbst und andere wegen irgendwelcher Unfähigkeiten zu verurteilen. Zu meiner Krankheit gehört eine erhöhte Aggressionsbereitschaft und damit wiederum auch die Fähigkeit zur Kritik. Wenn ich diesen Anteil nicht hätte, so wäre dieses Buch sicherlich nie entstanden. Wenn ich eben von mehr Akzeptanz sprach, so bedeutet das aber nicht völlige Kritiklosigkeit. Und so möchte ich an dieser Stelle einmal aus der Distanz heraus einen Versuch unternehmen, zu resümieren, was ich in Therapeut-Klienten-Beziehungen für typisch und veränderungsbedürftig halte.

1. *Die Abhängigkeitsbeziehung:* Wer sich in Therapie begibt, akzeptiert von dem Moment an zwangsläufig stillschweigend ein theoretisches System, das der therapeutischen Praxis zugrunde liegt. Weiterhin akzeptiert man den Therapeuten als «Fachmann», der außerdem mit seinen Problemen «weiter» ist als man selbst. Diese Anpassung und die daraus folgende Wut über das Gefangensein in dem jeweiligen interaktionellen System habe ich selbst in der Analyse am deutlichsten erfahren. Was auch immer ich über meinem Jetztzustand sagte – es wurde in die Kindheit zurückinterpretiert, und ich mußte diese Deutungen akzeptieren, weil ich ja schließlich über meine unbewußten Mechanismen selbst nichts wissen konnte. Der Eindruck, daß es dem Therapeuten an echter Empathie mangele, konnte ganz leicht durch eine wiederum tiefenpsychologische Über-

tragungsinterpretation abgewehrt werden. Somit hatte der Analytiker immer recht, und es bestand auch keine Notwendigkeit für ihn, seine eigenen Reaktionen zu überprüfen.

Die sogenannten regressiven Phasen entsprechen meiner Meinung nach eher den emotionalen Wünschen der Therapeuten nach hilflosen, abhängigen Klienten, als daß sie therapeutisch tatsächlich von Nutzen sind. Wenn man Freuds Briefe liest, so läßt sich leicht erkennen, daß er im Grunde genommen selbst durch seine Klienten gelebt hat und daß sein eigenes Leben voller Zwänge und Entbehrungen war. Diesen Eindruck hatte ich selbst sehr oft – daß ich durch die Sensationen in meinem Kopf und in meinem Leben das außerhalb der Therapie ziemlich karge Leben der Therapeuten bereicherte. Somit wird durchsichtig, daß der Therapeut auch abhängig von der Aktivität und Zuwendung des Klienten ist, aber letztlich bleibt er doch derjenige, der die Kommunikation in der Hand hat und die Richtung bestimmt.

Die einzige Möglichkeit, dem zu entrinnen, besteht darin, die Therapie abzubrechen. Innerhalb des Systems gibt es für den Klienten keinen Ausweg.

2. *Die narzißtische Selbstüberschätzung:* Die magische Überschätzung der eigenen Hilfsmöglichkeiten, gekoppelt mit dem unbeirrbaren Glauben an die eigene Methode, ist unter Psychotherapeuten weit verbreitet. Am deutlichsten wird das bei Primärtherapeuten. Sie geben nicht nur Heilungsversprechen ab, die sie nie einhalten können. Mein damaliger Primärtherapeut hielt sich darüber hinaus selbst immer für «real», also für unfehlbar in seinen Gefühlen und Meinungen, und tat seine ab und zu aufkommenden Zweifel an seiner Kompetenz als «alte Scheiße» aus seinem «alten Programm» ab. Selbst als auch für Außenstehende deutlich sichtbar wurde, daß die Primärtherapie in meinem Fall erheblichen Schaden angerichtet hatte, interpretierte er es nur als Stagnation und Nichtweiterkommenwollen meinerseits. Da sein Glaube an Primärtherapie einem religiösen Fana-

tismus gleichkam, konnte es also nur an mir liegen, wenn sich meine Symptome nicht verringerten oder es mir sogar schlechter ging.

Typisch ist, daß von seiten der Therapeuten nicht der geringste Zweifel aufkommt, und zwar weder bezüglich der Methode noch hinsichtlich seines eigenen Vorgehens. Diese Blindheit hat fatale Folgen, verhindert sie doch so etwas wie Selbstkritik und Weiterentwicklung. Leider habe ich den Eindruck, daß dies in den meisten Fällen gar nicht erwünscht ist. Mir kommt der Verdacht, daß dieses Phänomen etwas mit der Motivation zur Berufswahl zu tun hat und daß es für viele Therapeuten von vorrangiger Bedeutung ist, ihr Selbstgefühl aufzuwerten. Anders ist kaum erklärbar, zumindest nicht mit dem gesunden Menschenverstand, wieso besonders Primärtherapeuten (und nicht nur sie) an ihren Verfahren krampfhaft festhalten, obwohl mittlerweile das Versagen und die Gefahren dieser Methode längst nachgewiesen wurden. Bezüglich dieser Thematik geben die Bücher von Wolfgang Schmidbauer (*‹Die hilflosen Helfer›*) mehr Auskunft. Ich möchte die Gelegenheit nutzen, vor Primärtherapie zu warnen, denn es ist nicht nur eine unbrauchbare, sondern schlechthin die gefährlichste Methode überhaupt. Ich kenne keine Therapie, die so viele persönliche Opfer und menschliche Tragödien erzeugt hat wie die Primärtherapie. Was dort geschieht, grenzt an Körperverletzung und verstößt gegen die Menschenrechte. Sie hat bei mir zu einer dreijährigen Arbeitsunfähigkeit und zu einer bis heute bestehenden Medikamentenabhängigkeit geführt. Ich will nicht abstreiten, daß es Patienten gibt, die von persönlichen Erfolgen durch Primärtherapie berichten. Aber sie sind nicht nur in der Minderheit, sondern die Ausnahme.

Mit Sicherheit läßt sich sagen, daß Primärtherapie auf alle psychischen Symptome eine verstärkende Wirkung hat, die auch über den Therapiezeitraum hinaus anhält.

Der ideologische Zwang

Besonders in den Therapiezentren und Kliniken begibt man sich als Patient in eine von den Therapeuten geschaffene Scheinwelt. Wieder bleibt nur die Wahl, sich in seinem Verhalten der Ideologie anzupassen oder als nicht zugehörig und abtrünnig (gleich therapieunwillig) ausgeschlossen zu werden. Das beste Beispiel im Buch ist Mennigrode: Solange ich die proklamierten Ziele – wie emotionale Offenheit zeigen, sich nehmen, was man braucht, der Welt positiv gegenüberstehen – akzeptierte, bekam ich Zuwendung. In dem Moment, als ich Kritik äußerte und das therapeutische System in Frage stellte, erhielt ich Narrenfreiheit, das heißt, ich wurde nicht nur ausgeschlossen, sondern zusätzlich für nicht zurechnungsfähig erklärt.

Typisch für mich als Patientin war nach außen hin der Versuch, mich doch anzupassen, während ich mich innerlich verlassen und vergewaltigt fühlte. Ein psychisch kranker Mensch, der in der Hoffnung auf Hilfe in eine Klinik kommt, kann es sich nicht leisten, gegen den Strom zu schwimmen. Also muß er sich entweder gegen seine Überzeugung anpassen oder die Institution verlassen. Bezeichnend sind auch die sogenannten «Eintrittskarten», die angeblich die Therapiebereitschaft (gleich Bereitschaft zur Kapitulation) ausdrücken sollen. Ich werde nie vergessen, mit was für Gefühlen ich mir ein Wochenende lang Kuchen in den Magen gestopft habe, um die Klinik nicht verlassen zu müssen. Das Vokabular, das der jeweiligen Ideologie entspricht, lernt man als Patient sehr schnell. Es gehört nicht viel Intelligenz dazu, sich unter Bedienung dieses Vokabulars und des entsprechenden «erwünschten» Verhaltens den Therapeuten gegenüber beliebt zu machen. Hinzu kommt, daß innerhalb dieser «Käseglockensituationen» nicht selten spontane, aber kurzlebige Besserungen eintreten, so daß auf beiden Seiten der Eindruck eines «Therapieerfolges» entsteht. Dies bestärkt wiederum die Therapeuten in ihrem Glauben an die «richtige Therapie» beziehungsweise Weltanschauung. Der Ausdruck

«Therapeutenkiller», mit dem mich damals ein Therapeut konfrontierte, war aus seiner Sicht durchaus verständlich, denn ich war nicht bereit, seine Ideologie und somit seine Identität als Therapeut zu akzeptieren. Gerade diese Reaktion ist ein Beweis dafür, auf was für wackligen Füßen die Therapeuten stehen – sind sie doch anscheinend nur in der Lage, mit Klienten zu arbeiten, die sie bedingungslos akzeptieren und aufwerten.

Was den Punkt der ideologischen Anpassung angeht, so empfinde ich die Bhagwan-Bewegung (entgegen der öffentlichen Meinung) noch am tolerantesten. Im Kontakt mit Therapeuten aus der Bewegung erlebte ich weit mehr menschliche Anteilnahme und auch Selbstkritik als bei all den anderen Therapeuten, mit denen ich es vorher zu tun hatte. Sicherlich hängt dies damit zusammen, daß die Bewegung keine Heilung von psychischen Leiden verspricht, sich also nicht direkt als Therapie versteht. Dennoch ist es aus meiner Sicht ein therapeutischer Ansatz, den man wohl den relativistischen Methoden zuordnen muß, deren Vertreter den Anspruch haben, den Menschen in seinem Gesamtsein in der Welt zu sehen und zu behandeln. Bezeichnenderweise habe ich wirkliche Veränderungen fast nur bei Sannyasins erlebt. Das ist, denke ich, darauf zurückzuführen, daß es eben nicht nur um einen Reparaturversuch geht, daß vielmehr die therapeutischen Techniken in eine Weltanschauung eingebettet sind. Hinzu kommt, daß der Patient oder besser Schüler Teil einer großen Gemeinschaft wird und nicht immer wieder aus der therapeutischen «Zweisamkeitsidylle» in die harte Wirklichkeit entlassen wird. Darüber hinaus birgt die Bewegung natürlich alle Gefahren und Risiken, denen sich Mitglieder einer Sekte aussetzen.

Aus den bisherigen Aspekten ergeben sich bereits Forderungen und Fragen: Wie könnte eine bessere, eine menschlichere Therapie aussehen? Wie kann man sich als Patient schützen?

Der Existenzpsychologe Rollo May schreibt: «C. G. Jung hat mit Recht darauf hingewiesen, daß in einer effektiven Therapie sich sowohl der Patient als auch der Therapeut wandelt. Wenn der Therapeut sich einer solchen Wandlung verschließt, wird der Patient es auch tun. Das Phänomen der Begegnung bedarf der gründlichen Untersuchung, weil sich auf der Ebene viel mehr abspielt, als die meisten von uns wahrnehmen. Meiner Ansicht nach ist es in der Therapie unmöglich, daß die eine Person ein Gefühl hat, welches die andere nicht bis zu einem gewissen Grad teilt, vorausgesetzt, es findet eine adäquate Klärung durch den Therapeuten statt.» Und an anderer Stelle spricht May folgenden Aspekt an: «Wirkliche Partizipation bedeutet immer ein Risiko: wenn ein Organismus sich zu weit hinaus wagt, wird er seine eigene Zentriertheit, das heißt seine Identität verlieren. Doch wenn er eine solche Angst davor hat, seine eigene konfliktreiche Zentriertheit zu verlieren, wenn er sich verkrampft zurückhält und sich mit einem eingeschränkten Lebensraum begnügt, werden sein Wachstum und seine Entwicklung blockiert. Eine Begegnung ruft bei Menschen immer mehr oder weniger Angst und Freude hervor.»[49] Ich denke, daß Therapeuten genauso mit dieser Grundangst zu kämpfen haben wie die sogenannten Neurotiker. Und gerade diese Ängste der Therapeuten tragen zu den vielfältigen Kommunikationsstörungen bei. Dies ist nichts weiter als ein Selbstschutz der Therapeuten. Solange nur der Patient seinen Kopf für mißglückte Lösungsversuche hinhalten muß, besteht keine dringende Notwendigkeit für den Therapeuten, sich mit eigenen Unzulänglichkeiten zu konfrontieren. Wenn ich nun zum Thema Patientenschutz zurückkomme, so stellt sich auch die Frage nach der Fähigkeit des Therapeuten zur Selbstkritik: Sieht der Therapeut überhaupt eigene Grenzen? Ist er in der Lage, Schwächen und Unsicherheiten zuzugeben? Hält er seine Methode für die einzig richtige, oder glaubt er, daß auch andere Wege gangbar sind? Kann er wirklich zuhören, oder versucht er von vornherein, seine vorgeformten Ideen oder Anweisungen durchzusetzen? Kommt es überhaupt ansatzweise zu einer Begegnung im Sinne von Anteilnahme, Verständnis, gegenseitiger Achtung und Vertrauen? Alle diese Punkte sind richtungsweisend für die

Frage nach einer besseren Therapie – oder vielmehr einer bewußteren, verantwortungsvolleren Therapie.

Eine weitere Forderung ist, daß Therapie ein pädagogisches Ziel haben müßte. Diese würde voraussetzen, daß der Patient nicht weiterhin wie ein unmündiges Kind behandelt werden darf, sondern daß als erstes ein Konsensus bezüglich Problemsicht und Interpretation hergestellt werden muß. Erst dann können in gemeinsamer Arbeit so etwas wie ein Therapieziel definiert und die einzelnen Schritte dorthin wiederum gemeinsam durchdacht werden. Schon an diesem Punkt stößt man aber auf zwei grundlegende Probleme:

1. Der Therapeut geht in der Regel davon aus, daß der Patient nicht erkennen kann, was sein «wirkliches» Problem ist (eine Voraussetzung, die in vielen Fällen eine Berechtigung hat).
2. Die Schwierigkeit der diagnostischen Einschätzung einer Störung.

Je nach Lehrmeinung kann ein und dasselbe Problem auf extrem unterschiedliche Weise interpretiert werden. Allein in meinem Fall sind folgende Diagnosen gestellt worden: larvierte Depression, Hysterie, Borderline-Syndrom, Angstneurose, vegetative Dystonie, endogene Depression, Anorexie, reaktive Depression. Diese Aufzählung veranschaulicht sehr deutlich das Dilemma:

1. eine geringe Übereinstimmung innerhalb der Therapeuten;
2. Gefahren der Fehleinschätzung und daraus folgender falscher therapeutischer Maßnahmen;
3. das Ausgeliefertsein als Patient.

Diese Situation ließe sich nur durch mehr Selbstkritik und Selbstkontrolle seitens der Therapeuten und mehr Wachsamkeit, Aufklärung und Eigenverantwortung seitens der Patienten verändern.

Solange aber jede Schule noch verbissen an ihrer Lieblingstheorie festhält und es dadurch zu keinem kreativen Austausch kommen kann, sehe ich ziemlich schwarz. Leider beobachte ich immer wieder, daß bei sogenannten Expertendiskussionen viel mehr die Frage im Vordergrund steht, wer denn nun mehr «recht» habe, als daß man sich gegenseitig einmal zuhören würde. Dabei sollte das Zuhörenkönnen doch eigentlich zu den Grundvoraussetzungen des therapeutischen Berufes gehören! Rollo May schreibt: «Besonders in Amerika ist die Ansicht weit verbreitet, daß einzig und allein die wissenschaftliche Forschung keine Prämisse habe! Das ist, als würde man glauben, daß man aus seiner Haut herausschlüpfen und jede Erfahrung von einem archimedischen Punkt aus betrachten könne, als hätten wir eine gottähnliche Perspektive, die selbst nicht von unserer Grundanschauung der menschlichen Natur bestimmt wäre; als könnten wir selbstgefällig über die Tatsache hinwegsehen, daß unsere eigene Erfahrung in jedem Augenblick das Instrument formt, mit dem wir andere Erfahrungen untersuchen. Jede Grundauffassung in der empirischen Forschung beruht notgedrungen auf bestimmten Prämissen. Und wir können uns einer Objektivität nur insofern nähern, als wir die Prämisse analysieren, auf deren Boden wir stehen.»

Ich rechne damit, daß die Fragen, die dieses Buch zwangsläufig aufwirft, von den wenigsten «Fachleuten» als Anregung zur kritischen Selbstüberprüfung, sondern vielmehr als Startschuß zur Verteidigung oder zum Gegenschlag verstanden werden wird. Man wird versuchen, auf genau die Kommunikationstricks zurückzugreifen, die wir im Buch ausführlich beschrieben haben.

So bleibt mir nur die Hoffnung, daß das Buch zumindest die Funktion einer Warnung und Aufklärung für zukünftige Patienten erfüllt.

Leider endet mein Bericht nicht mit einer erfolgreichen Therapie oder einer schicksalhaften, unerklärlichen positiven Wendung. Leider kann ich nicht berichten, daß ich mein Leiden annehmen kann, so wie man eine chronische Krankheit annimmt im Sinne von: sich damit abfinden und damit umgehen lernen. Nach wie vor erlebe ich mein Leben sehr oft als unerträglich und als Qual.

Mit der Frage nach dem lebenswerten Leben werde ich immer wieder konfrontiert, und es haben sich bei der Beantwortung dieser Frage einige konkrete Werte herausgebildet. Einer davon ist Kontakt- und Kommunikationsfähigkeit. Solange ich noch in der Lage bin, aktiv am Leben anderer teilzunehmen und mich die Krankheit nicht zur völligen Isolation zwingt, fühle ich mich lebendig und in der Welt. Ein anderer Wert ist der der Fülle: Das Leben hat Fülle, solange man sie wahrnehmen kann. Es ist mir wichtig, Wert auf die kleinen alltäglichen Dinge zu legen und nicht einem unbestimmten Ziel nachzulaufen. Diese Haltung, mehr im «Hier und Jetzt» zu leben, mag damit zusammenhängen, daß ich mir mehr der zeitlichen Begrenzung meines Lebens bewußt bin als die meisten. Da ich meine Symptome nur noch mit hochdosierten Psychopharmaka in den Griff bekomme und ich zumindest zum jetzigen Zeitpunkt keine Alternative sehe, kann ich mir ausrechnen, wann keine Wirkung mehr eintritt oder wann ich zu härteren chemischen Waffen übergehen muß.

Trotz meiner eigenen Resignation hinsichtlich meiner Prognose möchte ich doch einiges über die Krücken schreiben, die mir helfen, aus dem Schlimmsten immer wieder herauszukommen: Prinzipiell besteht immer die Möglichkeit, sich mit der Krankheit zu beschäftigen (was ja auch Inhalt aller Therapien ist!) und sich zugleich den noch gesunden Anteilen zuzuwenden. Es ist für mich eine tägliche mühsame Übung, meine gesunden, aktiven Anteile wahrzunehmen und, wenn möglich, zu leben. Dabei handelt es sich oft um scheinbar so banale Dinge wie: zur Post gehen, die Wohnung putzen, sich mit Freunden verabreden usw. Therapeutisch ausgedrückt handelt es sich um ein Ablenkungs- und Aktivitätsprogramm. Das setzt eine ungeheure Strenge sich selbst gegenüber voraus. So etwas wie Selbstmitleid kann ich mir nicht erlauben. Trotz Panik, Depressionen und Körpersymptomen aktiv und damit relativ selbstkontrollierend zu bleiben ist ungefähr vergleichbar mit der Disziplin, die die russische Ballettschule fordert. Es ist ein ständiges Über-die-eigenen-Grenzen-Springen.

Vera Becker

In gewisser Hinsicht ist das, was ich jetzt schreibe, gefährlich, denn zu oft erhalten vor allem depressive Patienten den Rat, sich zusammenzunehmen, sich nicht so hängen zu lassen. Nicht jedem gelingt eine solche Überwindungsstrategie, die wenigsten können sich an den eigenen Haaren aus dem Sumpf ziehen.

Ich möchte nicht selbst in den Fehler verfallen, Küchenrezepte zu geben, aber es ist mir sehr wichtig, Mut zur Selbsthilfe und Eigenverantwortung zu machen.

Neun

Schlußgespräch

H. H.: Nach dem Fazit, das du am Schluß deiner Berichte gezogen hast, bleibt mir nicht viel zu sagen. Die Idee, an das Ende dieses Buches statt eines Schlußworts ein kurzes Gespräch zu stellen, gefällt mir deswegen gut, weil die Art unserer Zusammenarbeit bisher nicht sehr deutlich geworden ist. Im Text bleibe ich ja immer schön im Hintergrund, und nur deine Probleme, deine Erfahrungen und deine Motive werden dargestellt. Es ist eigentlich nicht einzusehen, warum deine Gabe, Psychotherapeuten zu schildern, vor mir haltmachen soll. Außerdem täuscht die Aufmachung des Buches ein wenig: Du berichtest zwar, und ich kommentiere, was du berichtest, aber so getrennt, wie die verschiedenen Buchteile nachher dastehen, wurden sie in Wirklichkeit nicht geschrieben. Ich habe sehr viel über das Wesen der Angstkrankheit von dir gelernt, erst durch dich konnte ich eine konkrete Vorstellung davon gewinnen, wie jemand mit solchen Schwierigkeiten seine Umwelt erlebt und unter welchen Gefühlen er leidet.

V. B.: Wenn du sagst, du hast viel über das Wesen der Angstsymptome von mir gelernt, so sprichst du damit ein Schlüsselwort an: Verständnis. Tatsächlich verstehen kann ich nur etwas, was ich selbst schon erlebt habe. Alles andere bleibt fremd und schwer vorstellbar. Letzten Endes wird jeder, wenn er die Probleme anderer bewertet, zwangsläufig immer von seinen eigenen Erfahrungen und Vorstellungen geleitet. Das ist menschlich und geschieht tagtäglich in unseren Alltagsbeziehungen. Nur spielt es da keine so große Rolle und hat auch nicht die Konsequenzen wie in einer Therapie oder wie bei unserem gemeinsamen Buchprobjekt.

H. H.: Ich weiß, was du meinst. Es ging auch in unserer Arbeit nicht ohne Mißverständnisse ab.

V. B.: Es gab ja tatsächlich eine Phase, wo unsere Weltsichten ziemlich aufeinanderprallten und wo ich befürchtete, wir könnten darüber unsere gemeinsame Basis verlieren. Bezeichnenderweise fiel das mit deinem sicher gut gemeinten Versuch zusammen, mir zu helfen. Das äußerte sich unter anderem darin, daß du energisch an meine Eigenverantwortung appelliert hast und mich auf deine Weise bekehren wolltest, daß du dachtest, deine Art von Problemlösung könne auch für mich gut sein. Aber das allein ist es gar nicht, was das Menschsein so erschwert. Erst wenn man glaubt, mit den eigenen Überzeugungen alleine recht zu haben, kommt es zu den vielen Krisen, in denen wir alle mehr oder weniger gefangen sind. Es wurde mir gerade im Kontakt mit dir bewußt, wie schwer es ist, sich in andere wirklich einzufühlen. Ich erinnere mich daran, daß einer meiner Therapeuten sich einmal bei mir für seine frühere Gleichgültigkeit entschuldigte, nachdem er als Folge eines Schocks selbst eine Zeitlang Angstzustände erlebte. Natürlich kann ein Arzt nicht alle Krankheiten durchlitten haben, die er behandelt. Aber ich habe doch den Eindruck, daß das Durchleben und Bewältigen von eigenem Leid für die Befähigung eine große Rolle spielt, anderen tatsächlich helfen zu können. Bei den Bhagwan-Anhängern gibt es einen Spruch: Therapie findet nur dort statt, wo Liebe ist. Dahinter steckt ein sehr hoher Anspruch, aber vielleicht ist mehr daran, als wir wahrhaben wollen.

H. H.: Ich bin sicher, daß darin viel Wahrheit ist, aber ich bin ebenso sicher, daß kein Therapeut diesen Anspruch erfüllen kann, auch die Sannyasins nicht. Wenn sie glauben, ihre Patienten «gesundlieben» zu können, halten sie etwas für Liebe, dem ich mißtraue. Wie soll ein Therapeut zwanzig oder dreißig Patienten mit der offenen und opferbereiten Liebe annehmen, die diese in ihrem Leiden wirklich erreichen kann? Es ist schon schwer genug, das gelegentlich und bei wenigen nahestehenden Menschen zu verwirklichen.

Der Therapeut muß Techniken benutzen, und ich glaube, daß

er das darf, auch wenn die Techniken in deinem Fall falsch waren und alle versagt haben. Vielleicht ist dein Problem eines, das Techniken nicht meistern können – ich glaube, daß so etwas häufig vorkommt, und ich bin davon überzeugt, daß es Hilfe jenseits der Wissenschaft gibt, obwohl ich selbst Wissenschaftler bin. Zwischen dem, der Hilfe sucht, und dem, der helfen muß, ist die Verständigung wohl immer schwierig. Ihre Lage ist zu verschieden.

Daß unsere Zusammenarbeit nicht immer reibungslos war, kommt mir darum im nachhinein gar nicht einmal schlimm vor. Ich bin für die unterschiedlichen Auffassungen und Kontroversen sogar dankbar, denn ich glaube, daß ich aus einer «therapeutischen» Beziehung viel weniger gelernt hätte. Im Rückblick bin ich froh, die Erfahrung der Zusammenarbeit mit dir gemacht zu haben.

V. B.: Vielleicht warst du genau der «richtige Mann», um meine Erfahrungen zu kommentieren, eben weil deine Erlebnisse anders als meine waren. Du hattest das Glück, Menschen vertrauen zu können, dein Weltbild ist geprägt vom Glauben an das Gute ...

Auch ich habe von dir lernen können. Du hast viel dazu beigetragen, daß ich heute eher verzeihen kann als früher, daß ich vielleicht ein bißchen dankbarer bin für Fähigkeiten, die ich lange Zeit kaum noch wahrnehmen konnte. Dafür danke ich dir von ganzem Herzen.

H. H.: Du hast recht, ich habe in meinem Leben immer auch Mitmenschen vertrauen können. Aber an das Gute in einem allgemeinen Sinn glaube ich eigentlich nicht, dazu kenne ich mich selbst und die Menschen vielleicht doch zu gut. Ich bin Christ und glaube an Christus, in ihm allerdings auch an Freude, Hoffnung und an «das Gute». Daß du diese Freude und Hoffnung nicht teilen kannst, verstehe ich, wir haben oft darüber gesprochen.

Ich wüßte noch gerne, wie du jetzt, wo das Manuskript fertig vorliegt, über deinen Entschluß denkst, aus deinen Erfahrungen ein Buch zu machen. Kommunikationstheoretisch gesprochen wirkt der Plan, ein Buch über die Erfolglosigkeit der eigenen Therapien zu schreiben, wie eine «Lösung zweiter Ordnung» für das Problem, ständig nach einer effektiven Therapie suchen zu müssen. Aber bei so viel Leid, wie du es erlebst, ist das Bücherschreiben als Selbsthilfe sicher sehr unzureichend, auch wenn es etwas entlastet.

V. B.: Das Schreiben dieses Buches war und ist für mich von großer Bedeutung. Indem ich über mich schreibe, gewinne ich ein Stück Distanz zu meinem eigenen Leid. Außerdem habe ich dabei die Erfahrung gemacht, daß es sich lohnt, durchzuhalten, wenn man von einer Sache zutiefst überzeugt ist. Und daran, daß meine Erfahrungen für andere wichtig sein können, habe ich eigentlich nie gezweifelt. Nach meinem Empfinden wäre es verantwortungslos zu schweigen, wenn ich mit meinem Reden leidvolle Erfahrungen verhindern kann. Dies ist auch meine Hoffnung bezüglich des Buches. Und manchmal ist eben der erste Schritt das Abtragen von Müll beziehungsweise die Trennung der Spreu vom Weizen. Und dabei hast du mir enorm geholfen.

H. H.: Ich glaube, daß keiner von uns beiden das Buch, wie es jetzt ist, alleine hätte schreiben können. Ganz bestimmt hätte ich deinen Teil nicht schreiben können, und ohne deine Hilfe hätte ich auch nicht so klar über das Wesen der Angstprobleme schreiben können. Aber ich fürchte, daß es von außen anders aussehen wird. Wenn ich an das Echo auf das Buch denke, will ich mir keine Illusionen machen. Wir wünschen uns zwar den Dialog mit anderen Schulen der Psychotherapie, auch mit solchen, die in dem Buch kritisiert werden. Ich weiß aber nicht, ob es dazu kommen wird. Einzelne Kollegen sind immer zu offenen Gesprächen bereit, aber das «Establishment» sucht in der Regel nicht den Dialog, sondern den standespolitischen Vorteil und schlägt auf Kritiker ein, wo und wie es immer geht. Besonders du selbst wirst natürlich als «nicht kritikfähig» bezeichnet werden, da du erstens «krank» und zweitens »kein

Fachmann» bist. Von mir selbst wird man behaupten, ich hätte mich in deinen Wahn hineinziehen lassen und sei dadurch als Wissenschaftler und als Therapeut disqualifiziert. Wenn ich daran denke, fällt mir eine Stelle aus einer Detektivgeschichte von Chesterton ein, in der sich der Held Pater Brown mit einem Psychologen konfrontiert sieht, der ihm offensichtlichen, aber fachlich verbrämten Unsinn weismachen will. Als Pater Brown ungläubig reagiert, erklärt der Psychologe ihm, daß er eben keine Gelegenheit gehabt habe, Psychologie zu studieren. «Ich habe aber Gelegenheit gehabt, Psychologen zu studieren», antwortet Pater Brown sinngemäß, und diese Antwort trifft wohl auch auf uns beide zu. Vielleicht am meisten auf dich, denn du warst gezwungen, «Psychologen zu studieren», obwohl du bestimmt etwas Besseres zu tun gehabt hättest. Ich habe mir dieses Gebiet zumindest freiwillig ausgesucht.

V. B.: Zu der Befürchtung, man könne mich für «nicht kritikfähig» halten, will ich Stellung nehmen: Ich habe nicht nur eine langjährige praktische Therapieerfahrung hinter mir, sondern dazu ein über zwanzigjähriges Studium der einschlägigen Fachliteratur. Die Zweifel an der Kritikfähigkeit können sich also nur darauf beziehen, daß man mich für zu krank hält, um die Handlungen anderer Menschen richtig wahrzunehmen. Der relative Vorteil einer Neurose besteht aber darin, daß man oft sehr gut in der Lage ist, eigenes und fremdes Fehlverhalten zu erkennen und zu analysieren. Das Problem liegt viel mehr darin, daß man nicht weiß, wie man es ändern kann. Allerdings gestehe ich zu, daß das alles auf den Zustand eines «fortgeschrittenen Neurotikers» zutrifft, für den ich mich aber auch halten würde. Und auf der anderen Seite wird auch jeder halbwegs gesunde Mensch bei sich Fehlwahrnehmungen feststellen, zum Beispiel Generalisierungen oder Projektionen. Das ist wirklich kein Privileg der sogenannten Neurotiker!

H. H.: Sicherlich nicht, und ich persönlich bin davon überzeugt, daß deine Wahrnehmungen genauso zuverlässig sind wie alle anderen Wahrnehmungen im zwischenmenschlichen Bereich. Aber ich glaube, daß sich das Argument – oder die Immunisierungsstrategie – von seiten der Kritiker vorhersehen läßt. Wenn man die Auffassung hat, daß jemand nicht richtig «funktioniert», spart man sich die Mühe für den Beweis, daß er nicht recht hat. Er hat dann sozusagen per Definition unrecht.

V. B.: Ich denke, daß der Mensch das einzige Wesen ist, das Bewußtsein in dem Sinn hat, daß er erst durch die Bewertung seiner Wahrnehmungen Gefühle erzeugt und Handlungen in Angriff nimmt. Somit gibt es keine objektive Wirklichkeit, und was wir für unsere Realität halten, ist immer erst durch unseren persönlichen Wahrnehmungsfilter gegangen.

H. H.: Damit meinst du aber nicht, daß deine Therapieerfahrungen in dem Sinn subjektiv seien, daß die Vorgänge anderen Menschen ganz anders erschienen wären? Sicher beschreibst du vor allem das, was du für wichtig hieltest, das heißt, die Auswahl und wohl auch die gefühlsmäßige Färbung sind immer subjektiv. Aber die Handlungen und die Aussagen der Therapeuten hätten wohl die meisten anderen Patienten ähnlich wahrgenommen und geschildert, und nur darauf kommt es ja letztlich an.

V. B.: Ich meine damit, daß die Wahrnehmungen der Kritiker ebenso wie die der Kritisierten, die Wahrnehmungen von Therapeuten und Patienten von der jeweils eigenen Wirklichkeit ausgehen. Das heißt aber nicht, daß es nicht auf therapeutischer Seite große und gefährliche Illusionen über die «Wirklichkeit» des Patienten gäbe, die man darstellen und kritisieren könnte. Genau darum geht es mir auch in diesem Buch. Ich halte die Vorstellung von den subjektiven «Wirklichkeiten» eher für therapeutisch wichtig als dafür, die Zuverlässigkeit meiner Berichte zu prüfen. Ich nehme schon an, daß Fehlwahrnehmungen auch eine große Rolle bei der Entstehung und Aufrechterhaltung psychischer Probleme spielen. Aber die

Änderung unserer tiefsten Überzeugungen und Empfindungen ist ein sehr schwieriges Unterfangen und ein innerer Prozeß, der nicht mit irgendwelchen Slogans oder Appellen in die Wege geleitet werden kann. Michael Mahoney hat einmal gesagt, daß der Mensch nur eine Wirklichkeit habe, und wenn es dazu kommt, daß sie sich verändert, findet eine Drehung um 180 Grad statt. Das bedeutet, daß der Mensch tatsächlich in Begriff ist, sich selbst zu verrücken, und damit gleichzeitig Gefahr läuft, psychotisch zu werden. Ich denke, daß dies einer der Punkte ist, wo Therapeuten sich regelmäßig die Zähne ausbrechen ... Nun komme ich aber für unser Gespräch zu sehr ins Philosophieren. Ich möchte noch etwas zu meinen Erwartungen unserem Buch gegenüber sagen. Mein oberstes Anliegen ist Aufklärung und Information für Betroffene. Besonders am Herzen liegt mir dabei die Warnung vor der Primärtherapie. Außerdem hoffe ich doch auf eine konstruktive Auseinandersetzung und Diskussion mit Fachleuten oder besser: mit Menschen, die sich lange, ernsthaft und intensiv mit der Sache beschäftigt haben. Denn von Fachleuten im herkömmlichen Sinn kann man zur Zeit ja wohl kaum sprechen. Sicherlich wirst du recht behalten, wenn du auch Angriffe unter der Gürtellinie erwartest – leider! Ich bin sicher, daß all die (und das werden nicht wenige sein), denen das Buch angst macht und die sich davon verunsichert fühlen, mit heftigen Gegenangriffen reagieren. Realistisch gesehen geht es ja auch nicht nur um ideologische Werte, sondern um Geld, Geschäft und Existenzen. Ich glaube aber auch, daß die Reaktionen in der breiten Öffentlichkeit für sich sprechen werden, und damit bin ich wieder bei dem Anliegen des Buches: das Sichtbarmachen von bisher Verschleiertem, das Entlarven und Entmystifizieren der Geschehnisse in vielen sogenannten Psychotherapien. Wenn uns das ansatzweise gelungen ist, haben wir zumindest dieses Teilziel erreicht. Wie die Leser damit umgehen, liegt zum Glück nicht in unserer Macht.

Anmerkungen

In den vorstehenden Berichten werden manche Psychotherapeuten geschildert, die über ihre Arbeit und über ihr Therapieverständnis auch publiziert haben. Diese Publikationen wurden von uns verwertet, aber nicht zitiert, um die Anonymität der Betroffenen zu wahren. In allen anderen Fällen wurden bis auf geringe Ausnahmen nur deutschsprachige Standardwerke zitiert, so daß die Literaturhinweise auch dem Nichtfachmann nützlich sein können. Gegebenenfalls wurde auf weiterführende Literatursammlungen gesondert verwiesen.

1 Schmidbauer, Wolfgang: Helfen als Beruf. Die Ware Nächstenliebe. Rowohlt: Reinbek (1983).

2 Strotzka, Hans (Hg.): Psychotherapie: Grundlagen, Verfahren, Indikationen. 2. Aufl., Urban & Schwarzenberg: München (1978).

3 Vgl. unter anderem: Rachman, Stanley: The effects of psychotherapy, Oxford (1971). Grawe, K.: Vergleichende Therapieforschung, in: Meinsel, W. R.; Scheller, U. (Hg.): Brennpunkte der klinischen Psychologie. Kösel: München (1981), 149–183. Graupe, Sepp-Rainer, in (2), 34–86.

4 Strotzka, Hans, in: (2), 405–408, sowie Guidano, V. F.; Liotti, G.: Cognitive processes and emotional disorder. The Guilford Press: New York (1983). (Die im weiteren Text gegebene Darstellung des klinischen Bildes stützt sich besonders auf letztere Arbeit).

5 Rogers, Carl: Die klient-bezogene Gesprächstherapie. Kindler: München (1973). Tausch, R.: Gesprächspsychotherapie. Hogrefe: Göttingen (1973). Maslow, Abraham M.: Psychologie des Seins. Kindler: München (1973).

6 Lewin, Kurt: Die Lösung sozialer Konflikte. Christian: Bad Nauheim (1953). Ders.: Feldtheorie in den Sozialwissenschaften. Huber: Bern (1963). S. auch Moreno, J. L.: Gruppenpsychotherapie und Psychodrama. Thieme: Stuttgart (1959). Rogers, Carl (5).

7 Perls, Fritz S.: Gestalttherapie in Aktion. Klett: Stuttgart (1974).

8 Berne, Eric: Spiele der Erwachsenen. Rowohlt: Reinbek (1967). Ders.: Was sagen Sie, nachdem Sie ‹guten Tag› gesagt haben? Kindler: München (1973). Harris, Thomas: Ich bin o. k., du bist o. k. Rowohlt: Reinbek (1973).

9 Janov, Arthur: Der Urschrei. S. Fischer: Frankfurt/M. (1973). Ders.: Anatomie der Neurose. S. Fischer: Frankfurt/M. (1976). Ders.: Gefangen im Schmerz. S. Fischer: Frankfurt/M. (1981). (Die obigen Zitate bilden nur einen Teil der übersetzten Bücher von Arthur Janov, enthalten seine Ansichten jedoch vollständig.)

10 Casriel, Daniel: Die Wiederentdeckung des Gefühls. Schreitherapie und Gruppendynamik. Goldmann: München (1975).

11 Ellis, Albert: Die rational-emotive Therapie. Das innere Selbstgespräch bei seelischen Störungen und seine Veränderung. Pfeiffer: München (1977). Eschenröder, Christoph: Theorie und Praxis der rational-emotiven Therapie. Integrat. Ther. 3 (1977), 91–106.

12 Beck, Aaron, et al.: Kognitive Therapie der Depression. Urban & Schwarzenberg: München (1981). Hoffmann, N. (Hg.): Grundlagen kognitiver Therapie. Huber: Bern (1979). Queckelberghe, Renaud v.: Modelle kognitiver Therapien. Urban & Schwarzenberg: München (1979).

13 Reich, Wilhelm: Die Funktion des Orgasmus. Fischer TB: Frankfurt/M. (1972).
14 Lowen, Alexander: Bio-Energetik. Scherz: Bern/München (1975).
15 Zur Effektforschung in der Psychotherapie verweisen wir auf zwei deutschsprachige Meta-Analysen und auf die dort ausgewiesene Literatur: Wittmann, Werner; Matt, Georg: Meta-Analyse als Integration von Forschungsergebnissen am Beispiel deutschsprachiger Arbeiten zur Effektivität von Psychotherapie. Psychol. Rundschau, im Druck (1984). Wittmann, Werner: Die Evaluation von Behandlungs- und Versorgungskonzepten, in: Baumann, U. (Hg.): Psychotherapie. Mikro- und Makroperspektiven. Hogrefe: Göttingen (1984).
16 Zur psychoanalytischen Indikation von Gruppentherapie vgl. Schneider-Dülker, Marianne: Gruppenpsychotherapie. Kösel: München (1981), 87–92, sowie die dortigen weiterführenden Literaturangaben.
17 Watzlawick, Paul; Weakland, John H.; Fisch, Richard: Lösungen. Huber: Bern (1974).
18 Wolpe, J.: Psychotherapy by reciprocal inhibition. Stanford Univ. Press: Stanford (1958).
19 Freud, Sigmund: Gesammelte Werke, Bd. I. S. Fischer: Frankfurt/M. (1952).
20 Freud, Sigmund: Gesammelte Werke, Bd. 9 und 15. S. Fischer: Frankfurt/M. (1952), insbesondere: Vorlesung zur Einführung in die Psychoanalyse und Neue Folge der Vorlesungen. Freud, Anna: Das Ich und die Abwehrmechanismen. Imago: London (1946), auch als Kindler TB: München (1978, 11. Aufl.).
21 Becker, Alois, in (2), S. 151.
22 Vgl. z. B. Shepard, Martin: Sex als Therapie. Kiepenheuer und Witsch: Köln (1973).
23 Schultz-Hencke, Harald: Lehrbuch der analytischen Psychotherapie. Thieme: Stuttgart (1951).

24 Hemminger, Hansjörg: Flucht in die Innenwelt. Ullstein: Berlin (1980).

25 Freud, Sigmund: Studien über Hysterie. Frühe Schriften zur Neurosenlehre. Gesammelte Werke, Bd. 1. S. Fischer: Frankfurt/M. (1952).

26 Rattner, Josef: Der schwierige Mitmensch. Fischer-TB: Frankfurt/M. (1973)

27 Eine nicht an der tiefenpsychologischen Traumatheorie orientierte Arbeitsweise ist auch in der analytisch orientierten Psychotherapie nicht selten. Zum Beispiel ist die Kindertherapie wenig traumatheoretisch orientiert, und in der Erwachsenentherapie arbeitet die Neopsychoanalyse weniger traumatheoretisch als die orthodoxe Analyse (Schlegel, Leonhard: Grundriß der Tiefenpsychologie, Bd. 2, Francke: München 1975). Dasselbe gilt für verschiedene synthetische Ansätze, deren Beschreibung hier zu weit führen würde.

28 Hemminger, Hansjörg: Kindheit als Schicksal? Rowohlt: Reinbek (1982).

29 Jungmann, J.: Die Bedeutung der Adoption für die Reversibilität frühkindlicher Deprivationserfahrungen. Klin. Pädiat. 194 (1983), 405–408.

30 Vaillant, George E.: Werdegänge. Rowohlt: Reinbek (1980).

31 MacFarlane, Jean W.: Perspectives on personality consistency and change from the guidance study. Vita Humana 7 (1964), 115–126. Kagan, Jerome: Change and continuity in infancy. Wiley: New York (1977). S. auch als Sammlung von Längsschnittuntersuchungen i. w. S.: Life history research in Psychopathology. The Univ. of Minnesota Press: Minneapolis (1974).

32 Wenn man empirische Befunde, wie sie hier beschrieben werden, gegen die Tiefenpsychologie ins Feld führt, so trifft man oft auf die Entgegnung, daß die verengte «positivistische» Sicht des Naturwissenschaftlers die Wahrheit der tiefenpsychologischen Aussagen verfehle.
Hierzu ist anzumerken: Die tiefenpsychologische Trauma-

theorie macht konkrete, der allgemeinen Erfahrung zugängliche Aussagen über Vorgänge des menschlichen Lebens. Diese Aussagen gehören ihrer Natur nach in den Raum der empirischen Wissenschaft und waren von Sigmund Freud (und von den meisten anderen Tiefenpsychologen) auch genauso gemeint. Keiner der Väter der Tiefenpsychologie, möglicherweise mit Ausnahme von Carl Gustav Jung, wollte esoterische Aussagen im Rahmen eines eigenen geschlossenen Weltbildes machen, das einer empirischen Prüfung unzugänglich bleibt. Vielmehr galten und gelten die tiefenpsychologischen Sätze als medizinische oder psychologische Aussagen innerhalb des herkömmlichen erkenntnistheoretischen Rahmens dieser Wissenschaften. Wenn man diese Aussagen dann unter ihren eigenen Voraussetzungen prüft und wenn die Prüfung schlecht ausfällt, so sollte man das Ergebnis den Aussagen anlasten und sich nicht mit erkenntnistheoretischen Winkelzügen zu retten versuchen. Besonders ärgerlich werden solche Immunisierungsstrategien, wenn sie auf der Umdeutung von klaren philosophischen Begriffen in vage Schlagwörter beruhen, ein Schicksal, das besonders dem Begriff «Positivismus» bereitet wird. Was ist «positivistisch» daran, daß man von den Tiefenpsychologen medizinische oder psychologische Beweise für medizinische und psychologische Behauptungen verlangt?
Wie jedes Lexikon mitteilt, vertritt der Positivismus eine Erkenntnistheorie, die die sinnliche, zu Gesetzmäßigkeiten verknüpfte Erfahrung als einzige Quelle von Wirklichkeitserkenntnis für den Menschen ansieht, während metaphysische oder andere nichtempirische Erkenntnisquellen abgelehnt werden. In einem etwas verwaschenen, aber heute üblichen Sinn wird es auch als «Positivismus» bezeichnet, wenn jemand die methodischen Voraussetzungen der Naturwissenschaften auf alle anderen Wissenszweige anwenden will und sie als die einzigen Methoden der Erkenntnisgewinnung ansieht.

Ich selbst bin in keiner dieser Bedeutungen ein Positivist. Unter anderem habe ich in (28) ausgeführt, warum ich es für unmöglich halte, eine ganzheitliche Erklärung des Menschen aus der Naturwissenschaft zu gewinnen. Ich habe aber Ehrlichkeit verlangt: Aussagen, die als empirisch fundiert im Sinn der Naturwissenschaft vertreten werden, müssen naturwissenschaftlich belegt oder aufgegeben werden. Und Aussagen, die auf anderen methodischen Prinzipien beruhen, müssen entsprechend kenntlich gemacht werden, so daß auch ihre methodischen Prinzipien prüfbar und kritisierbar sind. Eine solche Forderung ist nicht «positivistisch», sondern eine triviale Voraussetzung sachlicher Kommunikation überhaupt. Lediglich Sekten und absolutistische Ideologien versuchen, die Prämissen ihrer Aussagen in Dunkel zu hüllen und sie so der Kritik zu entziehen. Daß manche Schulen der Psychotherapie dem Gift sektiererischen Denkens und Handelns in erschreckendem Maß erlegen sind, wird im Text dieses Buches deutlich genug.

33 S. die einschlägigen Lehrbücher bzw. Übersichtswerke der Ethologie und physiologischen Psychologie, zum Beispiel Hassenstein, Bernhard: Verhaltensbiologie des Kindes. Piper: München (1973). Ehrhardt, K.J.: Neurophysiologie ‹motivierten› Verhaltens. Enke: Stuttgart (1975). Hemminger, Hansjörg: Stichwort ‹Aggression› (Übersichtsartikel), Lexikon der Biologie, Bd. 1. Herder: Freiburg (1983).

34 Bateson, Gregory, et al.: Schizophrenie und Familie. Suhrkamp: Frankfurt/M. (1970).

35 Zum Thema «Introspektion» soll im Vorgriff auf den fünften Teil folgendes angemerkt werden. Der Versuch, die eigenen Emotionen introspektiv zu prüfen, führt zu einer paradoxen Situation innerhalb der menschlichen Denk- und Verhaltenssteuerung. Durch die Introspektion wird die eigene emotionale Lage Gegenstand der Reflexion, und damit verändern sich wiederum die Emotionen – die ja von den kognitiv reflektierten Inhalten stark abhängen. Ein

bekanntes Beispiel für diese Art von Paradoxie ist die Frage «Liebe ich ihn nun eigentlich wirklich?» Wenn die unsichere prospektive Verliebte diese Frage durch eine Introspektion der eigenen Gefühlslage zu prüfen sucht, wird sie mit Sicherheit nur Verwirrung erzeugen, da die mit der «Verliebtheit» verbundenen Emotionen und Motivationen natürlich dann entstehen, wenn der Partner und seine Eigenschaften – nicht aber die eigenen Gefühle – im Zentrum der Aufmerksamkeit stehen. Je mehr sie sich bemüht, die eigenen Gefühle genau zu erfassen, desto weniger wird sie erfassen können.

Emotionen, die sich mit den kognitiven Inhalten ändern, lassen sich nur als Erinnerung (wenn auch zum Teil als eine Kurzzeiterinnerung) introspektiv prüfen, mit allen Unsicherheiten, die der Erinnerung anhaften. Einen viel besseren Hinweis auf die eigene Gefühlslage bildet in der Regel die Erinnerung an die Reaktionen (an das Verhalten), das man entweder zeigte oder das mindestens als Verhaltenstendenz da war. Ein anderer – und in der Psychotherapie benutzter – Weg, Introspektion ohne Verwicklung in Paradoxien zu betreiben, besteht darin, Verhaltensweisen und Erlebnisse «probeweise» zu phantasieren und die emotionalen Reaktionen auf diese Phantasien zu prüfen.

Wenn die Introspektion nicht solche Umwege beschreitet, führt sie in aller Regel zu Selbsttäuschungen. Die Frage «Was empfinde ich eigentlich genau in dieser Situation?», verstanden als Aufforderung zur introspektiven Betrachtung der eigenen Emotionen, führt natürlicherweise dazu, daß der Frager die Antwort findet, die er erwartet. Und was er erwartet, hängt von seinen Überzeugungen, nicht aber von seinen ursprünglichen Emotionen ab.

Die oben als «Paradoxie» bezeichnete Tücke introspektiver Selbstprüfung ist auch in der Philosophie bekannt, z. B. als Unterschied von «contemplation» und «enjoyment» bei Samuel Alexander (‹Space, time, and deity», Vol. 1,2. Macmillan: London 1920).

36 Der in diesem Buch gegebene Bericht über die Primärerlebnisse muß durch folgende Anmerkung ergänzt werden: Es gibt zwei deutlich getrennte Formen des Primärerlebnisses, nämlich affektiv betonte und körperbetonte Zustände. Vera Becker schildert von sich selbst lediglich affektiv betonte Primärerlebnisse, da sie zu körperbetonten (die später auftreten) gar nicht gelangte. Bei Mitpatienten traten aber durchaus körperbetonte Erlebnisse auf, die als Geburtserlebnis gedeutet wurden. Während affektiv betonte Primärerlebnisse einem Spannungsbogen folgen, also auf einen extremen Gefühlsausbruch zusteuern und sich dann erschöpfen, können körperbetonte Primärerlebnisse sich lange Zeit hinziehen und werden mehr durch einen Entschluß des Patienten als durch gefühlsmäßige Veränderungen beendet. Außerdem sind körperbetonte Primärerlebnisse sehr stereotyp, sie haben oft über lange Zeit immer dieselbe Form und stellen ein fest eingeschliffenes Reaktionsmuster dar. Bei affektiv betonten Primärerlebnissen sind solche Stereotypien selten. Der Unterschied beider Formen geht darauf zurück, daß in der «perversen Meditation»[24] der Primärtherapie entweder Emotionen oder körperliche Wahrnehmungen in den Mittelpunkt der Aufmerksamkeit geraten. Da Körpererfahrungen und Affekte sich stark unterscheiden und auch durch verschiedene Teile des Zentralnervensystems gesteuert werden, ergeben sich notwendigerweise unterschiedliche Erlebnisformen.

37 Die gezielte (wenn auch eventuell nicht bewußt geplante) Verstärkung von Affekten bis hin zu unkontrollierten Ausbrüchen kommt nicht nur in der Primärtherapie vor. Zum Beispiel scheinen Drogen wie LSD oder Meskalin ähnliche Effekte zu haben wie die «perverse Meditation», obwohl hier die Verstärkung weniger gezielt sein kann und auch weniger unter der Kontrolle des Patienten oder Benutzers bleibt. Es gibt weiterhin gewisse kultische Rituale, die ähnlich wie in der Primärtherapie die Erzeugung extremer

Affekte zum Ziel haben und die zum Teil nahtlos in abseitige Therapiepraktiken übergehen. Diese werden dann (manchmal in pseudoreligiösen Gruppen) unter Sammelbezeichnungen wie «dynamische Psychotherapie» oder «kathartische Psychotherapie» vermarktet.

38 Watzlawick, Paul, et al. (17). Watzlawick, Paul: Die Möglichkeit des Andersseins. Huber: Bern (1982). Haley, Jay: Gemeinsamer Nenner Interaktion. Pfeiffer: München (1978).

Da sich die Analyse der Patienten-Therapeuten-Beziehung im Text stark auf die Kommunikationstheoretiker stützt, soll die Verwendung ihrer Ideen hier kurz erläutert werden: Für Paul Watzlawick bildet die Paradoxie in der Kommunikation, im Denken und Handeln des Menschen eine fast mystische Erfahrung. Sie führt zur Überwindung der bloßen Logik des Verstandes und zur Aufhebung einer Illusion der Wirklichkeit. In geringerem Maß folgt auch Jay Haley dieser Sicht, wenn er (wie Paul Watzlawick) das Erlebnis der Paradoxie als das eigentliche Therapeutikum betrachtet.

Beide Autoren geben ihrer Auffassung auch eine neurophysiologische Grundlage. Sie nehmen an, daß die für Abstraktion und Logik zuständige dominante (meist linke) Hemisphäre des Großhirns durch eine Paradoxie teilweise blokkiert werden kann, so daß sich die Eigenschaften der anderen (rechten) Hemisphäre durchsetzen: ganzheitliches, gestalthaftes Erfassen der Dinge, Kreativität, Phantasie usw. (s. Changeux, Jean-Pierre: Der neuronale Mensch, Rowohlt: Reinbek 1984).

Aus mehreren Gründen, für deren Diskussion hier der Raum fehlt, halte ich die geschilderte Deutung der Wirkung der Paradoxie für zu weitgehend. Ich vermute, daß die therapeutische Wirkung der Paradoxie vor allem darin liegt, daß (wie im Text geschildert) das symptomatische Verhalten der Patienten blockiert und verändert wird, weil der Therapeut die Kommunikation gestalten (kontrollieren) kann. Dadurch eröffnet sich die Möglichkeit, neue Erfahrungen und Gedanken in die Therapiebeziehung aufzunehmen, aber auch nicht mehr als die Möglichkeit – die paradoxe Definition einer Beziehung allein reicht als Therapeutikum nicht aus. Auch Paul Watzlawick definiert in ‹*Die Möglichkeit des Andersseins*› das Ziel einer Psychotherapie als Anpassung des Weltbildes des Patienten an die Wirklichkeit (S. 37–39). Auch er setzt also implizit eine objektive Realität voraus, an die sich die jeweils verzerrten subjektiven Wirklichkeiten des menschlichen Denkens, Fühlens und Handelns annähern können. Die Hemmung und Störung bisheriger «irrealer» Denk- und Verhaltensmuster durch paradoxe Interventionen kann also immer nur ein erster Schritt der Psychotherapie sein.

39 S. Zitate (17) und (38), außerdem: Haley, Jay: Die Psychotherapie Milton H. Ericksons, Pfeiffer: München (1978). Ders.: Direktive Familientherapie. Pfeiffer: München (1977). Ders.: Ablösungsprobleme Jugendlicher. Pfeiffer: München (1981). Mandel, A.; Mandel, K. H.; Stadter, E.; Zimmer, D.: Einübung in Partnerschaft durch Kommunikationstherapie und Verhaltenstherapie. Pfeiffer: München (1971).

40 Der Ausdruck «metakomplementär» bezeichnet eine Beziehungsform, die auf einer unteren Ebene symmetrische Interaktionen zuläßt, während auf einer höheren Ebene die Rollen ungleich sind. Dabei kann die «höhere Ebene» zeitlich definiert sein, wenn ein Partner zum Beispiel die Langzeitentwicklung einer Beziehung gestalten kann. Die «höhere Ebene» kann auch in einer abstrakteren, formaleren Definition einer Beziehung bestehen, die den aktuellen Interaktionen übergeordnet ist, zum Beispiel die soziale Definition der Rollen von Arbeitgeber und Arbeitnehmer oder die festgeschriebenen Definitionen in den Statuten eines Vereins usw.

Es wäre wahrscheinlich ebensogut möglich, eine auf der Ebene aktueller Interaktionen komplementäre Beziehung, die auf einer höheren Ebene von beiden Seiten so definiert wird, als «metasymmetrisch» zu bezeichnen. Dann wäre ein Liebespaar ein klassisches Beispiel für eine metasymmetrische Beziehung. Da Jay Haley, von dem die Terminologie stammt, diesen Begriff nicht benutzt, wurde er der Einfachheit halber nicht in den Text eingeführt.

41 Die «Unvereinbarkeit von Teilinformationen», die als Merkmal der Paradoxie in der Kommunikation genannt wurde, kann von verschiedener Art sein. Die klassische Paradoxie (Aporie) beruht auf einer logischen Unvereinbarkeit von Teilaussagen, wie im Beispiel des lügenden Kreters. Nur in solchen Fällen handelt es sich auch um Veranschaulichungen der Russellschen Paradoxie, die auf einer naiven Mengenlehre beruht und durch zusätzliche Regeln über erlaubte und unerlaubte Klassenbildungen vermieden wird. Es muß streng beachtet werden, daß in der Kommunikationstheorie auch solche Informationen als paradox bezeichnet werden, deren Teile nicht logisch, sondern lediglich praktisch (d. h. in ihren Auswirkungen) unvereinbar sind. Es ist nicht logisch unmöglich, daß jemand sagt «Es macht mir nichts aus» und sich gleichzeitig ärgert, aber es ist praktisch unmöglich, auf eine solche Botschaft sinnvoll zu reagieren. Anders ausgedrückt: Eine solche «praktische» Paradoxie ist nur auf der Ebene der Beziehungsdefinition paradox. Betrachtet man die Motivationen und Absichten des Individuums, wechselt man also von der Beziehungsebene auf die Ebene innerer Vorgänge in einem Partner, so löst sich die Paradoxie in durchaus verständliche Prozesse auf. Eine logische Paradoxie ist dagegen immer paradox, außer man flüchtet sich in eine andere Logik.

Die praktischen Paradoxien gehen, ganz anders als echte logische Paradoxien, fließend in bloße Ambivalenz über. Es gibt keine Möglichkeit, zwischen einer paradoxen und einer ambivalenten Beziehungsdefinition eine klare Grenze zu ziehen. Der Unterschied besteht darin, daß bloße Ambivalenz dem Partner Möglichkeiten zur sinnvollen Reaktion läßt, die zunehmend verschwinden, je paradoxer die Definitionen der Beziehung werden. Eine ambivalente Botschaft führt daher auch nicht wie eine paradoxe Botschaft automatisch zur Beziehungskontrolle.

42 S. (8).

43 Die hier angedeutete «Konfusionshypothese» der Hypnose geht weiter als die von Jay Haley (38, 39) entwickelte Theorie. Da Jay Haley sich weigert, über innere Vorgänge im Menschen zu spekulieren, muß er sich auf die Aussage beschränken, daß die paradoxe Beziehungsdefinition in der Hypnose dazu führt, daß der Patient Informationen fehlinterpretiert. Die Ansicht, es entstehe eine interne Konfusion in der kognitiven Verhaltenssteuerung, faßt diese Aussage lediglich in individuelle Begriffe: In voller Trance tut oder empfindet der Patient etwas und leugnet gleichzeitig ab, daß er selbst der Täter oder der Empfindende ist. Der Zustand in der internen Informationsverarbeitung, der durch solche Zustände gekennzeichnet wird, kann sicherlich als Konfusion bezeichnet werden.

44 Aus Haley, Jay: Gemeinsamer Nenner Interaktion. Pfeiffer: München (1978). S. auch (38) und (39).

45 West, L. J.; Singer, M. T.: Cults, quacks, and nonprofessional psychotherapies, in: Kaplan, H. J., et al (Hg.): Comprehensive textbook of psychiatry. Williams / Wilkens: Baltimore (1981). Hochmann, John: A new psychotherapy viewed as a totalistic cult. Cultic Studies Newsl. American Family Found. 2, No. 3 (1983), 2–10.

46 Vergleiche Anm. 39.

47 Zimmer, Dirk (Hg.): Die therapeutische Beziehung. Edition Psychologie: Weinheim (1983). Weiterhin seien folgende Publikationen erwähnt: Battegay, Raymond; Trenkel, Arthur (Hg.): Die therapeutische Beziehung unter dem Aspekt verschiedener psychotherapeutischer Schulen. Huber: Bern (1978). Unter verschiedenen Schulen sind hier nur tiefen-

psychologische Schulen zu verstehen (Adler, Jung, Freud, Binswanger usw., dazu als einzige Ausnahme Perls). Bachmann, Claus H.: Kritik der Gruppendynamik. Fischer TB: Frankfurt/M. (1981). Ein Sammelband mit großem Literaturverzeichnis zu den Gefahren «progressiver», d. h. affektbetonter Gruppentechniken. Die Kritik wird vor allem aus der Sicht marxistischer Gesellschaftstheorie geübt. Zum Beispiel vertritt Ernest Borneman die Gesellschaftsbedingtheit psychischer Störungen und damit auch ihre relative Unbeeinflußbarkeit in der Psychotherapie. Er geht so weit, die meisten psychischen Defekte für gar nicht behandelbar zu erklären, und stützt sich dabei auf seine Erfahrung als Analytiker. Die umfangreiche Sammlung und Aufarbeitung kritischer Literatur macht dieses Buch unbedingt lesenswert.

48 Vgl. Anm. 10.

49 May, Rollo: Antwort auf die Angst. Leben mit einer verdrängten Dimension. Fischer TB: Frankfurt/M. 1984.

Register

Lernprogramme

Eine Auswahl

Georg R. Bach/Laura Torbet
Ich liebe mich – ich hasse mich
Fairness und Offenheit im Umgang mit sich selbst (7891)

Maren Engelbrecht-Greve/Dietmar Juli
Streßverhalten ändern lernen
Programm zum Abbau psychosomatischer Krankheitsrisiken (7193)

Wayne W. Dyer
Der wunde Punkt
Die Kunst, nicht unglücklich zu sein. Zwölf Schritte zur Überwindung der seelischen Problemzonen (7384)

G. Hennenhofer/K. D. Heil
Angst überwinden
Selbstbefreiung durch Verhaltenstraining (6939)

Rainer E. Kirsten/Joachim Müller-Schwarz
Gruppentraining
Ein Übungsbuch mit 59 Psycho-Spielen, Trainingsaufgaben und Tests (6943)

Gerhard Krause
Positives Denken – der Weg zum Erfolg
13 Bausteine für ein erfülltes Leben (7952)

Walter F. Kugemann
Lerntechniken für Erwachsene
(7123)

Michael P. Nichols
40 werden
Die zweite Lebenshälfte als Chance zur Veränderung (8425)

Hans-Peter Nolting
Lernfall Aggression
Wie sie entsteht - wie sie zu verhindern ist. Ein Überblick mit Praxisschwerpunkt Alltag und Erziehung (8352)

Friedemann Schulz von Thun
Miteinander reden
Band 1
Störungen und Klärungen. Allgemeine Psychologie der Kommunikation (7489)
Miteinander reden
Band 2
Stile, Werte und Persönlichkeitsentwicklung. Differentielle Psychologie der Kommunikation (8496)

L. Schwäbisch/M. Siems
Anleitung zum sozialen Lernen für Paare, Gruppen und Erzieher
Kommunikations- und Verhaltenstraining (6846)

Martin Siems
Dein Körper weiß Antwort
Focusing als Methode der Selbsterfahrung. Eine praktische Anleitung (7968)

F. Teegen/A. Grundmann/A. Röhrs
Sich ändern lernen
Anleitung zu Selbsterfahrung und Verhaltensmodifikation (6931)

Gesundheit!

Eine Auswahl

Gisela und Andreas Mihailescu
Gegen jede Krankheit ist ein Kraut gewachsen
(7819)

Raymond A. Moody
Lachen!
Über die heilende Kraft des Humors
(7868)

L. Morehouse/L. Gross
Fitness für Faule
Das «weltraumgetestete» Gesundheitsprogramm (7355)

Anne Kent Rush
Rückenschmerzen
Ungewöhnliche Methoden zur Vorbeugung und Heilung (7902)

Prof. Dr. med. Ferdinand Schmidt
Raucherentwöhnung
(7833)

Lisette Scholl
Das Augenübungsbuch
Besser sehen ohne Brille – eine ganzheitliche Therapie (7881)

Anne-Marie Tausch
Gespräche gegen die Angst
Krankheit – ein Weg zum Leben
(8375)

Dagobert Tutsch
Taschenlexikon der Medizin
Über 17000 Namen, Begriffe und Methoden aus allen Bereichen der Medizin – präzise und allgemeinverständlich erklärt (6285)

rororo SACHBUCH

C 2364/5 a

Körperfahrung

Nathaniel Branden
Ich liebe mich auch
Selbstvertrauen lernen (8486)

Julius Fast
Typisch Frau! Typisch Mann!
Warum Mann und Frau so verschieden sind und trotzdem harmonisieren können (7102)

Muriel James/Dorothy Jongeward
Spontan leben
Übungen zur Selbstverwirklichung (8301)

Frédérick Leboyer
Weg des Lichts
Yoga für Schwangere – Texte und Übungen (7855)

Else Müller
Hilfe gegen Schulstreß
Übungsanleitungen zu Autogenem Training, Atemgymnastik und Meditation für Kinder und Jugendliche (7877)
Bewußter Leben durch Autogenes Training und richtiges Atmen
Übungsanleitungen zu AT, Atemtraining und meditative Übungen durch gelenkte Phantasien (7753)

Martin Siems
Dein Körper weiß die Antwort
Focusing als Methode der Selbsterfahrung (7968)

Deenbandhu Yogi (Detlef Uhle)
Das rororo Yoga-Buch für Anfänger
(7891)

SACHBUCH rororo

C 2163/6

Satt, aber hungrig

Renate Göckel
Eßsucht oder die Scheu vor dem Leben
Eine exemplarische Therapie
(rororo sachbuch 8444)

Marilyn Lawrence
«Ich stimme nicht»
Identitätskrise und Magersucht
(rororo sachbuch 7965)
Satt, aber hungrig
Frauen und Eßstörungen
(rororo sachbuch 8511)

Bettina Muermann
Lexikon Ernährung
(rororo sachbuch 6328)

Geneen Roth
Essen als Ersatz
Wie man den Teufelskreis durchbricht
(rororo sachbuch 8493)

Alice Schwarzer (Hg.)
Durch dick und dünn
Ein EMMA-Buch
(rororo sachbuch 6328)

SACHBUCH rororo

C 2369/2